Eva Weissweiler

DAS ECHO DEINER FRAGE

Dora und Walter Benjamin
Biographie einer Beziehung

Hoffmann und Campe

2. Auflage 2020
Copyright © 2020
by Hoffmann und Campe Verlag, Hamburg
www.hoffmann-und-campe.de
Umschlaggestaltung: Sarah M. Hensmann © Hoffmann und Campe
Umschlagabbildungen: Foto Dora Sophie Kellner: © ullstein bild –
Fotographisches Atelier Ullstein
Foto Walter Benjamin: © age fotostock / Alamy Stock Foto
Satz: Dörlemann Satz, Lemförde
Gesetzt aus der Albertina
Druck und Bindung: GGP Media GmbH, Pößneck
Printed in Germany
ISBN 978-3-455-00643-8

HOFFMANN
UND CAMPE

Ein Unternehmen der
GANSKE VERLAGSGRUPPE

Für Mickie, Chantal, Mona und Kim,
die Enkelinnen von Dora und Walter Benjamin

INHALT

Dora Sophie Morser, ca. 1960 in London

PROLOG

»ICH ERINNERE MICH AN NICHTS DUNKLES«

Februar 1941. Dora Sophie Morser, geborene Kellner, geschiedene Pollak und geschiedene Benjamin, hat sich ein Häuschen in der Grafschaft Surrey gemietet, um sich vor dem »Blitz«, den deutschen Luftangriffen auf London, zu schützen. Sie ist gerade noch rechtzeitig gekommen. Denn schon bald gibt es neue Bombardierungen, denen in jeder Nacht Hunderte zum Opfer fallen, wenn sie nicht Zuflucht in den U-Bahn-Schächten gefunden haben. Niemand kann schlafen, weil die Stadt von neun Uhr abends bis fünf Uhr früh attackiert wird. Man hat Pappsärge und Leichensäcke verteilt, um die Toten rasch bergen zu können. Wer irgend kann, flieht aufs Land. Um die 650 000 Kinder sind in diesen Wochen verschickt worden.

Dora, die seit 1938 in London lebt, betreibt dort das Camborne Hotel, wo vor allem junge Leute und Studenten wohnen, zum Teil auf Dauer, eine Art »boarding-house«. Doch jetzt steht es leer, denn im Krieg kommen keine Touristen. Dora ist eine ausgezeichnete Köchin. Sie hat jahrelang eine Pension in Sanremo geführt. Deshalb meldet sie sich freiwillig beim District Council im Städtchen Farnham, um die öffentliche Essensausgabe zu leiten.[1] Es ist anstrengend, aber es macht ihr Freude. Der Ernährungsminister schreibt ihr Dankesbriefe.[2] »Sie würden sich wundern zu sehen, wie viele ausgezeichnete und unterschiedliche Gerichte wir zu niedrigen Preisen herausbringen in einer Zeit, in der die meisten hungern«, schreibt sie an den amerikanischen Schriftsteller Henry Louis Mencken.[3]

Diese Arbeit lenkt sie ein wenig von den Sorgen um ihren Sohn Stefan ab. Er ist dreiundzwanzig, ein »guter Junge«, wie sie Mencken immer wieder versichert, groß, stark, fleißig und polyglott. Im Juni 1940 ist er jedoch in London verhaftet worden, als »feindlicher Ausländer«. Winston Churchill persönlich hat angeordnet, dass alle Personen, die weder britische Staatsbürger seien noch unter britischem Schutz ständen, sondern »die Nationalität eines Staates« besäßen, »der sich im Kriegszustand mit Seiner Majestät« befinde, »hinter Stacheldraht« in sichere Lager zu bringen seien,[4] egal, ob es sich um Juden, Nazis oder Nazi-Gegner handle. Zu diesen »Personen« zählt man auch Stefan.

Am 10. Juli 1940 hat man ihn an Bord der *Dunera* gebracht, zusammen mit über 2500 Deutschen, Österreichern und Italienern, darunter Juden, Faschisten und Nazis. Im September sind sie in Australien gelandet. Bis dahin waren sie in qualvoller Enge unterwegs. Es gab wenig Essen, aber viel Prügel. Die hygienischen Zustände waren entsetzlich. Nazis gingen auf Juden und Juden auf Nazis los. Korrupte englische Wachleute machten sich über das Gepäck der Häftlinge her und teilten die Wertsachen unter sich auf.

Stefan schickt verzweifelte Briefe aus der australischen Wüste, wo er mit tausend anderen Juden in einem Lager, dem Camp Hay, einsitzt. Es ist heiß. Es ist staubig. Aber das Schlimmste ist die Angst und die Ungewissheit. Dora schreibt an Walter Benjamins Cousin Egon Wissing, der als Radiologe in Amerika arbeitet:

Was Stefan nun befürchtet, ist, dass sie ihn nach Deutschland bringen, wenn der Krieg bald zu Ende geht, und von dort nach Lublin. Er sagt, darauf werde er nicht warten, sondern selber ein Ende machen. Das ist natürlich Unsinn, sie werden dort ganz fair behandelt und unsere Regierung wird so etwas nicht zulassen. Aber unglücklicherweise leidet der Junge unter Neurosen und Depressionen, und wenn seine Hoffnung einmal gesunken ist, könnte er alles tun.[5]

Ob Wissing ihm kein Visum, keine Bürgschaft beschaffen könne? Die Möglichkeit einer Ausreise nach Amerika? Diese Frage stellt Dora immer und immer wieder, an jeden, den sie für gut und einflussreich hält, an Mencken, an entfernte Verwandte, an diverse Flüchtlingskomitees, den Exil-PEN, jüdische Freunde in den Staaten. Wenn sie ihre Arbeit in der öffentlichen Küche getan hat, sitzt sie Stunde um Stunde an der Schreibmaschine und hackt immer wieder dieselben Worte in die Tasten:

Er ist im Landesinneren, in diesem höllischen Klima, und ich bin sicher, ich werde ihn nie wiedersehen, wenn ich ihn jetzt nicht herausholen kann.[6]

Natürlich, alle wollen ihr helfen, auch Mencken, der sie allerdings für etwas überspannt hält, typisch Mutter eben. Aber eine Bürgschaft koste Geld. Viel Geld. Und die Bedingungen würden ständig verschärft. Soll er 10 000 Dollar ausgeben für einen Jungen, den er gar nicht kenne, der nur ein einfacher Student der Philologie, weder Arzt noch Handwerker oder Ingenieur sei, also keinen nützlichen Beruf habe und in Amerika ohne jede Perspektive sein würde?

Aus all diesen Gründen rate ich Ihnen dringend, Ihren Sohn in Australien zu lassen. Er ist dort sicher und die Unannehmlichkeiten sind sicher nicht größer als sie in den Vereinigten Staaten sein würden.[7]

Je öfter er dieses Argument wiederholt, umso mehr schämt Dora sich, ihm zu sagen, dass es noch eine zweite Person gibt, um die sie sich Sorgen macht: Walter Benjamin. Mencken würde sie wahrscheinlich für komplett verrückt halten, denn Dora und Benjamin sind seit 1930 geschieden, nach einer schrecklichen Schlammschlacht, über die er genau Bescheid weiß, weil er um diese Zeit ständig mit ihr in Kontakt war. Sie hat doch immer wieder gesagt, dass sie diesen Mann nie mehr wiedersehen, nie mehr ein Wort mit ihm wechseln wolle, hat sogar ihren Mädchennamen »Kellner« wieder angenommen, um nichts mehr mit ihm zu tun zu haben.

Allerdings hat sie Mencken verschwiegen, dass sie sich bald wieder angenähert haben, schon 1931, ein gutes Jahr nach der Scheidung, dass sie seitdem immer in Korrespondenz standen, weil sie einfach nicht voneinander loskamen, dass Benjamin Dora oft in Sanremo besucht hat, wo sie sich gemeinsam um ihren Sohn Stefan gekümmert haben, dem es im italienischen Exil zeitweise nicht gut ging, weil er Berlin, seine Schule und seine Kameraden so sehr vermisste. Benjamin, der zu jener Zeit meistens in Paris lebte, war oft krank und hatte wenig Geld. Dora hat ihm immer wieder geholfen, moralisch und finanziell. Sie hat sich um seine Papiere gekümmert, versucht, ihm Pässe zu beschaffen, hat beim deutschen Konsul für ihn gelogen, sich um amerikanische Aufträge für ihn bemüht.

Jetzt hat sie seit Januar 1940 nichts mehr von ihm gehört. Sie hat sich ans Rote Kreuz gewandt. Ohne Erfolg. Was sie Mencken schamhaft verschweigt, schreibt sie im Februar 1941 an Egon Wissing:

Wir haben Angst, dass er den Nazis in die Hände gefallen ist und nach Lublin gebracht wurde. Ich habe Walter zuletzt Weihnachten vor einem Jahr in Paris gesehen, als ich von Sanremo zurückkehrte. Er war aus dem Internierungslager entlassen worden und sah viel besser aus als drei Wochen vorher, als ich ihn auf meinem Weg dorthin sah. Wenn du irgendwelche Neuigkeiten hast, lass es mich wissen, ich bin furchtbar besorgt um ihn.[8]

Wissings Antwort kommt im April 1941. Er schreibt ihr, dass Walter Benjamin sich am 26. September 1940 im spanischen Grenzort Portbou umgebracht hat, mit einer Überdosis Morphium, die er für Notfälle bei sich trug, obwohl er bereits ein amerikanisches Visum hatte. Wenig später, am 26. Mai 1941, schreibt ein alter Freund, Gershom Scholem, ihr dasselbe, wenn auch mit anderen Worten:

Liebe Dora,
Ich habe mit deiner Schwester Paula gesprochen, die wegen Stefan zu mir kam und mir deinen Brief vom 13. März brachte. Ich brauche dir nicht zu

sagen, dass ich zu glücklich wäre, wenn ich Stefan helfen könnte, nach Amerika zu kommen. Um die Wahrheit zu sagen, hat es mich bei der Lektüre deines Briefes weniger schockiert, was du über Stefans Schwierigkeiten schreibst [...] als dass Du offenbar nichts über Walters tragisches Schicksal weißt. Ich nehme an, dass keiner deiner Freunde Genaueres darüber wusste, oder dass diejenigen, die es wussten [...] deine Adresse nicht hatten. Darum mag es sein, dass ich der Erste bin, der Dir sagt, dass Stefans Vater einen höchst tragischen Tod in Portbou (Spanien) gestorben ist am 26. September 1940, nachdem er Frankreich verlassen hatte, mit einem amerikanischen Visum und nachdem alles für seine Zukunft dort geregelt war. In einem nervösen Kollaps hat er Morphium genommen. Walters Freund Theodor Wiesengrund Adorno – der sich nunmehr Adorno nennt – hat die exakten Daten. [...] Ich bin sehr traurig, dass ich dir keine besseren Nachrichten als diese bringen kann. Deine Mutter, die sehr krank war, starb an dem Tag, als deine Schwester [...] zu mir kam. Ich bin in meinen Gefühlen bei dir. Walter hat einen Brief für Stefan hinterlassen. Er muss von der Frau, der er ihn übergab, bevor er ins Koma fiel, vernichtet worden sein. Ich kenne die Gründe nicht, aber ich nehme an, dass sie schwerwiegend waren. Diese Frau ist nun wahrscheinlich schon in New York, und Adorno wird sicherlich in der Lage sein, dir nähere Einzelheiten zu nennen. Dasselbe geschah mit einem Brief an seine Freunde, den er ihr ebenfalls hinterlassen hatte. Dies ist eine schreckliche Zeit, und ich werde mich nicht weiter über Dinge auslassen, die wir beide besser kennen, als mit Worten auszudrücken ist. Wenn nach diesem Krieg noch etwas von menschlichen Werten zurückbleibt, worauf wir nicht aufhören sollten zu hoffen, wird die Zeit kommen, in der wir den Menschen erzählen werden, was Walter uns bedeutet hat. In der Zwischenzeit müssen wir bleiben, wo wir sind, und weitermachen. Mein Bruder Werner ist ungefähr zur selben Zeit wie Walter gestorben, in Buchenwald.
Grüße Stefan von mir. Dein Gerhard.[9]

Auch wenn sie die Botschaft schon kannte, musste sie weinen, als sie Scholems Handschrift auf dem Umschlag sah, denn er war einer ihrer ältesten Freunde und hatte ihre Beziehung zu Walter Benjamin von Anfang an miterlebt, von den glücklichen ersten Monaten bis zur Scheidung. Am 15. Juli 1941 schreibt sie zurück:

Lieber Gerhard,

Walters Tod hat ein Vakuum hinterlassen, das langsam aber sicher alle meine Hoffnungen und Wünsche für die Zukunft aufsaugt. Ich weiß, dass ich ihn nicht lange überleben werde. Du wirst darüber überrascht sein, weil ich nicht länger Teil seines Lebens war, aber er war ein Teil des meinigen. Und das nicht so sehr durch seine regelmäßigen Besuche und die Hilfe, die ich ihm (wenig genug) geben konnte, sondern mehr als alles andere durch den einfachen Umstand, dass er lebte. Ich dachte und fühlte, dass eine Welt, die imstande sei, einen Menschen von seinem Wert und seiner Gefühlstiefe am Leben zu erhalten, trotz allem anderen keine so schlimme sein könne. Es scheint, dass ich mich geirrt habe.

Heute ist sein Geburtstag. Mehr muss ich Dir nicht sagen. Egons Nachricht, dass Du noch lebst, war tröstlich für mich. Und dass die Vergangenheit, die in Deiner Erinnerung so wie in meiner lebte, noch nicht tot war. Ich erinnere mich an nichts Dunkles, an kein Leid, das er mir zugefügt hat. Ich denke an ihn wie ich es in Bern [...] tat, als Du mich fragtest, was der Sinn des Lebens für mich sei und ich Dir sagte: ihn zu schützen und ihn fähig zum Leben zu machen.

Er wäre nicht gestorben, wenn ich bei ihm gewesen wäre [...].

Stefans Repatriation ist nun beantragt worden, und ich hoffe, dass er bald zurückkommen wird, obwohl die Reise sehr gefährlich ist und lange dauern wird. [...] Bitte sage Stefan oder irgendjemandem, der es ihm sagen könnte, nichts von Walters Tod. Er ist nicht in der Verfassung, es zu hören [...].[10]

Als ich ihn zuletzt gesehen habe, flehte ich ihn an, nach London zu kommen, wo schon ein Zimmer für ihn fertig war, und auf sein Visum und alles andere dort zu warten. Nach seiner Entlassung aus dem Lager schien er mehr geneigt, das zu tun. Ich bin mir sicher, dass die Adornos alles Mögliche getan hätten, um ihn dorthin zu bringen.

Alles Liebe, auch für Deine Frau, die ich nicht kenne. Wie immer, Deine Dora.

1

DORA KELLNER: WIENER KINDHEIT

UM 1900

Großmutter Klara

Am 6. Januar 1890 war es in Wien bitterkalt. Seit Tagen jagten Schneestürme über die Stadt. Die Straßen waren kaum passierbar, sämtliche Schulen geschlossen, die Hospitäler hoffnungslos überfüllt mit Patienten, die an Lungenentzündung oder Influenza litten. »Mit Ausschluss der Vororte« starben pro Tag etwa 40 bis 50 Wienerinnen und Wiener, darunter hauptsächlich Frauen, Alte und Kinder. Zeitweise seien es aber auch schon über 100 gewesen, und zwar ausgerechnet während der Weihnachtstage, schreibt die *Neue Freie Presse*.[1] Ein Ende der Grippe war nicht in Sicht, weder in Wien noch in anderen Metropolen Europas.

Trotzdem hatte sich Klara Weiß, geborene Schwarzberg, aus Bielitz im österreichischen Oberschlesien aufgemacht, um ihrer Tochter Anna bei ihrer zweiten Niederkunft beizustehen. Klara war 50 Jahre alt, eine große, schlanke Erscheinung, obwohl sie zwölf Kinder bekommen hatte: Leopold, Moritz, Anna, Hermine, Sidonie, Jenny, Rosa, Henriette, Leo, Laura, Cilly und Hugo. Sie hatte bisher allen Töchtern geholfen, wenn sie Kinder bekamen, und wollte es auch diesmal, trotz Grippe und Schnee, wieder tun. Die »richtige« Hebamme, Klara Dreikurs,[2] die sich mit Mühe durch die verschneiten Straßen gekämpft hatte, war beinahe umsonst gekommen.

Klara Weiß sah sich in der Wohnung um, die Anna und ihr Mann Leon Kellner erst vor kurzem bezogen hatten. Es gefiel ihr gar nicht hier. Viele Räume, aber sehr ungemütlich. Hetzgasse 8, dritter Bezirk. Schon der Name klang scheußlich. Ein Mietshaus, das wie ein riesiger Eckzahn in die Straße ragte. Alles grau. Nirgendwo Farbe an den feuchten Wänden. Dauernd raste die Pferde-Tramway, die sogenannte »Glöckerlbahn«, vorbei. Außerdem hörte man jedes Geräusch aus den Nachbarwohnungen. Die Toiletten, draußen, auf halber Treppe, waren ständig verstopft und verschmutzt. Nicht einmal einen Garten gab es, nur einen traurigen Hof ohne ein Fleckchen Grün, der zum Wäscheaufhängen benutzt wurde.

Klara Weiß war lange dagegen, dass ihr »Annele« diesen brotlosen Gelehrten heiratete, diesen aus Tarnów in Galizien stammenden Leon Kellner, der zwar seinen Doktor in englischer Philologie gemacht hatte, nun aber Knaben an einer Oberrealschule unterrichten und sich ein Zubrot als Hilfslehrer für israelitische Religion verdienen musste. »Ein Hungerleider, mein Gott, ein Schulmeister!«[3] Doch Annele blieb stur:

> Ich liebe ihn und er liebt mich wieder, und wenn er fertig ist, werden wir heiraten![4]

Früher wurden die Ehen noch vom Vater, vom Rabbiner oder vom Schadchen arrangiert, ihre eigene mit dem Wollhändler Salomon Weiß zum Beispiel, als sie erst 16 war. Sie war viel jünger als er und hatte ihn noch nie in ihrem Leben gesehen, denn er lebte im oberschlesischen Bielitz und sie im russischen Berdyczew,[5] mehrere Tagereisen entfernt. Doch ihr Vater, ein reicher Kaufmann namens Moses Meier Schwarzberg, war der Ansicht, dass sie nun heiraten müsse. Denn er war zum zweiten Mal verwitwet und fand es unpassend, mit einer hübschen 16-jährigen Tochter unter einem Dach zu leben. Nach der Hochzeit sollte sie ihn nie wiedersehen. Er starb kurz nach der Geburt ihres ersten Kindes.[6]

Die ersten Jahre mit Salomon Weiß waren nicht einfach für sie. Sie hatte Heimweh und wusste ja nicht, was das ist: Liebe und Ehe. Vom Haushalten verstand sie schon gar nichts, denn als Liebling des Vaters war sie wie eine Prinzessin aufgewachsen, hatte stets nur Seidenkleider getragen und noch nie Kaffee oder Tee gekocht. Anfangs konnte sie nur Sticken, ein paar Brocken Französisch sprechen und Apfelstrudel backen. Letzteres allerdings so grandios, dass ihre Kinder und Enkel später gar nicht genug davon bekommen konnten.

Ja, manchmal ist sie ihm davongelaufen bis zum Bahnhof von Bielitz oder ans Ufer der Bialka, die zwar »die Weiße« hieß, aber doch schmutzig und trübe war, weil sie sich zwischen Maschinen- und Tuchfabriken dahinschlängelte, die ihr Abwasser in den Fluss laufen ließen. Doch wohin sollte sie gehen? Zu ihrer Familie? Oder nach Wien? Unmöglich. Also weinte sie ein paar Stunden und ging zurück zu Salomon Weiß, der zwar selten lachte, aber sehr fromm, fleißig und pflichtbewusst war, sparsam mit Geld umging und viel von Wolle verstand, die er in Ungarn persönlich einkaufte, wenn sein Geschäft auch keine großen Reichtümer abwarf, da die Textilindustrie billige Baumwolle aus Indien oder Amerika bevorzugte.

Mit 17 bekam Klara ihr erstes Kind, dem noch elf weitere folgen sollten. Über 20 Jahre lang war sie entweder schwanger oder hatte ein Kind an der Brust. Zwar lernte sie nie akzentfrei die Sprache des Landes, aber das taten die wenigsten in Bielitz, wo ein Gemisch aus Deutsch, Polnisch, Tschechisch, Slowenisch und Jiddisch auf den Straßen zu hören war. Mit der Zeit wurde sie aber eine perfekte Haus- und Geschäftsfrau, die das Kommando über Mann, Kinder und Dienstboten hatte. Sie fand, dass die Frau nur eine Aufgabe habe: Gattin und Mutter zu sein. An die romantische Liebe glaubte sie nicht. Eine Ehe müsse auf gegenseitiger Achtung begründet sein, weiter nichts, schrieb sie einmal an ihre Tochter Anna.

In dieser Welt muss man ein wenig nüchtern sein und von vornherein auf mancherlei verzichten. In meinen Augen ist die Notdurft des Lebens das Wochentagskleid, der Idealismus der Schmuck, der es verschönt. Ich kann aber eher auf diesen Schmuck, als auf dieses Kleid verzichten, eher also auf die Erfüllung meiner Ideale, wenn sie auch das Leben verschönern und einem viel Freude machen.[7]

Leon und Anna

Bei Anna, ihrer Tochter, war alles anders. Sie war jung und modern, hatte eine Höhere Töchterschule besucht, spielte sehr gut Klavier und sprach als eines der ersten Mädchen der 15 000-Seelen-Stadt Bielitz Englisch, Französisch und Italienisch, ja sogar Hebräisch, das sie bei einem Herrn Löwy, einem klugen, »nur etwas jähzornigen Mann«, gelernt hatte.[8] Ihrem Vater, Salomon Weiß, der aus einer berühmten Rabbiner-Familie stammte, immer ein schwarzes Samtkäppchen trug und ganze Tage in der »Schul« verbrachte, war es wichtig, dass auch die Töchter »die herrliche Sprache der Bibel« lesen konnten, um später vielleicht einmal *Rabbinerinnen* werden zu können, sei es in Amsterdam oder in Breslau![9]

Als Anna ihren späteren Mann Leon (eigentlich Chaim Leib) Kellner kennenlernte, war sie nicht einmal 16. Er war nur ein einfacher Gymnasiast, der ihr zufällig über den Weg lief, weil er in Bielitz, wo er Verwandte hatte, seine Matura machen wollte. Er stammte aus dem galizischen Tarnów und war als einziger Sohn streng chassidischer Getreidehändler ebenfalls zum Rabbiner bestimmt worden. Schon mit drei Jahren hatte er den Cheder, die jüdische Elementarschule, besucht, wo er bei einem »Belfer«, einem Hilfslehrer, Lesen und Schreiben gelernt hatte, begleitet von Schlägen und Grausamkeiten, deren Sinn er niemals verstand, hatte sich morgens um vier durch den Wald auf den Weg gemacht, bei Eis und Schnee, auch an Sonntagen, wobei ihm manchmal christliche Kirch- oder Wirtshausgänger begegneten, ihn an den Pejes, den Schläfenlocken, rissen und ihm die schwarze Pelzmütze über die Augen zogen.[10] Trotzdem hatte er niemals aufgehört, ein frommes Kind zu sein, das sich auf jeden Sabbat und jedes Pessach freute und im »Meschiah« die »Krone seines Lebens« sah. Er war fest davon überzeugt, dass dieser »Meschiah« eines Tages auf dem Martinsberg stehen und den Schofar blasen würde. Man musste es nur glauben und wollen.[11]

Anna sprach als Kind ein Gemisch aus Hochdeutsch, Jiddisch

und Schlesisch, »das rührende verschlampte Deutsch […] der österreichisch-ungarischen Monarchie«, das »Esperanto« des Vielvölkerstaates, wie Dora es später einmal nennen würde.[12] Sie selbst wurde nur »Annele«, ihre Mutter nur »Mutterle« genannt. Kellners Muttersprache dagegen war Jiddisch, ausschließlich Jiddisch, versetzt mit ein paar polnischen Brocken, die er auf der Straße gehört hatte. Niemand dachte daran, ihn Hochdeutsch lernen zu lassen. Warum auch? Hochdeutsch war die Sprache der Ungläubigen, der *Gojim*. Doch eines Tages war er aus dieser Welt ausgebrochen. Sie war ihm zu klein und zu eng.

> Er […] sparte die Kreuzer, die er für sein Mittagsbrot bekam, und kaufte eine lateinische Grammatik, mittels derer er sich im Geheimen auf die Prüfung für die dritte Gymnasialklasse vorbereitete. Eines Tages fand ihn ein christlicher Lehrer […] am Schabbat im hohen Mais versteckt schlafend, die lateinische Grammatik neben sich. […] Er bestand darauf, mit dem erschrockenen Kinde zu den Eltern zu gehen – er werde durchsetzen, dass es ins Gymnasium komme.[13]

Nach vielen Auseinandersetzungen mit seinem Vater, Rafael Kellner, erlaubte man ihm, auf das jüdisch-theologische Seminar in Breslau zu gehen, in der Hoffnung, dass er vielleicht doch noch Rabbiner werden würde. Seine Mutter Lea schickte ihn zum Friseur, ließ ihm die Pejes abschneiden und vertauschte seinen Kaftan mit einem schwarzen Rock. Doch vorher ließ sie ihn noch einmal in der gewohnten Tracht fotografieren. Seine Tochter Paula hat das Bild aufbewahrt.

> Es zeigt einen schmächtigen Jungen mit ganz hellen Locken, einem ganz leichten Schnurrbartanflug, verträumten Augen und schlanken Händen.[14]

Aber Chaim Leib, der sich nunmehr »Leon« Kellner nannte,[15] weil das europäischer und weniger jiddisch klang, konnte sich in Breslau nicht einleben. Die Stadt war ihm viel zu preußisch und viel zu groß. Das

Seminargebäude erschien ihm wie eine Kaserne. Die Lehrer gefielen ihm nicht. Er geriet in Konflikte, in eine »Nervenkrise«, bekam Heimweh nach dem engen, kleinen Tarnów, aber auch nach der Welt der Literatur, die er immer mehr kennen- und schätzen lernte, Lessing, Schiller, Moses Mendelssohn, Daniel Defoe. Zweifel an seiner Berufung kamen in ihm auf. Wollte er wirklich ganz in der Welt des Judentums leben oder nicht doch lieber Literat, Gelehrter, vielleicht gar Anglist werden, denn das Englische, das er sich im Selbststudium beibrachte, fiel ihm merkwürdig leicht und lag ihm gut auf der Zunge?

Einer seiner Lehrer verstand seinen Zwiespalt. Er riet ihm, auf ein normales »Obergymnasium« zu gehen, und zwar in Bielitz, das »schön gelegene Städtchen an der Grenze von Galizien zu Preußisch-Schlesien«.[16] Eine Freundin machte ihn mit »Annele« bekannt, einer jungen Schönheit, die ihn als »furchtbar gescheiten Menschen« empfand, der wie ein Buch redete und »etwas übermittelgroß, hochblond, von blühender Gesichtsfarbe« war, »mit auffallend schönen Händen«. Sie waren noch keine Viertelstunde zusammen und schon verliebt. Annas Mutter sah das mit größter Skepsis. Sie selbst hatte zwar im gleichen Alter geheiratet. Aber er war doch noch ein Schüler und außerdem viel zu jung! Romantische Ausflüge zu zweit kamen nicht infrage. Aber immerhin ließ sie es zu, dass er Anna »die herrlichsten deutschen Bücher« ins Haus brachte: Auerbach, Freytag, Storm, Fontane, Jean Paul.[17] Manchmal saßen sie auch alle zusammen im Wohnzimmer und sangen, vor allem Mendelssohn und Meyerbeer. Denn Annas Vater hatte eine schöne Tenorstimme, die er gern in der Schul zum Vorbeten einsetzte. Er lehnte es ab, in den Tempel zu gehen, in dem Orgel gespielt wurde und ein gemischter Chor sang, aber gegen Lieder und Arien zum Klavier hatte er nichts einzuwenden, besonders nicht, wenn sie noch so entfernt mit dem Judentum zu tun hatten.

»Das war ihm der Kern jeder Sache«, meinte Tochter Anna.[18]

Im Herbst 1880 ging Kellner auf die Universität Wien, »ohne Geld und ohne Gönner«,[19] studierte Englisch, Französisch, Germanistik, Sanskrit, Lautphysiologie, Orientalistik und vergleichende Grammatik der indogermanischen Sprachen. Er war fleißig und konsequent, gab sich mit den einfachsten Quartieren zufrieden und arbeitete als Hausschullehrer bei einem Pfeifenfabrikanten, um seinen Eltern nicht auf der Tasche zu liegen. Diese hatten noch vier Töchter, die versorgt werden mussten: Feige, Chane Mindel, Dwora und Fryderyka.[20] Mit 24 war er bereits promoviert über »Die genera verbi bei Shakespeare«.[21]

Danach, 1884, durften sie endlich heiraten. Ganz schlicht, in der jüdischen Volksschule von Bielitz. Zwei große Schulzimmer waren in Weiß und Rot – den Farben der Monarchie – drapiert worden. Es gab eine kleine Bühne und einen Hochzeitshimmel, der mit grünen Blattpflanzen dekoriert war. Ein befreundeter Lehrer spielte Harmonium. Dazu sangen Annas jüngere Geschwister mehrstimmig jiddische Lieder.[22]

Zwölf Monate später wurde ihr erstes Kind Paula geboren, und jetzt, im Januar 1890, das zweite. Es war gesund und fing sofort an zu schreien. Nur die Mutter, 28 Jahre alt, war ein wenig enttäuscht, dass es schon wieder ein Mädchen war und schämte sich fast, ihren Mann zu rufen, um es ihm zu zeigen. Doch Leon Kellner beruhigte sie:

Ein Kind ist ein Kind, ob Bub oder Mädel ist egal. Und dann – was wäre aus mir geworden, wenn du nicht auch ein Mädel gewesen wärest?[23]

Sie nannten es Dora, nach Kellners jüngerer Schwester »Dwora«, die 1887 mit erst 2 Jahren verstorben war. Eigentlich hieß sie Deborah, hebräisch für »Biene«. Aber Deborah war auch der Name einer Richterin aus dem Alten Testament, die prophetische Gaben hatte und den Ausgang von Kriegen voraussehen konnte. Wenn das Volk Israel eine Schlacht gewonnen hatte, sang sie ein Lied, das Deborah-Lied, in dem es hieß:

Lobet den Herrn, dass man sich in Israel zum Kampfe rüstete und das Volk willig dazu gewesen ist.

Höret zu, ihr Könige, und merket auf, ihr Fürsten:
Ich will singen, dem Herrn will ich singen, dem Herrn, dem Gott Israels,
will ich spielen.[24]

Und noch einen zweiten Namen bekam das Kind: Sophie, »die Tugend« oder »göttliche Weisheit«. Ihre Schwester Paula, die nur einen Namen trug, war ein wenig neidisch. »Ich litt schwer unter Eifersucht«, wird sie später schreiben, »ein hässlicher Zug in meinem Charakter, der mir auch später noch viel Leid verursacht hat. Aber sie war eben doch das Nesthäkchen, und vielleicht war auch der tiefste Grund für meine kindliche Eifersucht, dass sie mein Bett usurpierte! Ich war doch schon ein großes Mädel, aber ich schlief immer noch in einem hohen hölzernen Gitterbett. [...] Jetzt wurde die Kleine dahinein gelegt, und ich schlief in einer Art Lade [...], die abends aufgezogen wurde.«[25]

Das »Stiefkind«

Paula war noch kein halbes Jahr alt, als ihr Vater seinen ersten England-Besuch machte, der mehrere Monate dauern sollte. Er wollte dort forschen und Land und Leute kennenlernen, vielleicht, um für immer zu bleiben, weil er glaubte, in England sei »Antisemitismus« ein Fremdwort, während man in Wien Petitionen des »Österreichischen Reformvereins« abdruckte, in denen man forderte, alle nicht aus Wien stammenden Juden auszuweisen und jede weitere Einwanderung zu verhindern, »damit unser schönes Vaterland nicht zum Ablagerungsplatze jener staats- und gesellschaftsgefährdenden Elemente werde, deren sich andere Staaten [...] zu entledigen trachten.«[26]

Anna Kellner blieb in Wien bei dem Baby, aber nur für kurze Zeit. Nach ein paar Monaten hielt sie es nicht mehr aus, engagierte eine Amme und fuhr zu ihrem Mann. Sie blieb zehn Wochen, die ihr wie ein Honeymoon vorkamen. Nur widerwillig kehrte sie zurück zu ihrem Kind.

Erst Monate später war Kellner wieder in Wien, wo er sofort die Lehramtsprüfung für Deutsch, Englisch und Französisch ablegte. Er erhielt eine Stellung an einer k.u.k. Staatsoberrealschule, schrieb Feuilletons über literarische und anglistische Themen und bereitete sich nebenbei auf seine Habilitation vor, sodass er zu Hause eigentlich nur noch physisch präsent war. Die Beziehung zwischen Mutter und Tochter wurde derweil immer schlechter. In ihren Memoiren wird Paula später schreiben:

Ein kleines Mädchen liegt im Bett – und weint. Sie erstickt wohl das Schluchzen im Kissen, so gut sie kann, aber ihr Vater hört sie. Sie liegt auf dem Sofa im Studierzimmer des Vaters, weil das Kinderzimmer von Gästen besetzt ist. Der Vater kommt zu ihr und setzt sich neben sie.
»Was hast du, Kind?«
»Mama – Mama!«
»Hör mich an, mein Kind. Deine Mutter hat das beste Herz der Welt. Es gibt nichts, das sie nicht für dich täte. Aber sie ist jähzornig – verdammt jähzornig … Diese Ausbrüche machen ihr mehr zu schaffen als uns. – Bist du alt genug, um das zu verstehen? Um ihr nicht übelzunehmen was sie schwer hindern kann? Ja?«
Das runde Gesicht wendet sich ihm zu. Runde blaue Augen starren ihn an. Schließlich lächelt sie unter Tränen und nickt, nicht ganz überzeugt. Der Vater gibt ihr zum zweiten Mal den Gutenacht-Kuss und setzt sich an den Schreibtisch. Sie hört noch seinen schweren Seufzer, ehe sie einschläft.[27]

Manchmal redete sie sich ein, gar nicht Annas leibliche Tochter zu sein, sondern nur ihr »Stiefkind«, was man ihr aber verschwiegen habe. Dieser Gedanke machte alles etwas tröstlicher. Es war ja kein Wunder, dass die Mutter sie nicht liebte. Sie gehörte ja gar nicht hierher. Sie war nur zu Gast.

Prinzessin im Käfig

Im Juli 1890, sechs Monate nach Doras Geburt, schloss Kellner sein Habilitationsverfahren ab und hielt seine ersten Vorlesungen in Anglistik. Er war nun »Privatdozent« und hoffte auf eine Professur. Doch just in diesem Moment kam die Nachricht, dass er versetzt werden sollte, als »k. u. k. wirklicher Lehrer« und »Ordinarius« an die Staats-Oberrealschule im mährisch-schlesischen Troppau.[28] Er hatte nun den Status eines Beamten mit Anspruch auf lebenslange Pension. Seine wirtschaftliche Zukunft war – wenn auch dürftig – gesichert, seine akademische Laufbahn aber beendet, bevor sie richtig begonnen hatte. Wollte man ihn abschieben, weil er Jude war?

Troppau, die Hauptstadt des österreichischen Kronlandes Schlesien, hatte knapp 23 000 Einwohner und war fast sieben Eisenbahnstunden von Wien entfernt. Es gab dort hübsche Barockhäuser, eine Garnison, eine spätgotische Kirche, mehrere deutsche und böhmische Schulen, einige Kaffeehäuser, eine Synagoge, ein Stadttheater, eine Landesirrenanstalt und viel Industrie, hauptsächlich Tuch-, Zucker-, Maschinen- und Papierfabriken. Eigentlich war es ganz hübsch in diesem »schlesischen Wien«, das in einem Tal am Ufer der Oppa lag und von einem dichten Grüngürtel umgeben wurde.[29]

Für die Kellners muss es sich trotzdem als eine Art Strafversetzung angefühlt haben, ein grandioser Abstieg nach Wien und London. Da sie hofften, nicht lange bleiben zu müssen, behielten sie die Wohnung in der Hetzgasse 8 und mieteten sich nur provisorisch ein, in der Centralbahnstraße 4, heute »Husova«.[30] Wieder an der Straßenbahn, wieder ohne Grün, obwohl es wahrscheinlich ein Leichtes gewesen wäre, etwas Hübsches mit Garten zu bekommen. Aber sie hatten nun einmal kein Geschick bei der Wohnungssuche.

Trotzdem war Paula hier zum ersten Mal richtig glücklich, denn jetzt kam endlich Leben ins Haus. Sie wohnten nicht mehr allein, sondern zusammen mit Tante Rosa, einer früh verwitweten Schwester von Anna, die den Haushalt führte. Nebenbei betrieb sie ein kleines

Konfektionsgeschäft. Ihre Tochter Else war genauso alt wie Paula, also sechs, ihr Sohn Max neun. Die drei Kinder bildeten ein eingeschworenes Team. Dora stand draußen.

Paula ging nicht zur Schule, obwohl es in Troppau mehrere Elementarschulen gab, darunter sogar eine für Mädchen und eine für jüdische Kinder. Aber Kellner war wohl der Meinung, dass sie sich gar nicht erst richtig eingewöhnen sollte, weil sie ja sowieso bald wieder wegziehen würden. Vielleicht hatte er auch Angst, sie könnte sich Krankheiten und schlechte Manieren »einfangen«, denn es waren hauptsächlich Arbeiterkinder, die in Troppau zur Schule gingen und ein wildes Gemisch aus Deutsch, Tschechisch, Jiddisch und Polnisch sprachen. Um die Schulpflicht nicht zu verletzen, holte er sich eine amtliche Erlaubnis zum Hausunterricht.

1893 erkrankte Rosas Tochter »Elserle« an Diphtherie und starb wie damals etwa 60 Prozent aller Kinder. Paula war verzweifelt.

> Ich haderte mit Gott. Warum hatte er dies Elserle zu sich genommen und nicht lieber mich?[31]

Auch Rosa, die Mutter, die schon mit 28 ihren Mann verloren hatte, war tief deprimiert, weinte viel und konnte sich kaum noch um den Haushalt, ihr Geschäft, ihren Sohn und die Nichten Paula und Dora kümmern. Klara, die strenge Mutter, machte ihr Vorwürfe, dass sie disziplinlos und ungläubig sei:

> *Wüsstest Du, wieviel Deine Mutter schon um Dich gelitten hat und noch leidet, Du würdest Dich hüten, noch mehr Unglück über sie zu bringen. Ich halte nur viel aus und bin unverwüstlich, aber nicht etwa unempfindlich. Hätte ich ein Tagebuch geführt, man würde staunen, dass eine Frau so viel Kraft hat. Du, meine arme Rosa, wirst nicht so viel ertragen können, denn Du bist viel schwächer als ich. [...] An ein Wiedersehen im Jenseits glaubst Du ja auch nicht, warum willst Du also um ein Nichts aufgeben, was Du hast? Ich hoffe, die Worte Deiner alten Mutter werden Dir heilig sein wie ein letzter Wille, und Du wirst Dich zusammennehmen.[32]*

Wenn die Großen am Tisch saßen und lernten, schlich Dora herum und hörte zu. Oder sie ging an den Bücherschrank und zog sich heraus, was dort gerade stand: Märchen von Ludwig Bechstein oder Dramen von Schiller zum Beispiel, die sie bald vollständig nacherzählen konnte. Ihre Eltern waren bass erstaunt, als sie über Schillers Fiesco sagte: Nein, er sei nicht böse, er sei gut, sie müssten das Stück nur einmal richtig zu Ende lesen, und wenn sie einmal ein Brüderchen haben sollte, wolle sie, dass es »Fiesco« genannt werde.[33]

Die heiligen Pflichten des Weibes

Kellner war Ordinarius einer siebten Klasse an der »k. u. k. Oberrealschule am Schulring« und unterrichtete außerdem in vier weiteren Klassen Englisch, Deutsch und Französisch.[34] Die Stimmung an der Schule war gespannt, denn die Tschechen bzw. Böhmen strebten nach mehr Autonomie und wollten ihre eigenen Lehrpläne haben.[35] Außerdem gab es Antisemiten im Kollegium, die Kellner und den jüdischen Schülern das Leben schwer machten. Anna schreibt, ansonsten sei Kellners Herkunft in Troppau kein Thema gewesen. Besonders die Söhne »armer schlesischer Weber und Bauern« hätten ihn geschätzt und geliebt, weil er sich um ihre sozialen Nöte gekümmert habe.[36]

In den Ferien fuhr Kellner so oft wie möglich nach England. Er sah dort viel Kinderelend, sah Armen- und Arbeitshäuser für Straßenkinder, aber auch Kinder mit runden Gliedern und rosigen Gesichtern, die an den Stränden der Seebäder spielten, denn in England gab es »Ferienkolonien«, in denen sie »kostenlos Landluft« genießen konnten. An jeder Ecke wurde dafür gesammelt, von der Heilsarmee oder anderen Wohltätigkeitsvereinen. Viertausend Kindern sei auf diese Weise schon geholfen worden, schreibt er im *Neuen Wiener Tagblatt*.[37]

Das englische Kind sei insgesamt freier und glücklicher als das österreichische, lautete sein Fazit. Doch welche Konsequenzen zog er daraus? Keine. Er fuhr fort, Paula und Dora wie im Käfig zu halten. Kein Sport, keine Freundschaften, keine Schule, kein Kindergarten, nicht einmal Haustiere. Sie sollten auf den »Beruf des Weibes« vorbereitet werden, der darin bestand, Kinder zur Welt zu bringen und dem Mann eine treue, kultivierte Gefährtin zu sein. Dazu genügten ein paar oberflächliche Fähigkeiten, die man problemlos zu Hause erwerben konnte: Geographie, Geschichte, ein oder zwei fremde Sprachen, ein wenig Literatur, Handarbeit, gutes Benehmen und vor allem Klavierspielen, vielleicht auch Gesang. Diese Haltung teilte er mit vielen Männern seiner Zeit, zum Beispiel mit Sigmund Freud, der sich auch kategorisch dagegen wehrte, seine Töchter am Leben teilnehmen zu lassen. Ob Lesen, Stricken, Tanzen oder der Besuch von Kursen: Alles war zu anstrengend für sie, machte sie »neurasthenisch«. Er meinte, dass die Frau »nicht zugleich erwerben und Kinder erziehen« könne. Von der »modernen Frauenbewegung« profitierten »die Frauen als Gruppe gar nichts, höchstens einzelne«.[38]

Es war die Zeit, in der auch Kellner dieses Thema für sich entdeckte: den Kampf gegen die Emanzipation, ein Übel, das seiner Ansicht nach seine Wurzeln in England hatte, wo die »Frauenbewegung« schon seit Jahrzehnten diskutiert wurde. Immer wieder tauchte es in seinen journalistischen Arbeiten auf, ob er nun gegen den neuen englischen Frauenroman[39] wetterte oder die jüngste Marx-Tochter, Eleanor Marx-Aveling, angriff, die im Verein mit Ibsen und George Bernard Shaw die heiligen Pflichten des Weibes abzuschaffen gedenke.[40]

So lange die Frau nicht ihre Weiblichkeit, die Pflicht gegen ihren Mann, gegen ihre Kinder, gegen das Gesetz, gegen Jedermann außer ihrer eigenen Person, mit Füßen tritt, ist sie nicht frei. [...] Deswegen fort mit der Pflicht! In der Verwerfung der Pflicht liegt die Freiheit der Frau! [...] Ganze Körbe voller Ideale der heiligsten Art werden im Kampfe um die Gleichheit zwischen Mann und Weib in Trümmer gehen. [...] So ungefähr denken auch Ibsens Nora und Frau Avelingh, nur mit etwas anderen Worten.[41]

In solchen Kommentaren verlor Kellner jede Distanz. Er schrieb nur noch mit Schaum vor dem Mund. Seiner Meinung nach steckten die

»Rothen« hinter der Bewegung. Doch das Schlimmste war: Sie griff auch auf Österreich über. Es gab einen »Allgemeinen Österreichischen Frauenverein«, einen »Frauenerwerbsverein«, einen »Verein für erweiterte Frauenbildung«, eine Wiener »Arbeiterinnen-Zeitung«, es gab Frauen wie Bertha von Suttner, Rosa Mayreder oder Irma von Troll, die das Wahlrecht für Frauen, die Vereinfachung der Scheidung und die Reform der Mädchenbildung forderten, das Recht auf Matura und Zugang zu allen akademischen Berufen. Was wäre, wenn diese Bewegung auch Paula und Dora, seine Töchter, erreichte? Und wenn Anna sie vielleicht dabei unterstützen würde? Sie verhielt sich bereits jetzt ziemlich aufmüpfig, las viel, besonders englische Frauenliteratur und äußerte manchmal die Absicht, literarische Übersetzerin werden zu wollen. Sie führte auch ihren Haushalt nicht »rituell«, also streng jüdisch, anders als ihre Mutter, Klara Weiß, die noch den Barches- oder Challe-Teig selber anrührte, den Segen über die Sabbat-Kerzen sprach, ihren Söhnen befahl, Gebetsriemen zu tragen und alle über zwölfjährigen Kinder an Jom Kippur fasten ließ, nachdem sie sich vorher den »Kappores« in Gestalt eines lebenden Huhns um die Köpfe geschlagen und dazu gesagt hatten: »Das ist mein Stellvertreter. Das ist mein Auslöser. Das ist meine Sühne. Dieses Huhn geht dem Tode entgegen, ich aber gehe einem guten Leben und Frieden entgegen.«[42] Das alles war Anna zuwider, obwohl sie sehr gläubig war. Aber sie wollte sich durch die Religion ebenso wenig versklaven lassen wie durch ihren Mann.

Großstadtnomaden

Im Sommer 1894 kam die erlösende Nachricht: Leon Kellner wurde wieder nach Wien versetzt, an eine Knabenoberrealschule im 18. Bezirk. Zunächst wohnten sie wieder in ihrem alten Quartier in der Hetzgasse. Doch in den nächsten sechs Jahren würden nicht weniger als vier Umzüge folgen: Alserbachstr. 11, Hofzeile 17, Kutschergasse 44 und Gersthofstr. 84. Waren die Mieten zu hoch? Die Nachbarn zu unfreundlich? Oder war es die tief sitzende Angst, eines Tages doch wieder vertrieben zu werden, die Angst des »Juden auf Wanderschaft«, um mit Joseph Roth zu sprechen? Jedenfalls waren die Kinder »überall und nirgends zu Hause«, sondern genau das, was Kellner selbst später schärfstens anprangern würde:

Nomaden oder – wenn es schöner klingt – Kosmopoliten. [43]

1895 schien sich das Schicksal von Elserle wiederholen zu wollen. Auch Dora, fünf Jahre alt, erkrankte an Diphtherie.[44] Die Krankheit war lange als »Würgeengel der Kleinen« bezeichnet worden. Oft trat sie zusammen mit Scharlach auf und griff auf Herz, Nieren und Leber über. Sie galt als unheilbar, bis Ernst von Behring ein Serum aus Pferde- und Schafspräparaten entwickelte, das »Behring'sche Gold«. Das »Elserle« hatte offenbar nichts mehr davon. Ob Dora damit behandelt wurde oder aufgrund ihrer kräftigen Konstitution überlebte, ist nicht bekannt. Sicher ist nur, dass Anna Kellner mit ihr nach Meran fuhr, wovon man sich Heilung versprach. Ihr Bruder, Dr. Moritz Weiß, der gutverdienende Generalsekretär einer Kohlenwerksgesellschaft, begleitete sie auf der langen Zugfahrt und übernahm die Kosten.[45] Wieder stand Dora im Mittelpunkt. Wieder war sie der »Star«. Für Paula, die mit dem Vater in Wien blieb und an Dienstboten delegiert wurde, eine erneute Kränkung.

Doch kaum war die Krankheit überstanden, braute sich neues Unheil zusammen. Für den Herbst 1895 waren Stadtratswahlen angesetzt worden. Nach großen Erfolgen der Christlich-Sozialen Partei stand zu befürchten, dass deren Führer, Rechtsanwalt Dr. Karl Lueger, Bürgermeister von Wien werden würde. Er zog bereits durch die Wirtshäuser und hielt flammende Reden, die vor allem ein Thema hatten: die Juden!

Ja, in Wien gibt es doch Juden wie Sand am Meere, wohin man geht, nichts als Juden, geht man auf die Ringstraße, nichts als Juden, geht man ins Theater, nichts als Juden, geht man in den Stadtpark, nichts als Juden, geht man ins Concert, nichts als Juden, geht man auf den Ball, nichts als Juden, geht man auf die Universität, wieder nichts als Juden. [...] Meine Herren, ich kann ja nichts dafür, dass beinahe alle Journalisten Juden sind und nur hie und da in der Redaktion ein Redaktionschrist gehalten wird, den sie allenfalls vorführen können.[46]

Lueger sah sehr gut aus und hatte viel Charme, der besonders die kleinen Leute, aber auch viele Beamte und Lehrer ansprach. Seine Reden hielt er in breitestem Wienerisch. Auch der katholische Klerus liebte ihn und blickte zu ihm auf wie zu einem Herrgott. Für Kellner, der bisher jede politische Einmischung vermieden hatte, wurde es höchste Zeit, sein Studierstübchen zu verlassen und Position zu beziehen.

»Mit Leib und Seele Zionist«

Am 9. April 1896 wurde das dritte und letzte Kind der Kellners geboren, diesmal ein Junge: Viktor. Dora beharrte auf ihrem Lieblingsnamen »Fiesco«, aber leider konnte man ihr diesen Wunsch nicht erfüllen. Mit Viktor war sie aber auch ganz zufrieden. Denn sie sprach ständig von einer Märchenfigur namens »Vickerich«, die sie sehr liebte.[47] Angeblich soll sie von Ludwig Bechstein stammen, in dessen Texten sie aber nicht nachweisbar ist.

Eines Abends – es war gegen elf, die Eltern waren ausgegangen – klingelte es an der Tür. Dora, Viktor und die Hausmädchen schliefen schon. Aber Paula sprang mit nackten Füßen aus dem Bett und schaute nach, wer da war. Sie hatte gerade »einen verbotenen Roman« gelesen, wahrscheinlich eine »Empfehlung« der Hausmädchen. Der Vater konnte ihr zwar verbieten, zur Schule zu gehen. Doch die Neugier konnte er ihr nicht nehmen.

Paula stellte sich also auf die Zehenspitzen und sah durch das Guckloch in der Wohnungstür. Draußen standen zwei Herren. Der eine hatte ein »Mopsgesicht« mit »hängendem Schnurrbart«. Der andere war »groß und unwahrscheinlich schön, mit schwarzem Bart und blitzenden Augen«. Er trug einen Pelzmantel und eine Melone. Als sie öffnete, gab er ihr die Hand und stellte sich vor:

»Gestatten! Doktor Theodor Herzl! Ist es möglich, deinen Herrn Vater zu sprechen?«

Paula verneinte, ging wieder ins Bett und spürte: Sie hatte sich verliebt! Er hatte einen so schönen Bariton, dieser Herzl! Und er war überhaupt so anziehend und elegant, tausendmal mehr als ihr Vater, der immer zerschlissene Röcke trug und leicht vierschrötig und provinziell wirkte. Ihr Leben lang sollte Herzl ihr Schwarm, ihr Idol bleiben. »Die Bewegung, die er geschmiedet hatte«, habe »ihr ganzes Wesen« erfüllt, schreibt sie in ihren Erinnerungen.[48]

Herzl hatte Kellner gerade sein neu erschienenes Buch geschickt, *Der Judenstaat*,[49] seine erste politisch-programmatische Schrift nach einigen mäßig erfolgreichen Theaterstücken. Es kam genau im richtigen Moment, auf einem Höhepunkt der deutsch-österreichischen Judenhetze. Herzl schrieb darin:

Die Angriffe in Parlamenten, Versammlungen, Presse, auf Kirchen-kanzeln, auf der Straße, auf Reisen – Ausschließung aus gewissen Hotels – und selbst an Unterhaltungsorten mehren sich von Tag zu Tag. […] Tatsache ist es, dass es überall auf dasselbe hinausgeht, und es lässt sich im klassischen […] Rufe zusammenfassen: Juden raus! – Ich werde nun die Judenfrage in ihrer knappsten Form ausdrücken: Müssen wir schon ›raus‹? Und wohin? Oder können wir noch bleiben? Und wie lange?[50]

Herzl entwickelte ein Modell, auf das in dieser Konsequenz noch niemand gekommen war: ein eigenes Land für die Juden, am besten in Argentinien oder Palästina. Er wollte eine »Jewish Company« gründen, die Land kaufen, Häuser bauen und Juden in verschiedenen Handwerken unterweisen sollte. Die gemeinsame Sprache sollte Deutsch sein, die Verfassung eine »aristokratische Republik«. Füge es sich, dass auch Andersgläubige in dieser Republik wohnten, solle ihnen Schutz und Respekt gewährt werden.

Die »Bewegung«, die Herzl »geschmiedet« hatte, hieß: Zionismus. Kellner ließ sich sofort davon anstecken. Schon im Juni 1896 schrieb er an einen Freund in Troppau:

Ich bin mit Leib und Seele Zionist. [...] Wir wollen so viele arme Juden [...] als nur möglich nach den fruchtbaren Teilen von Palästina und Syrien bringen und ihnen dort eine Selbstverwaltung sichern – das ist alles. [...] Ich bin ein guter Österreicher in jeder Beziehung, bereit, mit dem Vaterlande Freud und Leid zu teilen [...]. Ich lebe mit Christen, arbeite mit ihnen, erziehe christliche Kinder [...]. Die deutsche Sprache ist mir zum zweiten Vaterlande, zur geistigen Heimat geworden, und ich bin ein deutscher Schriftsteller [...]. Aber wie viele meiner Stammes- und Glaubensgenossen haben eine [...] solche Gegenwart? [...] Und weiß ich, was meinen Kindern bevorsteht?[51]

Neue Heimat London

Als Dora ins schulpflichtige Alter kam, war von Schulbesuch so wenig die Rede wie bei Paula, zumal auch Herzl beschlossen hatte, seine Kinder Pauline, Trude und Hans nicht zur Schule zu schicken. Stattdessen hielt er sie vollkommen von der Außenwelt fern, was er mit seiner extremen politischen Position erklärte. Selbst Paula, die ihm sonst treu ergeben war, fand das seltsam. Mit seinen Kindern habe man überhaupt nicht spielen, nicht einmal reden können, sie hätten alle »einen Knacks« gehabt, schreibt sie in ihren Erinnerungen.[52]

Kellner erwähnt in seinem Brief an den Freund aus Troppau, dass er sich Sorgen um seine Kinder mache. Dazu bestand in der Tat sehr viel Anlass, nachdem Karl Lueger im April 1897 Bürgermeister von Wien geworden war. Damit war dem Judenhass Tür und Tor geöffnet. Wenn jüdische Kinder von Mitschülern schikaniert wurden, konnten sie nicht mehr mit dem Schutz der Lehrer rechnen. Sie erhielten keine Schulgeldbefreiung und wurden bei der Notenvergabe oft stark benachteiligt.

Kurz nach dem Amtsantritt Luegers muss Kellner sich entschlossen haben, seine Vorgesetzten um ein Jahr Urlaub zu bitten, den er mit seiner Familie in England zu verbringen gedachte. Als Grund gab er an, ein deutsch-englisches Lexikon neu bearbeiten zu wollen, aber in Wahrheit brauchte er wohl Abstand von Wien, von dem Regime Luegers und vielleicht auch von Herzl, dessen Eitelkeit und Dominanz schon nach kurzer Zeit offenkundig wurden.

Anna berichtet, dass sie sich zunächst in einem Boardinghouse einmieteten, wo aber den Kindern das Essen nicht schmeckte. Hammelbraten, Erbsen, Bohnen, Brotpudding – das war nichts für Wiener Kinderzungen. Sie verlangten nach Gulasch, Apfelstrudel und Buchteln. Es war schwer, das Richtige zu finden. Mal gab es keinen Garten, mal keine Küche, mal wollten die Vermieter keine Kinder im Haus. Am Ende fanden sie aber doch ein paar Räume im Häuschen einer sympathischen Malerin.[53]

Paula konnte schon ganz gut Englisch, Dora ein bisschen, doch der kleine Viktor, zwei Jahre alt, verstand kein Wort. Anna berichtet, dass er immer zu weinen begann, wenn er Englisch hörte. Englisch habe auf ihn »wie Zanken« gewirkt. Für einige Zeit sei er ganz verstummt, aber dann habe er plötzlich den kleinen Mund aufgemacht und vollständige englische Sätze gesprochen.[54]

Da der Aufenthalt ohne Annas Mithilfe nicht zu finanzieren war, konnte sie sich endlich ihren Traum erfüllen und als Übersetzerin arbeiten. Für den Verlag Engelhorn in Stuttgart übertrug sie den gerade erschienenen Roman *One man's view* von Leonard Merrick unter dem Titel *Eine persönliche Ansicht* ins Deutsche.[55] Merrick, eigentlich Miller, ist heute so gut wie vergessen, galt aber damals als »Novellist der Novellisten« und Hauptvertreter des englischen psychologischen Romans. Für Anna war es der Beginn einer großen Karriere in diesem Beruf, den sie ausüben würde, solange die politischen Verhältnisse es zuließen. Für die größten deutschen Verlage, darunter Ullstein, Drei Masken, Reclam und Goldschmidt, übersetzte sie Bücher von Mary Cholmondeley, Cicely Hamilton, Elizabeth Russell, Ludwig Lewisohn und Somerset Maugham. Sie galt als Meisterin ihres Faches und war stolz, Kellners Gehalt etwas aufbessern zu können.

Paula und Dora gingen auch in London nicht zur Schule, bekamen aber eine englische Erzieherin, die sie sehr liebten. Weil die Eltern meistens im British Museum waren, konnte sie mit ihnen kleine Ausflüge machen, in die Stadt, in den Hyde Park oder nach Hampstead Heath. So lernten sie etwas vom Londoner Leben kennen. Für Dora und Paula war es der Beginn einer lebenslangen Liebe zu England und zur englischen Sprache. Da Dora sehr gut Klavier spielte und eine schöne Stimme hatte, durfte sie das Royal College of Music besuchen. Dort fand sie endlich ein paar Freundinnen, die ersten ihres Lebens. Sie war acht Jahre alt.

»Dialekt der Kindheit«

Noch vor der Jahrhundertwende waren die Kellners wieder in Wien. Der Traum von der Niederlassung in London hatte sich nicht erfüllt. Leon Kellner hatte zwar viele Freunde gefunden, aber keine ihm angemessene Position. London sei »eine wogende, stürmische, erbarmungslose See, auf der Tausende und Abertausende um ihr Leben ringen«, schreibt er in seinem Buch *Ein Jahr in England*.[56] Seine Bewunderung für das Land und dessen Literatur blieb bestehen. Doch er sah auch Seiten, die ihm gar nicht gefielen, die gnadenlose Ausbeutung von Menschen durch die »Magnaten des Bodens, des Handels, des Gewerbes und des Heeres« zum Beispiel,[57] ein fragwürdiges Verhältnis zur Demokratie[58] und eine enorme Selbstgerechtigkeit:

> Ein Engländer tut alles, das Beste wie das Schlechteste, aber er tut nie Unrecht. Er tut alles aus Grundsatz. Er führt Krieg aus patriotischen Grundsätzen, betrügt aus geschäftlichen Grundsätzen, hält zu seinem König aus royalen und schlägt ihm den Kopf ab aus republikanischen Grundsätzen – dabei aber tut er immer nur seine Pflicht.[59] […] Wenn er für seine Pofelware einen neuen Markt braucht, so schickt

er seine Missionare aus, um den Wilden das Evangelium des Friedens zu verkünden. Die Wilden fressen den Missionar. Da greift er zu den Waffen, um für das Christentum zu kämpfen. Er ist siegreich, erobert das Land, und nimmt es als eine Belohnung des Himmels in Besitz.[60]

Die englischen Juden – jedenfalls die reichen – erschienen ihm angepasst, ungläubig und arrogant:

Sie haben zu essen und zu trinken, eine Loge im Theater, ein Boot auf dem Flusse oder gar eine Yacht auf der See, einen Sitz im Tempel und einen liebenswürdigen Rabbiner, der nicht alles sieht und gelegentlich krumm gerade sein lässt – was kann ein Jude mehr vom Leben und von seinem Gotte verlangen?

Dem Zionismus ständen sie komplett ablehnend gegenüber, da sie seinen Sinn, seine Notwendigkeit nicht sähen: »Ich bitte Sie! Ich will nicht unhöflich sein! Aber wie kann ein gescheiter Mensch wie Sie solchen Unsinn mitmachen?«, zitiert er einen jüdischen Zeitgenossen aus England.[61]

Kein Wunder, dass es ihn selbst immer mehr in die Arme des Zionismus trieb. Im Februar 1899 übernahm er die Redaktion der *Welt*, des von Herzl herausgegebenen »Zentralorgans der zionistischen Bewegung«. Dafür legte er sich das Pseudonym »Leo Rafaels« zu, um den Wiener Schulbehörden nicht unangenehm aufzufallen. Er schrieb Artikel über den hypothetischen Staat »Palästina«,[62] wurde Beirat eines »allgemeinen hebräischen Sprachvereins«[63] und gründete eine jüdische Bildungshalle in Wien-Brigittenau, die großen Zulauf fand.[64] Doch zugleich erlitt er einen »nervösen Zusammenbruch« wegen Überarbeitung und dauernder Streitigkeiten mit Herzl, den er mit der Zeit immer kritischer sah.[65] Was hatte dieser verwöhnte ungarische Bankierssohn überhaupt mit der jüdischen Religion zu tun? Hatte er sein Judentum nicht jahrelang verleugnet, ja gehasst? Trug er nicht die feinsten Tailleurs, um nicht als Jude aufzufallen? Hatte er sich nicht nur aus Berechnung der »Judenfrage« zugewandt, weil er als dramatischer Autor gescheitert war, weil seinen Stücken die »mimetische Treibkraft«, seinen Figuren »Seele« und »Herz« fehlten?

Es gab schwere Zerwürfnisse, in deren Verlauf Kellner sein Redaktionsamt aufgab. Von »enger Freundschaft« konnte bald keine Rede mehr sein. Herzl suchte Politiker und Finanzleute in aller Welt auf, um sie für seine Idee eines »Judenstaates« zu gewinnen. Kellner dagegen versah seinen Dienst an der Oberrealschule und sehnte sich nach den alten jüdischen Ritualen seiner Kindheit, dem Kol Nidre, dem Sabbat oder dem hebräischen Synagogengesang.

Die Kinder warten mit geheimer Angst und doch auch mit Sehnsucht auf den großen, den unvergesslichen Augenblick: Jetzt ist er da! Der Vater legt die rechte Hand dem Knaben, die linke dem Mädchen aufs Haupt und segnet sie mit den uralten Worten des Erzvaters, während die Mutter eine Träne um die andere in den geschlossenen Augen zerdrückt. Wir gehen zu Kol Nidre. […] Die Außenwelt mit ihren […] lärmenden Geschäften versinkt, wie wir die Schwelle des Gotteshauses betreten, das Schicksal […] hält still in seinem Laufe, unsere eigenen Leidenschaften […] weichen für die Dauer von Nacht und Tag ehrerbietig zurück und lassen uns unangefochten allein mit unserem Gemüte, unserem Gott. […] Wunderbare Töne aus einer […] verschollenen Welt schlagen an unser Ohr, und das letzte Stäubchen Alltäglichkeit wird durch die himmlische Melodie von unserer Seele genommen.[66]

In diesem Zustand religiöser Euphorie hatte er wohl wenig Augen für Dora, die allmählich in die Pubertät kam und gar nicht mehr wusste, wohin sie gehörte: Wien, Troppau, Wien, London, wieder Wien, demnächst vielleicht Syrien, Palästina oder gar Uganda? Sie hatte nie Zeit, irgendwo sesshaft zu werden. Kaum eingelebt, musste sie schon wieder fort. Sie war wissbegierig und lernte schnell, aber viel zu unsystematisch, weil alles dem Gutdünken ihres Vaters überlassen war. Das Einzige, was ihr in diesen Jahren blieb, war der »weiche, ver-

träumte Dialekt ihrer Kindheit«.[67] Doch selbst den hatte sie in London
schon fast verlernt.

Herzls Tod

Im Juli 1904 starb Theodor Herzl. Er wurde nur 44 Jahre alt. Als offizielle Todesursache wurde Herzschwäche angegeben. Aber Kellner
meinte, er sei schon lange in einem Zustand von Verzückung, Verzweiflung, ja Besessenheit gewesen, der an Irrsinn gegrenzt habe.[68]
Paula, inzwischen 19, hatte ihn zuletzt beim Chanukka-Ball einer
jüdischen Studentenverbindung gesehen – »blass, still, gelb und erschöpft«.[69] In ihren Erinnerungen deutet sie an, dass ihr Vater eine
Mitschuld an seinem Tod gehabt haben könnte, weil er nicht loyal
genug gewesen sei:

> Kurz vor seinem Tod hatte Herzl die Idee, seinen Judenstaat auf der
> Sinai-Halbinsel zu gründen. Kellner hielt diese Idee für undurchführ-
> bar, weil diese Halbinsel eine reine Wüste war. Herzl fuhr auf und
> bezichtigte Kellner des Verrats. Trauriger Abschied. Die Idee wurde
> dann aber auch vom britischen Hochkommissar Ägyptens, Lord
> Cromer, abgelehnt.[70]

Herzl wurde in seinen letzten Jahren aber nicht nur von Kellner, sondern auch von vielen anderen kritisch gesehen, besonders seit dem
sechsten zionistischen Kongress in Basel 1903, der im Zeichen der
Pogrome im russischen Kischinew stand, bei denen Tausende von
Juden misshandelt oder getötet worden waren. Sowohl die »assimilierten« als auch die sozialistischen und orthodoxen Teilnehmer sprachen über kaum etwas anderes und fühlten sich durch den selbstherr-
lich agierenden Herzl nicht vertreten. Immer mehr drängte sich das
Gefühl auf, dass den Juden im Hier und Jetzt geholfen werden müsse
anstatt in einem hypothetischen Zion. In Wien lebten um diese Zeit
etwa 147 000 Juden, von denen nur 872 Mitglieder der zionistischen

Weltorganisation waren und den Mitgliedsbeitrag, den »Schekel«, zahlten, ein denkbar schlechtes Ergebnis.[71] Bei so viel Kritik aus allen Lagern scheint Herzl Kellner noch am meisten vertraut zu haben, sonst hätte er ihn nicht zum Herausgeber seines Nachlasses bestimmt, was Kellner offenbar selbst überrascht, ja schockiert hat, denn es waren ungeheure Materialmengen aufzuarbeiten: »Eindrücke, Einfälle, Lesefrüchte, Dialogfetzen, geflügelte Worte, Keime zu Feuilletons, Erzählungen, Entwürfe zu Theaterstücken« und eine Korrespondenz, die sich über ein Vierteljahrhundert erstreckte.[72]

Die Zeit um Herzls Krankheit und Tod fiel zusammen mit einer Zeit großer Umbrüche in der Familie Kellner. Paula ertrotzte sich die Erlaubnis, eine Schule besuchen zu dürfen, das relativ neu eröffnete Mädchenlyzeum am Kohlmarkt Ecke Wallnerstraße. Es gehörte einer Germanistin namens Eugenie Schwarzwald, auch »Genia« oder »Frau Doktor« genannt, weil sie in Zürich über Berthold von Regensburg promoviert hatte. Wie Kellner stammte sie aus einer jüdischen Familie in Galizien, war aber in Czernowitz aufgewachsen, wo ihr Vater ein Büro für Reklame und Arbeitsvermittlung betrieb. Nach der Heirat mit dem Juristen Hermann Schwarzwald kaufte sie ein altes Schulgebäude und verkündete mit großer Emphase ihr Programm, das für eine gewaltfreie Pädagogik stehen sollte, für Förderung von Weltoffenheit, Phantasie und Gestaltungskraft:

> Ich habe ein System der individualisierenden [...] Behandlung eingebürgert und dadurch die Schule für alle Schülerinnen zu einem Heim gemacht, in das sie mit Freude kommen und das sie ungern verlassen – eine Gemütsverfassung, welche die Hauptquelle der hohen Lernerfolge ist. [...] Den hygienischen Bedürfnissen ist durch einen rationellen Turnunterricht und die zahlreichen Klassenausflüge im Frühling und Sommer genügt.[73]

Das Institut von Eugenie Schwarzwald war nur eins von mindestens sieben Mädchenlyzeen, die seit Beginn des 20. Jahrhunderts in Wien eröffnet worden waren. Sie alle verdankten ihre Entstehung den

»Kämpfe(n) um die Mädchenbildungsreform«, die in einem »Trommelfeuer von Pamphleten und Petitionen« ausgetragen wurden, nicht nur seitens der Frauenbewegung, sondern auch von den »liberalen und sozialistischen Parteien«.[74] Oft wurde dabei der Vergleich mit Deutschland bemüht: Sogar in Preußen, einem Hort der Reaktion, gebe es weiterführende Schulen für Mädchen, in Österreich aber so gut wie gar nicht.

Das Prinzip war überall dasselbe: in sechs sogenannten Lyzealklassen wurden die üblichen Fächer wie Deutsch, Englisch, Französisch, Mathematik, Naturwissenschaften, Religion und Geschichte gelehrt. Danach konnte eine »Lyzeal-Matura« abgelegt werden, die zum Besuch eines Lehrerinnenseminars oder zur Gasthörerschaft an der Universität berechtigte. Schülerinnen, die »richtig« studieren wollten, was seit 1897 gesetztlich möglich war, mussten darüber hinaus Latein und Griechisch lernen und das Abitur als Externe an einem Jungengymnasium machen.

Die neue Schulform des »Mädchen-Lyzeums« war so beliebt wie umstritten. Viele, besonders jüdische Eltern freuten sich, dass ihre Töchter endlich etwas anderes lernen konnten als Zeichnen, Singen und Sticken. Es gab aber auch Pädagogen, die strikt dagegen waren, weil »das weibliche Nervensystem [...] zarter (und) reizbarer« sei als das männliche. Da Mädchen in der Regel langsamer lernten als Jungen, müssten sie sich doppelt so stark anstrengen. Sie müssten Tag und Nacht über ihren Büchern sitzen, anstatt sich an der frischen Luft zu bewegen oder zu schlafen. Die »Rosen« auf ihren Wangen würden erbleichen, und an die Stelle von Frohsinn träten »Mattigkeit, Missmut und Verdrossenheit«.[75]

Paula spürte davon allerdings nichts. Ganz im Gegenteil. Sie war glücklich auf dem Lyzeum.

Mein gedrücktes Selbstvertrauen richtete sich auf, [...] ich wurde ein ganz normales Mädel, wenn auch noch immer ein wenig prüde. Ich freundete mich zum ersten Male mit Menschen an.[76]

Im Sommer 1903 machte Paula die »Lyzeal-Matura« und hielt in der Prüfung einen Vortrag über »Die Bühne Shakespeares«, der sogar in den Jahresberichten der Schule erwähnt wurde.[77] Sie wollte nun Schriftstellerin oder Übersetzerin werden wie ihre Mutter. Doch ihr Vater war dagegen. Das sei zu unsicher, nichts für ein Mädel. Also gab sie nach und ging auf das Lehrerinnenseminar, trat aber der zionistischen Studentenverbindung »Bar Kochba« bei und nahm Kurse in Hebräisch und Säbelfechten.[78] Denn für sie als noch immer überzeugte Herzl-Anhängerin war klar: Eines Tages würde sie nach Palästina gehen und beim Aufbau einer neuen Gesellschaft helfen. Als sie eines Tages ihr Diplom in der Hand hielt, war die Mutter stolz, die Großmutter, Klara Weiß, dagegen gar nicht. Denn obwohl sie selbst äußerst tatkräftig war, ihrem Mann immer im Geschäft geholfen hatte und einen gut gehenden Konfektionsladen auf der Bielitzer Tempelstraße betrieb, seitdem es mit dem Wollhandel bergab ging, war sie – zumindest verbal – gegen jede Frauenemanzipation. Sie hoffe, Paula werde einen guten Mann finden und es nie nötig haben, zu unterrichten, schrieb sie an ihre Tochter.[79] Paula behauptet sogar, sie habe versucht, das frisch erworbene Diplom zu zerreißen.[80] Doch das mag Übertreibung gewesen sein, denn Paula hatte ein sehr schlechtes Verhältnis zu Klara Weiß, während sie Lea, die Großmutter väterlicherseits, innig liebte.

Zwischen Wien und Abbazia

Im März 1904 erhielt Kellner die Nachricht, dass er zum außerordentlichen Professor für englische Philologie an die Universität Czernowitz berufen worden sei. 1875 als »Franz-Josephs-Universität« gegründet, war sie noch relativ jung, die erste deutschsprachige Universität der Bukowina. Es studierten dort Deutsche, Polen, Ruthenen, Moldauer und Rumänen, darunter so viele Juden, dass böse Zungen von einer speziellen »Juden-Universität« sprachen.[81] Vorläufig gab es nur drei Fakultäten: eine philosophische, eine juristische und eine für griechisch-orthodoxe Theologie. Kaum jemand freute sich über eine Berufung in die »k. u. k. akademische Strafkolonie Czernowitz«, denn die Stadt war über tausend Kilometer von Wien entfernt, am Ende der Welt sozusagen. Die Eisenbahn brauchte fast 23 Stunden für die Strecke.

Paula weigerte sich kategorisch, mitzugehen. Sie wollte in Wien bleiben und ihr Studium fortsetzen. Anna war verzweifelt, weil sie schon wieder umziehen musste, und dann auch noch in die hinterste Provinz. Freunde rieten ihr, wenigstens ein Wiener Hausmädchen mitzunehmen, denn in Czernowitz bekomme man »gewöhnlich nur Rutheninnen, die nichts anhätten als ein Hemd und einen Pelz«.[82]

Und Dora? Sie war 14 Jahre alt, auf dem Höhepunkt ihrer Pubertät. Nach unzähligen Umzügen hatte sie seit zwei Jahren endlich einen »festen Wohnsitz« in einem »vornehmen Zinshaus mit prachtvollem großen Garten« in der Nußdorfer Straße 25 im Alsergrund.[83] Der Besitzer, Julius Löw, betrieb dort ein »Realitäten- und Hypotheken-Bureau«. Auf der Straße gab es mehrere Geschäfte: eine k. u. k. Hofbäckerei, einen Laden für »billige und elegante Kleider« und vor allem die 1880 eröffnete »Detailmarkthalle«, die heute noch steht. Hier wurde alles angeboten, was Zunge und Herz eines Feinschmeckers erfreute: Fleisch, Wild, Fisch und Geflügel, Brot, feines Gebäck, Obst, Gemüse, Gewürze, Eier, Sauerkraut und vieles mehr. Dora war fasziniert von dieser Welt, deren Bilder und Gerüche sie nie mehr loslassen würden. Noch Jahrzehnte später schwärmte sie von Stadtvierteln, aus deren Geschäften sich »Kirschen und Tulpen, Hummer, Flundern und Taschenkrebse in wildem Überfluss bis auf den Bürgersteig« ergossen, von Straßen, auf denen Händler ihr »wirres Geschrei erschallen« ließen und Hausfrauen die Lammschulter für den Sonntagstisch prüften.[84]

Und diese schöne Welt sollte sie nun verlassen, um in die »k. u. k. akademische Strafkolonie Czernowitz« zu gehen, eine Stadt mit ungefähr 80 000 Einwohnern, die zwar berühmt für ihre prächtigen Kuppeln, ihre Vielfalt der Sprachen und Religionen und ihr hoch entwickeltes »deutsches« Kulturleben war, aber auch für ihre Bettler, ihren Matsch, ihren Schneeregen und ihren Straßenkot, für ihren Bahnhof, der, gelblich und halb verfallen, schon seit Jahren renoviert werden sollte, um den Reisenden eine etwas freundlichere Begrüßung zu bieten?

Im Frühjahr 1904 trat Kellner seine Stellung in Czernowitz an, nachdem er sich glanzvoll aus Wien verabschiedet hatte. In der von ihm gegründeten jüdischen Bildungs- oder »Toynbee-Halle« im Stadtteil Brigittenau hatte er einen Vortrag über »Israel als Gastvolk« gehalten. Viele Zuhörer sollen unter Tränen gesagt haben, *er* sei es, der sie zum Judentum zurückgeführt habe durch Konzerte, Vorträge, Sprachkurse und gemeinsame Feste. Beladen mit Blumen und verfolgt von »tausendstimmigem Hoch« sei er traurig von dannen geschlichen, so als ob ihm der Jubel irgendwie peinlich gewesen sei.[85]

Paula blieb also in Wien, um ihr Studium fortzusetzen, während Anna, Dora und Viktor ihm zähneknirschend nach Czernowitz folgten, allerdings erst im Herbst, nach einem Sommerurlaub in Abbazia, heute Opatija, Kroatien, ein ungewohnter Luxus, für den Kellner tief in die Tasche gegriffen haben muss. Es war nobel und schön hier. Aristokraten aus aller Welt waren zu Gast, Kaiser Franz Joseph, Elisabeth von Rumänien, Sophie von Schweden. In der Nähe der Strandpromenade waren viele Prachtvillen gebaut worden, aber in der Stadt gab es noch enge, italienisch anmutende Gassen und kleine Kirchen mit schlanken Türmen. Wenn der Kaiser kam, wurde der ganze Ort mit bengalischen Feuern beleuchtet. Überall wehte die Flagge der Habsburger Monarchie. In den Schaufenstern standen Kaiserbüsten. Bis in den Winter blühten Rosen, Kamelien und Oleander. Die Kellners müssen sich wie im Paradies gefühlt haben. Wenn nur die Aussicht auf Czernowitz nicht gewesen wäre!

Dora hat dieser Gegend ein literarisches Denkmal gesetzt, in ihrem Roman *Gas gegen Gas*, den sie in einem Nachdruck *Das Mädchen von Lagosta* genannt hat. »Lagosta« ist eine Phantasie-Insel vor der Adria-Küste, ein kleines Traumland, das viel Ähnlichkeit mit dem realen Abbazia / Opatija hat:

Wind, Sonne und Wasser; der trockene würzige Duft heißer Pinien-
nadeln auf den Lichtungen des Waldes; das Brennen der erfrischten,
vom kalten Salzwasser noch nassen Glieder auf den flachen, erhitzten
Steintafeln des Ufers; Fahrten im Boot nach der Küste, deren Felsen
sich steil vom Grün der Agaven und Lorbeerbäume erhoben; [...]
Fischfang am frühen Morgen oder müßiges Träumen im Schatten des
geliebten blauen Baumes. [...] Vor ihnen lag [...] die Steinmauer, aber
darunter das Meer, zu dieser Stunde der abendlichen Dämmerung mit
zauberhaften Farben übergossen. Das Land fiel hier nicht schroff ab
als Steilküste, sanft senkte es sich zum Wasserspiegel in vielen kleinen, weichen Buchten, schmückte sich mit unzähligen weiß, rosafar-
big und glutrot blühenden Gebüschen und Bäumen. [...] Rechts vom
Hause fing der Wald an, aber links ging der Garten weiter, und durch
die Stämme der Orangenbäume und Palmen schimmerte es vor Blumen. [...] Sie hob Apfelsinen vom Boden auf und schüttelte eine japanische Mispel, dass die kleinen, gelben, kugeligen Früchte über den
Weg rollten. An Blüten und Blättern roch sie. Sie strich mit der Hand
über Taxus und Lorbeer, pflückte einen winzigen Zweig Jasmin und
steckte die Nase in eine voll erblühte weiße Lilie, die sie gelb überpu-
derte.[86]

Czernowitz

Nun also Czernowitz, das »Wien des Ostens«, Hauptstadt der Bukowina, des »Buchenlandes«: ein größerer Kontrast war kaum denkbar.
Denn wenn die Stadt auch von vielen Dichterinnen und Dichtern, die
aus ihr stammten, besungen worden war, von Rose Ausländer, Paul
Celan, Gregor von Rezzori, Karl Emil Franzos, Moses Rosenkranz:
Auf mindestens ebenso viele wirkte sie abstoßend, hässlich und
schmutzig.

Auch Camilla, die Heldin von Doras Roman, empfindet das so,
wobei Dora Czernowitz durch das 270 Kilometer entfernte Lemberg,
heute Lviv, ersetzt, um nicht zu autobiografisch zu werden:

Weit, weithin dehnte sich die unendliche Ebene, einförmig und trostlos, ohne Seen und Wälder, ohne Berge. Es regnete ohne Unterlass.
[...] Das bedrückende Grau des Himmels lastete auf Stoppelfeldern
und Kartofeläckern. Man sehnte sich nach einem Stückchen Lieb-
lichkeit, nach einer romantischen Weide, dem erlenbestandenen
Lauf eines Flüsschens. Aber es gab nur öde Pappelalleen, in denen der
Nebel hing, unsaubere Lehmhäuser, an denen die Feuchtigkeit schon
bis unters Dach gekrochen war, und trübes Wasser von Teichen, die
ihre Ufer überfluteten.
Die podolische Ebene barg auch bei gutem Wetter für Camilla wenig
Reize, es war ihr nie gelungen, die Schönheit der Steppe zu begrei-
fen, von der die russischen und polnischen Dichter singen; unwillkürlich suchte ihr Auge immer nach Berggipfeln, nach Wasserfällen
und Wäldern. [...]
Das gelbe Gebäude im Barockstil [...] roch nach Tinte, Staub, Kreide
und Lysoform wie eine Schule. Camilla erinnerte sich, dass sie einmal
vor vielen Jahren mit ihrem Onkel hier gewesen war. Und plötzlich
sah sie die ganze Stadt, durch die sie wie eine Fremde gewandert war,
mit den Augen des heimwehkranken kleinen Mädchens, sie spürte
wieder den brennenden Hass, den die lehmigen Seitenstraßen ebenso
stark in ihr erweckt hatten wie die rosengeschmückten Anlagen, die
schmutzigen Treppenaufgänge ebenso wie die herrlichen altertümlichen Kirchen und Festungsmauern. Der schönste Ort der Welt wird
zur Hölle, wenn man sich mit der ganzen Kraft eines vierzehnjähri-
gen Herzens fortsehnt.[87]

Leon Kellner hatte eine Wohnung in der Franzensgasse 35 gemietet.
In der Nachbarschaft wohnten Professoren, Pelzhändler, Schlosser,
Posamentierer, Schuhmacher, Tischler, Lehrer, Kaufleute und Fiaker-
kutscher. Sogar die Redaktion des »Bukowinaer Volksblattes« hatte
hier ihren Sitz. Das Gesamtbild der Straße war allerdings trostlos.
Die meisten Häuser waren ein-, wenige zweistöckig. Nur die neueren
hatten elektrisches Licht. Wenn es regnete, stapfte man durch tiefen
Matsch, denn die Straße war größtenteils unbefestigt und bei Schnee

und Glatteis fast nicht passierbar. Da sie weit ab vom Stadtzentrum lag, wurde sie kaum je gereinigt oder instand gehalten.

Bei jedem Wetter trieb man Vieh über die Fahrbahn, das, vom Land kommend, auf den Markt gebracht werden sollte. Herrenlose Hunde streunten herum und griffen Passanten an.[88] Vor den Wirtshäusern sammelten sich die Betrunkenen. Krawalle und Schlägereien waren an der Tagesordnung.[89]

Kein Wunder, dass Anna ihrem Mann bittere Vorwürfe machte, sie hierhergebracht zu haben. Kellner konnte wenigstens in die Universität oder die »akademische Lesehalle« fliehen. Anna nicht. Sie saß Tag für Tag auf der Franzensgasse und versuchte, sich auf ihre Übersetzungen zu konzentrieren. Mit Erfolg. Denn in Czernowitz würdigte man sie schon bald als eine der Besten ihres Faches. »Mit ersten Jänner 1906 beginnen wir mit der Veröffentlichung eines hervorragenden englischen Romanes, übersetzt von Frau Anna Kellner, der Gattin des Herrn Universitätsprofessors Dr. Leon Kellner«, hieß es in einer der Tageszeitungen. »Frau Kellner hat sich auf diesem Gebiete einen bedeutenden Namen erworben, und ihre feine Übersetzungskunst wird auch hier neue Freunde und Verehrer finden.«[90] Es handelte sich um den Roman *Um ein Linsengericht* von Mary Cholmondeley, eine Geschichte über Ehebruch, Emanzipation, schreibende Frauen und den engstirnigen englischen Klerus, die zum Teil fast satirischen Charakter hat, ein Paradestück viktorianisch-feministischer Literatur, das bei seinem Erscheinen in England für Skandale sorgte. Annas Übersetzung war die erste Übertragung ins Deutsche. Damit stand sie genau da, wo ihr Mann sie auf keinen Fall sehen wollte: im Zentrum der österreichischen Frauenbewegung. In ihren Erinnerungen klammert sie »Szenen« in ihrer Ehe sorgsam aus. Aber es wäre ein Wunder, wenn es sie jetzt nicht gegeben hätte.

Lichtblicke

Als Dora kurz nach der Ankunft darauf bestand, das Czernowitzer Mädchenlyzeum besuchen zu dürfen, konnte Kellner kaum nein sagen, denn was er Paula erlaubt hatte, musste er auch Dora gestatten. Es führte zwar auch nur zur Lyzeal-Matura, war aber staatlich anerkannt und galt als sehr liberal. Unter den rund 400 Schülerinnen waren Deutsche, Rumäninnen, Rutheninnen und Polinnen. Weit über die Hälfte von ihnen waren Jüdinnen, denn Czernowitz hatte eine große jüdische Bürgerschaft, darunter viele Akademiker, Geschäftsleute und hohe Beamte. Auch der Bürgermeister, Dr. Eduard Reiß, war Jude und setzte sich für die deutsch-jüdische Kultursymbiose ein.[91]

Da es in Czernowitz wenig Ablenkung gab, hatte Dora genügend Zeit, Klavier und Gesang zu üben. Auf dem Klavier spielte sie besonders gern Bach, Haydn, Mozart und Beethoven, den sie für den größten aller Komponisten hielt. Schumann, Brahms und Grieg lagen ihr weniger. Sie meinte, dass sie vergeblich versucht hätten, das Klavier wie ein eigenes »Instrument« zu behandeln, während es in Wirklichkeit nur ein unvollkommener Ersatz für das Orchester sei.[92] Bei wem sie lernte – ob bei ihrer Mutter, im Selbststudium oder bei einem Lehrer –, ist leider nicht bekannt.

Im Mai 1905 trat sie bei einer Feier auf, die das Lyzeum zum 100. Todestag Friedrich Schillers gab. Die gesamte Presse – das kleine Czernowitz hatte sieben Tageszeitungen! – berichtete darüber. Gemeinsam mit fünf anderen Mädchen sang Dora Solopartien aus dem »Lied von der Glocke« in einer zeitgenössischen Vertonung, eine »anmutige Huldigung« an den »Verkünder der Freiheit und Wahrheit«.[93]

Auch Camilla, die Heldin ihres Romans, ist eine begabte Sängerin. Dora weiß das Timbre ihrer Stimme genau zu beschreiben:

> Tief und dunkel, nicht groß, aber warm und lebendig, frei von falschem Schmelz und Sentimentalität. Sie stieg, klar, einfach und unge-

zwungen empor und senkte sich mit der Leichtigkeit einer Feder, die zur Ruhe kommt.[94]

Sang Dora so ähnlich? »Warm und lebendig«, aber nicht »groß« genug, um zur Bühne zu gehen, was ihr Vater vermutlich auch nie erlaubt hätte? Ihre Liebe zur Musik soll sie immer behalten haben. In ihrem letzten – Londoner – Domizil stand ein Blüthner-Flügel, an dem sie spielte und sang, meistens Beethoven.[95]

Als der erst 57-jährige Eduard Reiß 1907 an einem Schlaganfall starb, war die Trauer groß. Von allen Seiten gingen Kondolenzschreiben ein, sogar vom »Verein der christlichen Deutschen«. Zu seinem Begräbnis hatten sich sämtliche Schülerinnen des Mädchenlyzeums, viele Studenten, der Vorstand der jüdischen Kultusgemeinde und große Teile der Bürgerschaft versammelt. Alle Zeitungen waren sich darüber einig, dass Reiß den »nationalen und konfessionellen Frieden« in dieser »vielsprachigen Gemeinde« gestärkt und gefördert habe und auf lange Sicht von niemandem ersetzt werden könne.[96]

Die Trennung

Ungefähr um diese Zeit, im Frühjahr 1907, muss Anna Kellner sich entschlossen haben, Czernowitz zu verlassen und wieder nach Wien zu gehen. Zur Begründung gab sie an, dass sie Paula nicht länger allein lassen wollte; dass Viktor, der kurz vor dem Eintritt ins Gymnasium stand, sich geweigert habe, Rumänisch zu lernen, was in Czernowitz obligatorisch gewesen sei; vor allem aber, dass Dora, die im Juli 1906 ihre Lyzeal-Matura bestanden hatte, unbedingt wieder nach Wien wollte, um ihre höhere Schulbildung fortzusetzen. Das wäre zwar auch am Staatsgymnasium von Czernowitz möglich gewesen, wie das Beispiel von Ninon Ausländer, der späteren Frau Hermann Hesses, zeigt,[97] doch für Dora war das keine Option. Sie hatte Heimweh und wollte nur fort.

Tatsächlich hatte sich die Stimmung in der Stadt sehr verändert, seitdem der Kampf um die Nachfolge von Reiß ausgebrochen war. Bei aller Verehrung des Toten bestanden die Christlich-Sozialen darauf, dass diesmal *kein* Jude gewählt werden sollte. Eine Zeitung schrieb, »in Kreisen, welche dem antisemitischen Klüngel nicht allzu fern stehen«, sei gedroht worden, dass andernfalls »Blut fließen« würde.[98] Dazu kam es allerdings nicht. Denn Christen und Juden einigten sich auf einen gemäßigten Kandidaten. Bis zu seiner Wahl war die Stadt jedoch herrenlos. Johlende Burschen randalierten auf dem Ringplatz. Die Fenster einer jüdischen Schule wurden zertrümmert. »Auf der ganzen Linie war kein Wachmann zu sehen. Die beste Voraussetzung für ein Pogrom!« hieß es in der Presse.[99]

Anna wird später viele Legenden über ihre angeblich rundum glückliche Ehe verbreiten. Sie seien in 45 Jahren kaum länger als einen Tag getrennt gewesen, schreibt sie zum Beispiel.[100] Tatsächlich waren sie es für mindestens sieben Jahre, denn nach ihrem Wegzug blieb Kellner noch bis 1914 in Czernowitz, und zwar freiwillig. Er hätte sich wegversetzen lassen können, notfalls wieder an eine Schule in Wien. Doch er blieb lieber in Czernowitz, wo er Vorträge über Goethe und Shakespeare hielt, eine weitere jüdische »Toynbee-Halle« gründete, im Vorstand der Kultusgemeinde mitwirkte und als Vorsitzender eines »jüdischen Volksrates« sogar in den Landtag einzog, obwohl Anna und ihre Mutter strikt dagegen waren.

»Lass dich nicht in Politik ein!«, warnte Klara Weiß. Er werde kein »häusliches Glück« und keine »innere Ruhe« mehr finden.[101]

Doch er ließ sich ein, und zwar vehement. Anders als früher vertrat er nun nicht mehr explizit die Idee eines »Judenstaates« in Palästina, sondern forderte mehr Autonomie für die Juden in Österreich, sprich: ihre Gleichstellung mit den anderen Volksgruppen wie den Rumänen, Ruthenen, »Deutschen« und Böhmen und die Anerkennung des Jiddischen als eigene Sprache:

> Wien sagt uns, das Jüdische sei keine Sprache, folglich könne die Regierung die Juden nicht als Nationalität anerkennen [...]. Staatstheoretiker von anderer Färbung sagen, die Juden seien keine Nation, denn

es fehle ihnen der Boden; wieder andere sagen, sie können die Juden nicht als Nation anerkennen, weil sie nicht bewiesen haben, dass sie eine reine Rasse sind und dergleichen Kinkerlitzchen mehr.

Die Juden von heute […] fragen […] euch, die anerkannten Nationalitäten: Sind wir Rumänen? (Zwischenruf) Keine Spur! Wir fragen die Ruthenen: Zählen Sie uns zu den Ruthenen, wenn wir die ruthenische Sprache sprechen? Denn es gibt viele Juden, die vortrefflich Ruthenisch sprechen. Die Ruthenen antworten: Keine Spur!

Nun kommen die Deutschen. Ich bilde mir ein, dass viele von uns die deutsche Sprache und Literatur so sehr in sich aufgenommen haben, dass man sie nach der Sprache sicherlich nicht von den arischen Deutschen unterscheidet. Richtet man aber an die Deutschen die Frage, ob jene Leute, die die deutsche Sprache, Literatur und Kultur in sich aufgenommen haben, Deutsche sind, dann werden die Herren sicherlich mit »Nein« antworten. Was sind wir also? Sie selbst sagen, dass wir nicht Rumänen, nicht Deutsche und nicht Ruthenen sind; wir sagen Ihnen, wir sind Juden![102]

Das war eine Abkehr vom klassischen Zionismus-Gedanken, der Anfang einer Karriere als Volkstribun. Wo immer Kellner sich in Czernowitz oder der Bukowina blicken ließ, die jüdische Bevölkerung feierte ihn und rief »Hoch, Kellner!«. Mochte es seiner Frau gefallen oder nicht: Er dachte gar nicht an eine Rückkehr nach Wien, sondern genoss seinen Ruhm und seinen politischen Auftrag.

Endlich sesshaft

Anna musste sich also mit den Kindern alleine durchschlagen, genauer: mit Viktor und Dora, denn Paula hatte sich ein Zimmer bei Verwandten genommen, weil sie sich mit der Mutter immer schlechter verstand. Anna war strikt dagegen, dass sie nach Palästina auswandern wollte und soll für diesen Fall sogar mit Selbstmord gedroht haben.[103] Sie war keine Verehrerin Herzls und seiner Thesen, sondern hielt sich weitmöglichst vom Zionismus fern, eine Haltung, die sie erst Jahrzehnte später revidieren würde.

Im ersten Jahr scheinen sie mal da, mal dort unterkommen zu sein. Erst 1908 ist wieder eine feste Adresse nachweisbar: Messerschmidtgasse 23 im 18. Bezirk, zwischen Währing und Gersthof. Es gab dort keine romantische »Detailmarkthalle« wie auf der Nußdorfer Straße. Alles war nüchtern, sachlich und modern. Die Fahrbahn und die Bürgersteige wurden gerade verbreitert. Überall entstanden Neubauten.[104] Statt der alten Glöckerlbahn fuhr hier die Dampftramway, mit der man bequem den Westbahnhof erreichen konnte. Die Zimmer im Haus waren groß und hell. Es gab elektrisches Licht. In einer Nachbarwohnung wurde sogar ein »kleines Sanatorium« betrieben, vermutlich für psychisch Kranke.[105]

Wien hatte sich verändert, war moderner und lebenswerter geworden, und zwar ausgerechnet unter Bürgermeister Karl Lueger, der so heftig gegen die Juden agitiert hatte. Es waren neue Parkanlagen, Kirchen, Schulen und Krankenhäuser entstanden, in Simmering wurde ein neues Gaswerk gebaut, es gab mehr bezahlbaren Wohnraum, und auch für die Armen und Arbeitslosen wurde mehr getan. Lueger war als Redner etwas leiser geworden. Man hörte ihn nicht mehr so oft gegen die Juden hetzen und munkelte sogar, dass er gesagt habe:

Ja wissen's, der Antisemitismus is a sehr gutes Agitationsmittel, um in der Politik hinaufzukommen. Wenn man aber einmal oben is, kann man ihn nimmer brauchen, denn des is a Pöbelsport![106]

Seit 1907 ging Dora auf dieselbe Schule, die auch Paula besucht hatte: die Eugenie-Schwarzwald-Schule, deren Leiterin inzwischen noch populärer geworden war, eine Lichtgestalt der Mädchenreformpädagogik. Da Dora ihre Lyzeal-Matura schon gemacht hatte, trat sie sofort in die zweite Stufe der Gymnasialkurse ein, um sich auf die »richtige« Matura vorzubereiten. Im Jahresbericht der Schule heißt es zu diesen Kursen:

Als Vorbildung wird die Absolvierung der unteren drei Lyzealklassen oder der Bürgerschule mit entsprechender privater Ergänzung der Kenntnisse vorausgesetzt, da die modernen Sprachen den Untergrund der gymnasialen Schulung zu bilden haben; eine Aufnahmeprüfung hat in zweifelhaften Fällen das Vorhandensein der nötigen Kenntnisse nachzuweisen. […] Diese Institution soll keine »Presse« sein, sondern eine wirklich humanistische Bildungsanstalt; ihr Ziel ist nicht einzig und allein die Maturität, sondern die Vermittlung einer gründlichen klassizistischen Bildung.[107]

Liest man die Lehrpläne dieser Gymnasialkurse etwas genauer, muss man allerdings doch den Eindruck gewinnen, dass es sich hier um eine Pauk- und Drillanstalt ohne großen pädagogischen Anspruch handelte. Es ging im Grunde nur darum, den Mädchen in vier Jahren einzuhämmern, wofür die Jungen neun Jahre Zeit hatten: Latein und Griechisch, die Voraussetzung für das humanistische Abitur.

Im ersten Jahr ihres Schulbesuchs hatte Dora fünf Wochenstunden in Latein und sechs in Griechisch, aber nur zwei in Deutsch. Kunst und Musik wurden überhaupt nicht gelehrt, Geschichte und Philosophie nur sehr oberflächlich. Der Deutschunterricht reichte von den »ältesten Zeiten bis zum Göttinger Hainbund«, also bis 1775. Im Aufsatz mussten Themen wie »Schöne Ferientage« oder »Poesie der Nacht« bearbeitet werden.[108]

Im darauffolgenden Jahr, 1908, lagen die Schwerpunkte ähnlich. Zehn Stunden Cicero, Livius, Tacitus, Platon, Euripides und dergleichen, zwei Stunden Deutsch, hauptsächlich Schiller und Herder. In Mathematik ging man kaum über bürgerliches Rechnen hinaus. Etwas differenzierter war der Unterricht in »Naturgeschichte«, worunter Zoologie, Somatologie, Botanik und Mineralogie verstanden wurden.[109]

Im dritten und letzten Jahr entfiel dieses Fach. Dafür wurde ein wenig Physik gelehrt. Im Deutschunterricht ging es laut Lehrplan zwar um die Literatur »bis zur Gegenwart«, es werden aber keine Namen genannt, Stefan Zweig, Hugo von Hofmannsthal oder Arthur Schnitzler etwa. Die Aufsatzthemen blieben unverändert anspruchslos und banal: »Warum setzen sich die Menschen den Gefahren des Meeres aus?«, »Warum ist Italien das Land der Sehnsucht der Deutschen?« oder »Die Rolle des Waldes im Haushalte der Natur«. In Geschichte verließ man nie das Territorium des Habsburgerreichs. Deutschland, England oder Frankreich kamen nicht vor, ganz zu schweigen von Russland, Indien oder gar Amerika.[110]

Im Juli 1909 schloss Dora die Gymnasialkurse ab, zusammen mit 14 anderen Mädchen, überwiegend Jüdinnen. Die meisten strebten nun das »richtige« gymnasiale Abitur an. Alle gaben an, studieren zu wollen, und zwar »Naturwissenschaften« (4), Medizin (4), Musikwissenschaft (1), Lehramt (1), Chemie (1), Philologie (1), Philosophie (1) und Mathematik (1).[111] Unmittelbar danach machte Dora das eigentliche Abitur am Akademischen Gymnasium in Wien, einer von Jesuiten gegründeten Eliteschule, die schon Hugo von Hofmannsthal, Arthur Schnitzler und Franz Schubert besucht hatten. Sie bestand wieder alles mit Auszeichnung, als Einzige der acht externen Schülerinnen, die mit einer Ausnahme alle vom Schwarzwald-Lyzeum kamen,[112] eine anscheinend sehr positive Bilanz für diese Schule.

»Ein infames Luder«

Viele Mädchen verblieben nach dem Abitur im Bannkreis Schwarzwalds, die mit ihrem Mann einen großen Salon führte, in dem Schönberg, Kokoschka, Adolf Loos und andere Wiener Künstler verkehrten. Es wurde zwar kein Alkohol getrunken, aber hoch her ging es trotzdem. Ehen, ob zu zweit oder zu dritt, wurden gestiftet und wieder auseinandergebracht. Die Geschlechterrollen vermischten sich. Frau Schwarzwald hatte ihre speziellen jungen Schützlinge, von denen man nie recht wusste, was sie eigentlich für sie waren: Ersatztöchter? Mitarbeiterinnen? Oder Geliebte? Wenn der berühmte Architekt Adolf Loos, Innenausstatter ihrer Villa, sich an kleine Mädchen heranmachte, drückte sie gerne mal ein Auge zu. Seine Frau

Elsie war mehr als 30 Jahre jünger als er und ebenfalls Absolventin der Schwarzwald-Schule. Er kannte sie schon, seitdem sie sechs war. Doch eines Tages war sie ihm nicht mehr »jung« genug. Deshalb verging er sich immer wieder an kleinen Mädchen, bis er 1928 endlich angezeigt wurde, ein großer Schock für die Wiener Boheme. Bei einer Durchsuchung seiner Wohnung wurden Hunderte pornographischer Bilder von Fünf- und Sechsjährigen gefunden. Viele Kinder, die er missbraucht hatte, sagten gegen ihn aus, aber sein Anwalt Gustav Scheu, ein guter Freund Schwarzwalds, verstand es, sie unglaubwürdig zu machen, sodass er mit vier Monaten auf Bewährung davonkam. Zu seiner Rechtfertigung erklärte er, Eugenie Schwarzwald persönlich habe ihn beauftragt, »die Mädchen [...] auf ihre sittliche Tauglichkeit für eine ihrer Kinderverschickungsaktionen« zu prüfen.[113]

»War Schwarzwald hoffnungslos naiv?«, fragt sich ihre englische Biographin Deborah Holmes. »Oder hielt sie die Gefahren, die die aufgeladene Atmosphäre mit sich brachte, für Betriebsunfälle, für einen unvermeidlichen Bestandteil ›schöpferischer Bildung‹?«[114]

Nein, sie glaubte wohl zu sehr an Sigmund Freud, der zwar 1896 vor dem »Verein für Psychiatrie und Neurologie« erklärt hatte, dass »Ausschreitungen von Wüstlingen« gegenüber Kindern zur »lebenslangen seelischen Verstümmelung« der Betroffenen führen würden,[115] spätestens 1905 – in den *Drei Abhandlungen zur Sexualtheorie* – aber offiziell davon abgerückt war, indem er behauptete, Kinder hätten eine voll entwickelte sexuelle Libido und das Recht, diese befriedigt zu sehen. Kindliche Berichte über sexuellen Missbrauch seien in der Regel nur imaginiert oder Ausdruck von Wunschphantasien.[116] Freud fand viel Widerspruch, etwa von William Stern, einem Verwandten Walter Benjamins, der die »Anwendung der sogenannten ›Psychoanalyse‹« auf Kinder kategorisch ablehnte: »Diese Richtung will durch eine fessellose Deuterei in die unbewussten Tiefen der Kinderseele hineinleuchten, in denen sie nichts als ›infantile Sexualität‹ zu finden meint.«[117] Aber dennoch: Freuds »Erkenntnisse« wurden von anderen hoch gepriesen, so auch von dem Kreis um Karl Kraus, der an die revolutionäre Kraft der *Drei Abhandlungen* glaubte und in ihnen den schlüssigen Beweis sah, »dass wir von den biologischen Vorgängen, in denen das Wesen der Sexualität besteht, (noch) lange nicht genug wissen«.[118] Eugenie Schwarzwald hegte eine große Bewunderung für Karl Kraus. Wahrscheinlich glaubte sie, ihren Schützlingen Gutes zu tun, indem sie Freuds Sexualtheorie in die Tat umsetzte.

Im Privathaus der Schwarzwalds fanden Führungen statt, an denen vermutlich auch Dora teilnahm. Eugenie Schwarzwald selbst nannte ihr Heim gern ein »Häusel«. Aber es war ein Museum der Dekadenz und des Luxus. Stiche von Raffael hingen an den Wänden, ein Blüthner-Flügel stand im Musikzimmer, die Loggia war mit japanischen Matten tapeziert, ein blauer Salon barg eine erlesene Bibliothek, englischer Chippendale traf sich mit italienischer Renaissance und Korbmöbeln der Wiener Sezessionisten. Das Seltsamste aber war ihr gelbseidenes Schlafzimmer, das nur durch einen Vorhang vom Salon getrennt war, sodass sie immer kontrollieren konnte, was dort vorging. Halbwüchsige Mädchen saßen zwischen großen Künstlern und aßen Brötchen mit braunem Aufstrich, denn bunte Sandwiches waren Loos, einem Feind jeder Ornamentik, zuwider.[119]

Dora muss in diesem Haus Schlimmes erlebt haben. Denn trotz der guten Noten, die sie ihr zu verdanken hatte, hasste sie »die Schwarzwald« von ganzem Herzen, womit sie übrigens nicht allein dastand. Für die einen war sie eine der besten Pädagoginnen der Neuzeit, für die anderen eine fette neureiche Galizierin, die skrupellos über die »Scherben gequälter Mädchenseelen« hinwegging.[120] Als Schwarzwald 1938 ins Exil gehen musste, weil ihre Schule »arisiert« worden war, zeigte Dora keine Spur von Mitleid, sondern schrieb an Benjamin:

> Die Akten über Genia Schwarzwald sind nun geschlossen. Sie ist und bleibt ein infames Luder, wird niemand mehr nützen, aber hoffentlich auch niemand mehr schaden.[121]

Dieser Hass ist eigentlich nur durch sexuellen Missbrauch zu erklären, ob er nun von Eugenie Schwarzwald selbst oder einem ihrer männlichen Gäste ausgeübt wurde. Dora war groß, blond und schön, ein Typus, den die Schwarzwald besonders liebte. Zur Erklärung des Phänomens »Antisemitismus« soll sie einmal gesagt haben:

Wenn ihr euch nebeneinander ein hochgewachsenes, blondes, blauäugiges Paar vorstellen könnt aus dem hohen Norden, Schweden vielleicht, und daneben ein kleines, verhutzeltes, jüdisches ostpolnisches Ehepaar und dazu beider Paare Bewegungen, Sprache und Gehaben, ist es da nicht vielleicht ein wenig zu verstehen, wem von der Welt [...] bei weitem der Vorzug gegeben wird?[122]

Was immer Dora in dieser schwülen Atmosphäre erlebt haben mag, es muss schrecklich gewesen sein. Denn zu solcher Aggressivität hat sie sich sonst selten hinreißen lassen.

Dora Kellner um 1909. Fotografiert von Rudolf Jobst, Wien

2

DAS LEBEN DER STUDENTEN

(1909 – 1914)

Zwischen Chemie und Philosophie

Schon auf der Schule hatte Dora angekündigt, Chemie studieren zu wollen, als Einzige aus ihrer Klasse. Die Überraschung der Eltern muss groß gewesen sein. Sie war doch mit Musik und Literatur aufgewachsen? Und in den Gymnasialkursen bei Eugenie Schwarzwald war Chemie gar nicht gelehrt worden, wenn man von dem Mischfach Naturgeschichte absieht, in dem ein Professor Noe die Sulfide, Oxyde und Haloidsalze behandelt hatte?[1]

Wahrscheinlich war es ein Versuch der Ablösung von ihrem Vater. Denn so gebildet und redegewandt er auch war: Von Chemie und Naturwissenschaften überhaupt verstand er rein gar nichts. Und er war immer noch der Ansicht, dass die Rolle der jüdischen Frau vor allem darin bestehe, »jüdische Werte« innerhalb der Familie weiterzugeben und die »jüdische Nation« zu erhalten.[2]

Da der Andrang auf das Fach sehr groß war, mussten zwei, zeitweilig sogar drei chemische Institute betrieben werden, die allerdings in schlechtem Zustand waren. Im Oktober 1909 versammelten sich Professoren und Studenten zu einer Demonstration: Jeder Gewerbeinspektor würde einschreiten, wenn er in einer Fabrik so unhygienische Zustände vorfände wie in den chemischen Instituten. Es war ungewöhnlich, dass Professoren und Studenten sich öffentlich solidarisierten. Es war auch ungewöhnlich, dass immerhin vier Juden im Kollegium waren: Jacques Pollak, Josef Herzig, Eduard Lippmann und Guido Goldschmiedt. Sie bekamen allerdings weniger Jahresgehalt als die »Christen«, wurden langsamer befördert[3] und mussten immer wieder erleben, dass die Presse hämische Bemerkungen über sie machte: »Muss es denn immer ein Jude sein?« schrieb etwa das *Deutsche Volksblatt* zur Berufung von Guido Goldschmiedt.[4]

Ungefähr zehn Prozent aller Studierenden der Chemie in dieser Zeit waren Frauen, die aus allen Kronländern der Monarchie kamen. Sie waren überwiegend jüdisch. In ihren »Nationalen« (so heißen in Österreich die Studienbücher), die sie selbst auszufüllen hatten, gaben sie als Muttersprachen Deutsch, Russisch, Ruthenisch, Rumänisch, Polnisch, Italienisch, Kroatisch, Ungarisch und sogar »Jüdisch« an, obwohl »Jüdisch« nicht als Sprache, sondern nur als »Jargon« galt, was für großes Selbstbewusstsein dieser jungen Frauen spricht.

Pünktlich zum Studienbeginn ließ Dora sich fotografieren von Rudolf Jobst, einem bekannten Porträt-Fotografen, der besonders bei Bühnenkünstlern beliebt war. Das Bild zeigt eine ernst und entschlossen wirkende junge Frau mit hellen Augen, gerader Nase und vollen, schön geschwungenen Lippen. Das üppige blonde Haar ist in der Mitte gescheitelt und an den Seiten kunstvoll hochgesteckt, ihr Kleid – Samt mit Spitzeneinsatz – verhüllt weitaus mehr als es frei gibt. Trotzdem lässt das Bild ahnen, dass viele Männer von ihrer »Schönheit und starken Präsenz«[5] tief beeindruckt waren und sich reihenweise in sie verliebten.

Aus den Studienbüchern der Universität Wien kann man relativ genau ablesen, was sie im Einzelnen belegt und gehört hat:

Im Wintersemester 1909/10 Differenzial- und Integralrechnung, chemische Übungen für Anfänger, Experimentalchemie und »hygienische Pädagogik«, aber auch eine »Einleitung in die Philosophie«. Im zweiten Semester organische Chemie, chemische Thermodynamik, Laborarbeiten für »Vorgeschrittene« und »praktische Mittelschulpädagogik«, im dritten Semester »theoretische und physikalische« Chemie. Mit einem Seminar über Arthur Schopenhauer taucht wieder das Fach »Philosophie« auf. Dieses Interesse lässt sich bis 1912 mit Veranstaltungen über Feuerbach, René Descartes und die »Geschichte der Philosophie« weiter nachweisen. Das Thema ließ sie offenbar nicht mehr los und stand schließlich gleichberechtigt neben genuin chemischen Lehrstoffen.

Dora hat in ihren Wiener Jahren vor allem bei Friedrich Jodl, dem Doktorvater von Stefan Zweig und Egon Friedell Philosophie gehört. Ein weiterer Lieblingsdozent, Wilhelm Jerusalem, vertrat ein modernes interdisziplinäres Konzept, bestehend aus Philosophie, Soziologie, Reformpädagogik und Psychologie. Er hatte eine Lehrerlaubnis als Rabbiner und stand jahrelang der jüdischen Loge B'nai B'rith in Wien vor. Es ist also nicht nur diskreditierend, sondern auch objektiv falsch, wenn Zeitzeugen wie die ehemaligen Benjamin-Freunde Franz Sachs und Herbert Blumenthal die spätere Dora Benjamin als »ehrgeizige Gans« oder »Alma Mahler en miniature« bezeichnen, die ihrem Mann keine intellektuelle Partnerin habe sein können.[6]

Max Pollak

Um Wilhelm Jerusalem und die anderen Professoren des philosophischen Instituts scharten sich eine Reihe junger Männer, die der Psychoanalyse nahestanden oder gar Schüler von Sigmund Freud waren, Theodor Reik[7] und Siegfried Bernfeld zum Beispiel. Man diskutierte über die »Traumdeutung«, frühkindliche Libido, Kindheitserinnerungen, Scham, Ekel und Inzest, über Bisexualität, Eltern-Kind-Beziehungen, den Ödipus-Komplex und neue Konzepte der Pädagogik, wobei Bernfeld neben dem Namen Freud immer wieder den von Karl Marx ins Spiel brachte, dessen Werk der Grundpfeiler einer künftigen Erziehungswissenschaft sei. Hatte Dora Beziehungen oder Affären in diesem Kreis? Vielleicht mit Bernfeld, der nicht nur als mitreißend klug, sondern auch als groß und schön beschrieben wird, »mit [...] pechschwarzen zurückliegenden Haaren und [...] riesigen schwarzen Augen«, ein Mensch, der »alles Zeug zu einem Jugendführer in sich hatte«?[8]

Sehr verwunderlich wäre es nicht, denn durch die vielen Gespräche über die »Seele« wurde man schnell vertraut miteinander. Konkret nachzuweisen ist es allerdings auch nicht, da es keine persönlichen Aufzeichnungen aus dieser Zeit gibt. Die ersten nachweisbaren Briefe von Dora stammen aus dem Jahr 1914, lassen aber keinen Zweifel daran, dass es wenigstens zwei Beziehungen gab, die sie unter Schmerzen gelöst hat: In der einen war der Mann »adelig, aber hart wie Marmor«, in der anderen »gut«, aber ohne »Adel«.[9] Das klingt nach großer emotionaler Verwirrung, wenn nicht Überspanntheit, kein Wunder nach den Jahren bei Eugenie Schwarzwald, die nicht nur Dora in Not und Verwirrung zurückließen. Sie mischte sich buchstäblich in alles ein, ließ sich Freunde und Verlobte ihrer Schülerinnen vorführen, gab ihre Zustimmung oder auch nicht und sorgte, wie Carl Zuckmayers Frau Alice Herdan, ebenfalls Schwarzwald-Schülerin, einmal schrieb, für eine Atmosphäre, in der »es knisterte und funkte wie von ungesicherten elektrischen Leitungen, die im nächsten Augenblick ein Feuer entzünden könnten«.[10]

Die Kellners waren, wie Doras Mutter einmal schreibt, eine »Kletten-Familie«.[11] Jeder machte sich Gedanken über jeden, ob es nun um Gesundheit, Finanzen oder das Liebesleben ging. »Wir sind eine zahlreiche und über die Maßen zärtliche Familie«, schrieb Leon Kellner in einem autobiographischen Text. »Wir sind über weite Länderstrecken zerstreut, aber das hat unser Gefühl der Zusammengehörigkeit eher gestärkt als vermindert. Wenn das Kind unserer Pariser Nichte Zähne bekommt, so stört das unsere Nächte in Wien. Ist die Ernte eines Vetters in der Slowakei durch andauerndes Regenwetter bedroht, so kommen wir alle um den Appetit.«[12]

Als Annas Vater 1899 starb, versammelten sich alle erwachsenen Kinder in Bielitz. Die Mutter beschwor sie, immer füreinander da zu sein, jeder für jeden.[13] Nach seinem Tod übernahm sie das unbestrittene Kommando, unterstützt von Moritz, ihrem zweitältesten Sohn. Sie schrieb fast täglich an jedes ihrer zwölf Kinder, witzig, liebevoll, anteilnehmend, aber auch streng und ermahnend. Der einen Tochter schrieb sie, dass sie zu dick sei, der anderen, dass sie schütteres Haar habe, der dritten, dass sie zu viel Geld ausgebe und der vierten, dass sie ihren Mann durch ihr zänkisches Wesen aus dem Haus treibe. Wie viele ihrer Töchter sie unter Zwang verheiratet hat, ist nicht bekannt, bis auf Anna wahrscheinlich alle. Rosa, die Älteste, die als unschön und schwer vermittelbar galt, wurde mit dem Dortmunder Buchhändler Sali Schanzer verkuppelt,[14] Henriette mit einem Verwandten, Samuel Ami Weiß.[15] Auch das Schicksal der Enkelinnen lag ihr sehr am Herzen, besonders das von Paula und Dora, um die sie sich große Sorgen machte, weil Anna, ihre Mutter, sie so gründlich verzogen habe:

Liebes Annerle, [...] ich fürchte, es wird euch schwer werden, eure Töchter zu verheiraten. Erstens stellt Paula an einen Mann zu große Ansprüche; zweitens bist du ebenso dumm – verzeih, ich wollte sagen »ideal« wie sie.[16]

Bei Paula war das Problem bald gelöst. Man fand für sie einen Mann, der wie ihr Vater aus Tarnów stammte, Dr. Max Arnold, eigentlich Markus Apfelbaum, einen Anwalt, fast 20 Jahre älter als sie. Paula fand nichts dabei, ganz im Gegenteil. »Nebenbei gesagt, waren diese vermittelten Ehen oft glücklicher als die Liebesehen«, schreibt sie in ihren Erinnerungen.[17] Auch bei Dora scheint man nach diesem Prinzip verfahren zu sein, indem man Max Pollak, geboren am 6.1.1889, auf den Tag genau ein Jahr älter als sie, für sie aussuchte. Er stammte aus einer reichen Bielitzer Industriellenfamilie, die zunächst orientalische Kopfbedeckungen, vor allem den türkischen und arabischen Fez, später Nägel, Nieten und Schrauben herstellte. Man kannte sich, ob aus der »Schul«, dem Tempel, verschiedenen Wohltätigkeitsvereinen, den koscheren Gasthäusern oder dem Geschäftsleben. Klara betrieb den einzigen größeren Konfektionsladen am Ort. Es war unvermeidlich, dass die Pollaks bei ihr kauften. Es ist auch sehr gut möglich, dass ihr Mann die Wolle für die Pollak'schen Feze geliefert hatte, feinstes Material aus Ungarn, Australien und Südrussland, mit dem er sich bestens auskannte.

Klara Weiß starb im Februar 1911, »bis zu ihrem letzten Atemzuge ein Muster edler Pflichterfüllung und hingebungsvoller Liebe«.[18]

Vermutlich war da schon alles für Dora eingefädelt. Jedenfalls fand am 30. Juni 1912 die Hochzeit statt. In der großen Bielitzer Synagoge, durchaus pompös also. Viele Zeitungen berichteten über das Ereignis, denn Pollaks Vater war schließlich ein »Großindustrieller« und der von Dora ein »Universitätsprofessor«.[19] Auch die Wohnverhältnisse der Pollaks ließen nichts zu wünschen übrig. Sie lebten nicht, wie die Kellners, in einer einfachen Mietwohnung, sondern in einer prächtigen Villa in der Nähe des »deutschen« Stadttheaters.

Den Bräutigam selbst hatte sich offenbar niemand genauer angesehen, sonst hätten sich erhebliche Zweifel regen müssen, denn bei allem Misstrauen in die »romantische Liebe« war vorhersehbar, dass aus dieser Ehe nichts werden würde. Schon auf der Schule galt er als verhaltensauffällig, wenn auch hochbegabt, exzellent in Musik, Griechisch und Mathematik, aber immer wieder zu »unsittlichem Betragen« neigend,[20] wie er 1952 einem Analytiker, Dr. Kurt Eissler, erklärte. Wegen kindlicher Angstzustände kam er früh in psychoanalytische Behandlung – zu einem gewissen Dr. Sigmund Freud, der in einem muffigen Ordinationszimmer auf der Wiener Berggasse saß, eingepfercht zwischen Büchern, Polstermöbeln und Nippesfiguren. Pollak erklärte später, Freud habe ihm erklärt, dass er zu viel Klavier spiele und unter einem vorgeburtlichen Trauma leide. Auf seine Mutter, die ihn mit äußerster Strenge erzog und, um ihn abzuhärten, eine Uhr in seinem Zimmer anbringen ließ, die Tag und Nacht jede halbe Stunde laut schlug, sei er nicht weiter eingegangen.

Nach dem Abitur habe er zunächst Medizin studieren wollen, in München, wo er sich maßlos überanstrengt habe. Die Folgen: zu niedriger Blutdruck, kaum noch Puls, schwerer Kollaps. Daraufhin habe man ihn zum ersten Mal in ein psychiatrisches Sanatorium gebracht, nach Wien-Inzersdorf, zu Dr. Emil Redlich, einer »rührenden Mischung aus einem Schimpansen und Jesus«. Dann: Praktikum in einem Familienbetrieb in der Nähe von Brünn. Dort erneute Katastrophe, denn die Toilette sei nur über einen dunklen Hof zu erreichen gewesen, sodass er sich völlig abgewöhnt habe, sie zu benutzen. Weitere Psychiatrie-Aufenthalte. Fortsetzung des Studiums in Wien. Dort Begegnung oder Wiederbegegnung mit Dora, die er wahrscheinlich schon seit seiner Kindheit kannte. Interesse für Philosophie und Chemie. Gemeinsamer Besuch von Vorlesungen und Seminaren. Aber Liebe? Davon ist nirgends die Rede. In seinem Interview mit Kurt Eissler klammert er das Thema »Dora« vollständig aus.

Als sie heirateten oder wohl eher: verheiratet wurden, war er selbst 23, Dora 22 Jahre alt, beide nach österreichischem Recht noch nicht volljährig. Pollak konnte sich bei Gericht für mündig erklären lassen, Dora brauchte die schriftliche Erlaubnis ihres Vaters, die ins Matrikenbuch der jüdischen Gemeinde von Bielitz eingetragen wurde. Pollak ist darin als »Chemiker« verzeichnet, obwohl er sein Studium niemals abgeschlossen hat.[21] Die meisten Benjamin-Biographen bezeichnen ihn als »Journalist«. Aber es ist kein einziger Text von ihm nachweisbar. Woher diese Annahme rührt, bleibt ein Rätsel.

Dora selbst hat sich nur einmal zu dem Thema »Zwangsehe« geäußert. In ihrem Roman *Gas gegen Gas* oder *Das Mädchen von Lagosta* schreibt sie:

> Ein junger Mann hat sich mit irgendeinem armen Mädel eingelassen, die Familie ist dagegen, es wäre auch ein Jammer um den prächtigen Menschen. Was tut H.? Er verschafft dem Mädchen einen reichen Verehrer, und allen ist geholfen. – Die Familie kann den jungen Mann mit der guten Partie verheiraten, die sie ihm ausgesucht hat, und das Mädchen sieht nach einer Weile selber ein, dass es so am besten ist.[22]

Nie vollzogen

In den fünfziger Jahren wird sie den englischen Behörden gegenüber versichern, dass die Ehe mit Pollak quasi nicht existiert habe, da sie »nie vollzogen« worden sei.[23] Körperliche Gründe hatte das offenbar nicht. Denn seine zweite Frau, Lisa Bergmann, bekam von ihm 1918 einen Sohn. Vielleicht widersetzten sich beide dem familiären Zwang, indem sie den »ehelichen Pflichten« bewusst nicht nachkamen, sondern einander wie Fremde behandelten, bestenfalls wie Freunde oder Geschwister?

Bis September 1912 scheint Dora sich in Wien als Hausfrau versucht zu haben,[24] dann ging sie mit Pollak nach Berlin, wo sie zunächst in einer japanischen Pension wohnten. Das Ganze wirkte sehr überstürzt und hatte den Charakter einer Flucht. Pollak wollte weg von seiner Familie, die ihm wohl ständig vorhielt, ein Versager zu sein, den man noch nicht einmal im Familienbetrieb einsetzen könne. Doch auch Dora brauchte Distanz, vor allem vom Vater, der sich in den Jahren in Czernowitz sehr verändert hatte.

Man wusste manchmal gar nicht mehr, wer oder was er war. Anglist? Zionist? Journalist? Österreichischer Patriot? Patriarch? Orthodoxer Jude? Politischer Agitator? Als Chronist der nordamerikanischen Literatur, über die er ein hervorragendes Kompendium schrieb,[25] trat er leidenschaftlich gegen Rassismus ein. Als Jude verteidigte er den Alleinanspruch seines Volkes auf das Alte Testament, das sich die Christen wie Räuber in der Nacht angeeignet hätten.[26] Er träumte von der Herrschaft der Juden »vom Euphrat bis zum Libanon«[27] und war doch dafür, dass sie sich in Österreich als »Nation« etablierten.[28] Er liebte die vermeintlich friedliche k. u. k. Monarchie, in der alle Völker unter dem Schutz eines großmütigen Kaisers lebten und nannte sie gleichzeitig eine feindselige Fremde.[29] Er pries Harriet Beecher-Stowe als geborene Erzählerin und rief die jüdische Frau zurück an den Herd. Er schalt den amerikanischen Calvinismus als »Schreckenslehre« und verherrlichte seine eigene orthodoxe Kindheit, in der er vom Rebben mit der Peitsche geschlagen worden war.[30] Vielleicht war er in Czernowitz zu weit weg von der Familie und vom kollegialen Diskurs, sodass ihm jede Selbstkritik abhandengekommen war.

Seine Besuche in Wien wurden immer seltener. Wenn er da war, gab es viel Streit, vor allem mit Dora, die ihm nicht immer folgen konnte und wollte. Sie war von Wilhelm Jerusalem philosophisch geschult worden und konnte gut diskutieren, auch über Themen, von denen Kellner besonders viel zu verstehen glaubte, wie etwa

Sozialismus und Zionismus. Kellner war immer gegen die »Rothen« gewesen. Jerusalem dagegen hielt Marx und Lassalle für »die größten Kulturfaktoren des 19. Jahrhunderts« und glaubte, dass sie die »neue Wissenschaft von der menschlichen Gesellschaft«, die Soziologie, begründet hätten.[31] Er war dezidiert gegen den Zionismus, dem er sich aufgrund seines »Bildungsganges« und seines »Verhältnisses zur deutschen Wissenschaft« nicht anschließen könne, wenn er ihn auch als vitale Kraft betrachte.[32] Insgesamt argumentierte er viel sachlicher als Kellner, kannte aber – da studierter Rabbiner – Bibel und Talmud mindestens genauso gut wie er, wenn nicht besser. Das mag einen Keil zwischen Vater und Tochter getrieben haben: dass sie ihn nicht mehr als einzige Autorität sah, sondern sich auch an anderen – ebenfalls jüdischen – Vorbildern orientierte. Zu Gershom Scholem sagte sie einmal, dass sie sich von dem »zionistischen Milieu« ihres Elternhauses distanziert habe.[33] In Wahrheit aber war es wohl eher der Vater, den sie immer kritischer sah oder vielleicht schlicht nicht mehr ertragen konnte.

Zwischen Motz-Bar und Sprechsaal

Die japanische Pension Matsushita in Berlin lag auf der Motzstraße zwischen Viktoria-Luise- und Nollendorf-Platz. Es war ein buntes internationales Viertel mit Theatern, Cafés, Läden und Travestie-Lokalen, die von Homosexuellen beiderlei Geschlechts besucht wurden. Unten im Haus befand sich eine Bar, die »Motz-Bar«, gleich nebenan das »Café Imperial«, in dem man manchmal einen Herrn namens Rudolf Steiner, den Begründer der »Anthroposophie«, sehen konnte. Mit seiner Frau, einer Schauspielerin, wohnte er seit Jahren auf der Motzstraße, wo es ihm offenbar gut gefiel. Gelegentlich spazierte auch die Dichterin Else Lasker-Schüler, »Prinz von Theben« genannt, in ihren exotisch bunten Gewändern vorbei, denn das Hotel Koschel im Haus Nummer 78 war ein beliebter Künstlertreffpunkt, in dem es billige Zimmer auf Kredit gab.

Auf Dauer brauchten Dora und Max natürlich eine richtige Wohnung, in der sie ihr Klavier, ihre Bücher und ihren Hausrat unterbringen konnten. Zur Hochzeit waren sie großzügig beschenkt worden: mit Bildern, Sitzmöbeln, Schränken, Glas, Porzellan, Teppichen, alles von erlesener Qualität. Dora war an einfache Wohnverhältnisse gewöhnt. Aber Max hatte es gerne etwas luxuriöser. Seine Verwandten pflegten in noblen Villen zu leben, ob in Brünn oder in Bielitz. Es musste also etwas Adäquates beschafft werden, in der Emser Straße 22 in Wilmersdorf, ein vornehmes Domizil mit »dekorativen Stuckverzierungen, charaktervollem Parkett, weißen Sprossentüren« und einem »verglasten Erker«, das »perfekte Zuhause für Ästheten und Repräsentanten, die sich in herrschaftlichen Räumen wohl fühlen«.[34] Anders als auf der Motzstraße, wo alle sozialen Schichten nebeneinander lebten, gehörten die Mieter hier ausschließlich den gehobenen Kreisen an: ein Verlagsbuchhändler, ein Gesangsprofessor, ein Fabrikbesitzer, ein Architekt. Dass die beiden sich diese Wohnung leisten konnten, obwohl niemand von ihnen auch nur einen Pfennig verdiente, lag daran, dass der Vater von Max, Theodor Pollak am 28. Dezember 1912 »nach langem schweren Leiden sanft entschlafen« war,[35] sodass ein Teil von Max' Erbe an der Bielitzer Schrauben-und-Nieten-Fabrik fällig wurde.

Dora und Max immatrikulierten sich im Wintersemester 1912 erneut für Chemie, wahrscheinlich ohne allzu oft in der Universität zu erscheinen, denn Berlin war einfach zu aufregend. Über zwei Millionen Einwohner, prächtige Kinos auf dem Kurfürstendamm, das neue Kaufhaus Tietz in der Leipziger Straße, die Ausstellung der Sezession mit Werken von Liebermann, Beckmann, Pechstein und Corinth, Uraufführung von Schönberg-Kompositionen, Eröffnung eines neuen Opernhauses in Charlottenburg, fast 50 U-Bahnhöfe, provozierende Stücke von Sternheim am deutschen Theater. Wer sollte sich da noch für Chemie interessieren?

Zu vereinsamen drohten sie auf der Universität allerdings nicht, denn sie fanden viele Kommilitoninnen und Kommilitonen, die aus Galizien, Kärnten, Niederösterreich oder Böhmen kamen. Sie fanden sogar einen alten Freund wieder, Herbert Blumenthal. Er war oft in Wien gewesen, weil er dort Verwandte oder Bekannte hatte, die ihrerseits mit den Kellners verkehrten. Später wird er Dora als eine »Wiener Freundin« bezeichnen, die »den gescheitesten und reichsten Mann ihres Kreises geheiratet« habe, was nur zeigt, wie wenig er von ihr wusste. Von ihm stammt der schöne Ausspruch, sie sei damals »eine ehrgeizige Gans« gewesen, »die in den allerneuesten geistigen Strömungen schwimmen wollte«.[36] Doch Pollak, ein »Neuropath, unfähig, einen Beruf zu ergreifen«, habe sie sehr enttäuscht. Er habe ein Buch nach dem anderen verschlungen, endlos geredet und sich zu einer »ermüdenden Enzyklopädie für Kunst und Wissenschaft« entwickelt. Diese Beleidigungen hat Blumenthal, der sich später Belmore nannte, 1975, elf Jahre nach Doras Tod, niedergeschrieben, wahrscheinlich aus Frustration und verschmähter Liebe.

Damals – 1912 – verstand er sich offenbar noch sehr gut mit ihr. Er war es wohl, der Dora und Max in den »Sprechsaal« einführte, der im Sommer 1913 in Berlin gegründet wurde. Interessenten sollten sich bei einem gewissen Franz Sachs, Fasanenstr. 74, melden, einem Schulkameraden von Walter Benjamin.[37] Für Dora und Max muss das sehr aufregend gewesen sein. Denn der »Sprechsaal« war eigentlich eine Wiener Erfindung. Ihr Initiator war ein Kommilitone, eben jener Siegfried Bernfeld, den sie beide im philosophischen Seminar der Universität kennengelernt hatten, ein hellwacher, rhetorisch hochbegabter junger Mann, der gerade seine Doktorarbeit über den »Begriff der Jugend« schrieb.

Im Wiener »Sprechsaal« wurde leidenschaftlich über Kunst, Literatur, Sexualmoral, Frauen- und Friedensbewegung, vor allem aber über Erziehung diskutiert, ein Thema, das Bernfeld besonders am Herzen lag. Das Ganze war so spannend und provokativ, dass alsbald nicht nur, wie ursprünglich beabsichtigt, »Wiener Mittelschüler« zu den Versammlungen kamen, sondern auch junge Künstler und Intellektuelle wie der Komponist Ernst Krenek und die Mathematikerin Hilda Geiringer, eine Absolventin der Eugenie-Schwarzwald-Schule.

Nun gab es eine solche Institution also auch in Berlin. Eine glückliche Fügung für Dora und Max, wenn der Berliner Sprechsaal auch viel unpolitischer war als der Wiener und weniger auf Freud und Marx als auf Fichte, Nietzsche und George Bezug nahm, vor allem aber auf die »Wandervogel«-Tradition, die eine Reihe völkisch-antisemitischer Elemente enthielt, auch wenn viele Juden unter den Mitgliedern waren. Wortführer war ein Mann, der um diese Zeit schon mittleren Alters war: Gustav Wyneken, Lehrer, promovierter Philosoph, Sohn eines protestantischen Pfarrers, *der* Schulreformer der Vorkriegsära und für einige Zeit geistiger Ziehvater Walter Benjamins, den er in Deutsch und Geschichte unterrichtet hatte. Er war Herausgeber der Zeitschrift *Der Anfang*, des Organs der Jugendkultur- und Sprechsaalbewegung, das allerdings von zwei wesentlich jüngeren Männern redigiert wurde, Siegfried Bernfeld in Wien und Georges Barbizon in Berlin. Die Beiträge stammten von jungen Leuten, die sich nirgendwo adäquat vertreten fühlten, weder im Elternhaus noch in Schule, Presse oder Universität.

»Der *Anfang* ist die einzige Zeitschrift, in der die Jugend völlig unbevormundet zu Wort kommt« hieß es im Juli-Heft 1914. »Der *Anfang* gehört der Jugend, die sich nach eigener Bestimmung [...] in innerer Wahrhaftigkeit ihr Leben zu gestalten sucht.«[38]

Auch Walter Benjamin zählte von Beginn an zu den Autoren. Schon im ersten Heft machte er sich unter dem Pseudonym »Ardor« über einen Deutschlehrer lustig, der zu seinen Oberprimanern gesagt habe:

Weiter als bis Kleist gehe ich mit Ihnen nicht. Modernes wird nicht gelesen! [...] Ibsen – wenn ich schon det Schimpansengesicht sehe![39]

Obwohl Wyneken seine pädagogischen Bemühungen auf »Knaben«, die er über alles liebte, konzentrierte, fanden sich in den Sprechsälen viele junge Frauen ein. An der Zeitschrift *Der Anfang* wirkten Studentinnen und sogar Schülerinnen mit, die zum Teil herzerfrischend selbstbewusste Beiträge schrieben. Im Januarheft 1914 heißt es zum Beispiel:

Wie können Jungens es wagen, von uns Kameradschaft zu fordern, wenn sie in ihrer egoistischen Passivität und Bequemlichkeit nicht mal auf die Idee kommen, Professoren zu boykottieren, die die Kameradinnen von ihren Collegs ausschließen? [...] Die Ehefrau rangiert nach dem heutigen Gesetz neben dem besoldeten Hausgesinde, das ebenso wie sie ungestraft von dem »Herrn« geprügelt werden kann, soweit nicht Körperverletzung im strafrechtlichen Sinn vorliegt. (Das Hausgesinde hat allerdings gegenüber der Ehefrau den Vorteil der Freizügigkeit: die monatliche Kündigung!) [...] Fünfhundert Jahre vollständiger politischer, juristischer und sozialer Gleichberechtigung – das ist die unerlässliche Vorbedingung für jedes Debattieren über geistige oder sittliche Verschiedenheit der Geschlechter.[40]

Liebe und Hilfe

Am 4. Mai 1914 erwähnt Dora zum ersten Mal den Namen Walter Benjamins. In einem Brief an Herbert Blumenthal schreibt sie:

Gestern war ich den ganzen Tag zu Hause. Heute Abend ist Benjamins Rede.[41]

Als Vorsitzender der »Freien Studentenschaft« würde er über das Thema »Hilfe« sprechen, das sie selbst vorgeschlagen hatte. Am nächsten Tag, dem 5. Mai 1914, berichtet sie Blumenthal, der zu dieser Zeit gerade in London war:

Benjamins Rede – Du kennst ihn. Es war wie eine Erlösung. Man atmete kaum. Er wird Dir wohl selbst eine Abschrift senden. Unser Kreis fühlte: wäre nur Herbert hier![42]

Nach Benjamins Rede, deren Text nicht überliefert ist, stürmte Dora auf ihn zu und überreichte ihm Rosen, die sie vorsorglich eingekauft hatte. Sie erklärte, das tue sie, weil seine Freundin, Grete Radt, derzeit Studentin der Philosophie, nicht in Berlin sei. Benjamin reagierte darauf nicht etwa verstimmt, sondern begeistert. Noch nie hätten ihn Blumen so beglückt, schrieb er an Herbert Blumenthal, mit dem auch ihn eine enge Freundschaft verband.[43] Dora habe ihm die Rosen stellvertretend für Grete gegeben, »gleichsam von Grete«. Auf die Idee, dass sie sich selbst etwas davon versprach, kam er wohl nicht.

Später am Abend saßen sie noch zu mehreren zusammen: Dora, Max Pollak, Walter Benjamin, dessen Freunde Franz Sachs und Fritz Heinle, einige Frauen, darunter die aus Köln stammende Geschichtsstudentin Helene Wieruszowski und noch ein paar andere. Eine junge Frau namens Lisa Bergmann ging vorzeitig nach Hause, weil sie glaubte, nicht mitdiskutieren zu können, da sie aus einfachen Verhältnissen stammte und nicht studierte. Außerdem bahnte sich zwischen ihr und Max Pollak eine Affäre an, was Dora wusste. Aber das war nicht so schlimm. Das war in diesem Kreis ganz normal. Fast alle waren ein bisschen verliebt ineinander. Franz Sachs zum Beispiel hatte ein Verhältnis mit einer Frau namens Genia, flirtete aber trotzdem mit Helene Wieruszowski und führte so intensive Gespräche mit Dora, dass jeder normale Ehemann eifersüchtig geworden wäre. Aber Max Pollak war eben kein normaler Ehemann. Er war ihr Zwangsgefährte. Deshalb gab es zwischen ihnen auch keine Eifersucht. Jedenfalls noch nicht.

Bei Tisch wurde weiter von Doras Thema, von »Hilfe«, gesprochen. Franz Sachs versuchte zu provozieren. Es missfalle ihm, vor so vielen Menschen über so etwas Intimes zu reden. Es verletze sein Schamgefühl. »Drob erhob sich brennender Streit«, berichtet Dora an Blumenthal. Alle hätten ihn, Herbert, herbeigesehnt, weil er so etwas Versöhnendes und Vermittelndes habe. Benjamin habe versucht zu moderieren, indem er gesagt habe:

Man müsse über alles sprechen können. Lähme das Gespräch die Hilfsmöglichkeit, so sei es eben nicht die richtige Hilfe gewesen. Sprechen und Handeln seien koordinierte Begriffe – nicht das Sprechen dem Handeln subordiniert. [...] Also dürfe das Sprechen die Hilfe nicht erschweren, sondern sei im Gegenteil schon selbst Hilfe.

Nun kamen Franz u. ich, die schon vorher sehr ans Persönliche, an den Einzelfall gedacht hatten, gänzlich in den Bann des heißen Wunsches, dies Gespräch als Mittel zum Zweck, zur Klarheit über gewisse schwebende Beziehungen zu benutzen. Und zwar sagte Benjamin: Helfen sei nur möglich, wenn man sich liebe. Mir blieb das Herz still stehen, ich erfasste ganz, was dies bedeute: dass man nur helfen dürfe, wenn man liebe und geliebt werde. Immer hatte ich die Möglichkeit gefühlt.[44]

Hilfe und Liebe. Hilfe *aus* Liebe. Benjamin hatte den Nagel auf den Kopf getroffen. Für Dora hatte Liebe viel mit »Hilfe« zu tun. War sie immer noch bei Pollak, weil sie ihm »helfen« wollte? Fühlte sie sich so stark zu Franz Sachs hingezogen, weil er ihr leidtat? Er, der eifrige Jurastudent, war der am wenigsten Poetische in diesem Kreis, so berichtet es Wieland Herzfelde, ebenfalls Mitglied in der Gruppe, in seinem Tagebuch.[45] Er sei so spröde, so glatt rasiert gewesen, habe fast ein bisschen zu resigniert für sein Alter gewirkt. Außerdem habe er gar nicht »blond und stürmisch« wie ein Wandervogel ausgesehen, sondern sehr schwarz und sehr jüdisch, weshalb er bei jeder Gelegenheit auf sein Deutschtum zu sprechen gekommen sei. Über die Liebe sagte er, dass sie, wenn sie nicht erwidert werde, Abscheu, ja sogar Hass erzeugen könne. Als Dora schmerzlich berührt reagierte, fuhr er sie an:

Ja, Dora, Erkennen ist bitter.[46]

Später, auf dem Nachhauseweg, gingen sie nebeneinander durch die Nacht. Franz Sachs wurde plötzlich wieder ganz weich und erinnerte sie an gewisse Momente, die sie im Spreewald miteinander erlebt hätten, auf einem der traditionellen Ausflüge des Sprechsaals. Dora war »stumm und wie gelähmt vor Freude«. War er vielleicht doch nicht »hart wie Marmor«? War es vielleicht doch möglich, ihn ohne »Schmerzen« zu lieben und »von Seele zu Seele« mit ihm zu sprechen, ohne dass ein »Vorhang« zwischen ihnen herabfiel? War sie ihm gegenüber bisher nur zu »feige«, nein, zu »empfindlich« gewesen, weil sie sich so sehr vor »Freundschaft aus Pflichtgefühl« fürchtete?[47]

Wo war die Härte und die Kälte geblieben! Ich besaß einen Menschen, durfte ihm liebend helfen – gibt es je größere Wonne, größeres Licht für den, der eben in Nacht einherging![48]

In diesem Moment glaubte sie, ihre große Liebe gefunden zu haben: Franz Sachs. Sie lud ihn ein, sie besuchen zu kommen, sie und ihren Mann, Max Pollak. Sie würden sich ans Klavier setzen und arbeiten, »praktisch, mit Musikvorträgen«, auf der Grundlage eines Buches von August Halm, des führenden Musiktheoretikers der Jugendkulturbewegung. Auch Lisa, die Freundin von Max, sollte dabei sein.

Franz dankte mir bewegt, dass ich Lisa eingeladen. Ich sagte: »Das ist wohl nur selbstverständlich.« Er weiß, dass ich alles weiß. Donnerstag will Ben kommen. Herbert, fühlst Du, wie wir Dich lieben! Dora.[49]

Zu Besuch in Benjamins Elternhaus

Walter Benjamin, geboren am 15. Juli 1892 in Berlin, war zu dieser Zeit nicht einmal 22 Jahre alt, zweieinhalb Jahre jünger und etwas kleiner als Dora. Er studierte in Berlin Philosophie, aber auch Literatur- und Kunstgeschichte und wohnte noch bei seinen Eltern Emil und Pauline Elise Benjamin, geborene Schoenflies, die in der Delbrückstraße 23 in Grunewald eine prächtige Villa besaßen. Auch Benjamin war jüdisch, wenn auch auf völlig andere Weise als Dora. Sein Vater hatte einen gewissen Hang zur Orthodoxie, während die Mutter eher dem Reformjudentum zuneigte. Aber niemand in diesem Haus war Zionist. Niemand sprach Jiddisch oder war in Kreisen aufgewachsen, in denen man noch Schläfenlocken und Gebetsriemen trug wie die Vorfahren von Dora. Die Benjamins gehörten also dem assimilierten Berliner

Judentum an. Sie gingen zwar an hohen Feiertagen in die Synagoge, entzündeten aber auch zu Weihnachten einen Christbaum,[50] was bei den Kellners völlig undenkbar gewesen wäre. Sie verkörperten genau den Typus von Juden, den Leon Kellner immer wieder anprangerte: den »Jom-Kippur-Juden«, der die »Urwüchsigkeit des jüdischen Geistes« eingebüßt und die Verbindung zu seinen Wurzeln verloren habe.[51]

Walter Benjamin war stets korrekt, aber nicht auffällig gekleidet und trug wegen seiner Kurzsichtigkeit eine dicke Brille, die er im Gespräch gelegentlich abnahm, um den Partner mit ernsten, dunkelblauen Augen zu fixieren. Er war zwar schlank, aber nicht so sportlich, wie es den Idealen des »Wandervogels« entsprochen hätte. Sein langsamer, etwas unbeholfener Gang schien eher zu einem älteren Herrn als zu einem Studenten zu passen. Bis auf den dichten Schnauzbart war sein Gesicht glatt rasiert. Er hatte sehr weiße Haut, die manchmal zu leichten Rötungen neigte, besonders, wenn er sich aufregte, was er allerdings eher in Briefen als im Gespräch tat. Seinem akzentfreien Hochdeutsch merkte man an, dass er kaum mit den unteren Schichten Kontakt gehabt hatte. Das »Berlinische« beherrschte er zu dieser Zeit nur ansatzweise, das Jiddische noch weniger, wenn auch, so sein Freund Gershom Scholem, »der Gesamteindruck der Physiognomie [...] durchaus jüdisch« war.[52]

Er hatte zwei jüngere Geschwister, die Georg und Dora hießen, eine seltsame Koinzidenz. Dora war damals erst 13, fast noch ein Kind, zu jung, um am Sprechsaal teilzunehmen. Georg, knapp 19, tauchte gelegentlich auf. Doch er stand kurz davor, nach Genf zu gehen, wo er Mathematik studieren wollte. Außerdem war sein Verhältnis zur Jugendkulturbewegung sehr distanziert. Das war ihm alles zu »intellektualisiert«. Er wollte nicht mit »Ideen und Phantomen« zusammensitzen, sondern mit »lebendigen Menschen«. Noch gehörte er keiner Partei oder politischen Richtung an. Doch er träumte davon, eines Tages »eine soziale Tätigkeit« auszuüben.[53]

Benjamins Mutter stammte aus einer weitverzweigten Gelehrten- und Künstlerfamilie, zu der der Mathematiker Arthur Schoenflies und die Dichterin Gertrud Kolmar gehörten. Der Vater war stolz auf eine entfernte Verwandtschaft mit Heinrich Heine. Er kam aus Köln, hatte ursprünglich das Bankfach gelernt, war aber dann in ein Kunst- und Auktionshaus eingetreten, an dem er so hohe Anteile erwarb, dass er sich zurückziehen und als Aktionär verschiedener Unternehmen leben konnte, die er mit geschickter Hand zu lenken verstand.[54] Doch er blieb ein unermüdlicher Autographen-Sammler von höchstem Niveau. Fünf Jahre nach seinem Tod versteigerte die Firma Stargardt einen Teil seiner Hinterlassenschaft, darunter Briefe von Andersen, Beethoven, Eichendorff und Fontane, Korrespondenz der Familien Goethe und Grimm, Fragmente aus Heines *Lutetia*, Notenhandschriften von Brahms und Felix Mendelssohn, aber auch Aufzeichnungen berühmter Sozialisten wie Bebel, Marx, Robert Blum, Lassalle und Liebknecht. Doch genau *dieser* Vater kommt in Benjamins Briefen und Schriften nicht vor, nur der Kaufmann und Kapitalist, der zu wenig Verständnis für ihn hatte. Es ist vielleicht übertrieben, von einem neurotischen Verhältnis zu sprechen, das sich im Lauf der Zeit immer mehr verhärtet habe.[55] Man wird aber sagen dürfen, dass Benjamin ein sehr einseitiges Vaterbild hatte und in diesem Punkt relativ unbelehrbar war.

Walter Benjamin war ein kränkliches Kind, das jahrelang von Privatlehrern unterrichtet wurde und später nur ungern auf das Gymnasium ging. Die »märkische Backsteingotik«, der Zwang, »die Mütze vor den Lehrern abzunehmen«, die »altertümlichen Formen der Schulzucht«, das Schrillen der Pausenklingeln und die diffuse »Masse der Schüler«: Alles das war ihm zuwider.[56] Er war so oft krank und hatte so wenig Freude am Griechisch-, Mathematik- und Turnunterricht, dass die Eltern beschlossen, ihn in ein »Landerziehungsheim« nach Haubinda zu schicken, das nach reformpädagogischen Grundsätzen geführt wurde. Hier begegnete er Gustav Wyneken, der sein geistiger Mentor werden sollte.

Wyneken lehrte ihm, dass Erziehung niemals in der Familie stattfinden könne, sondern nur in einer »Gesellschaft von Gleichaltrigen«, die durch das »pädagogische Eros« eines »geistigen Führers«

beseelt sei. Nur »große Urteilslosigkeit« und »Affenliebe« könne dazu führen, »die Familienerziehung als Ideal zu preisen«.[57] Die meisten Schüler waren begeistert von Wyneken. Die Eltern weniger. Es gab Klagen, dass er ihnen die Kinder »vollständig entfremdet« habe, »in einer Weise, die fast an Verachtung« grenze.[58] Nicht nur oberflächlich ähnelten die Grundsätze von Wyneken denen von Eugenie Schwarzwald. Beide glaubten an ihre messianische Sendung. Beide hatten ausgeprägt pädophile Neigungen. Wyneken verherrlichte die griechische »Knabenliebe« und pflegte mit seinen Lieblingsschülern in einem Zimmer zu schlafen.[59] Später würde er sich wegen sexuellen Missbrauchs Schutzbefohlener vor Gericht verantworten müssen.[60] Wyneken war gelegentlich Sommergast von Eugenie Schwarzwald und verehrte sie sehr, obwohl er ansonsten von Frauen nichts hielt.[61] »Erziehung« war für ihn grundsätzlich nur »Knabenerziehung«. Mädchen seien nur in Ausnahmefällen zu fördern, soweit ihr beschränkter Geist »dazu fähig sei«.[62]

Da man in Haubinda kein Abitur machen konnte, musste Benjamin nach zwei Jahren wieder zurück nach Berlin. Er hatte viel Selbstbewusstsein gewonnen und absolvierte den Rest seiner Gymnasialzeit mit Bravour. Doch das häusliche Milieu wurde ihm immer fremder: die protzigen Schmuckstücke der Mutter, die steifen Gesellschaftsabende, die edlen Sektschalen und die ihm undurchsichtigen Verhältnisse, auf denen der Wohlstand der Familie beruhte – aus dieser Szenerie floh er so oft er konnte, auf Reisen, in die Jugendkulturbewegung, in den Sprechsaal und – zu Dora, die er am 13. Mai 1914 zum ersten Mal in ihrer Wohnung in der Emser Straße besuchte.

»Hinreißende Terzen und Oktaven«

Er hatte Glück. Denn aus Doras Beziehung zu Franz Sachs war nichts geworden, zum Glück, möchte man beinahe sagen, denn er hatte entsetzlich herablassende Ansichten über Frauen, besonders jüdische

Frauen, die er für »ziseliert«, »manieriert« und unmütterlich hielt, vor allem, wenn sie aus den gehobenen Kreisen stammten.

Kein Feuer, keine Leidenschaft, keine Begeisterung oder schöner Ernst; alles ist geglättet. Den Dingen, mit denen sie sich befassen – und sie haben für vielerlei ein bewegliches Interesse – werden alle schärferen Ecken abgeschliffen; ihnen wird alles zur Konversation. Soziale Probleme werden ebenso wie die Regungen der Seele mit ein bisschen Tätigkeit (soziale und Berufsarbeit) in den Wind geschlagen. Sie verlieren – das ist bezeichnend – ein natürliches Verhältnis zu Kindern, zur Landschaft, zur Einsamkeit. Die Kunst dient ihnen zur Erhöhung persönlicher Behaglichkeit; Vorliebe für Operette und Kino kennzeichnet sie. Sehr rationalistisch und geschäftig gleichen sie jenem von uns so bekämpften Typ des modernen Großstadtjuden; so wird auch Liebe ihnen ein veräußerlichtes Spiel, ein Flirt, eine Körpertechnik.[63]

Er war wieder einmal sehr scharf zu Dora gewesen und hatte ihr einen »nicht eben geistvollen Brief« geschrieben.[64] Sie hatte es geahnt, dass er sie unglücklich machen würde. Das sei ja ihr Schicksal. »Wenn ich unglücklich sein soll, dann muss ich eben unglücklich sein«, schrieb sie an Herbert Blumenthal.[65] In dieser Zeit scheint sie ein recht schwaches Selbstbild gehabt zu haben.

Aus dem gemeinsamen Musizieren mit Franz Sachs wurde also nichts. Stattdessen lud sie Walter Benjamin ein, um mit ihr »den Halm« durchzuarbeiten. Dabei konnte er weder Noten lesen noch ein Instrument spielen. Aber er war trotzdem glücklich über die »hinreißenden Terzen und Oktaven«, die sie ihm in kurzer Zeit beibrachte. Dazu benutzten sie wahrscheinlich Halms »Harmonielehre«,[66] die für gebildete Anfänger besonders geeignet war. Halm erläutert darin die Tongeschlechter, die Dreiklänge, die Umkehrungen und Intervalle, die Konsonanzen und Dissonanzen, alles anhand von Beispielen, die Dora und Max ihrem »Schüler« vorspielten. Die intellektuelle Struktur dieses Buches muss Benjamin sehr zugesagt haben. Denn aus ihr wurde klar, dass Musik nichts Sentimentales oder gar Pathetisches war, sondern ihre eigenen logischen Strukturen hatte wie die Mathematik oder die Sprache.

Benjamin kannte August Halm, den Verfasser des Buches, ja, er liebte ihn, könnte man fast sagen, denn auch er zählte zum Lehrerkollegium von Haubinda, wo er ihn nicht nur in Musik, sondern auch in Literatur unterrichtet und in die fantastische Welt von E. T. A. Hoffmann eingeführt hatte, dem er selbst merkwürdig ähnlich sah:

Das war ein kleiner putziger Mann von unvergesslichem Ausdruck in den ernsten Augen, mit der spiegelndsten Glatze, die ich je sah und um die ein halboffener Kranz scharf geringelten, dunklen Lockenhaars stand. [...] Dieser August Halm kam in die Kapelle, um uns Geschichten von E. T. A. Hoffmann vorzulesen. [...] Ich weiß nicht mehr, was er las; es kommt auch nicht darauf an. [...] Er kennzeichnete Hoffmanns Dichtungen, seine Vorliebe für das Bizarre, Schrullige, Geisterhafte, Unerklärliche [...]. Dann aber schloss er mit dem Satze, den ich bis heute nicht vergessen habe: »Wozu einer solche Geschichten schreibt, werde ich euch später einmal erzählen.«[67]

Verhältnisse und Verwirrungen

Nach den Klavierübungen ging Benjamin mit Dora in deren Zimmer. Es scheint, dass dabei nichts weiter geschah, als dass sie über »Wyneken, objektiven Geist und Religion« sprachen. Dora vertraute ihm an, manchmal sehr unruhig zu sein und nachts schlecht schlafen zu können, wahrscheinlich wegen ihrer unglücklichen Ehe mit Pollak. Benjamin schrieb an Blumenthal, dass sie sich in diesen Tagen »gegenseitig vieles klar gemacht« hätten.[68] Das wurde oft als der Beginn einer Liebesbeziehung gewertet. Aber »sich etwas klar zu machen« hieß in diesen Kreisen nicht zwingend: sich zu gestehen, dass man sich liebte. Es kann auch bedeutet haben, dass sie sich »Klarheit« über die Verhältnisse im Sprechsaal verschafft haben, in dem es zu dieser Zeit ziemlich hoch herging.

Die Malerin Käthe Kollwitz, deren Söhne Peter und Hans ebenfalls dazugehörten, spricht in ihrem Tagebuch von »peinlichen Zusammenkünften und Aussprachen«. Jeder sei gegen jeden gewesen. Es seien viele böse Briefe hin- und hergegangen, entsetzlich »gestelzt und geschraubt«, nicht in natürlicher Sprache, sondern wie »mit Zungen« geschrieben.

Noch kann ich nicht glauben, dass dieser Enthusiasmus vorhalten wird. Dazu ist die Ausdrucksweise zu pathetisch, etwas deklamatorisch [...]. Die freideutsche Jugendbewegung muss vielleicht den Mund so voll nehmen, weil es ihr an Taten gebrechen muss. Die Freiheitskämpfer, die 48er, die Sozialdemokraten [...] hatten Worte in Taten umzusetzen. Die freideutsche Jugend kann für ihr Endziel nicht viel tun, [...] also hüllt sie sich in stolze Worte.[69]

Was Benjamin über diese Spannungen hinweghalf, war seine Beziehung zu Grete Radt, seiner Freundin, die er das »einzig Schöpferische« in dieser »unglaublich zerrissenen« Zeit nannte. Sie sei der »einzige Mensch«, der ihn »in der Totalität« sehe und erfasse. Hätte er sie nicht: er könne »das Zerflatternde dieser Tage kaum ertragen«.[70] Das alles spricht gegen eine gleichzeitige Beziehung zu Dora, auch wenn Benjamin emotional sehr vielseitig war und sich manchmal dabei ertappte, von drei bis vier Frauen gleichzeitig zu träumen.[71]

Grete Radt war die Schwester seines Freundes Fritz Radt, Tochter eines Sanitätsrates aus Berlin, auch sie etwas älter als er und anders als Dora sehr selbstbewusst. Im März 1914 schrieb sie im *Anfang*:

Wer zum ersten Mal im akademischen Sprechsaal war, konnte keinen erfreulichen Eindruck davon empfangen. Ich will hier nicht von den mehr zufälligen und privaten Missklängen reden. Was aber die Sache bedrohte: es hatte den Schein, als wenn die Jugendbewegung unfruchtbar würde, an sich selbst erstickte [...]. Sie reflektiert nur sich, indem sie über sich reflektiert. Sie wird bequem und wird Fett ansetzen. [...] Man ringt nicht mehr mit der Sprache um neuen Ausdruck, man begnügt sich, Schlagwörter herauszustoßen [...]. Ganz unhaltbar scheint mir vollends die Stellung des Sprechsaals zur Umwelt zu sein: man findet sich mit ihr ab, indem man sie leugnet – zwar bequem, aber doch recht, recht unjugendlich.[72]

Damit hatte sie den Finger auf einen wunden Punkt gelegt, denn nahezu nichts, was sich außerhalb der Jugendkulturbewegung abspielte, wurde im *Anfang* thematisiert: weder die Demonstrationen gegen die steigenden Lebensmittelpreise, noch der Balkankrieg, der kurz davor stand, sich zu einem europäischen Krieg auszuweiten, noch die Verhaftung von Rosa Luxemburg, die sich öffentlich gegen die Kriegshetze stellte, um nur wenige Beispiele zu nennen.

Benjamin pflegte Grete Radt teure Geschenke zu machen: einen »Carton Cigaretten cordon rouge, ganz lange, herrliche«, denn sie rauchte; einen japanischen Farbholzschnitt, denn sie war sehr anspruchsvoll; einen Aschenbecher; einen Schmuckkasten; schönen Korallenschmuck, den er nach eigenen Entwürfen bearbeiten ließ.[73] Er besuchte sie in München, wo sie studierte, fuhr mit ihr an den Tegernsee, ging mit ihr in die Alte Pinakothek, trank Champagner mit ihr und zog schließlich in ihre Nähe, obwohl ihm die Münchener Universität gar nicht gefiel und die Stadt erst recht nicht, weil sie ihm nicht *bohème* genug war.

Ganz einfach war die Beziehung sicherlich nicht, denn auch Benjamin konnte bei aller Noblesse eine sehr herablassende Haltung gegenüber Frauen an den Tag legen. Im Juli 1913 schrieb er an Herbert Blumenthal, er habe auf der Rückfahrt von Freiburg ein Fräulein Seligson im Abteil angetroffen, das »ganz unangenehm burschikos« gewesen sei. »Es ist doch Tatsache, dass nur wenige junge Mädchen mit Geist unbefangen sein können.«[74] In einem Text über die »Metaphysik der Jugend« ging er noch einen Schritt weiter und fragte sich:

Wie kam es, dass Frauen sprachen? Denn die Sprache entseelt sie. Die Frauen empfangen keine Laute von ihr und keine Erlösung. Die Worte wehen über die Frauen hin, [...] aber das Wehen ist plump und tonlos, sie werden geschwätzig. Ihr Schweigen thront aber über ihrem Reden. Die Sprache trägt die Seele der Frauen nicht, denn sie vertrauen ihr nichts […]. Die Worte fingern an ihnen herum, und irgendeine Fertigkeit antwortet ihnen geschwind. […] Die Sprache der Frauen blieb ungeschaffen. Sprechende Frauen sind von einer wahnwitzigen Sprache besessen.[75]

Grete Radt war ganz bestimmt nicht »geschwätzig«, sondern sprach und schrieb sehr gut, wie ihre spätere Dissertation über »Berliner Pflegekinder« zeigt, in der sie – inzwischen zur Nationalökonomie übergewechselt – mit der größten Sachlichkeit auf Miss- und Notstände in den Pflegefamilien hinweist und mehr Hilfe, besonders für uneheliche Mütter, fordert:

Die Beziehung zu den Eltern, besonders aber zur Mutter, ist das erste Gemeinschaftserlebnis des Kindes. Für sein ganzes Leben wird es entscheidend sein, ob diese erste Beziehung ihm das Erlebnis der Liebe und des Vertrauens oder das der Gleichgültigkeit und des Misstrauens vermittelt. […] Unermesslich ist die seelische Einsamkeit des Kindes, das immer wieder unter andere Menschen kommt und vielleicht niemanden hat, der von Anfang an mit ihm verbunden ist. […] So verwüstend wirkt der häufige Pflegewechsel, dass ein nicht kleiner Teil von Pflegekindern als psychopathisch oder debil schließlich in eine Anstalt gegeben wird. […] Das Recht auf »Erziehung zur leiblichen, seelischen und gesellschaftlichen Tüchtigkeit« blieb einem großen Teil der Pflegekinder bisher vorenthalten: ihr Leben ist Heimatlosigkeit, ihre Zukunft Verwahrlosung. Nur durch schnelles und energisches Eingreifen der verantwortlichen Stellen kann vermieden werden, dass weiteren tausenden von Kindern dieses Schicksal zuteil wird.[76]

Am Seddiner See

Benjamin lag mit Grete am Tegernsee, als die Sprechsaal-Leute einen Ausflug nach Seddin in der Gegend von Potsdam machten.[77] Es war im Frühsommer 1914, fast zu heiß, um sich viel zu bewegen. »Wir wanderten nicht, sondern lagerten den ganzen Tag über«, schrieb Wieland Herzfelde in sein Tagebuch. Er war 1896 geboren, etwas jünger als der Rest der Gruppe, Sohn eines anarchistischen Autors und einer Aristokratin, die mit ihrem Mann eines Tages spurlos verschwunden war und ihre Kinder sich selbst überlassen hatte. Zusammen mit seinem Bruder Helmut, der später als der Künstler »John Heartfield« bekannt werden sollte, war er bei Pflegeltern in der Nähe von Salzburg aufgewachsen. 1914 ging er zum Studium der Germanistik und Medizin nach Berlin, wo er sofort mit dem Sprechsaal in Kontakt kam. Georges Barbizon gefiel ihm am besten. Benjamin weniger. Er sei sehr ernst, scharf und intellektuell gewesen, allerdings nicht sehr »künstlerisch«.

An dem Ausflug nach Seddin nahmen etwa 15 Personen teil, darunter auch Dora. Herzfelde war tief beeindruckt.

Ich hielt sie, als ich sie kommen sah, für ein Mädchen. Und eine unbewusste Verwandtschaft fühlte ich mit ihr, als ich sie kaum gesehen hatte. Als sie mir dann als <u>Frau</u> vorgestellt wurde, zuckte es unmerklich, aber doch so weh in mir auf, dass ich spürte: du bist verliebt. Nicht eine Minute dauerte das. Sie erkannte dann plötzlich, als ich mit ihr sprach, meinen österreichischen Dialekt, und war darüber maßlos erfreut, denn sie ist Wienerin und hängt gleich mir an dieser eigenen Sprache. Nun sprachen wir miteinander Dialekt [...] und ich glaube, Frau Pollak hatte auch für mich Sympathie. Ich half ihr beim Butterbrotschmieren usw. und war recht glücklich, in ihrer Nähe weilen zu können. Als wir dann nebeneinander auf dem Boden lagen, um uns auszuruhen, wusste ich auf einmal, dass ich nicht nur Sympathie für sie empfand, sondern Liebe.

Auf dem Weg zum Bahnhof tauchte plötzlich Franz Sachs auf und mischte sich eifersüchtig in das Gespräch ein. Da Dora nicht wusste, wie sie sich verhalten sollte, rief sie eine Freundin und flüsterte ihr zu, dass sie Herzfelde ablenken möge. Herzfelde war tief verletzt.

Bis zum Bahnhof sprach ich fast kein Wort mehr, und was ich sprach, sachlich und mit trockener Kehle. Wir mussten uns beeilen, um in Seddin den letzten Zug nach Berlin zu erreichen. Da wir etwas hinten geblieben waren [...] kam Herr Pollak, der mit Barbizon etc. vorangegangen war, zurück und schimpfte auf Philisterart über die Trödelei und Langsamkeit. Besonders seine Frau hatte darunter zu leiden. Und das verdüsterte mich noch mehr, wenn dies möglich war. Denn ich war eigentlich gar nicht böse auf Frau Pollak. [...] Meine Wut galt der gesellschaftlichen Einrichtung der Ehe. [...] Als ich Herrn Pollak so schimpfen hörte, keimte leise in mir der Gedanke, [...] als leide Frau Pollak unter ihrem Mann und als sei ich der einzige, der dies Leid mitfühlt. Und wenn ich von mir auf andere schließen darf, so kann ich wohl behaupten, dass man erst dann ein Mädchen ganz und gar liebt, wenn man erkannt hat, dass es leidet. Und wenn ich jetzt auch wortlos blieb wie vorher und im Zug so starr und freudlos vor mich hinschaute, dass es Barbizon auffiel und er mich fragte, so war das doch nicht mehr eine Stumpfheit in mir, sondern ein Schmerz, der schön ist. [...] Ich hatte die Empfindung, dass Frau Pollak und ich die einzigen empfindenden, leidenden Menschen im Eisenbahnwagen seien, und war schmerzerfüllt, da ich sah, wie wir aneinander vorbeigehen mussten. [...] Wir gingen auseinander und sahen eine Zeit lang nicht wieder.[78]

Wieland Herzfelde, ein junger Mann mit markantem Kinn und wachen, klugen Augen, hatte sich also in Dora verliebt, sie sich aber nicht in ihn. Er war schließlich im Alter ihres Bruders, des kleinen »Vickerich«, sechs Jahre jünger als sie! In den nächsten Tagen und Wochen sahen sie sich manchmal, ohne sich näherzukommen. Herzfelde hatte das Gefühl, wegen seines »anarchistischen Idealismus« nicht recht in den Sprechsaal zu passen. Er kam sich manchmal fast wie in einer Sekte vor, etwa als Hans Kollwitz ein Flugblatt verteilte, auf dem allen Ernstes erklärt wurde, nur, wer »innerlich rein« sei, dürfe künftig an den Versammlungen teilnehmen.[79]

Herzfelde gab Dora auf. Sie war unerreichbar für ihn, eine Art hohe Frau, der er nicht würdig zu sein glaubte, wenn er auch ahnte, dass es in ihrem Inneren völlig anders aussah. Später rückte er sehr weit nach links und gründete die Zeitung *Die neue Jugend*, die alsbald verboten wurde. Er wurde Trauzeuge von Max Ernst und dessen Frau Luise. In seinem bewegten, bisher kaum dokumentierten Leben, in dem George Grosz, Harry Graf Kessler, Erwin Piscator, Else Lasker-Schüler und vor allem die Kunst und die Politik eine Rolle spielten, wird Dora nicht mehr vorkommen.

3

SOMMER OHNE SONNE

(1914 – 1918)

»Der fürchterlichste und scheußlichste Verrat«

Am 28. Juni 1914 wurden der österreichische Thronfolger, Erzher-
zog Franz Ferdinand und dessen Frau Sophie in Sarajevo auf offener
Straße erschossen. Der Täter, ein serbischer Nationalist, war noch
Schüler. Die Zeitungen schrieben zwar ausführlich darüber, aber niemand im Umfeld des Sprechsaals schien die Sache besonders ernst
zu nehmen, nicht einmal Käthe Kollwitz, die ein so waches Auge für
Politik hatte.

Nicht ganz drei Wochen später, am 15. Juli, feierte Benjamin seinen
22. Geburtstag, den er zum ersten Mal seit langem wieder in Berlin
verbrachte. Er wurde reich beschenkt, von seinen Eltern, von Grete
Radt, aber auch von Dora und Max, die ihm dunkle Rosen in einer hohen Glasvase schickten, so als sei er eine ältere Dame und kein junger
Student. Benjamin fühlte sich trotzdem äußerst geschmeichelt.

Während man in den Wiener Caféhäusern schon lange von Krieg
sprach, schien man in Berlin nichts davon zu ahnen, jedenfalls nicht
im »besseren« Berlin, dem Berlin der Boheme. Die Menschen »belebten
die Straßen in der Nacht genau wie am Tage«, schreibt der aus Wien
stammende Librettist und Regisseur Rudolf Bernauer. »Ein nicht en-
den wollender Trubel, ein Ameisenhaufen, ein Bienenschwarm. […]
Man tanzte, füllte die Vergnügungsstätten, die Ballsäle und die Straßen. Es war wie ein ewig toller Jahrmarkt. Was hatten sie? Was war in
sie gefahren? Fiel dieser Wahnsinn nur mir auf?«[1]

Als Kaiser Franz Josef sein berühmtes Manifest »An meine Völker« verfasste und zum Krieg gegen Serbien und Russland aufrief, meldete sich Doras Bruder Viktor sofort freiwillig.[2] Er hatte zwar vor, Farmer in Palästina zu werden, wollte aber vorher noch seinen russischen Glaubensgenossen zu Hilfe eilen, die seit langem unter den schlimmsten Pogromen zu leiden hatten. Auch Kellner Senior glühte vor Kriegsbegeisterung. Schon nach der Annexion Bosniens durch Österreich hatte er erklärt, dass sein Land auf dem Balkan eine heilige Pflicht zu erfüllen habe, da sonst »in Ungarn, Siebenbürgen und andere[n] große[n] Provinzen« die »Barbarei«, »wüstes Chaos und despotische Anarchie« ausbrechen würden, vor allem durch den Vormarsch »asiatischer Raubzüge«.[3] Im Kollegenkreis stand er mit dieser Position relativ allein. Sogar enge jüdische Freunde waren der Meinung, dass jedes Schönreden der österreichischen Expansionspolitik Öl auf die »Feuerherde« des Nationalismus sei.[4]

Kellner war schon zu alt, um noch eingezogen zu werden, doch der Krieg würde ihn trotzdem nicht verschonen. Die russische Grenze war nicht weit von Czernowitz entfernt, und schon bald kam es zu einer ersten schrecklichen Schlacht, der noch viele weitere folgen würden. »Links und rechts die Leiber der tapferen Streiter, die ausgerungen haben auf dem Feld der Ehre«, schrieb das *Czernowitzer Tagblatt*. »In großer Anzahl, ja haufenweise die Leichen russischer Soldaten, die der fliehende Feind nicht mehr bergen konnte, aber auch die todesstarren Häupter unserer Lieben neben dem Feinde. Jetzt sind sie alle gleich, der Sensemann hat die Unterschiede [...] ausgeglichen. Dort liegen Kadaver von Pferden, Feldgeräte, Mützen, in Blutlachen. Ein Schauer erfasst uns und wir erbeben. Das ist der Krieg.«[5]

Am 1. August 1914, dem Tag der deutschen Mobilmachung gegen Russland, saß Walter Benjamin mit Freunden im Café des Westens am Berliner Kurfürstendamm und beratschlagte, was zu tun sei. Während sich viele aus seinem Kreis freiwillig meldeten, darunter auch Doras ehemaliger »Schwarm« Franz Sachs, habe er »keinen Funken von Kriegsbegeisterung« gespürt, wird er später schreiben.[6] Um seiner zwangsweisen Einberufung zuvorzukommen, ging er dennoch zur Kaserne auf der Belle-Alliance-Straße, wo er sich pro forma für die Kavallerie anmelden wollte. Doch die diensthabenden Ärzte lehnten ihn ab, weil er zu kurzsichtig und zu unsportlich sei. Außerdem habe er unerklärliche Schwellungen auf beiden Handrücken. Hochzufrieden und beinahe ironisch lächelnd ging er zur Geschäftsstelle der Freien Studentenschaft und erzählte einem Freund von seinem Erfolg.[7]

Sein Bruder Georg war da völlig anders. Das Studium in Genf gefiel ihm nicht. Alles war so kalt, trüb, nüchtern und langweilig. »Sehr gerne würde ich mich als Freiwilliger melden«, schrieb er am 5. August 1914 in sein Tagebuch. »Es drängt mich unbezwingliche Abenteuerlust. Endlich könnte ich Großes erleben, [...] abgesehen von der Pflicht, gegen die Unkultur zu kämpfen.« Noch zögerte er, da er glaubte, dass Walter bereits eingezogen sei. Zwei Söhne im Feld und in Lebensgefahr – das wollte er seinen Eltern nicht antun. Doch als er von Walters Zurückstellung hörte, gab es kein Halten mehr. Er verließ Genf und fuhr wieder zurück nach Deutschland, um sich freiwillig zu melden. »Bin als Kürassier angenommen«, telegraphierte er kurz darauf aus der Stadt Brandenburg nach Hause.[8]

Etwa um dieselbe Zeit, am 8. August 1914, geschah etwas, was Walter Benjamin völlig aus der Bahn warf. Einer seiner besten Freunde, Christoph Friedrich Heinle, Sprechsaal-Mitglied und vielversprechender Lyriker, hatte den Gashahn aufgedreht und sich mit seiner Freundin Friederike Seligson umgebracht. Heinle war erst knapp über 20. Die *Vossische Zeitung* nannte »Liebesgram« als Motiv.[9] Doch seine Freunde waren sich darüber einig, dass es etwas anderes gewesen sein müsse, wahrscheinlich Verzweiflung über den Wahnsinn des Krieges. Tatsächlich aber war dem Selbstmord ein Zerwürfnis mit Benjamin vorausgegangen, Streitigkeiten im Sprechsaal, im *Anfang* und in der Freien Studentenschaft, wie sie in diesem Kreis dauernd vorkamen.[10] Da Heinle und seine Freundin sich nicht in ihrer Privatwohnung getötet hatten, sondern im Amt für soziale Arbeit auf der Brückenallee, wo die Versammlungen des Sprechsaals stattfanden,[11] fühlte Benjamin sich mitschuldig und fiel für Wochen in Apathie, unfähig, zu arbeiten und weiter an die Jugendbewegung zu glauben. Ab sofort gab es auch die Zeitschrift *Der Anfang* nicht mehr, zumal die meisten männlichen Mitarbeiter im Feld, im Exil oder schon gefallen waren, der 18-jährige Peter Kollwitz zum Beispiel, der seine Eltern beschworen hatte, sich freiwillig melden zu dürfen und schon zwei Monate später während der ersten Flandernschlacht ums Leben kam.

Zu dem radikalen Schnitt, den Benjamin jetzt machte, gehörte auch der Bruch mit Wyneken, der die Jugend in glühenden Worten dazu aufgefordert hatte, in den Krieg zu ziehen. Es sei ein »guter« und »heiliger« Krieg. Die ganze Welt sei »wie aus einem Schlummer erwacht«. Jetzt gebe es nur noch eines: »letzte Hingebung und Opferwilligkeit«, um sich »Ruhm und Heldentum« zu erwerben.[12] Das war das Ende. Benjamin sagte sich »gänzlich und ohne Vorbehalt« von ihm los:

Sie haben den fürchterlichsten scheußlichen Verrat an den Frauen begangen, die Ihre Schüler lieben. Sie haben dem Staat [...] die Jugend geopfert. [...] Sie ist Ihren irrenden Händen entfallen und wird weiter namenlos leiden. Mit ihr zu leben, ist das Vermächtnis, das ich Ihnen entwinde.[13]

Gaskrieg bei Ypern

Im Wintersemester 1914/15 waren bereits 284 Studenten der Berliner Universität »auf dem Felde der Ehre« gefallen, eine Zahl, »die aber mutmaßlich noch erheblich hinter der Wahrheit« zurückblieb.[14] Fast alle Professoren waren mit »kriegswichtigen« Aufgaben betraut worden oder hatten sich freiwillig dazu gemeldet, Fritz Haber zum Beispiel, Direktor des Kaiser-Wilhelm-Instituts für physikalische Forschung, der die wissenschaftliche Verantwortung für das gesamte Kampfgaswesen übernommen hatte. Dora kannte ihn, denn sie war seine Studentin. Seine Frau, Clara Haber, geborene Immerwahr, war ebenfalls Chemikerin. Beide stammten aus Breslau und waren jüdischer Herkunft.

Ende April 1915 ging die Nachricht durch die Presse, dass die Deutschen zum ersten Mal Giftgas eingesetzt hätten, in der zweiten Flandernschlacht bei Ypern. Wissenschaftlicher Leiter des »Experiments« war Fritz Haber, der dafür zum Hauptmann befördert wurde. Nach einem von ihm entwickelten Verfahren entwichen 180 Tonnen Chlorgas aus Flaschen, die in Schützengräben versteckt worden waren, sodass dichter Nebel entstand, der den Feind kampfunfähig machte. Bei diesem Angriff fanden über 1000 Franzosen den Tod. Tausende andere erlitten schwere Lungenödeme und Verätzungen im Bereich der Augen und Atemwege. Doch das war Haber noch nicht genug. Er forschte nach noch effizienteren Giftgasen wie Senfgas oder Phosgen, obwohl die Haager Landkriegsordnung von 1907 den Einsatz chemischer Kampfstoffe ausdrücklich verboten hatte. In Deutschland bürgerte sich die Redensart ein, dass man diesen Krieg »bis zur Vergasung« fortsetzen würde.

Als Haber kurze Zeit später von der Front nach Berlin zurückkam, um sich in seiner Dienstvilla in Dahlem feiern zu lassen, kam es zu einem heftigen Streit mit seiner Frau, die den Einsatz von Giftgas vehement ablehnte und schon viele Artikel darüber geschrieben hatte, ohne dass auch nur eine Zeitung sie drucken wollte. Am 2. Mai 1915 ging sie in den Garten und schoss sich mit Habers Dienstwaffe ins Herz. Ihr dreizehnjähriger Sohn fand sie blutüberströmt im Gras liegend.[15]

Wenige Tage später ließ Haber sich in Galizien einsetzen, um weitere Giftgaseinsätze vorzubereiten, denn die Alliierten hatten inzwischen begonnen, Gemische mit noch höherer Toxizität zu entwickeln, die »verlässlich« zu einem qualvollen Tod führten. Giftgase verschiedener Zusammensetzung wurden künftig an allen Fronten eingesetzt, besonders in den Isonzoschlachten, an denen auch Kokoschka, Hemingway und Sigmund Freuds Sohn Martin teilnahmen. Insgesamt sollen im Ersten Weltkrieg 100 000 Soldaten durch chemische Kampfstoffe umgekommen und mehr als eine Million schwer verwundet und traumatisiert worden sein. Die statistischen Angaben schwanken.[16]

Dora ist durch diese Tragödie enorm erschüttert worden, vielleicht, weil sie Fritz Haber, den »Vater des Giftgaskrieges«, sehr gut kannte und sich dadurch als Zeugin der ersten Stunde fühlte. In ihrem Roman *Gas gegen Gas* lässt sie einen Überlebenden so authentisch berichten, dass man fast das Gefühl hat, ihn im Originalton zu hören:

Drei Tage lagen wir abgeschnitten im Schützengraben; es war unmöglich, an unsere Stellungen heranzukommen, nach Überlebenden zu suchen. Endlich fand man uns, einen Siebzehnjährigen und mich. Er war irrsinnig geworden, ich selbst schneeweiß. Ich habe die Eltern meines Kameraden später besucht. Er war ihr einziger Sohn, ein hochbegabtes Kind; sie führten mich zu ihm, er saß da: mit hängenden Strümpfen und wirren Haaren, und schwatzte sinnloses Zeug.[17]

Die Waffen von morgen

Der Roman *Gas gegen Gas* ist seit 1930 mehrfach als Fortsetzungsroman erschienen, zunächst in der *Südwestdeutschen Rundfunkzeitung*, später – unter anderem Titel – in den *Innsbrucker Nachrichten* und im *Grazer Tagblatt*.[18] Aber Dora hatte schon 1925 einen Artikel darüber geschrieben, der lange Zeit als von Walter Benjamin stammend galt, obwohl er mit »dsb« – Dora Sophie Benjamin – unterzeichnet ist: »Die Waffen von morgen. Schlachten mit Chlorazetophenol, Diphenylaminchlorasin und Dichloräthylsulfid«.

Sie erklärt darin, dass sie noch viel Schlimmeres als die Schlachten bei Ypern oder am Isonzo befürchte, nämlich einen »gespenstischen [...] Gaskrieg aus den Lüften«, einen »bloßen und radikalen Angriffskrieg«, gegen den es bislang »keine zulängliche Gegenwehr« gebe. Dazu entwirft sie folgende Vision:

In den Straßen Berlins verbreitet sich bei schönem, strahlendem Frühlingswetter ein Geruch wie von Veilchen. Das dauert einige Minuten lang. Danach wird die Luft erstickend. [...] Das alles kann eines Tages einsetzen, ohne dass in der Luft irgendein Flugzeug sichtbar, das Surren irgendeines Propellers vernehmbar wäre. Bei unverändert klarem Himmel und blendender Sonne. Aber unsichtbar und unhörbar, 5000 Meter hoch, steht ein Fluggeschwader, das Chlorazetophenol herabtropfen lässt, Tränengas, das »humanste« der neuen Mittel, das, wie bekannt, in den Gasangriffen des letzten Krieges bereits eine Rolle gespielt hat. [...] Londons Zentrum mit dem Sitz aller lebenswichtigen Institute des britischen Imperiums bedeckt vier englische Quadratmeilen. Diese erfordern, um auf Monate hinaus unbewohnbar zu werden, 120 Tonnen Dichloräthylsulfid, Senfgas. Da zu gleicher Zeit maximal 250 Flieger [...] sich aufhalten können, jeder davon mindestens 500 Pfund mit sich führt und dieses Geschwader eine Tonne pro Minute abwirft, so steht [...] das Herz des britischen Weltreichs nach zwei Stunden still. [...] Wie sehen jene Giftgase aus, deren Gebrauch die Verabschiedung aller menschlichen Regungen voraussetzt? Bis heute kennen wir siebzehn; unter ihnen sind das Senfgas und das Lewisit die wichtigsten. Gegen beide geben Gasmasken keinen Schutz. Senfgas frisst das Fleisch und führt da, wo es nicht unmittelbar tödlich wirkt, Verbrennungen herbei, deren Heilung drei Monate beansprucht. [...] In den Regionen, die unter einem Senfgasangriff jemals gelegen haben, kann noch nach Monaten jeder Schritt auf dem Erdboden, jede Türklinke und jedes Brotmesser den Tod bringen. Senfgas macht wie viele andere giftige Gase alle Lebensmittel ungenießbar und vergiftet das Wasser. [...] Es erübrigt sich, zu bemerken, dass die Unterscheidung zwischen ziviler und kampftätiger Bevölkerung im Gaskriege fortfällt, damit aber eines der stärksten Fundamente des Völkerrechts. Das ›Lewisit‹ ist ein Arsengift, dringt sofort ins Blut, tötet unwiderruflich, blitzartig alles Getroffene. Monatelang sind alle von schweren Gasangriffen betroffenen Bezirke durch Leichen verpestet. [...] Keller und Unterstände [...] bringen bei Gasangriffen den sicheren Tod, weil das schwere Gas in die Tiefe sinkt.[19]

Outlaws among the nations

Es verwundert nicht, dass Dora nicht mehr an einem Institut studieren wollte, dessen Leiter als »Vater des Gaskrieges« galt, ja, dass sie vielleicht überhaupt an dem Sinn ihres Faches zu zweifeln begann. Bis zum Sommersemester 1916 ist sie als Studentin der Chemie eingetragen, dann taucht ihr Name in den Personalverzeichnissen der Universität nicht mehr auf. Die handschriftlich geführten Bücher des Rektorats vermerken allerdings, dass sie sich noch einmal für Philosophie einschrieb, bevor sie sich im November 1916 endgültig exmatrikulierte.

Nichts spricht dafür, dass sie in dieser Zeit Kontakt zu ihren Eltern gehabt hätte. Sie werden in keinem ihrer überlieferten Briefe erwähnt. Auch Anna Kellner lässt nicht erkennen, dass sie zu dieser Zeit mit Dora kommuniziert hätte. Für diese »Funkstille« könnte es mehrere Gründe gegeben zu haben. Erstens: Sie verzieh ihnen nicht, dass sie sie dazu gedrängt hatten, die vielleicht schönsten Jahre ihres Lebens mit einem Mann zu verbringen, den sie nicht liebte. Zweitens: Sie wollte von Kellners zionistischem Überschwang nichts mehr hören und ihr Leben ohne einen »Priester« verbringen, der »zwischen Gott und ihr« stand.[20] Drittens: Sie konnte sich nicht damit abfinden, dass ihr Vater den Krieg immer mehr verherrlichte und in seinem Patriotismus beinahe rassistisch wurde. Er schimpfte lauthals auf bekannte englische Schriftsteller wie Rudyard Kipling und H. G. Wells, weil sie sich kritisch über Deutschland geäußert hatten. Er bestritt ernsthaft, dass die Deutschen Unrecht getan hatten, als sie das neutrale Belgien überfielen und alte Universitätsstädte wie Leuwen fast völlig zerstörten. An den Leiter eines großen amerikanischen Verlages schrieb er:

Sie wollen wissen, was ich über den Krieg denke? [...] Brauche ich Sie an die serbischen Agitationen in Bosnien und Slawonien zu erinnern? Der kaltblütige, von langer Hand vorbereitete Mord an dem österreichischen

Thronfolgerpaare ist wohl auch in Amerika noch nicht vergessen. [...] Wir waren von Feinden umstellt, man ließ uns durch ein Jahrzehnt nicht zur Ruhe kommen, unsere Bevölkerung wurde systematisch aufgehetzt, unser Außenhandel wurde lahmgelegt. [...] Und als wir es nicht länger ertragen konnten und den Serben zuriefen: »Nun ist's genug!«, da schlossen uns die feindlichen Großmächte ein, wie die Jäger das Wild, zum triumphierenden Todesstoße bereit. Und nun, da wir uns unserer Haut wehren, und zwar mit ruhmreichem Erfolg, nun erklärt die »Times«, die Amerikaner hätten beschlossen, uns für geächtet, für »Outlaws among the nations« zu erklären. Bitte, Mr. Morley, bringen Sie diese [...] Worte in die Tagesblätter New Yorks. Die Amerikaner sollen entscheiden, ob Österreich diese »Ächtung« verdient.[21]

Seltsam, dass Kellner in seinem Enthusiasmus völlig ausblendete, wie es den Juden in der deutschen und österreichischen Armee erging. Es wurden nicht nur die berühmt-berüchtigten »Judenzählungen« angeordnet, es gab auch hasserfüllte Kampagnen gegen jüdische »Drückeberger«, »Schieber« und »Bolschewisten«, obwohl Tausende jüdischer Soldaten im Feld standen, das Eiserne Kreuz trugen oder fürs »Vaterland« fielen. Als Arthur Schnitzler erfuhr, dass der Magistrat der Stadt Wien beschlossen habe, in Typhusspitälern künftig nur noch Juden arbeiten zu lassen, um das christliche Personal vor Infektionen zu schützen, kannte seine Wut keine Grenzen mehr. Seine Frau Olga und er dachten an Auswanderung, »sofort!«.[22]

Wenn er erst einmal liebt …

Im Frühjahr 1915 soll es zu einer ernsthaften Annäherung zwischen Dora und Benjamin gekommen sein, deren Umstände allerdings nicht genau bekannt sind. Fast alle Biographen sprechen von einer gemeinsamen Reise nach Genf, wo sie Herbert Blumenthal, der dort mit Carla Seligson lebte, besucht haben sollen. Doch gibt es darauf keine konkreten Hinweise, jedenfalls nicht in Benjamins Briefen. Nur in einem Brief von 1916 findet sich eine Bemerkung, die als *Erinnerung* an eine Reise gedeutet werden könnte:

Ich sehe mich eben in Genf auf dem Koffer sitzen, Dora und Du im Zimmer [...].[23]

Doch ob in Genf oder Berlin: Dora ging es nicht wirklich gut in der Nähe von Benjamin, sie war fasziniert, aber sie hatte auch große Angst und brach alles ab, bevor es richtig begonnen hatte. An Blumenthal und Carla Seligson schrieb sie:

Gern will ich Euch gestehen, dass ich vor 6 Wochen aus Notwehr – um mein Leben zu retten, welches stündlich bedroht war – mich ebenso heftig von einem Menschen trennte und Schmerzen zufügte und empfand, die bei etwas Geduld zu vermeiden gewesen wären – es war Walter. – Es ist als risse man einer kranken Stelle des Körpers zu früh den Verband ab, es heilt umso langsamer, manchmal verblutet man daran; nur Geduld; alles wird gut, wenn man den Willen hat gesund zu sein. Und ich glaube, den haben wir außer Walter alle. [...] Liebst Du ihn, so musst Du wissen, dass seine Worte groß und göttlich sind, seine Gedanken und Werke bedeutend, seine Gefühle klein und krampfhaft und seine Taten so wie es all diesem entspricht. Wenn er erst einmal liebt, wird sich wohl vieles ändern. Fordern können wir von ihm so wenig wie von irgendjemand. Hier wie überall können wir nur schweigend uns abwenden, wenn wir es nicht mehr ertragen.[24]

Ob Dora mit Benjamin, der zu dieser Zeit noch fest an Grete Radt gebunden war, eine sexuelle oder »nur« emotionale Beziehung begonnen hatte, ist nicht bekannt und im Grunde auch unwichtig. Fest steht nur, dass sie meinte, genau erkannt zu haben, wer er war: genial, aber schwierig, sehr ich-bezogen und nicht willens, »gesund«, im Sinne von psychisch gesund, zu sein und andere mitfühlend zu verstehen. Sie schloss nicht aus, dass die »Liebe«, wenn sie ihn denn eines Tages erreiche, ihn ändern könne, glaubte aber nicht, dass *sie* fähig sei, dieses Werk zu vollbringen. Viele haben ihn später ganz ähnlich gesehen: dass er fast unberührbar gewesen sei von fremdem Leid und fremden Gefühlen, weil er immer nur um sich selbst kreise. Herbert Blumenthal bezeichnete ihn als in sich versponnenes, einsames, »äußerst egozentrisches« Kind, das »mit der Umwelt nicht kommunizierte«.[25] Ernst Bloch nannte ihn »verschroben, dazu so unmenschlich und außenseitig zur gemeinsamen Sache«.[26]

Diese Urteile mögen ein Stück Wahrheit enthalten, sind aber insgesamt zu pauschal. Denn wenn Benjamin auch kein »barocker, süddeutscher Gefühlsmensch« war wie Ernst Bloch,[27] der seine Emotionen stets auf der Zunge trug, so gab es doch Schicksale im Freundeskreis, die ihn sehr bewegten. Er litt zum Beispiel jahrelang schwer darunter, dass Fritz Heinle und dessen Freundin Rika sich umgebracht hatten, dass Traute, die Schwester von Rika, ihnen im November 1914 gefolgt war und nun auch Wolf, der Bruder von Heinle, von Selbstmord sprach. Im April 1915 musste er einen weiteren Suizid, den seines ehemaligen Mitschülers Alfred Steinfeld, erleben. Offiziell hieß es, dass er an einer Nierenentzündung gestorben sei. Aber in Wirklichkeit hatte er sich im Sanitätsdienst eine Quecksilbervergiftung zugezogen, die er bewusst nicht behandeln ließ, »sodass er daran schließlich elendig verstarb«.[28] Steinfelds Eltern lebten in bescheidenen Verhältnissen. Der Vater war Kaufmann, die Mutter Schneiderin. Nach einem Kondolenzbesuch schrieb Benjamin an Herbert Blumenthal:

Beim Hinausgehen führte mich die Mutter in sein Zimmer, das – vielleicht nach jüdischer Sitte – ganz unberührt lag, dass ich im aufgedeckten Bett den Abdruck seines Körpers zu sehen meinte. Seine Uniform und Militärmütze lag auf einem Sessel [...]. Er hat die wenigen Tage seiner furchtbaren Krankheit so ertragen, dass die Eltern ihre Natur erst zu spät ahnten. Ich kann [...] nicht unglücklichere Menschen denken als sie, da ich nie ein Zusammenleben kannte, das so sehr von dem einzigen Sohne Licht und Entfaltung empfing. Ich bitte Dich darum mit Nachdruck, einige freundliche Worte an sie zu richten.[29]

Dora schreibt in ihrem Brief an Blumenthal und dessen Freundin, dass sie jetzt mit Max *und* Lisa zusammenlebe, nah und vertrauensvoll. Es spiegelt sich weder Eifersucht noch Groll in ihrem Brief. Außerdem war Lisa eine sympathische Person, die in Doras Freundeskreis sehr beliebt war, obwohl oder gerade weil sie aus einer ganz anderen Welt stammte. Ihr Vater war Sattler und hatte eine Werkstatt auf der Großen Frankfurter Straße, heute Karl-Marx-Allee. Sie hatte nicht studiert und war als eine der wenigen in diesem Kreis nicht jüdisch, sondern evangelisch. Ob Blumenthal, Sachs oder Benjamin: Alle fühlten sich von ihrer authentischen Art angesprochen und nahmen sie als Mitglied ihres Kreises vollkommen ernst.

Dora schreibt weiter, dass Pollak sich im Juli 1915 stellen müsse, vermutlich in Österreich, was sie aber nicht genauer präzisiert. Besondere Angst scheint es weder ihr noch ihm selbst gemacht zu haben, denn er war nachweislich psychisch krank und würde schon dafür sorgen, dass man es ihm auch glaubte. Dora und Max waren sich ihrer Sache offenbar so sicher, dass sie für Oktober ihren Wegzug von Berlin planten, um »auf dem Lande« zu leben, »nicht auf Jahre, sondern auf immer«, wenn möglich, »im eigenen Heim«. Hatten sie sich mit ihrer Situation arrangiert? Dachten sie an eine Art Landidylle, eine Kommune mit Lisa, eine dauerhafte Ehe zu dritt? Kein Wunder, dass Dora den Kontakt mit ihren Eltern vermied. Denn für diese Lebensform hätten sie niemals Verständnis gehabt. Nichts hätte ihrem Ideal der »jüdischen Ehe« mehr widersprechen können als diese Ménage-à-trois, an der auch noch eine Christin beteiligt war!

Scheitern aller Aufrufe und Manifeste

Kurz bevor Dora diesen Brief schrieb, hatte Benjamin im »Charlottenburger Siedlungsheim« einen Vortrag über das »Leben der Studenten« gehalten. Im Publikum saß auch der junge Gershom Scholem, der Benjamin zum ersten Mal sprechen hörte und sofort seiner Magie erlag. Es war ein langer, hochkomplizierter Vortrag, in dem Benjamin sich nicht etwa mit netten Episoden aufhielt, sondern das Scheitern seiner eigenen hohen Ziele bekannte, das Scheitern aller »Aufruf[e] und Manifest[e]«, die »eines wie das andere wirkungslos geblieben« seien. Er skizzierte sein neues Ideal einer studentischen Gemeinschaft, die ihr Leben »aus dem einigen Geiste von Schaffen, Eros und Jugend« aufbauen müsse. Die Studenten sollten als Lehrende und Lernende von »gänzlicher Hingabe« an die Wissenschaft erfüllt sein. Er kam zu dem Fazit, dass die Hochschulen versagten, weil sie ihre Zöglinge zu braven Familienvätern machten, die sich vor der Ehe noch ein paar Freiheiten mit Dirnen gönnen dürften. Am Schluss resümierte er, die Studenten seien mutlos, stumpf und hässlich geworden. Es bedürfe einer grundlegenden Erneuerung, einer »strengen Richtung«.[30]

Dieser hier sehr verkürzt wiedergegebene Text mag dazu beigetragen haben, dass Dora in ihrem Trennungsentschluss bestärkt wurde. Denn konnte sie Benjamin glauben, was er da sagte? Führte er denn selbst ein Leben in »Gemeinschaft« und »Liebe«? Zog er sich nicht so oft wie möglich in seine Höhle zurück, um mit seinen eigenen Konstrukten zu leben, seinen Hölderlin-Exegesen[31] oder »platonischen« Dialogen über das Wesen der Farben und ihrer Wahrnehmung?[32]

Um dieselbe Zeit – im Sommer 1915 – kam es zu einer ersten persönlichen Begegnung zwischen Benjamin und Gershom – damals noch Gerhard – Scholem, achtzehn Jahre alt, Sohn eines mittelständischen Druckereibesitzers, kurz vor dem externen Abitur stehend, angehender Mathematikstudent und Mitglied der Berliner Gruppe »Jung Juda«. Schon nach kurzer Zeit lud Benjamin ihn in sein Elternhaus ein, wo er »ein großes, sehr anständiges Zimmer« mit vielen Büchern bewohnte, das den Eindruck einer »Philosophenklause« machte.[33] Scholem war erst spät am Abend gekommen, da er zuvor noch in der Alten Synagoge gewesen war, »deren strikt orthodoxe Liturgie« ihn sehr anzog.

Bevor die beiden sich zu ihrer Besprechung zurückzogen, aßen sie mit der Familie zu Abend. Benjamins Bruder Georg war nicht da. Er stand im Feld. Aber die Eltern und Benjamins fünfzehnjährige

Schwester Dora waren anwesend. Benjamin hatte ihm vorher gesagt, »das Verhältnis zu seiner Familie sei nicht sehr erfreulich«, ohne näher zu erklären, warum nicht.[34]

Später, in der »Philosophenklause«, sprachen sie bis tief in die Nacht, über Heine, Martin Buber, Lao-Tse, Zionismus, Anarchismus und Sozialismus. Dabei gewann der junge, magere Gershom Scholem, der mit seinem fliehenden Kinn und seinen großen, abstehenden Ohren auf den ersten Blick etwas merkwürdig wirkte, enorm an Anziehungskraft, denn er konnte, genau wie Benjamin, faszinierend dozieren. Über die Stellung der deutschen Juden zum Krieg zum Beispiel, die nicht anders als radikal ablehnend sein könne: »Ihr seid Juden und Menschen, nicht Deutsche und Dekadente«, hatte er in sein Tagebuch geschrieben.[35] Oder: »Jawohl, ich bin in meinem innersten Herzen der Überzeugung, dass, wer sich freiwillig stellt, Hochverrat an Zion begeht.«[36] Er war stolz auf alle Juden, die sich wie er dezidiert gegen den Krieg stellten, vor allem auf Rosa Luxemburg, die 1913 gesagt hatte:

Wenn uns zugemutet wird, die Mordwaffen gegen unsere französischen oder anderen ausländischen Brüder zu erheben, so erklären wir: Nein, das tun wir nicht![37]

Rosa Luxemburg war immer wieder Thema in dieser Nacht. Gershom Scholem zeigte Benjamin die Zeitschrift *Die Internationale*, in der sie geschrieben hatte:

Am 4. August 1914 […] strich die Sozialdemokratie die Segel, räumte kampflos dem Imperialismus den Sieg ein. Noch nie, seit es eine Geschichte der Klassenkämpfe, seit es politische Parteien gibt, hat es eine Partei gegeben, die […] nach fünfzigjährigem unaufhörlichen Wachstum […] sich binnen vierundzwanzig Stunden so gänzlich […] in blauen Dunst aufgelöst hat, wie die deutsche Sozialdemokratie.[38]

Benjamin, der sich bis dahin nur wenig für Politik interessiert hatte, fing plötzlich Feuer und wollte mehr über Rosa Luxemburg wissen. Er bat Scholem, ihm eine Zeitschrift mit ihren Beiträgen auszuleihen, was auch geschah.[39] Außer Luxemburg selbst kamen darin auch noch andere Frauen zu Wort, vor allem Clara Zetkin, auch sie eine Fremde für Walter Benjamin. Die Lektüre scheint ihn tief beeindruckt zu haben – eine Zäsur in seinem politischen Denken und seinem Verhältnis zu schreibenden oder sprechenden Frauen?

In Seeshaupt

Im Oktober 1915 zogen Dora und Max nach Seeshaupt am Starnberger See. Ob Lisa tatsächlich mit von der Partie war oder es sich noch einmal anders überlegt hatte, ist nicht bekannt. Dora und Max jedenfalls hatten sich auf einen dauerhaften Aufenthalt eingerichtet. Sie zogen zwar nicht in ein »eigenes Heim«, wie Dora es sich in einem Brief an Blumenthal erträumt hatte, aber immerhin in die respektable »Villa Tambosi« an der St.-Heinricher-Str. 52, die einem Dr. Theodor Grödel aus Bad Nauheim, gehörte.[40] Er war ein renommierter Badearzt und Herz-Kreislauf-Experte, jüdischer Herkunft, aber evangelisch getauft, Mitinhaber eines großen Sanatoriums, das sein Vater gegründet hatte. Zu den regelmäßigen Patienten des Hauses zählten viele Prominente, darunter amerikanische Schauspielerinnen und Auguste Viktoria, die Gattin von Kaiser Wilhelm II.

Theodor Grödel, Träger des Eisernen Kreuzes, war im Januar 1915 im Ersten Weltkrieg gefallen. Nun verwalteten seine Erben das Haus, das er selbst erst im Februar 1914 gekauft hatte, wahrscheinlich, um es als Sommerfrische zu nutzen. Es ist möglich, dass Teile seiner Bibliothek darin verblieben, denn was Scholem bei einem Besuch im August 1916 dort vorfand, war fast zu viel für zwei junge Leute wie Dora und Max:

Hölderlins Werke in der ersten Ausgabe von 1846 von Schwab, Bothes Pindar-Übertragung von 1808, Brauers Jean-Paul-Ausgabe in einem herrlichen alten Einband, die Voßsche Horaz-Übersetzung und vielerlei anderes, auch sehr viel Philosophisches.[41]

Die Villa wird in der Benjamin-Biographik oft als »Villa Pollak« bezeichnet, so als hätte Max Pollak sie gekauft, was aber nicht zutrifft. Dora und Max wohnten lediglich zur Miete in diesem Haus, das, um 1860 erbaut, nicht ganz so luxuriös und idyllisch war, wie es oft beschrieben wird: Vom Seeufer durch eine Straße getrennt in einem großen, aber keineswegs parkähnlichen Garten liegend, zweistöckig, ohne Aussicht auf Berge, weitab vom Dorf und vom Wald, im Gesamteindruck eher langweilig und deprimierend. Die Umgebung war allerdings wunderschön: Badestrände am nahen Dampfersteg, rings um den See weitere kleine Seen, Tümpel und Weiher, die von dichtem Schilf umstanden waren, zahllose Seerosen, steile Wiesen, üppige Bauerngärten, in denen Malven und Akazien wuchsen, der gemütliche »Gasthof zur Post« und das *fashionable* Hotel Seeshaupt mit seiner bekannten guten Küche, für das überregional in der Presse geworben wurde.

Trotzdem waren die Mieten relativ niedrig, weshalb viele Künstler nach Seeshaupt zogen, der Maler Heinrich Campendonk mit seiner Frau Adda zum Beispiel, die ein großes Bauernhaus mit Garten bewohnten, wo er seine berühmten Hinterglasbilder schuf. Andere kamen immer wieder, um sich zu erholen: Heinrich Mann, Alfred Kerr oder der berühmte Librettist und Regisseur Rudolf Bernauer, der hier zusammen mit seinem Kompagnon Rudolf Schanzer über neue Stoffe nachdachte.[42]

Seeshaupt blieb dennoch ein verschlafener kleiner Ort, eine Art Marktflecken, der sich um eine Kirche scharte, ein Dorf der Fischer und Bauern, sodass man sich fragt: Wie kamen die Pollaks überhaupt hierher? Und vor allem: *warum* kamen sie? War Max vielleicht als Patient in Bad Nauheim gewesen und hatte dort von der Villa gehört, die zu vermieten war? Hatten Berliner Bekannte von Seeshaupt erzählt? Rudolf Schanzer vielleicht, der bekannte, aus Wien stammende Textdichter und Journalist,[43] der mit Dora entfernt verwandt gewesen sein könnte, da ihre Tante Rosa mit einem Sali Schanzer verheiratet war?[44] Oder war es die Nähe zu Österreich, die sie lockte, Heimweh nach den Landschaften ihrer Kindheit?

Doch auch in Seeshaupt war der Krieg deutlich spürbar, wenn auch auf völlig andere Weise als in Berlin. Die einzige Zeitung der Region, der *Land- und Seebote*, brachte »Kriegskochanweisungen« wie Brotsuppe mit Apfelsinensaft, Krautmelange und geröstete Gerstensuppe;[45] er forderte auf, »Deutsch« zu sprechen, etwa »Vater« und »Mutter« anstatt »Mama« und »Papa« zu sagen, was eine unwürdige Anbiederung an die Sprachen der Feinde sei.[46] Frauen und Mädchen wurden davor gewarnt, sich mit Kriegsgefangenen einzulassen, ja auch nur in Briefverkehr mit ihnen zu treten, weil sie sonst mit hohen Gefängnisstrafen zu rechnen hätten.[47] Obwohl man mitten auf dem Land zwischen Äckern, Obstgärten und Weiden lebte, wurden die Nahrungsmittel streng rationiert: keine Eierspeisen in öffentlichen Gaststätten, nur ein Pfund Kartoffeln pro Person und Woche, keine Brotkarten für Zugereiste.

Trotzdem scheint es den Pollaks nicht schlecht gegangen zu sein. Von Hunger und karger Kost ist jedenfalls nirgends die Rede. Dora hatte einen ausgeprägten Sinn fürs Praktische, der ihr noch oft im Leben behilflich sein würde. Hier fand sie Gelegenheit, ihn anzuwenden, in Verhandlungen auf dem Schwarzmarkt oder mit Bauern und Kaufleuten. Dabei war es sicher von Vorteil, dass sie erkennbar keine »Preußin«, sondern Österreicherin war und außerdem noch angenehm aussah. Gut möglich, dass sie selbst zum Kochlöffel griff und die »Kriegskochanweisungen« praktisch umsetzte, denn Kochen machte ihr Spaß und sollte eines Tages zur Leidenschaft, ja zum Beruf werden. Jedenfalls würde sie Seeshaupt immer in guter, ja nahezu verklärter Erinnerung behalten.

Von Grete zu Dora

Im Herbst 1915, um dieselbe Zeit, als die Pollaks nach Seeshaupt zogen, war auch Benjamin ganz in der Nähe, nämlich in München, wo er sein Philosophiestudium fortsetzte. Am 21. Oktober war er noch einmal vom Militärdienst freigestellt worden, nicht ganz ohne sein Zutun, denn er hatte die Nacht davor im Berliner Café des Westens kartenspielend und Kaffee trinkend mit Gershom Scholem verbracht, sodass er stark übernächtigt zur Untersuchung erschien. Sie hatten von neun Uhr abends bis sechs Uhr morgens zusammengesessen.[48]

In seinen Briefen aus München spricht er von engem Zusammenleben mit Grete Radt. Kurz vor Weihnachten redet er ihren Bruder Fritz als seinen »hochverehrten Schwager« an.[49] Das junge Paar verbrachte die Weihnachtstage gemeinsam und beschenkte sich reichlich. Anfang 1916 wurden konkrete Hochzeitspläne gemacht. Sie gedachten, in München wohnen zu bleiben, da es in Berlin nicht mehr auszuhalten sei.

Vorher aber wollten sie noch einmal kurz zurückkehren, um mit Gretes Vater, dem Medizinalrat, zu sprechen und die »Verlobung und Vorbereitung der Heirat« vorzunehmen.[50] Benjamin wollte, dass Grete sich vor der Hochzeit gründlich erholte, denn sie litt unter quälendem Hautausschlag. Sie sollte für ein paar Wochen alleine aufs Land gehen, am besten auf ein Gut in der Lüneburger Heide oder an einen anderen Ort, der ihr »vollkommene Freiheit und Einsamkeit« geben würde.

Es mussten allerdings noch die Eltern überzeugt werden. Benjamin befürchtete mit Recht, dass sie nicht begeistert sein würden. Denn er war erst 23 Jahre alt und hatte weder Geld noch einen Studienabschluss. Er war eine Zeit lang sogar entschlossen, Max Pollak um finanzielle Hilfe zu bitten, falls man ihn bei der Gründung eines Hausstandes nicht unterstützen würde.[51]

Ob es jemals zu diesen Gesprächen gekommen ist, weiß man nicht. Fest steht nur, dass die offizielle Verlobung gelöst wurde oder erst gar nicht stattfand. Gershom Scholem schreibt, der Ring sei eines Tages von Benjamins Hand verschwunden. Grete sei nicht aufs Land, sondern nach Heidelberg gefahren, »um über sich selbst ins Reine zu kommen«, und habe sich dabei offenbar gegen Benjamin entschieden.[52] Ein Neffe von Grete, Stefan, Sohn ihres Bruders Fritz, wird allerdings später berichten, dass es genau umgekehrt gewesen sei: Benjamin habe Grete auf einer Bootstour erklärt, dass er sie nicht mehr heiraten könne und wolle. Grete sei so böse und schockiert darüber gewesen, dass sie ihm am liebsten mit dem Paddel auf den Kopf geschlagen hätte.[53]

Ob Grete nun Benjamin verließ oder Benjamin Grete: Er scheint sich schnell wieder getröstet zu haben, und zwar mit Dora. Schon im April 1916 waren sie ein Paar. Die Autoren Hans Puttnies und Garry Smith zitieren einen leider schlecht und unvollständig transkribierten Brief Pollaks aus »Wildpark« an Fritz Radt, in dem es heißt:

> *Es ist nicht winterliche Einsamkeit, die mich diesen Brief an Sie richten lässt. Aber mehrere Bedürfnisse primitiver Art sind da, die Sie sehr leicht befrieden können. […] Es ist mir nicht möglich, zu erfahren, wie Walters Musterung, die doch Ende November fällig war, ausgefallen ist. Da ich keine Antwort von Frau Dora Pollak bekomme, kann ich auch nicht recht unmittelbar an ihn schreiben. […] Wissen Sie Walters und Doras Adresse?*[54]

Pollak lebte offenbar nicht mehr in Seeshaupt. Allerdings auch nicht in »Wildpark«, denn einen Ort dieses Namens gibt es nicht, sondern allenfalls »Wildbad« im Schwarzwald. Ob Lisa, die er kurze Zeit später heiraten würde, an seiner Seite war oder nicht, ist nicht bekannt. Jedenfalls war er keineswegs der »zurückhaltende, ironische Verlierer«, als den Puttnies und Smith ihn rühmen,[55] sondern jemand, für den sich die Verhältnisse endlich geklärt hatten. Erst Zwangsehe, dann Ehe zu dritt: Das war auf Dauer nicht zu ertragen. Schließlich waren beide Frauen noch jung und hatten Anspruch auf eine normale Beziehung mit Kindern. Das Seeshaupter Experiment wurde also abgebrochen. Pollak nahm es Benjamin keineswegs böse, dass er ihm die Frau »ausgespannt« hatte, sondern erkundigte sich sogar teilnehmend danach, ob er nun einberufen worden sei oder nicht. Er war eher böse auf Dora, die er mit ätzender Schärfe nur »Frau Dora Pollak« nannte. Das passt zu dem, was Wieland Herzfelde über ihn sagte: Er habe sehr bösartig und aggressiv werden können, besonders zu Dora.[56]

Von Wildbad ging Pollak zurück nach Berlin, um sein Philosophiestudium fortzusetzen. Er hatte sich mit Dora darauf geeinigt, die Ehe nach jüdischem Ritus aufzulösen. Nun war nur noch das Prozedere abzuwarten, das mitten im Krieg etwas länger dauerte als sonst.

Feuer über Czernowitz

Doras Bruder Viktor war als Fähnrich in russische Gefangenschaft geraten, »zuletzt in Sibirien am Baikalsee«, wie Anna Kellner berichtet. Er hatte versucht, zu fliehen, doch es gelang ihm nicht. Erst ein zweiter Fluchtversuch würde glücken.[57] Leon Kellner hatte Czernowitz über Nacht verlassen müssen. Im Juni 1916 hatte es einen dritten russischen Angriff auf die Stadt gegeben. »Mit beispiellosem Artillerievollfeuer«, schrieb die Wiener *Neue Freie Presse*, »griffen die Russen die Befestigungen des Brückenkopfes von Czernowitz an. […] Die Stützpunkte, Schützengräben, Deckungen und Hindernisse […] verschwanden in dem bis zum Maximum gesteigerten Trommelfeuer von der Erdoberfläche. […] Die Russen erzwangen an einigen Punkten des Pruth den Übergang über den Fluss.«[58]

Am Pfingstsonntag 1916 wurde die gesamte Universität evakuiert. Fast alle Professoren mussten fliehen. Leon Kellner berichtete in einem Exklusivinterview, sie hätten bis zum letzten Moment durchgehalten, um die etwa hundert noch verbliebenen Studentinnen und Studenten durchs Examen zu bringen.

Bei den Vorlesungen trat allerdings nur zu oft das Kuriosum ein, dass ich, wenn ein Satz gerade beendet war, eine kleine Pause eintreten lassen musste, um den Donner der Geschütze verhallen zu lassen. Man schlief Nacht für Nacht [...] bei Kanonendonner ein und erwachte in aller Früh durch das Geräusch der Flieger, das Surren der Motoren und das Feuern unserer Abwehrkanonen. [...] Das ging so bis in die ersten Tage des Juni. Da merkte man zum ersten Mal, dass an den Fronten etwas vorgehen müsse, was sich von den bisherigen Ereignissen unterschied. Während man sonst die Flieger in der Frühe gehört und gesehen hatte, surrten jetzt die Motoren den ganzen Tag. Unmittelbar über der Stadt erblickte man nur die Unseren, weiter draußen sah man russische Flieger hoch in den Wolken schweben. [...] Es fielen an drei Stellen russische Schrapnelle [...]. Wieder vergingen einige Tage. Da kamen ganze Scharen von jüdischen und ruthenischen Familien aus dem nordwestlichen Winkel der Bukowina mit ihrer Habe [...], die Bauern trieben auch eine Kuh oder ein Schwein vor sich her. Diese Leute erzählten von mörderischen Kämpfen bei Ohna und Dobronoutz. In den Nächten sahen wir am nördlichen Horizont mächtige Feuergarben, brennende Dörfer.[59]

Nach einer mehrtägigen Odyssee, die Kellner teils zu Fuß, teils in Viehwaggons zurücklegte, weil die »normale« Eisenbahn mit Verwundeten überfüllt war, kam er schließlich in Wien an. Es war das Ende seiner Universitätslaufbahn, das Ende eines großen Lebensabschnitts. Auch seine politische Arbeit hatte sich damit erledigt. Selbst wenn Dora zu dieser Zeit keinen Kontakt zu ihren Eltern gehabt haben sollte, wird sie aus der Presse erfahren haben, was in Czernowitz vorging. Sie hatte allen Grund zu der Annahme, dass ein Teil ihrer Familie nicht mehr lebte und muss daher sehr einsam und sehr verzweifelt gewesen sein.

Wie ein ohnmächtiges Gewitter

Im Sommer 1916 zog Benjamin zu Dora nach Seeshaupt. Doch auch wenn sie, wie Scholem berichtet, sehr verliebt waren, war das Zusammensein nicht nur »romantisch«. Es war alles vom Krieg überschattet. Benjamins Bruder Georg war verwundet worden und hatte einige Zeit im Lazarett verbracht. Seine Kriegsbegeisterung war längst erloschen. »Ihn bedrückten die zerstörten polnischen und litauischen Dörfer und Kleinstädte und die zerwühlte französische Erde«, berichtet seine spätere Frau Hilde Benjamin. Er hatte unter dem »hinterhältigen« Antisemitismus seiner Vorgesetzten zu leiden, besonders, wenn sie ihre wüsten Saufgelage abhielten, und wünschte sich nur noch, in Frieden nach Hause zurückkehren und studieren zu können.[60]

Im Juli 1916 kam die Nachricht, dass Benjamins Tante Friederike Joseephi, die erst 62-jährige Schwester seines Vaters Emil, sich umgebracht habe.[61] Sie war eine schöne, elegante Frau, früh verwitwet und Mutter von sechs Kindern. Ihr Mann, der Bankier Julius Joseephi, hatte sie in gesicherten Verhältnissen zurückgelassen. In ihrer großen Wohnung am Kurfürstendamm hatten sich Künstler und Intellektuelle getroffen, darunter die Dichterin Else Lasker-Schüler. Benjamin hatte seine Tante sehr geliebt und sie ihn. Bei Konflikten mit seinem Vater hatte sie stets seine Partei ergriffen, ja, angeblich sogar dafür gesorgt, dass er Abitur machen durfte und nicht in eine »vernünftige« Ausbildung geschickt wurde. Nun war sie tot. Man sprach von Depressionen, die so wenig zu der lebensfrohen Kölnerin zu passen schienen. Drei Tage vor ihrem Selbstmord hatte Benjamin einen Traum, der ihn sehr bedrückte.

Ich lag in einem Bett, es war noch ein anderer Mensch und meine Tante darin, aber man vermischte sich nicht. Durch ein Fenster schauten Leute herein, die vorbeigingen.[62]

Überall schien nur noch vom Tod die Rede zu sein. Es verging kaum ein Tag, an dem nicht irgendein Fischer, Bauer oder Bauernjunge in Seeshaupt sich umbrachte, meistens durch Ertrinken im Starnberger See. Der *Land- und Seebote* brachte fast täglich Listen von Männern, die auf dem »Felde der Ehre« gefallen waren und trauernde Mütter, Kinder oder Frauen zurückließen. Außerdem nahm die Not immer mehr zu, denn das Vieh in der Gegend war von der Maul- und Klauenseuche befallen, sodass Milch, Butter und Fleisch immer knapper wurden. »Sammelt Brennesseln!«, hieß es in der Dorfzeitung.[63] Doch von Brennnesseln wurde niemand satt. Außerdem wagte sich kaum noch eine Frau aus dem Haus, denn es hieß, dass täglich neue Kriegsgefangene entflohen, junge Russen und Franzosen, über die genaue Dossiers abgedruckt wurden. Angeblich trieben sie sich in den Wäldern herum und belästigten Frauen und Kinder.

Nein, dieser Sommer sei ohne Sonne, schrieb Benjamin an einen Freund, den Musiker und Literaten Ernst Schoen. Im Traum erscheine ihm nicht nur die Tante, sondern auch Hölle und Teufel. Alles sei grau: die Wiesen, die Wälder, der See. »Das ganze Land ist wie ein ohnmächtiges Gewitter.«[64] Er war so trost- und freudloser Stimmung, dass Dora meinte, ihn pflegen zu müssen und sofort die Rolle seiner Sekretärin einnahm:

»Walter hat seit einiger Zeit die Absicht, Ihnen zu schreiben«, schrieb sie an Grete Radts Bruder Fritz, »es geht ihm aber jetzt nicht gut genug. Er wird es wohl in vierzehn Tagen tun. Inzwischen sagt er Ihnen seine schönsten Grüße und dass er herzlich an Sie denkt. Auch ich grüße Sie. Ihre Dora Pollak.«[65]

Trotzdem war er in dieser Zeit keineswegs unproduktiv, sondern nutzte die Ruhe in Seeshaupt, um zu schreiben. Innerhalb kurzer Zeit entstanden Aufsätze über das »Glück des antiken Menschen«, über »Sokrates«, »Das Mittelalter«, »Trauerspiel und Tragödie«, »Über Sprache überhaupt und die Sprache des Menschen«, »Aphorismen« und eine kurze Notiz über Balzac.[66] Es waren große Themen, die er sich vornahm, Themen, die wichtige Hauptmotive seines Gesamtwerks vorwegnahmen. Ob Dora Anteil hatte? Wahrscheinlich schon. Denn dass sie kompetent mitsprechen konnte und durch ihr Philosophie-studium das Rüstzeug dazu hatte, ist durch Scholem glaubwürdig belegt. Fest steht auf jeden Fall, dass sie ihrem künftigen Mann mitten im Krieg eine Oase schuf, in der er die Basis seiner späteren Theorien entwickeln konnte.

Das leere Haus

Ende Juli 1916 lud Benjamin Gershom Scholem, der in München studierte, nach Seeshaupt ein und bot ihm an, längere Zeit bei »seinen Wirten« zu verweilen.[67] Für Scholem war das eine Freude und Sensation, denn der Kontakt war in letzter Zeit etwas eingeschlafen. Später meinte er allerdings herausgefunden zu haben, dass der Impuls gar nicht von Benjamin kam, sondern von Dora, die ihn unbedingt näher habe kennenlernen wollen, weil seine »Leidenschaft für das Jüdische« ihr Interesse geweckt habe.[68]

Nachdem die Einladung mehrmals verschoben worden war, trafen Benjamin und er sich in München und fuhren bei strömendem Regen mit dem Zug über Starnberg nach Seeshaupt. Dora erwartete sie schon. Scholem hatte sie in Berlin ein paarmal flüchtig gesehen, aber erst jetzt gewann er einen nachhaltigen Eindruck von ihr.

Dora war eine ausgesprochen schöne, elegante Frau, mit dunkelblondem Haar und etwas größer als Benjamin. Vom ersten Moment an brachte sie mir freundschaftliche Sympathie entgegen. Einen großen Teil der Zeit beteiligte sie sich an den Gesprächen, mit sehr viel Verve und offenkundiger Einfühlungsgabe. Kurz, sie machte auf mich einen ausgezeichneten Eindruck. […] Beide trugen ihre Neigung zueinander offenkundig zur Schau und behandelten mich als eine Art Mitverschworenen, obwohl kein Wort über die Umstände, die in ihrem Leben eingetreten waren, fiel.[69]

Dora wies ihrem jungen Gast ein »herrliches und sehr schön ausge-stattetes Zimmer« im ersten Stock zu, während sie selbst mit Benja-min im zweiten schlief.[70] Scholem bemerkte mit Ehrfurcht, dass das Haus über ein Musikzimmer und eine Bibliothek verfügte, in der sich viele wertvolle Erstausgaben befanden. Auf dem Boden habe ein Buch von Ernst Mach gelegen: *Erkenntnis und Irrtum*.[71] Dora habe es schon verkaufen wollen, »weil es doch so gar nichts sei«. Doch Scho-lem habe sie gebeten, es ihm zu schenken, was sie dann auch getan habe.[72]

Scholem wird auch künftig immer sehr ambivalent über Dora berichten, distanziert und bewundernd zugleich, manchmal sogar aggressiv und verächtlich, was wohl damit zu erklären ist, dass er heftig in sie verliebt war und nicht wiedergeliebt wurde. Sie sah in ihm nur den jüngeren Freund und nie den *Mann*. Dora scheint diese Ambivalenz nicht bemerkt zu haben, jedenfalls nicht sofort. Sie fasste großes Vertrauen zu Scholem und sprach offen über ihr Elternhaus, in dem alle Zionisten gewesen seien, nur sie nicht. Sie erzählte, dass sie immer »abseits« gestanden und sich der Familie völlig entfremdet habe.[73]

Doch das Gespräch ging noch weiter, nämlich um die Frage, ob man als deutscher Jude nach Palästina gehen solle oder nicht. Scho-lem schreibt dazu:

Benjamin kritisierte den »Ackerbau-Zionismus«, den ich verteidigte. Er sagte, drei Dinge müssen dem Zionismus abgewöhnt werden: »Die Ackerbau-Einstellung, die Rassen-Ideologie und die Bubersche Blut- und Erlebnisargumentation«.[74]

Benjamin hatte sich schon 1912 intensiv mit dem Thema auseinan-dergesetzt, etwa im Briefwechsel mit dem Aachener Schriftsteller Ludwig Strauß. Er meinte, ein deutscher Jude sei in erster Linie Deut-scher, nicht im nationalen, aber im kulturellen Sinn. Der Zionismus passe eher zu den Juden aus Osteuropa. Nicht ein jüdischer Staat sei für ihn, Benjamin, das Ziel, sondern »eine Organisation jüdischen

Geisteslebens in deutscher Sprache«. Er erkenne die Berechtigung des Zionismus durchaus an und sei bereit, einen Beitrag zu einer zionistischen Vereinigung zu zahlen. Aber, um es »auf eine Formel« zu bringen:

Ich bin Jude, und wenn ich als bewusster Mensch lebe, lebe ich als bewusster Jude.[75]

Bei Scholem lagen die Dinge ganz anders. Zwar verstanden auch seine Eltern sich als »assimiliert« und praktizierten die meisten jüdischen Rituale nicht mehr, aber der Großvater, der aus Niederschlesien stammte, war noch orthodox gewesen und hatte immerhin dafür gesorgt, dass der Sabbat und der Sederabend gefeiert wurden, der Kiddusch gesungen, wenn er auch »nur noch halb verstanden« wurde, und in der Pessachwoche Brot und Mazzen in getrennten Körben nebeneinanderlagen.[76] Es wurde viel mehr Jiddisch gesprochen als im Hause Benjamin, sodass es Scholem schon als Schüler leichtfiel, Hebräisch zu lernen und den Talmud zu lesen.

Dora teilte zwar Scholems positive Haltung zum Zionismus nicht, fühlte sich aber in seiner Gegenwart wohl, ohne »verliebt« zu sein, denn sie konnte mit ihm viel besser über »alles Jüdische« sprechen als mit Benjamin und verfiel dabei immer wieder ins Jiddische. So soll sie zum Beispiel gesagt haben, dass man der Frau von Martin Buber, einer zum Judentum konvertierten Katholikin, die zum Bekanntenkreis ihrer Eltern gehörte, immer noch »ihr Goijentum« sehr stark anmerke.[77] Ob sie es wirklich gesagt hat und mit welchem Unterton, weiß man nicht. Feststeht nur, dass sie in Scholem ein Stück jüdischer Heimat fand und ihn über Jahrzehnte hinweg als Vertrauten ansehen würde, obwohl er dieses Vertrauens nicht immer würdig war. Scholem erzählt, dass sie sich in Seeshaupt plötzlich ans Klavier gesetzt und »Birkat am«, »Gesegnet sei das Volk«, eine traditionelle chassidische Melodie, gespielt habe, deren Text auf einem alten Tischgebet aus dem fünften Buch Mose basiert. Sie soll sich darüber beklagt haben, dass es so wenige passende moderne Adaptionen gebe, weil die meisten Komponisten die traditionelle Melodie total »zerfaserten«.[78]

Sie sprachen bei diesem Besuch noch über viele andere Themen, etwa über Buber, Hegel, Hölderlin, Balzac und Kriminalromane, aber auch über Träume. Benjamin erzählte, dass in seinen Träumen ständig das »Motiv des großen, leeren Hauses« vorkomme, an dessen Fernstern Gespenster vorbeischwebten.[79] Scholem, der sich nicht sonderlich für Psychoanalyse interessierte, geht in seinen Erinnerungen nicht weiter darauf ein. Aber aus heutiger Sicht könnte man sich fragen, ob das »leere Haus«, das genaue Gegenstück zum Luxusdomizil seiner Eltern, nicht ein Symbol der Heimatlosigkeit war, vielleicht auch des Unbehaustseins oder der Abneigung, irgendwo Wurzeln zu schlagen. Es könnte als Vorwegnahme seines späteren Lebens, eines Lebens »ohne Heimatschein«[80] gedeutet werden, in dem er bis zu seinem Tod eigentlich nie dauerhaft irgendwo »ankam«, weder bei Menschen noch an Orten.

Am dreizehnten des Monats Tischri

Für den 25. August 1916 war Benjamins Nachmusterung angesetzt. Zu diesem Zweck fuhr er gemeinsam mit Dora nach Berlin. Er wohnte »zu Hause«, also bei seinen Eltern in Grunewald. Wo Dora wohnte, ist nicht bekannt. Vermutlich in einem Hotel oder einer Pension, wo sie sich nach langer Zeit wieder mit ihrem Vater traf, der aus Wien angereist war, um die Scheidung von Pollak vorzubereiten. Da er nun einmal in der Hauptstadt des Deutschen Reiches war, nutzte Kellner die Gelegenheit, einen Artikel für das *Neue Wiener Tagblatt* zu schreiben. Er war des Lobes voll über die »eiserne Zuversicht«, die er überall angetroffen habe, über »das ruhige Kraftbewusstsein, die Strenge gegen sich selbst, die Tiefe, die Wortkargheit, den grenzenlosen Opfermut«. An seiner Kriegsbegeisterung hatte sich also nichts geändert, auch wenn er auffallend viele Leute auf den Straßen sah, die Schwarz trugen, und er fast überall nur noch »Ersatz-Nahrung« zu essen bekam, Szegediner-Gulasch aus Thunfisch zum Beispiel, der allerdings vorzüglich geschmeckt haben soll.[81]

Benjamin wurde erneut vom Militärdienst zurückgestellt. Wenn auch nur für drei Monate. Dora reiste mit ihrem Vater im September nach Wien, wo sich auch Pollak einfand, um den Scheidungsbrief beim k. u. k. Bezirksgericht Innenstadt einzureichen. Es war eine nach jüdischem Ritus geschlossene Ehe, für deren Auflösung kein Prozess nötig war, sondern nur ein richterlicher Beschluss. In diesem hieß es am 11. Oktober 1916:

Es finden sich ein Herr Max Pollak, Privat, Wien I, Grillparzerstr. 7 und dessen Ehegattin Dora Sofie Pollak, Wien XVIII, Messerschmiedgasse 28[82] und Herr Rabbiner Meyer Meyersohn.

Dem Richter wird das Zeugnis des Rabbiners Güdemann vom 9. 10. 1916 vorgelegt, wonach dieser die Ehegatten trotz der nachdrücklichsten Vorstellungen von dem Entschlusse, ihre Ehe zu trennen, nicht abzubringen vermocht hat. In Betreff der Frage, ob Hoffnung auf Wiedervereinigung vorhanden ist und hinsichtlich der Regelung der vermögensrechtlichen Verhältnisse wird festgestellt:

Die Ehegatten leben seit 27. 3. 16 getrennt, es besteht keine Aussicht auf Wiedervereinigung; die vermögensrechtlichen Verhältnisse sind geordnet.

Die Ehe ist kinderlos.

Der Richter beschließt, von einer versuchsweisen Scheidung der Ehe abzusehen und die sofortige Übergabe des Scheidebriefes zu gestatten. Indem nun die Ehegatten neuerlich erklären, dass sie den Scheidebrief mit freier Einwilligung zu geben und zu nehmen entschlossen sind, und festgestellt [...] wird, dass der zu übergebende Scheidebrief die Erklärung der Trennung der Ehe enthalte, wird die Übergabe und Übernahme vor dem Richter vollzogen und eine Abschrift des Scheidebriefes dem Protokolle einverleibt.

Beide Teile verzichten auf Rechtsmittel gegen den Ehetrennungsentschluss.

Das Rabbinat der israelitischen Kultusgemeinde Wien fügte noch einen hebräischen Scheidebrief mit deutscher Übersetzung hinzu. In diesem erklärte Max, Sohn des Theodor Pollak, dass er sich »am dreizehnten des Monats Tischri, im Jahre 5667 nach Erschaffung der Welt«, in Wien an der Donau aus »gutem, freien Willen« entschlossen habe, seine Gattin Deborah, genannt Dora, »frei zu entlassen«. Es sei ihr »nach dem Gesetze Moses und Israel« von nun an gestattet, jedermann ihrer Wahl zu heiraten »von heute ab bis in die Ewigkeit«.[83]

Elefanten im Schnee

Im Dezember und Januar warteten neue Musterungen auf Walter Benjamin. Zunächst war er, »zum Erstaunen aller Götter«, wie Scholem notierte, für »feldarbeitsverwendungsfähig« erklärt worden.[84] Doch dann traten plötzlich heftige Ischiasanfälle auf, die Dora durch Hypnose hervorgerufen haben soll. So zumindest lautet die von fast allen Benjamin-Biographen wie im Chor tradierte Überlieferung, die auf einer »vertraulichen« Mitteilung Doras an Scholem basieren soll.[85]

Die Frage ist nun: Woher beherrschte Dora diese Kunst, die sie später offenbar nie mehr angewandt hat? War sie eine Art Medium? Ein Naturtalent? Eine Hexe? Oder hatte sie Unterricht bei Sigmund Freud genommen, der sich allerdings schon seit Jahrzehnten nicht mehr des Verfahrens der »Hypnose« bediente, das er übrigens nie zur Auslösung von Krankheitssymptomen, sondern nur zur Aufdeckung von »Amnesien« benutzt hatte? Benjamin selbst spricht nicht nur von »Ischias«, sondern auch von »nervösen Krämpfen«,[86] also von einem psychosomatischen Phänomen, das durchaus greifbare Ursachen gehabt haben könnte: Es war bitterkalt. Es gab kaum noch etwas zu essen, da Russland, England und die USA sämtliche Lebensmittellieferungen nach Deutschland gestoppt hatten. Selbst die überall als Ersatznahrungsmittel angepriesenen Steckrüben kosteten bis zu zehn

Mark das Kilo.[87] Besonders Alte und Kinder starben zu Hunderttausenden. An den Fronten sollen sogar Frösche und Hunde gegessen worden sein.

Am 22. Januar 1917 rief US-Präsident Woodrow Wilson dazu auf, endlich Frieden zu schließen, einen »Frieden ohne Sieg«. Doch anstatt mit Erleichterung darauf einzugehen, ordnete Ludendorff den totalen U-Boot-Krieg an. »Jetzt kommt wohl die letzte Phase dieses Krieges, vielleicht die fürchterlichste«, schrieb Käthe Kollwitz in ihr Tagebuch.[88] War es ein Wunder, dass Benjamin krank wurde? Bedurfte es dazu einer Hexe oder guten Fee namens Dora?

Nein. Es scheint eher, dass Scholem gekränkt war, weil Benjamin ihm in dieser Zeit keine langen Briefe mehr schrieb, weil er »für jedermann außer Dora incommunicado« war.[89] Offenbar teilte er Scholem auch nicht mit, dass er heiraten wolle, eine weitere schwere Kränkung. Er fühlte sich überflüssig und abgemeldet, verliebt in Dora und gleichzeitig neidisch auf sie, weil sie dem engsten Freund näherstand als er selbst. Was lag da näher, als sie zur Hexe zu stilisieren?

Am 15. November 1916 hatte Dora sich offiziell exmatrikuliert,[90] während Max Pollak sich erneut für Philosophie einschreiben ließ. Er wohnte nun nicht mehr in Berlin, sondern in Potsdam, wahrscheinlich zusammen mit Lisa Bergmann. Der Haushalt in Seeshaupt war in aller Eile aufgelöst worden, Möbel und die Bibliothek wurden eingelagert, wobei Pollak für die Kosten aufkam.

Erst im Februar 1917 konnten Dora und Walter konkrete Heiratspläne machen, denn so lange dauerte es, bis die jüdische Kultusgemeinde in Bielitz die Scheidung bestätigt hatte.[91] Der Weg war nun frei. Aber es war kein schöner Weg. Mit der Ruhe und Ordnung in Berlin, die Kellner so euphorisch beschrieben hatte, war es nun endgültig vorbei. Überall, nicht nur in den Arbeitervierteln, wurde gestreikt. Männer und besonders Frauen forderten mehr Lohn, mehr Essen und ein Ende des Krieges. Da unentwegt Schnee fiel und die Straßen kaum noch passierbar waren, wurden alle Berliner zum Schneeschaufeln aufgefordert, bei Temperaturen von minus zehn bis minus zwanzig Grad. Und weil es an Pferden zum Ziehen der Waggons mit Kohlen, Steckrüben und Munition mangelte, setzte man sogar Elefanten aus dem Zirkus ein. Von morgens bis abends sah man sie riesenhaft durch die schneebedeckten Straßen ziehen. Eine gespenstische Szenerie.

Heiratsgut

Leon und Anna Kellner kamen im April 1917 in dieses seltsam veränderte Berlin, um mit den Benjamins über einen Ehevertrag zu verhandeln. Dabei waren sie merkwürdig inkonsequent. Der 22-jährigen, noch nicht volljährigen Dora hatten sie erlaubt, Pollak zu heiraten. Jetzt war sie 27 und sie machten ihre Genehmigung von einem »Kontrakt« abhängig, der vor dem Königlichen Kammergericht abgeschlossen wurde,[92] und zwar am 16. April, einen Tag vor der Hochzeit. Es erschienen das Brautpaar, die Kellners und die Benjamins.[93] Als Erstes wurde Gütertrennung vereinbart, somit durfte Walter Benjamin nicht über Doras Vermögen verfügen oder es verwalten. Das war ein Bruch mit den angestammten Rechten des »deutschen Mannes«, denn im Bürgerlichen Gesetzbuch hieß es:

> Das Vermögen der Frau wird durch die Eheschließung der Verwaltung und Nutznießung des Mannes unterworfen. […] Die Frau bedarf zur Verfügung über eingebrachtes Gut der Einwilligung ihres Mannes. […] Ein einseitiges Rechtsgeschäft, durch das die Frau ohne Einwilligung des Mannes über eingebrachtes Gut verfügt, ist unwirksam.

Unter »Vermögen« wurden in diesem Fall offenbar nur etwaige künftige Einnahmen Doras und das von ihr eingebrachte Inventar verstanden – darunter eine Nähmaschine, eine Schreibmaschine und eine Kücheneinrichtung, ein Limoges-Service für 18 Personen, 14 Vasen, 25 Bilder und fünf Kisten mit Büchern und Noten, alles zusammen im Wert von 10 000 Reichsmark. Das »Heiratsgut«, ein etwas feinerer Name für »Mitgift«, wurde gesondert behandelt. Es betrug 60 000 Österreichische Kronen, eine enorme Summe, wenn man bedenkt, dass eine Reichsmark um diese Zeit etwa 1,17 Kronen entsprach, dass ein deutscher Arbeiter 119 Reichsmark im Monat verdiente und die Villa in Seeshaupt im Mai 1918 für 2870 Reichsmark verkauft wurde.

Selbst Töchter aus sehr viel reicheren jüdischen Familien brachten keine so hohe Mitgift in die Ehe ein. Im *Czernowitzer Tagblatt* erschien zum Beispiel am 8. November 1910 das Heiratsgesuch einer »zwanzigjährigen blonden Wienerin, [...] einzige Tochter eines Großindustriellen, fesch, schön und gebildet«, die »vorläufig« 50 000 Kronen mitzubringen versprach. Jüdinnen aus einfachen Verhältnissen, die »nur« einen »kleinen Gastwirt, Handwerker, Geschäftsmann, auch Witwer« zu finden hofften, hatten gar nur 3000 bis 4000 Kronen anzubieten, was schon als »gute Versorgung« des Mannes betrachtet wurde.[94] Man kann also zusammenfassen, dass Dora eine ausgesprochen »vorteilhafte Partie« für Benjamin war.

Dora wird in den meisten Benjamin-Biographien zu Recht als »vermögend« bezeichnet. Aber niemand hat sich gefragt, woher dieses Geld eigentlich kam. Von Doras Eltern bestimmt nicht, denn ein ordentlicher Professor in Wien bezog um diese Zeit 6400 Kronen Jahresgehalt, wobei die Besoldung in Czernowitz deutlich niedriger war als in der Hauptstadt.[95] Von diesem Gehalt mussten zwei Haushalte finanziert werden, einer in Wien und einer in Czernowitz, zeitweise auch die Schul- und Kolleggelder für Paula und Dora. Selbst wenn man Annas Einkünfte als Übersetzerin mitrechnet, hätte niemals eine Summe von 60 000 Kronen zusammenkommen können. Eine sonderlich reiche Verwandtschaft gab es auch nicht. Das Geld musste also von Pollak bzw. seiner Familie stammen, die bekanntlich sehr wohlhabend war. Offenbar war in der »Kettuba«, dem (leider nicht mehr erhaltenen) jüdischen Ehevertrag, festgelegt worden, dass er eine größere Summe zu zahlen habe, falls er schuldig geschieden werden oder seinen ehelichen Pflichten nicht nachkommen sollte. Dieser Fall war nun eingetreten. Die Bilanz der Familie Kellner war aufgegangen. Dora verließ die Ehe mit Pollak als reiche Frau.

Nun sollte das viele Geld allerdings auch erhalten bleiben und nicht einem neuen, möglicherweise windigen Ehemann zufließen. Deshalb hieß es im Ehevertrag:

Die Braut bringt ferner in die Ehe ein Heiratsgut von 60 000 Kronen – i. e. sechzigtausend Kronen österreichischer Währung ein und zwar unter der Bedingung, dass sie ihren künftigen Gatten überlebt, so dass ihr Eigentum an der Widerlage erst gebühren soll, wenn dieses Ereignis eingetreten ist.
Der Anspruch auf Widerlage soll aber der künftigen Gattin des Herrn Benjamin auch dann zustehen, wenn die zu schließende Ehe durch sein Verschulden gelöst werden sollte. Für diesen Fall behält die geschiedene Frau ihr Heiratsgut von sechzigtausend Kronen sowie die sonst von ihr in die Ehe eingebrachten oder während der Ehe von ihr erworbenen Sachen. Der Ehemann ist ferner verpflichtet, ihr die sechzigtausend Kronen Widerlage sofort nach Rechtskraft des Scheidungsurteils auszuzahlen und ihr von diesem Zeitpunkt an monatlich 300 M. – i. e. dreihundert Mark – im Voraus auf ihre Lebenszeit als Alimente zu zahlen, solange sie sich nicht wiederverheiratet.
Die Erschienenen zu 3 und 4, Herr und Frau Professor Kellner, erklärten:
Für die Zahlung des Heiratsguts von sechzigtausend Kronen übernehmen wir hiermit die selbstschuldnerische Bürgschaft Herrn Walter Benjamin gegenüber.
Die Erschienenen zu 5 und 6, Herr und Frau Benjamin, erklärten:
Wir übernehmen die selbstschuldnerische Bürgschaft betreffs der Auszahlung der Widerlage und der Zahlung der im vorstehenden § 4 angegebenen Alimente des Erschienenen zu 2, Frau Pollak gegenüber. Ferner verpflichten wir uns als Gesamtschuldner der Braut unseres Sohnes, Frau Pollak, gegenüber für den Fall, dass unser Sohn nach Schließung der Ehe vor uns versterben sollte, seiner Witwe bis zu ihrer etwaigen […] Wiederverheiratung vom Tode unseres Sohnes ab 300 Mark monatlich im Voraus auf ihre Lebenszeit als Alimente zu zahlen.

Man kann sich vorstellen, dass dieser Vertrag, so vorteilhaft er zunächst auch für Benjamin aussah, seinen Eltern nicht nur gefallen haben wird. Denn: Hier wurde gefeilscht und gehandelt wie auf dem Viehmarkt. Diese Ehe *musste* einfach gelingen und glücklich werden. Sonst würden sie einen großen Teil ihres Vermögens verlieren, denn dass ihr Sohn jemals solche Summen verdienen würde, war bei allem Optimismus nicht zu erwarten.

Am 17. April 1917 fand die standesamtliche Hochzeit statt. Von einem Akt in der Synagoge ist nichts bekannt.[96] »Nach der Trauung«, schreibt Scholem in seinen Erinnerungen, habe es eine »Familienfeier« in Benjamins Elternhaus gegeben, zu der er als einziger Außenstehender eingeladen gewesen sei. Dabei habe er auch Doras Eltern kennengelernt.[97] Er schreibt nichts über die Stimmung, nichts über ein glückliches Paar, nicht einmal etwas über das Aussehen der Braut, deren Schönheit ihn doch so sehr beeindruckt hatte, nur, dass er ihnen sein Lieblingsbuch, den utopischen Roman *Lesabéndio* von Paul Scheerbart schenkte, in dem es hieß:

Der Himmel war dunkelviolett, und man sah auch all die grünen Sterne am Himmel – auch die dunkelgrüne Sonne, neben der ein kleiner hellgrüner Komet sichtbar wurde. Oben mitten über dem Nordtrichter leuchtete die weiße Wolke. Aber die weiße Wolke bekam schon ein paar dunkelgraue Flecke.[98]

Stefan und Dora Benjamin, Februar 1921

4

LEIDLICH WARM

(1917 – 1920)

Wolken und Himmel

Nun waren Walter und Dora also mit Brief und Siegel verheiratet, machten aber keine Anstalten, sich eine Wohnung zu suchen, sondern gingen schon einen Tag nach der Hochzeit auf Reisen. Es war kein normaler Honeymoon. Es war eine Flucht. Denn um seiner Einberufung endgültig zu entgehen, hatte Benjamin vor, sich in die neutrale Schweiz zu begeben. Dazu brauchte er einen Pass und ein ärztliches Gutachten, das eine Ischiasbehandlung im Ausland empfahl.

Ihre erste Station war Dachau. Dort gab es ein bekanntes, auf Moorbäder spezialisiertes Sanatorium, in dem man »Gicht, Rheumatismus, […] Frauenleiden, Herz-, Gefäß-, Nerven- und Stoffwechselkrankheiten« behandelte. Es war sehr modern eingerichtet mit »Röntgenkabinett, Radiuminhalatorium, Hochfrequenzströme[n], Thermopenetration, Hydrotherapie« und »elektrische[n] und medizinische[n] Bäder[n]« aller Art, hatte fließendes Wasser, Zentralheizung und bequeme Zimmer, die von den Patienten individuell gestaltet werden konnten. Medizinischer Leiter war ein »Stabsarzt«, der mit seiner Frau und seinen Töchtern dort wohnte.[1]

In diesem schlossähnlichen weißen Haus aus dem 19. Jahrhundert, das in einem Park am Ufer der Amper gelegen war, fühlten die Benjamins sich auf Anhieb wohl.

Es ist Sommer, wir haben ein schönes Zimmer mit einer Loggia auf den
grünen Garten, und weil wir im zweiten Stock wohnen, können wir sogar
bisweilen die Alpen sehen.[2]

Kost und Pflege seien sehr gut, schrieb Benjamin an Scholem, der
Ischias halte aber an, was dagegenspricht, dass Dora ihn durch
Hypnose hervorgerufen hatte. Denn wenn sie ihn so einfach auslösen konnte – wieso konnte sie ihn nicht auch wieder wegzau-
bern?

Die Landschaft um Dachau war von seltsamem Reiz. Überall Moor
und Moos, Streuwiesen, Kiefernwälder und Auen, darüber ein dramatischer, manchmal etwas düsterer Wolkenhimmel, der Maler wie
Nolde, Liebermann, Corinth oder Marc, aber auch junge Amateure
aus aller Welt magisch anzog. »Da sah man dann […] im Moos, an
der Amper, in den Wiesen, um einen schönen Baum herum gruppiert,
die Maljünger und ›Malweiber‹ […] stehend oder sitzend malen, oft
sehr zum Ärger der Bauern, denen dabei das Gras zertrampelt und
oft auch mit den Ölfarbresten […] verunreinigt wurde«, schrieb der
aus Karlsbad stammende Maler Carl Thiemann, der Dachau zu seiner
Wahlheimat gemacht hatte.[3]

Es war sicher kein Zufall, dass der bisher nur beiläufig an bildender Kunst interessierte Benjamin ausgerechnet jetzt begann, über
»Malerei und Graphik« zu schreiben und sich mit dem Unterschied
zwischen beiden Kunstgattungen zu befassen.

Man könnte von zwei Schnitten durch die Weltsubstanz reden: der
Längsschnitt der Malerei und der Querschnitt gewisser Graphiken.
Der Längsschnitt […] enthält […] die Dinge, der Querschnitt […] die
Zeichen.[4]

Fast klingt es, als hätte er den »Maljüngern und Malweibern« über die
Schulter geschaut, wenn er schreibt:

[...] dass unter Umständen die Darstellung von Wolken und Himmel auf Zeichnungen gefährlich und bisweilen Prüfstein der Reinheit ihres Stils sein könnte.[5]

Ein Einfluss Doras auf seine Texte wird von den Benjamin-Biographen in der Regel kategorisch verneint. Tatsächlich sind aber drei Typoskriptseiten dieses Aufsatzes von ihr, »wahrscheinlich [...] nach Diktat geschrieben«, wie es im editorischen Kommentar heißt.[6] Nur das abschließende Manuskriptblatt trägt *seine* Handschrift. Der Text zählt sicher nicht zu den Schlüsselwerken von Walter Benjamin, markiert aber den Anfang seiner Befassung mit bildender Kunst. Es wirkt einigermaßen herablassend, dass Dora von vornherein in die Rolle der dienstleistenden Sekretärin gedrängt wird, ohne dass ihre Co-Autorschaft auch nur in Erwägung gezogen würde.

Schranken des Zornes

Ende Juni 1917 verließen die Benjamins das Sanatorium. Sie schieden in bestem Einvernehmen von ihren Wirten. Dora schrieb ihnen ins Gästebuch:

> Herrn und Frau Oberstabsarzt Dr. Anton Blank sowie Fräulein Töchtern und den anderen Angehörigen des Hauses sagen wir unseren innigsten Dank für immer erneuerte Freundlichkeit und Güte und freuen uns im August wieder als Dauergäste hier einzutreffen.[7]

Bevor sie – mit neuen Pässen und einem hieb- und stichfesten ärztlichen Attest in der Tasche – in die Schweiz weiterfuhren, machten sie noch einen Abstecher nach Seeshaupt. Dora pflückte dort ein paar Blümchen und legte sie in einen Brief an Gershom Scholem, der des Trostes dringend bedurfte, denn der Krieg hatte ihn nach langer Zeit doch noch »erwischt«. Er war zur Infanterie nach Allenstein, heute Olsztyn, eingezogen worden und litt unter einer schweren Depression:

Ich liege im Bett, denn in den letzten Tagen bin ich einige Male in Ohnmacht gefallen, und meine Nerven sind zerrüttet. Ich kann nicht viel schreiben, weil meine Hand sehr stark zittert, und außerdem muss ich sehr vorsichtig sein, denn vielleicht werden meine Briefe durchsucht.[8]

Das Verhältnis der Benjamins zu Scholem blieb vorerst herzlich. Anders als das zu ihrem alten Freund Herbert Blumenthal, mit dem sie sich Anfang Juli in Zürich trafen. Er war inzwischen mit seiner langjährigen Freundin Carla verheiratet. Ob er weiter studieren oder ein Geschäft aufmachen würde und in welchem Land – alles hing vom Ausgang des Krieges ab, an dem auch er nicht teilzunehmen bereit war.

Die beiden Paare hatten sich einmal sehr nahegestanden. Alle Beteiligten kannten sich seit ihrer Jugend und hatten viele Briefe miteinander gewechselt. Doch bei diesem Treffen kam es zum finalen Bruch. Ob es Eifersucht zwischen den beiden Frauen war oder zwischen den Männern, weiß man nicht. Bekannt ist nur, dass sie in Streit über Carlas Schwestern Rika und Traute gerieten, ein in der Tat äußerst schwieriges Thema, denn ein Jahr nach Rika hatte sich auch Traute umgebracht, ebenfalls mit Gas, ebenfalls zusammen mit einem Freund, der zur Jugendbewegung gehörte.[9] Nach diesem Streit schrieb Benjamin einen Brief an Herbert Blumenthal, der so kryptisch ist, dass er rein gar nichts erklärt. Allerdings zeugt er von großer Loyalität gegenüber Dora, die von Blumenthal offenbar schwer beleidigt worden war:

Kann die Missachtung gegen meine Frau, der sich dieser Mensch schon seit langem schuldig fühlt, weiter getrieben werden? Soll dasselbe Verhalten, das Dich aus eigener Kraft gestern von unserm Herzen verwies, nun aus Herausforderung mich von neuem betreffen? So fällt vor diese Herausforderung von selbst die Schranke, die mein Zorn errichtete. Als verantwort-

licher Träger trete ich in die Erkenntnis ein, die zuletzt die Schwestern vom Verrat der Schwester hatten. Als Dein verratener Freund Deiner verratenen Freundin Mann verkauft von dieser Frau an ihr verräterisches krankes Herz das tönerne ihrer Mutter. Aber um diesen Brief wusstest Du?[10]

Der Sorglose

Das Hotel Savoy in Zürich war eine Luxusherberge am Paradeplatz, in der nur die Crème de la Crème abstieg. Aber es gab schließlich etwas zu feiern: Benjamins 25. Geburtstag am 15. Juli 1917 und die Tatsache, dass Dora schwanger war.

Um Letzteres wurde wenig Aufhebens gemacht, um Ersteres dafür umso mehr. Dora habe ihn fürstlich beschenkt, schrieb er an Scholem, diesmal mit Büchern, nicht mit Blumen:

Eine alte Ausgabe des Gryphius, eine Ausgabe von Catull, Tibull, Properz in der Londoner Rikardi Preß, die meine Frau noch in Deutschland erstehen konnte, und sehr gute französische Bücher: Balzac, Flaubert, Verlaine, Gide. Und dann gibt es hier ja noch vieles, womit man einen Geburtstagstisch schön machen kann.[11]

Die nächste Station dieser Reise war St. Moritz, der Nobelkurort im Engadin. Dora kannte ihn noch nicht, Benjamin schon. Er war als 18-jähriger mit seiner Familie da gewesen und im Hotel Petersburg, heute Eden, abgestiegen. Damals war ihm alles ein bisschen lächerlich vorgekommen. An Herbert Blumenthal – zu jener Zeit noch einer seiner besten Freunde – hatte er geschrieben:

Seit gestern Abend ist unser Held in St. Moritz. […] Heute Vormittag beobachtete er bei der Kurmusik das Badeleben, aus welcher Beobachtung einige Apercus resultieren, die jedoch aus Platzmangel hier keine Stelle finden können. – Zeitweise macht er immer noch Aphorismen, welche Beschäftigung bei geisteszerrüttenden Zahnschmerzen […] zu empfehlen ist. [...] Manchmal frage ich mich, wenn ich so die Berge sehe, wozu überhaupt noch die ganze Kultur da ist.[12]

Diese Ironie war ihm jetzt gründlich abhandengekommen. Er tat sich selbst sehr leid und nahm sich sehr wichtig. »Unser Leben hier ist ganz der Erholung und dem Wiederaufbau unserer Kräfte bestimmt«, schrieb er an Gershom Scholem, der mit 19 in einem psychiatrischen Militärhospital lag und auf »dementia praecox« untersucht wurde. Wie mag *er* sich bei der Lektüre gefühlt haben?[13]

Benjamin beklagte sich bitter darüber, dass es in St. Moritz nicht warm genug sei. Der Ort liege einfach zu hoch, der See vor den Fenstern ihrer Nobelherberge, der Villa Joos, in der schon Baron Maurice de Rothschild mit seiner Frau abgestiegen war, fange an, eine »giftgrüne Farbe« anzunehmen. Trotzdem könne man hier recht gut den »dämonischen, gespenstischen Einwirkungen [...] der rohen Anarchie« und »der Gesetzlosigkeit des Leidens«, sprich, dem Krieg entkommen.[14]

Nein, in St. Moritz herrschte keine »rohe Anarchie« und schon gar keine »Gesetzlosigkeit des Leidens«, ganz im Gegenteil, bis auf die Tatsache, dass alles noch teurer war als früher, spürte man vom Elend des Krieges kaum einen Hauch. Man zog sich fein an oder spielte Hockey und Polo. Es fanden Maskenbälle und Konzerte statt. Man konnte Blumen, Pelze und Antiquitäten kaufen, Champagner, Parfüm und edle Zigarren. Der berühmte österreichische Pianist Moritz Rosenthal ließ sich hören. König Konstantin von Griechenland war soeben eingetroffen, mit seiner Frau, seinen sechs Kindern und seinem Gefolge. Er war nicht auf Urlaub. Er war im Exil, denn die Entente-Mächte hatten ihn gerade von seinem Thron vertrieben. Doch das war Politik. Und über Politik wurde in St. Moritz nicht gesprochen. Die Hoteliers rühmten sich, »kriegsmüden Völkern ein Asyl ruhigen Friedens, neu werdender Gesundheit und Versöhnung zu bieten«.[15] Allerdings nur den Reichen und Gesunden unter den Kriegsmüden. Die Armen und Kranken waren nicht erwünscht. Stefan Zweig kam zu einem kurzen Besuch und schrieb in der Wiener *Neuen Freien Presse*:

Hier kann das versprengte Fähnlein wieder sich sammeln und sein frommes Ritual, den Luxus, abhalten. Hier ist keine Armut links wie in den Städten, keine Krankheit rechts wie in Davos. [...] Das letzte Häuflein der Unerschütterlichen ist beisammen und lebt in alter Weise. [...] Man lacht hier viel, man amüsiert sich. [...] Das Leid, das unendliche Leid, das über alle Länder Europas sich als Blutsumpf breitet, stößt seinen Atem nicht in diese reine Luft. [...] Seit Jahrzehnten trainiert auf den vornehmen Müßiggang, kann eine Bagatelle wie der Weltkrieg sie nicht von ihrem Vergnügen abbringen. [...] Europa stürzt in Trümmer, die Zigeunerkapelle fiedelt. Zehntausend Menschen sterben jeden Tag. Das Diner ist zu Ende, der Maskenball beginnt. [...] Die Sorglosen tanzen den Mummenschanz der Nationen.[16]

Der Sommer, wo wir uns im Gebirge verirrten …

Benjamin hat sich später nie über die Zeit in St. Moritz geäußert. Dora schon, wenn auch sehr ironisch und zugleich poetisch verschlüsselt. In ihrem 1927 entstandenen Text »An die Dame im Gebirge«[17] gibt sie der wohlhabenden Frau von Welt ein paar Tipps, wie sie sich in der Schweiz verhalten solle. Sie solle zum Beispiel einen größeren Spaziergang mit ihrem Mann machen, nachmittags vor dem Konzert oder dem Casino-Besuch. Das Gehen im Gebirge werde sie zwar etwas ermüden. Aber es sei sehr gesund und besonders gut für die Figur, denn die vielen Diners im Hotel machten in der Regel nicht schlanker.

Zuerst würde sie mit ihrem Mann wahrscheinlich über belanglose Themen plaudern. Über die Meyers zum Beispiel, die in diesem Jahr ohne ihr amerikanisches Auto gereist seien! Ob sie etwa finanziell nicht mehr so flüssig seien wie früher? Ob die Geschäfte nicht mehr so gut gingen?

Sollte der Weg plötzlich sehr steil werden oder sich vollends im Wald verlieren, gebe es nur eins: Bitte nicht streiten! Das gehöre sich nicht!

Feine Leute zanken sich nur, solange sie sich noch lieben.

Es könne nämlich sein, dass die Wanderung eine unerwartete Wendung nehme. Dass sie plötzlich auf einer einsamen Obstwiese stünden, vor einem alten, halb verfallenen Bauernhaus an einem Bach. In diesem Fall sollten sie sich nicht etwa über das verpasste Konzert ärgern, sondern Erdbeeren essen, Quellwasser trinken und sich ins Gras legen.

Als Sie erwachen, ist es später Nachmittag. Die Sonne steht schon hinter dem Berge. Es ist sehr still hier oben, eine Grille zirpt, und als sie aufhört, ist es noch stiller geworden. Die Berge sind in blauen Schimmer getaucht. Vor Ihnen steht ein Baum mit weichen grünen Nadeln, so einen haben Sie noch nie gesehen, aber er ist sehr schön. Überhaupt sieht alles anders aus hier oben. Am Hause blühen große kugelige Blumen auf langen Stielen, die gefallen Ihnen sehr; freilich wissen Sie nicht, dass es Zwiebelblüten sind. Auch die Wiese gefällt Ihnen und der morsche Gitterzaun. Und am Gerinnsel der Quelle blühen wirkliche Vergissmeinnicht, größer und tiefer blau als die zu Hause im Gartenbeet.

Unendlich vorsichtig, um ihn nicht zu stören, wenden Sie sich seitwärts und sehen Ihren Mann an. Er schlummert noch immer. Das Haar wird schon grau an den Schläfen, um die Augen hat er viele kleine Fältchen. Es ist sehr eigen, hier zu sitzen und ihn zu betrachten; es ist so lange her, seit Sie ihn zuletzt richtig angesehen haben. Aber plötzlich scheint es Ihnen, als sei die frühe Zeit gar nicht so fern, Brautstand und Hochzeit und die ersten schweren Jahre, ohne Villa, ohne Buick. Und viele Dinge fallen Ihnen ein, die Sie lange vergessen hatten: der erste Zank und die erste Versöhnung, ein Heimweg in regnerischer Nacht, eine Bootsfahrt auf der Havel. [...] Sie sitzen da und starren in die Luft, als hätten Sie einen großen Schatz zu hüten, und wie Ihr Mann sich im Schlafe bewegt, beugen Sie sich vor und wecken ihn mit einem Kuss.

Das alles sei viel, viel wichtiger als ein Abend im Kursaal, als Roulette-Spielen, feine Diners oder ein Konzert. Denn ...

... nach langer, langer Zeit, gnädige Frau, wenn viele Sommer auf jenen gefolgt sind und die Jahre sich dicht aufeinander geschichtet haben wie die gelesenen Blätter eines Buches, wenn niemand mehr weiß, ob man damals Foxtrott tanzte oder Black Bottom, ob lange oder kurze Röcke getragen wurden und wie in jenem Winter die große Revue hieß – wenn Sie schon längst nicht mehr Ihr Gewicht kontrollieren und Meyers fortgezogen und vergessen sind wie so vieles andere – dann werden Sie vielleicht einmal auf eine Frage mit [...] verträumtem Lächeln antworten:
Damals [...] es war der Sommer, wo wir uns im Gebirge verirrten.

Innerlich wie verwachsen

Nachdem Benjamin für kurze Zeit erwogen hatte, sein Studium in Zürich oder Basel fortzusetzen, entschied er sich letztlich für Bern, weil er dort freundliche Professoren vorfand: Richard Herbertz, Paul Häberlin, Anna Tumarkin und Harry Maync. Richard Herbertz stammte aus Köln, Harry Maync war Berliner, Anna Tumarkin russische Jüdin, die erste Professorin der Berner Universität überhaupt. Benjamin, der die Fächer Philosophie, Psychologie und Germanistik belegte, tauchte also in eine internationale Atmosphäre ein, die sich auch auf den Straßen des ehemals biederen Bern zeigte: Seit Kriegsbeginn waren dort Diplomaten und Journalisten aus aller Welt zu sehen, Polizeispitzel, Flüchtlinge, Schwarzhändler, Spione und Halbweltdamen, aus der Heimat vertriebene Aristokraten und Umstürzler, die die Weltrevolution planten.[18] Es wurden viele Sprachen und Dialekte gesprochen, Russisch und Ukrainisch vor allem, aber auch Italienisch, Französisch, Wienerisch und Berlinerisch. In den Cafés lagen ausländische Zeitungen. Man trank Wodka und rauchte Havanna-Zigarren. Am Helvetiaplatz war eine neue Kunsthalle eröffnet worden. In den Konzerten hörte man große Künstler wie Ferruccio Busoni, den es aus Berlin ins Schweizer Exil verschlagen hatte. Das alles war nur dem Krieg zu »verdanken«. Der Krieg hatte Bern reich und glänzend gemacht. Es sei eine »herrliche Stadt«, schwärmte Walter Benjamin,[19] der sich besonders von den vielen Laubengängen inspiriert fühlte, die sich kilometerlang durch die Altstadt zogen. Führt von hier ein direkter Weg zu seinem *Passagen*-Werk?

Im Hotel St. Gotthard, wo die Benjamins während der Wohnungssuche logierten, bekamen sie Besuch von einem jungen Musiker, den Benjamin noch aus Berlin kannte. Er war damals gerade aus Wickersdorf – vermutlich ein Wyneken-Zögling – gekommen, ein »anmutiger« und »stiller« Knabe, ganz der Musik ergeben. Benjamin schrieb an Ernst Schoen, er habe gehofft, Dora eine Freude zu machen, indem er den jungen Mann zu sich einlud. Doch zu seinem Schrecken habe er sich sehr verändert:

> Lassen Sie es mich aussprechen: er hatte einen Buckel bekommen. In diesem Bilde verdichtete sich der geistige Eindruck, den ich von ihm empfing. […] Es erschien mir dieser Buckel plötzlich eine Eigentümlichkeit der meisten modernen Menschen, die sich der Musik widmen. Sie sind innerlich wie verwachsen; als trügen sie etwas Schweres auf etwas Leerem. Dieser »Buckel« und was mit ihm zusammenhängt, ist eine besondere Form der mir verhassten Sokratik, der modernen, der »Schönhässlichen«.[20]

Laut Scholem soll es sich um einen gewissen Heymann[21] – vielleicht den späteren Film- und Schlagerkomponisten Werner Richard Heymann – gehandelt haben, was aber im Grunde ganz unwichtig ist. Entscheidender ist die ungewöhnliche Schärfe, mit der Benjamin sich hier über Musik und Musiker äußert, eine Schärfe, die man in dieser Form nur noch von Sigmund Freud kennt, dem das »Irrationale« in der Musik Angst machte. Es widerstrebe ihn ergriffen zu sein, ohne zu wissen, warum, sagte Freud 1914, seine »rationalistische oder vielleicht analytische« Natur sträube sich dagegen, sodass er beim Hören von Musik »fast genussunfähig« sei.[22] War es bei Benjamin vielleicht ähnlich?

Sicher war er auch nicht besonders erbaut darüber, dass Dora sich gut mit dem jungen »Heymann« verstand und sich freute, wenn er zu Besuch kam. Sie führte intensive Gespräche mit ihm, über die Oper zum Beispiel als eine Form der Musik, »in der alle Instrumente sich vereinigen und gegenseitig gesättigt und gekrönt von der Stimme das Höchste erzeugen«.[23] Benjamin saß dabei und konnte nicht mitreden, weil er über das Spiel »hinreißender Terzen und Oktaven« nie hinausgekommen war.[24] Diese Rolle muss ihm hochgradig missfallen haben, denn er neigte, wie Scholem einmal anmerkte, zum geistigen Führungsanspruch und hatte einen leichten Hang zum Despotischen.[25]

Was uns fehlt, ist Anschluss

Am 24. Oktober 1917 kam es zur zwölften Großoffensive der deutsch-österreichischen Armee am Isonzo, bei der 70 000 Blau- und Grünkreuzgranaten eingesetzt wurden. Da die Italiener größtenteils keine Gasmasken trugen und dem engen Gebirgstal nicht schnell genug entweichen konnten, blieben sie tot oder betäubt neben ihren Geschützen liegen. Eine komplette italienische Einheit kam ums Leben. Graf von Pfeil und Klein-Ellguth, Kommandeur eines beteiligten Pionierbataillons, berichtete eher entsetzt als triumphierend an seine Vorgesetzten:

> Nur vereinzelte noch lebende, schwer kranke Italiener wurden aus der vordersten feindlichen Stellung zurückgebracht, in der Schlucht selbst war die gesamte Besatzung, etwa 500 oder 600 Mann, tot. Nur wenige hatten die Masken aufgesetzt, die Lage der Toten ließ auf plötzlichen Gastod schließen. Es wurden auch verendete Pferde, Hunde und Ratten gefunden.[26]

Am Monte Majur, in Tagliamento, in Udine: Überall wurde gekämpft. Die Zivilbevölkerung verließ in Massen das Land oder floh nach Süden. Bis zum 20. November fielen etwa 13 000 Italiener. Fast 300 000 wurden gefangen genommen, konnten aber nicht richtig ernährt werden, da auch in Deutschland und Österreich große Hungersnot herrschte.

Selbst in der neutralen Schweiz war es schwer, diese Ereignisse zu ignorieren. Jeden Tag brachten die Zeitungen Nachrichten über den »Europäischen Krieg«. Besonders die Isonzoschlachten erregten die Gemüter, weil sie nicht weit von der Grenze entfernt stattfanden. Benjamin äußerte sich nicht weiter dazu. Dora aber begann in diesem Moment wieder, an ihrem »Kriminal-Roman« zu arbeiten, vielleicht mit Skizzen zu *Gas gegen Gas*, die durch die Isonzoschlacht angeregt worden waren?

Sie hatten inzwischen eine Wohnung gefunden, ein gemütliches Etablissement in der Hallerstrasse 28, nicht weit von der Universität und der Aare entfernt. Aber leider, schrieb Dora an Gershom Scholem, müsse sich *ihre* Arbeit immer wieder »gedulden«. Zum Schreiben komme sie eigentlich nur, wenn Walter in der Universität, in seinem »Baudelaire-Kolleg«, sei. Da ihre Möbel noch in Seeshaupt auf Lager standen,[27] gab es nur eine – ihre – Schreibtischlampe im Haus, die sie gelegentlich »stahl«, um einen Brief schreiben zu können.[28]

Kommen Sie sobald als möglich, oder Sie ziehen sich auf ewig den Hass der betrogenen Nachwelt zu. Die Lebensverhältnisse, resp. die Teuerzeit (wohl der einzige Grund, der Sie ernstlich abhalten kann) ist bei weitem nicht so arg wie Sie vielleicht denken. Den 64 Rp, die man jetzt für 1 M bekommt, entspricht eine Kaufkraft von 1.50 – 2 M. Auch dürfen Sie nicht vergessen, dass unser Haushalt, so bescheiden er geführt wird, doch eine Quelle von Erleichterungen und Ersparnissen für Sie bedeuten würde. Uns geht es vorzüglich. Das einzige was uns fehlt, ist Anschluss.[29]

Dora »schönte« die Verhältnisse hier ganz gewaltig, denn tatsächlich waren die Lebensmittelpreise in der Schweiz seit Kriegsbeginn um rund 123 Prozent gestiegen, die Energiepreise um rund 187 Prozent und die Medikamentenpreise sogar um 2400 Prozent.[30] In allen größeren Städten gab es Demonstrationen gegen die Teuerung, an denen sich Studenten, Arbeiter und Pazifisten beteiligten. Doch im Moment spielte »Geld« für Dora noch keine Rolle. Noch kam die monatliche Unterstützung der Benjamins aus Berlin. Noch konnte sie von ihrem »Heiratsgut« zehren. Um Scholem nach Bern zu locken, war ihr jedes Mittel recht, solange sie nur aus ihrer Isolation befreit wurde, die sie als quälend und bedrückend empfunden haben muss, besonders, seitdem der junge »Heymann« wegen seines »Buckels« nicht mehr erwünscht war.

Sehr abstrakte Begriffe

Benjamin sah das offenbar anders. Ihm genügten die Gesellschaft von Dora, der Briefverkehr mit ein paar Freunden und die Vorlesungen an der Universität. »Ich bin«, schrieb er an Gershom Scholem, »in eine neue Zeit meines Lebens eingetreten, da das, was mich mit planetarischer Geschwindigkeit von allen Menschen löste und mir auch noch die nächsten Verhältnisse außer meiner Ehe zu Schatten machte, unerwartet an einem andern Orte auftaucht und verbindet.«[31]

Er wollte damit wohl sagen, dass er sich endgültig von Berlin und der Jugendbewegung gelöst hatte und nun mit Eifer seine Promotion anstrebte, wofür er einen Doktorvater, einen Betreuer brauchte. Tatsächlich scheint er auch an eine Doktormutter gedacht zu haben – Anna Tumarkin, Professorin für Philosophie, die 1875 in Dubrowno geboren wurde und erst mit 17 nach Bern gekommen war, weil sie in Russland unter zunehmendem Antisemitismus gelitten hatte. Sie hatte über die Beziehung zwischen Herder und Kant promoviert, ihre Habilitationsschrift über »Das Assoziationsprinzip in der Geschichte der Ästhetik« geschrieben und 1906 ihre Professur erhalten. Zeitungen bezeichneten sie als das schönste Geschenk, das das weite Russland der engen Schweiz gemacht habe.

Auch Benjamin scheint sie durchaus geschätzt zu haben. Er besuchte regelmäßig ihre Seminare und teilte ihr bei einem persönlichen Besuch seine Absicht mit, sich in seiner Dissertation »mit Kants Geschichtsphilosophie [...] zu befassen«.[32] Doch sie wurden sich, wie es scheint, nicht recht einig. Nicht nur ihre Ansätze und Anschauungen waren zu unterschiedlich, sondern auch ihre Sprache. Tumarkin, deren Muttersprachen Russisch und Jiddisch waren, schrieb ein sehr klares, manchmal fast wie »gesprochen« wirkendes Deutsch. Es war das Deutsch ihrer Vorlesungen und Seminare, die von vielen Ausländern, besonders Russinnen und Russen, besucht wurden. Benjamins Sprache war viel abstrakter, anspruchsvoller und komplizierter. Es heißt nirgends, dass sie ihn abgelehnt hätte oder er sie. Sie passten einfach nicht zueinander.

Da Harry Maync Neugermanist war und Häberlin im Grenzgebiet zwischen Philosophie, Pädagogik und Psychologie arbeitete, kam für Benjamin letztlich nur Richard Herbertz infrage. Obwohl oder gerade weil er so »farblos« gewesen sei, schreibt Gershom Scholem, was allerdings weder direkt noch indirekt zutrifft. Herbertz, der dafür bekannt war, vor seinen Vorlesungen gern ein Glas Rotwein zu trinken, pflegte seine Thesen mit farbiger Kreide an die Tafel zu schreiben und sich anschließend mit dem Rücken dagegenzulehnen, sodass sein Jackett immer bunt beschmiert war. Als Philosoph war er ausgesprochen vielseitig und produktiv, befasste sich mit dem »Bewussten« und »Unbewussten«, mit Leibniz, der »Philosophie des Raumes«, dem »Wahrheitsproblem in der griechischen Philosophie«, mit dem »philosophischen Urerlebnis« und sogar mit Kriminalpsychologie.

Benjamin hatte sein Thema geändert, als er bei ihm vorsprach. Er wollte nun nicht mehr über Kants Geschichtsphilosophie, sondern über den »Begriff der Kunstkritik in der deutschen Romantik« promovieren. Herbertz, Sohn eines kölschen Karnevalisten und Großindustriellen, war wohl so stark mit seinen Büchern und seinem skurrilen Privatleben befasst – er lebte mit seiner Frau in einem leer stehenden Hotel in Thun, von wo er jeden Morgen mit dem Zug nach Bern reiste –, dass er sich nicht besonders für das Projekt interessierte, sondern Benjamin einfach machen ließ. Nicht einmal der Titel scheint ihn hellhörig gemacht zu haben, denn es geht in diesem Buch weder um »Kunstkritik« noch um »Romantik«, sondern um Poesiekritik in der Frühromantik, genauer: um die Dichtungstheorie Friedrich Schlegels. Vielleicht hatte Benjamin die Befürchtung, durch deren explizite Benennung zu sehr in die Nähe einer gewissen Charlotte Pingoud aus Sankt Petersburg gerückt zu werden, die 1914 über die »Grundlinien der ästhetischen Doktrin Friedrich Schlegels«[33] promoviert hatte, über ein nahezu identisches Thema also. Ihr Buch wird von ihm selbst mehrfach zitiert, obwohl er eigentlich strikt dagegen war, »daß Frauen in diesen Dingen entscheidend mitreden«. Er empfand das als »bare Niedertracht«.[34]

Fast alle Benjamin-Forscher halten Benjamins Dissertation für »bahnbrechend«, ohne das genauer zu begründen, was nicht verwunderlich ist, da Benjamin selbst seinen Stoff als »ungeheuer spröde« bezeichnet.[35] Durchgängig ist die Tendenz bemerkbar, das Werk gegen Benjamins eigene Aussage zu verteidigen, es handle sich um eine reine akademische Pflichtübung, die er möglichst schnell hinter sich bringen wolle.[36]

Im Kommentar zur Kritischen Gesamtausgabe sind einige zeitgenössische Rezensionen aufgeführt, die keinerlei Wertung oder auch nur Besprechung vornahmen.[37] Die einzige kritische – sie stammt von Doras altem Philosophieprofessor Wilhelm Jerusalem – wird weggelassen. Ein Zufall? Jerusalem schreibt darin, dass Benjamin »zweifellos seine Fähigkeit« bewiesen habe, »subtile Gedankenunterschiede klar und scharf zu erfassen« und »die Quellen sorgsam« durchzuarbeiten, dass er aber viel zu viel mit »abstrakten Begriffen« und zu wenig mit »Beispielen« arbeite.

Zum Schlusse versucht er, die Unterschiede zwischen der frühromantischen Kunsttheorie und Goethe darzustellen. Hier ist jedoch das letzte Wort noch lange nicht gesprochen, denn die lebendigen Kunstanschauungen Goethes lassen sich nicht leicht auf begriffliche Formeln bringen.[38]

Liebe ist alles, was man nicht hat

Am 6. Januar 1918 wurde Dora 28 Jahre alt. Eigentlich hatte sie sich ein Märchenbuch von Robert Hertwig gewünscht, *Die Märchengöttin – Wunderwelt für artige Kinder*,[39] das sie wahrscheinlich noch aus ihrer Kindheit kannte. Sie war ja mit Märchen aller Art aufgewachsen. Auch ihre Mutter hatte ein großes Faible dafür und übersetzte immer wieder englische Kinder- und Hausmärchen.[40] Aber Benjamin hatte Scholem, der es in Deutschland für ihn beschaffen sollte, falsche Angaben zu Doras Wunschbuch gemacht: *Die Märchenkönigin* von »Franz Hartwig«.[41] Dieses Buch gab es nicht und konnte folglich auch nicht erworben werden. Stattdessen lag ein Roman von Charles-Louis Philippe auf ihrem Gabentisch, *Marie Donadieu*, 1913 erstmals auf Deutsch erschienen.[42] Benjamin hielt ihn für künstlerisch besonders wertvoll und legte ihn seinen Freunden zur Lektüre ans Herz.[43]

Wieso, bleibt ein Rätsel. Denn es handelt sich um einen billigen Aufguss von Flauberts *Madame Bovary*, um die Geschichte eines schönen, aber bösen Mädchens aus der Provinz, das bei den Großeltern aufwächst.[44] Da der Großvater befürchtet, dieser »zartsüßen Frucht« nicht widerstehen zu können, steckt er sie in eine Klosterschule, wo sie Rosen zertrampelt und Nachttöpfe über den Köpfen ihrer schlafenden Mitschülerinnen auskippt.[45] Mit 16 entdeckt sie ihre eigentliche Bestimmung: die Sexualität, die sie an wechselnden Objekten ausprobiert, an Ingenieuren, Ärzten, Rechtsanwälten, Geschäftsleuten aus »Kongoland«, einem jungen Dichter und zahlenden Freiern in Paris. Zwischendurch betet sie inbrünstig zur Jungfrau Maria, denn »ach, sie war die kleinste, die leichteste aller Ameisen, jeder Windhauch führte sie in Versuchung«.[46] »Ströme der Lust« pflegen ihre Lenden zu durchfluten. Ihr Hauptproblem ist, dass sie nicht weiß, was Liebe ist: »Liebe – das ist alles, was man nicht hat.«[47] Nach vielen Irrungen und Wirrungen und einer Wiederbegegnung mit ihrer Mutter, einer »Professionellen«, die ihr gute Tipps für die weitere

Laufbahn gibt,[48] entscheidet sie sich schließlich doch für *den Einen*, da viele Frauen sich »mit der Zeit […] zur Vernunft« durchringen,[49] vor allem, wenn ihre jugendliche Schönheit nachlässt. Aber es ist zu spät. Der Erwählte will sie nicht mehr. Er will künftig lieber zu »Dirnen« gehen. Was aus der »Heldin« wird, bleibt offen. Wahrscheinlich eine der vielen Pariser »Straßenmiezen«.

Charles-Louis Philippe bleibt in diesem Buch weit hinter seinem großen Vorbild, *Madame Bovary*, zurück. Es hat weder sozialkritische Züge, noch ist es das Psychogramm einer durch Rollendiktate verstörten jungen Frau. Es ist reiner Sexismus, bestenfalls ein interessanter Beitrag zum Thema »Borderline«, denn die Heldin pflegt sich mit einem Messer in den Arm zu ritzen, um ihre Briefe mit ihrem eigenen Blut schreiben zu können, wobei sie noch einmal tüchtig mit der Stahlfeder nachlangt.[50]

Erraten, Schenken und Zaubern

Fast drei Wochen nach ihrem Geburtstag schrieb Dora an Gershom Scholem, sie habe »so viele und so ganz herrliche Dinge« bekommen, »und so schön aufgebaut«.[51] Das klingt, als hätte sie ihre Enttäuschung mit Gewalt verdrängen wollen. *Sie* hatte Benjamin eine halbe Bibliothek zum Geburtstag beschafft, Gryphius, Catull, Tibull, Properz, Balzac, Flaubert, Verlaine, Gide – und er schenkte ihr einen billigen Sexroman, dessen Lektüre nur Ekel und Kopfschütteln auslösen kann, nicht nur bei weiblichen Lesern.

Dora würde nicht aufhören, ihren Mann reich und phantasievoll zu beschenken, wenn er Geburtstag hatte. Denn Geburtstage waren ganz besondere Feiertage für sie, an denen man sich in die Kindheit zurückversetzt fühlt und sich Achtung und Liebe zeigt. In der Berliner Zeitschrift *Die Dame* wird sie 1927 eine Geschichte darüber schreiben, »Zaubern«, die Geschichte vom Maler Bendix,[52] der, als düster und depressiv geltend, lange Zeit vergessen war, bis er plötzlich wie aus dem Nichts wieder auftauchte, mit leuchtend heiteren Bildern, die »wie von der Sonne gemalt« wirkten. Die Ich-Erzählerin, eine Kunstkritikerin und Journalistin, möchte die Gründe für diese Wandlung wissen und besucht ihn und seine Frau im Berliner Atelier.

Er erzählt von schweren Zeiten, die sie durchgemacht haben, von dem Verlust eines großen Vermögens, von bitterer Armut. Er sei kurz davor gewesen, die Malerei vollständig aufzugeben, aber eines Morgens, an seinem Geburtstag, sei die große Wende gekommen:

Ich stand auf und suchte meine Kleider, um ins Badezimmer zu gehen. Sie waren weg. Auf dem Sessel lag etwas Weiches, Buntes, es erwies sich als gestickter seidener Kimono. Ich nahm ihn zögernd um. Als ich in mein Zimmer zurückkam, stand meine Frau im weißen Kleide da – es war auch neu, zarte, schimmernde Seide. Sie küsste mich, nahm mich am Arm und stieß die Tür auf. Ich sehe: das Atelier ist verdunkelt, es riecht nach Treibhaus und Weihnachten. Viele winzige bunte Lichter brennen auf einem Kuchen, mitten im Zimmer steht der Tisch. Es ist aber kein Tisch mehr, eher sieht er aus wie ein Blumenbeet, denn er ist ganz mit Tannengrün bedeckt: Tuberosen und Chrysanthemen liegen darauf und noch etwas anderes, das ich erst nicht erkenne. Es sind Rollen aus feinstem Papier, ich öffne eine mit zitternden Händen. Da stehen Verse, ein Sonett über einen Priester; ich nehme ein zweites Blatt, es enthält ein Lied von einem Kinde, einem jungen Mädchen, das sich ungeliebt glaubt. […] Ich stand da an dem Tisch und konnte nicht sprechen; ich fühlte dunkel, aber desto heftiger, was ich später immer reiner erkennen sollte. Nun fing es an, das wirkliche Leben, dies waren die wahren Wunder, es war mehr als Träume und fruchtloses Erinnern, es war die einzige, die wahre Wirklichkeit. Die Kerzen flackerten, ein Endchen Reisig hatte Feuer gefangen und schwelte; ich schäme mich nicht zu sagen, dass ich weinte. […]
Und so ist es geblieben. Ich weiß nicht, ob Sie ganz erfassen können, was das für mich war. […] Diese Erde war schön, unbedingt und in allen Teilen, denn es gab auf ihr einen Menschen, der Wünsche erraten, der schenken und zaubern konnte; die Kindheit war nicht verloren, nicht gestorben, sie lebte ewig.[53]

Die Mutter neigt zum Beleibten

Vor der Geburt ihres Kindes wollten die Benjamins noch etwas Sonne tanken, die sich in den letzten Jahren nur selten gezeigt hatte. Unter dem Siegel strengster Verschwiegenheit fuhren sie mit der Gotthardbahn von Bern nach Locarno. Benjamins Eltern durften nichts davon wissen, weil sie das als unnötigen Luxus betrachtet hätten.

Das junge Paar mietete sich in einer Pension im Ortsteil Muralto ein, einem schönen Haus vor beeindruckender Alpenkulisse, in dessen Vorgarten Palmen, Zypressen und Oleander wuchsen. Auch Rilke wird sich im Winter 1919/1920 hier einquartieren. Ein paar Hundert Meter entfernt lebte die exzentrische Schriftstellerin Franziska Gräfin zu Reventlow mit ihrem Sohn Rolf, eine Ikone der sexuellen Revolution. Man sah sie manchmal mit dem Fahrrad am See entlangfahren.

Wahrscheinlich war sie der Grund, weshalb plötzlich eine Gruppe von Leuten aus Berlin auftauchte, darunter die Dichterin Else Lasker-Schüler. Benjamin hatte eigentlich gar keine Lust sie zu sehen, obwohl er einige ihrer Gedichte sehr schätzte, besonders »David und Jonathan« aus den *Hebräischen Balladen*. Aber er wollte nun einmal nicht an Berlin erinnert werden und hatte vielleicht auch Angst, dass sie seinen Aufenthaltsort ausplaudern könnte, denn sie kannte Gott und die Welt und war sehr schwatzhaft.

Ansonsten fühlte er sich rundum wohl im Tessin. Kultur und Sprache seien italienisch, meinte er Gershom Scholem belehren zu müssen. »Es wachsen Palmen und Lorbeer in den Gärten. Auf den hohen Bergen in der Nähe liegt noch Schnee.« In den Kirchen falle allerdings ein »merkwürdiger Madonnentypus« auf, der einen »unheimlichen Eindruck« mache, ganz »verschlafen und seellos«, dabei »beleibt«, ja geradezu »fett«. Er vermute, dass dies mit prähistorischen Schönheitsidealen zusammenhänge. Denn: »Die Mutter neigt zum Beleibten.«[54]

Als Jude im protestantisch-preußischen Berlin aufgewachsen, war Benjamin wohl nicht oft in katholischen Kirchen gewesen, sonst hätten ihn diese Bilder nicht so irritiert, denn Madonnen, besonders stillende, sind selten mager. Interessant ist, wie deutlich er seinen Abscheu zum Ausdruck bringt. »Fett«, »verschlafen« und »seellos«: Das ist mehr als ästhetisches Unbehagen. Das grenzt schon an Hass. Hatte es etwas damit zu tun, dass auch Dora nicht mehr so rank und schlank war wie früher, dass er ihre veränderte Gestalt nicht mochte, obwohl er doch selbst Urheber dieser Veränderung war? Nirgends – in keinem einzigen seiner zahlreichen Briefe – kam er darauf zu sprechen, dass Dora schwanger war. Nie schrieb er, wie es ihr ging, ob sie Beschwerden hatte, ob sie sich freute, von seinen eigenen Gedanken an das Kind ganz zu schweigen. Es geht um Lektüre, Landschaften, das Wetter, seine Arbeit und vor allem: um *seine* »philosophische Gedankenentwicklung«, die jetzt »in einem Zentrum angelangt« sei.[55] Von der Tatsache, dass sie bald zu dritt sein würden, ist nie die Rede.

Wie immer, wenn Dora sich unverstanden und einsam vorkam, griff sie zur Feder und schrieb an alte Freunde aus Berlin, in diesem Fall an Ernst Schoen, den Benjamin schon seit seiner Schulzeit kannte. Er war ein vielseitig begabter junger Mann, Student der Philosophie, Kunstgeschichte und Geschichte, mehrsprachig, zurzeit Dolmetscher in einem Gefangenenlager, hochmusikalisch, aber noch unentschlossen, ob er die Musik zu seinem Beruf machen sollte. Eine Zeit lang hatte er bei Busoni Komposition studiert, weshalb Dora sich mit einer Bitte an ihn wandte, die sie »schon seit vielen Monaten« auf dem Herzen hatte:

Ich habe vor Jahren Busoni gehört und schon damals gewusst, dass er der einzige ist, von dem ich lernen möchte. Leider kann ich nicht viel, denn seit meinem vierzehnten Jahre habe ich eigentlich nur verlernt und vergessen. Auch das letzte Jahr hat mir noch keine Möglichkeit gebracht, endlich mich wieder mit Musik zu beschäftigen. Aber in kurzer Zeit hoffe ich so weit zu sein. Ich wünsche es so sehnlich, für Walter und mich in gleicher Weise. Nun weiß ich nicht, nimmt Busoni Schüler? Und verlangt er nicht etwa Zeugnisse von Meisterschulen zur Aufnahme? Oder genügt es einiges zur Probe ihm vorzuspielen und was muss es sein? Ich wäre Ihnen sehr dankbar, wenn Sie mir etwas darüber sagen könnten. Wir glauben, dass Sie Busoni früher nahe gestanden sind und darum Bescheid wissen, und an Fremde möchte ich mich nicht gerne wenden. Ich könnte ja einige Monate arbeiten, bevor ich zu ihm gehe, wenn ich wüsste, was er verlangt. Ich besitze keineswegs eine Fertigkeit, die mir den Anspruch gäbe, zu seinen Schülern zu gehören, aber das Wenige, das ich kann, verhindert mich doch, bei anderen als bei ihm zu lernen. Kürzlich haben wir ihn wieder gehört.

Ich danke Ihnen im Voraus für Ihre Antwort, die Sie aus Rücksicht für mich nicht etwa beeilen sollen, denn ich kann doch noch einige Wochen nicht arbeiten.

Vielmals grüßt Sie

Ihre Dora Benjamin[56]

Als die Benjamins im März 1918 nach Bern zurückkehrten, wartete eine unangenehme Nachricht auf sie. Ihr Vermieter drohte mit Kündigung, ausgerechnet jetzt, unmittelbar vor der Geburt des Kindes. Hatten sie die Miete nicht bezahlt? Oder war der Vermieter fremdenfeindlich, antisemitisch? Die Stimmung in der Schweiz hatte sich deutlich verändert, seitdem Lenin sich an die Spitze der Russischen Revolution gestellt hatte. Drei Jahre lang hatten die Eidgenossen ihm Exil gewährt. Und jetzt wollte er »das Gespenst des Kommunismus« verbreiten, womöglich nicht nur in Russland, sondern in ganz Europa? Er hatte in der Schweiz viele Anhänger, besonders unter den Flüchtlingen und Emigranten. Die Reaktion: Angst, Panik und Fremdenhass. Eine »Fremdenpolizei« wurde eingeführt, jeder Ausländer bei der Einreise scharf kontrolliert. Über Nacht wurden Freunde zu Feinden. Das berühmte Wort »Überfremdung« kam auf. Wollte der Vermieter der Benjamins vielleicht verhindern, dass ein Ausländer, dazu noch ein Jude, in seinem Haus geboren würde?

Doch die Geburt von Stefan Rafael Benjamin fand nicht in der Wohnung auf der Hallerstrasse, sondern im Kantonalen Frauenspital statt, am 11. April 1918 um 9 Uhr 40. Der entbindende Arzt war Hans Guggisberg, ein waschechter Schweizer, seit 1911 Direktor des Krankenhauses, später Präsident der Berner Ärzteschaft, der »alle Ab-

stufungen des weiblichen Temperamentes, von der stillen Dulderin
[...] bis zum zügellosen Sichgebärden und Schreien der Gebärenden«
kennengelernt hatte.[57] Vermutlich verlief die Geburt unkompliziert.
Denn von Problemen oder Schmerzen ist nirgends die Rede, wenigstens nicht bei Benjamin, der nur lapidar vermerkte, dass es Mutter
und Kind gut gehe.

Er ließ sofort Karten drucken und schrieb an seine Freunde, dass
das Kind seinen zweiten Namen – Rafael – nach Doras Großvater,
Rafael Kellner, erhalten habe, der vor kurzem 80-jährig verstorben
sei. Mit Gefühlsäußerungen hielt er sich zurück. Er bemerkte nur
– sich sehr selbstbewusst auf Lessing berufend –, »wie sogleich der
Vater einen so kleinen Menschen als Person« erkenne, sodass »dem-
gegenüber seine eigene Überlegenheit in allen Dingen des Daseins
sehr nebensächlich« erscheine.[58] Scholem dagegen feierte die Geburt
als »stilles, hohes Fest«, zog seine schönsten Kleider an und gratulierte
dem Kind in Gedanken zu seinen Eltern.[59]

Dialektisch zersetzt

Am 4. Mai 1918 kam Scholem auf Drängen beider Benjamins nach
Bern, um bis auf weiteres mit ihnen zu leben. Er macht in seinen Erinnerungen kein Hehl daraus, dass es eine schwierige Zeit war, geprägt
von »Störungen, Reserven und Auseinandersetzungen«.[60] Dazu zählten vor allem Differenzen in der Lebensauffassung. Verlässlichkeit,
Redlichkeit und Respekt, besonders vor den eigenen Eltern: Das seien
für Benjamin bürgerliche Klischees gewesen, während Dora immerhin die Frage gestellt habe, ob man gelegentlich die zehn Gebote oder
die Gesetze der Tora übertreten dürfe. Scholem empfand Benjamins
Haltung als »amoralisch«, ja »nihilistisch«. Benjamin meinte, er habe
das Recht, seine Eltern finanziell auszubeuten und es spreche nur für
Scholems Naivität, wenn er es nicht genauso mache. Scholem meinte,
das sei »dialektisch zersetzend«. Mehrmals sei es bei solchen »stür-
mischen Szenen« fast zum Bruch gekommen, aber Dora habe immer

liebevoll eingelenkt. Nach einem solchen Gewitter seien beide von einer »geradezu himmlischen Güte« gewesen. Benjamin habe ihn hinausbegleitet, seine Hand lang und herzlich gedrückt und ihm dabei tief in die Augen geschaut.

Für Benjamin war das Thema damit erledigt. Für Scholem nicht. Er schrieb mehrmals bittere Abrechnungsbriefe, die nicht erhalten geblieben sind. Auf einen dieser Briefe bezog sich Dora, als sie am 20. Juni 1918 zur Feder griff und dem nur wenige Hundert Meter entfernt wohnenden Freund ihrerseits einen Brief schrieb – allerdings nicht im eigenen Namen, sondern in dem ihres gerade zwei Monate alten Sohnes Stefan:

Lieber Onkel Gerhard,

[…] Also zuerst muss ich Dir sagen, dass Du doch wissen solltest: dass ich mich nicht mehr erinnere. Denn wenn ich mich erinnern könnte, wäre ich gewiss nicht hier, wo es so hässlich ist und so viel schlechtes Wetter von Dir gemacht wird, sondern ich wäre längst wieder dorthin gegangen, wo ich hergekommen bin. Darum kann ich auch das Ende Deines Briefes nicht lesen. Das andere liest mir meine Mutter vor. Ich habe übrigens sehr komische Eltern; doch davon später.

[…] Nun will ich Dir noch Einiges von meinen Eltern sagen. Von meiner Mutter noch nichts, denn sie ist schließlich meine Mutter. Aber von meinem Vater muss ich Dir allerlei bemerken. Du hast nicht Recht mit dem, was Du schreibst, lieber Onkel Gerhard. Ich glaube, dass Du eigentlich von meinem Papa sehr wenig weißt. Es gibt auch sehr wenige solche Menschen, die etwas von ihm wissen. Du hast ihm einmal, wo ich noch im Himmel war, einen Brief geschrieben, da dachten wir Alle, Du wüsstest es. Aber Du weißt es vielleicht gar nicht. Ich denke, es kommt sehr selten einmal ein solcher Mensch auf die Welt, dann muss man nur gut zu ihm sein. Alles andere tut er schon von selbst. Du denkst immer noch, lieber Onkel Gerhardt, man müsste sehr viel tun. Vielleicht, wenn ich ein Mann bin, denke ich auch so, jetzt denke ich noch mehr wie meine Mama, das heißt gar nicht oder wenig; und da kommt mir das viele Tun und die große Aufregung über alles viel weniger wichtig vor als das: ob es warm oder kalt ist.

Ich will aber nicht naseweis sein, denn Du weißt ja alles viel besser. Das ist
ja eben das ganze Unglück.

Sei vielmals gegrüßt von
Stefan[61]

Im ersten Moment könnte man geneigt sein, den Brief für witzig zu halten. Aber das ist er nicht. Da ist nicht der Hauch von Imitation einer Kindersprache oder kindlicher Naivität. Da ist nur Traurigkeit und Verzweiflung. Das Baby, für das Dora hier spricht, hat bereits Todessehnsüchte. Es kann nur überleben, indem es sich sagt, dass sein Vater einer von den Menschen sei, die nur »ganz selten auf die Welt« kämen, eine Art Messias also. Man *müsse* einfach nur gut zu ihm sein. Alles andere werde sich finden.

Gershom Scholem war zunächst sehr irritiert über diesen Brief. Zu Recht und auch wieder nicht. Denn er kannte die Gesetze von Doras »Klettenfamilie« nicht, in der es üblich war, Briefe im Namen von kleinen Kindern zu schreiben, sei es in Kinder- oder in Erwachsenensprache, mit kleinen Scherzen, harmlosen Lageberichten oder bitteren Vorwürfen. Rosa Schanzer, Doras Tante mütterlicherseits, die ein sehr enges Verhältnis zu den Kellners hatte, tat das immer und immer wieder. Diese Briefe wurden von Doras Mutter sorgfältig aufbewahrt und zum Teil sogar zum Druck freigegeben.[62]

Scholem begann jedenfalls eine Antwort an »Stefan«, die er nie abschickte:

Wir sind ja die beiden Jüngsten in der Familie und müssen uns gegen die
Älteren, die uns doch nur unterdrücken, gemeinsam wehren. Sie saugen
uns aus, Stefan! Wir lassen uns das nicht gefallen! [...] Warst du nicht
25 Jahre länger im Himmel als er? Hast du nicht dort 25 Jahre länger Tora
gelernt als er? Überhaupt, Stefan, ich muss dir offen sagen: er hat schon
wieder alles vergessen. [...] Aber wir werden es ihm hoffentlich schon bei-
bringen, nicht wahr?[63]

Nur die Zeit eines Herzschlags

Benjamin spricht in dieser Zeit von »trostlosen Wohnungsnöten«.[64] Der Vermieter hatte ihnen also tatsächlich gekündigt, sodass sie den eben gegründeten Hausstand wieder auflösen mussten. Trotzdem hielten sie den bürgerlichen Anschein aufrecht und gingen fein gekleidet in ein Konzert, das Busoni am 13. Mai 1918 im Berner Großen-Kasino-Saal gab, mit Beethovens Hammerklaviersonate op. 106, »Prélude, Choral et Fugue« von César Franck und den Paganini-Etüden von Liszt,[65] nicht mit Debussy, wie Scholem in seinen Erinnerungen schreibt.[66] Es war Busonis letztes Konzert in der Schweiz, sein letzter öffentlicher Abend in der »Verbannung«. Ein Kritiker der pazifistischen *Weißen Blätter* schrieb darüber:

> Busoni ist voller Freude am Spiel. Er spielt wirklich. […] Das tummelt sich wie ein tönender Kreisel, und auf einmal steht der Kreisel ganz gerade und wird ein kreisender Springbrunnen voller Farben […]. Das Spiel bekommt eine Gebärde ins Grenzenlose. […] Hier ist […] das Chaos, das einen Stern gebiert. […] In dem unvergleichlichen Anschlag ist manchmal eine plötzliche, eine furchtbare Angst. […] Ganz kurz, bevor der Finger die Taste berührt, kommt dieses schier unmerkliche Stocken. Es dauert nur die Zeit eines Herzschlags. Das ist die Zeit zwischen dem Leben und dem Tod.[67]

Dora hatte vor, ihrem Freund Ernst Schoen ausführlich über diesen Abend zu schreiben. Aber sie tat es nicht, sei es, weil sie zu tief beeindruckt war oder wegen der »Wohnungsnöte« nicht zur Ruhe kam. Kurz darauf packten sie ihre Sachen und verließen ihr erstes gemeinsames Nest.

Ihre nächste Station hieß Muri, eine dörfliche Kleinstadt in der Nähe von Bern. Wieder ein Experiment, von dem klar war, dass es nicht lange dauern würde. Wann würde sie endlich wieder zum Klavierspielen kommen? Oder zum Schreiben? Vorerst nicht. Denn die

Räume waren so gut wie leer, da sie immer noch nicht im Besitz ihrer Möbel aus Seeshaupt waren, deren Herausgabe Pollak nach wie vor strikt verweigerte.

Benjamin nahm das Fehlen der Möbel nicht so tragisch. Ihm genügten ein Schreibtisch, ein Stuhl und eine Leselampe, um sich »bis über die Ohrwascherln« in seine Bücher zu vertiefen.[68] Dora hatte es gern etwas gemütlicher. Sie liebte es, Freunde um sich zu haben, die mit ihr aßen, lachten und diskutierten, am liebsten, »so lange der liebe Gott Licht scheinen ließ, oft bis in die Nacht hinein«.[69] Doch in Muri, einem Dreitausend-Seelen-Dorf, gab es nur Benjamin, Stefan und Scholem, der ein paar Häuser weiter in einer Mansarde wohnte.

Sogar in diesem provisorischen Umfeld versuchte Dora, Benjamins Geburtstag so festlich auszurichten wie immer. Sie schenkte ihm wieder eine »kleine Bibliothek« mit Büchern von Hauff, Andersen, Brentano, Boccaccio, Baudelaire und anderen. Trotzdem kam es schon kurze Zeit später zu einem »entsetzlichen Krach«, über den »Baby Stefan« an Scholem berichtet:

Ich dachte erst: wieder ein Gewitter, aber nein, es heulte und schrie jemand, dass die Wände zitterten. Weißt Du vielleicht, was das war? Mama wage ich nicht zu fragen, denn sie ist seither betrübt; auch wenn ich von Dir spreche, ist sie meist kurz angebunden.[70]

Was ging vor zwischen den beiden? Scholem hatte keine rechte Erklärung dafür, Dora selbst offenbar auch nicht. Wahrscheinlich spielte das leidige Geld eine Rolle. Oder die Unmöglichkeit, irgendwo sesshaft zu werden. Vielleicht auch – eine Vermutung Scholems – unbefriedigte Bedürfnisse Doras, die sich von ihrem Mann sexuell vernachlässigt fühlte. Sie war sehr »vollbusig« und »junonisch« um diese Zeit, da sie ihr Kind stillte.[71] Beiden Männern scheint das nicht gut gefallen zu haben. Sie bevorzugten die schlanke, ranke, elegante Dora. Scholem fand es auffällig, dass sie immer wieder Gespräche »über erotische und sexuelle Dinge« suchte, »ohne dass Benjamin sich sonderlich daran beteiligt hätte«.[72]

Trotz aller äußeren Beschränkung hatten sie ein Dienstmädchen engagiert, das sich um den Haushalt und den kleinen Stefan kümmerte. Es fuhr sogar mit in den Urlaub an den Brienzersee, erkrankte dort allerdings an Diphterie und musste nach Interlaken ins Spital gebracht werden. Dora könne sich nun »weniger erholen«, da sie »mehr mit dem Kind zu tun« habe, schrieb Benjamin bedauernd an Scholem,[73] der nicht mitgereist war, weil er sich auf den Beginn seines Studiums in Bern vorbereitete. Kurz darauf erhielt Scholem einen Brief von »Stefan«, in dem es hieß, dass er abgestellt worden sei:

Meine Mutter tut mir sehr leid, denn sie nimmt es sich sehr zu Herzen, als ob ich darum schon aufhörte ihr Sohn zu sein – aber ich habe eben Hunger.[74]

Offenbar hatte sie Probleme mit ihrer Rolle als Mutter. Sie hatte das Kind gewollt, keine Frage. Es sollte das Pfand ihrer Liebe zu Benjamin sein. Aber nun war es da und jedem zur Last, jedem fremd, nur noch ein Störfaktor. Es schrie, es musste versorgt werden, es kostete Zeit und vor allem: Aufmerksamkeit. Es drängte sich in die exklusive Beziehung von Dora und Walter. Die eigentlich so exklusiv gar nicht mehr war, sondern eher beklemmend, verstörend. Hätten sie sonst dauernd Freunde aus der alten Berliner Zeit eingeladen, um mit ihnen zu leben? Erst Gershom Scholem, dann Werner Kraft, dann Wolf Heinle, den jüngeren Bruder von Fritz, der sich umgebracht hatte? In einem Text aus dem Jahr 1929 – auf dem Höhepunkt ihrer Scheidung von Benjamin – äußert sie sich kritisch-ironisch über die Ehe mit einem »Genie«, in der eigentlich kein Platz für ein Kind sei:

[…] denn in dieser Familie kann es nur e i n Kind geben, und das ist der Mann. […] Unbewusst wird ihm die Frau zur Mutter, denn sein Geist hat eigentlich nie das Reich der Phantasie, welches ja das Reich des Kindes ist, verlassen. […] Wer selbst noch Kind ist, kann nicht erziehen und nicht verzichten, daran scheitert in 90 von 100 Fällen die Ehe Jugendlicher.[75]

Im Oktober 1918 waren sie wieder in Bern. In einer neuen Wohnung, die sie schließlich doch noch gefunden hatten, durchaus herrschaftlich, mit vier Zimmern auf zwei Etagen, Marzilistrasse 22, nicht weit von der Aare und der berühmten Marzili-Seilbahn entfernt. Im Nachbarhaus wohnte der Schriftsteller Hugo Ball mit seiner Gefährtin, der Chansonsängerin und Dichterin Emmy Hennings, die gerade an ihrem autobiographischen Roman *Das Brandmal* schrieb und nebenbei als Varietékünstlerin durch die Schweiz reiste.[76] Diese Nachbarschaft war der reine Zufall, nicht etwa geplant, obwohl man sich möglicherweise schon aus Berliner Zeiten kannte, als sie alle noch Stammgäste im Café des Westens waren.

Eine furchtbare Stimmung

Schon wenige Tage nach dem Einzug, Anfang November 1918, kam es zu einem neuen Streit zwischen Dora und Walter, dessen unfreiwilliger Zeuge Gershom Scholem wurde. Er war zum Abendessen eingeladen worden. Aber Dora erschien nicht. Benjamin stand auf und ging auf den ersten Stock in ihr Zimmer. Man hörte Schritte und viel Geschrei. Scholem saß am Tisch, ohne zu verstehen, was los war. Auch das Dienstmädchen war ratlos.

> Was haben sie miteinander? Warum dieses krampfhafte Herumlaufen und Schreien? Es ist eine furchtbare Stimmung in solchem Hause. [...] Das Mädchen wagte sich nicht aus der Küche, die Suppe wird kalt, oben hört man nur Walters Schritte in Aufregung. [...] Irgendeine Rücksicht auf mich nehmen sie dabei überhaupt nicht.[77]

Wenigstens stand wieder ein Klavier, wenn auch nur ein gemietetes, im Haus, auf dem Dora sich manchmal selbst beim Singen begleitete: »Oh Täler weit, oh Höhen, oh schöner grüner Wald«, oder »Durch Feld und Buchenhallen, bald singend, bald fröhlich still«. Benjamin saß dabei, sang aber nie mit.[78] Genauso hatte er es schon als Kind ge-

macht, wenn seine Mutter ihm aus »Erk's deutschem Liederschatz«
vorspielte:

Ich sang nicht mit, aber ich hörte es gern. Diese Melodien gehörten zur
Wohnung wie das Scheppern des Schlüsselkorbs, wenn meine Mutter
ihn ungeduldig nach der Börse oder dem Notizbuch […] durchsuchte,
[…] wie das Kreischen des Aufzugs, welcher Speisen und Geschirr aus
der Küche beförderte, wie das Geräusch, mit dem der heimkehrende
Vater mittags die Wohnungstür aufschloss und den Stock in den
Schirmständer fallen ließ.[79]

Auffallend ist, dass Dora in dieser Zeit ihren Plan, bei Busoni Klavier
zu studieren, nicht nur aufgab, sondern geradezu aggressiv verwarf.
Er sei ein »alternder«, mittelmäßiger Mensch, schrieb sie an Ernst
Schoen. Zu diesem Urteil kam sie nicht etwa durch persönlichen
Kontakt oder aufgrund seines Klavierspiels, sondern weil ihr einer
seiner literarischen Texte missfiel. Darin habe er ein »herrliches alt-
chinesisches Märchenmotiv in schrecklicher Weise verflacht und
stilisiert«, sodass es »selbst als Unterlage zu einer Ballettmusik zu
schlecht« wäre.

Ich habe jetzt nicht mehr die Möglichkeit, mich ihm zu nähern. Ich
kann, so groß sein Können ist, nicht mehr bei ihm lernen. Es ist für
mich eine große Enttäuschung gewesen, umso schwerer, als ich nicht
weiß, wohin ich mich jetzt wenden soll.[80]

Was aber hatten seine literarischen Adaptionen – es ging um ein
Libretto zu einer Kurzoper, »Das Wandbild«, das später von dem
Schweizer Komponisten Othmar Schoeck vertont wurde – mit sei-
nem Klavierspiel, seinen pädagogischen Fähigkeiten und seinen
Qualitäten als Mensch zu tun? Es scheint eher so, dass Dora vor ihren
eigenen Träumen zurückschreckte. Sei es, weil sie sich als Pianistin
zu schlecht fühlte oder Angst hatte, Benjamin mit ihrem Spiel in die
Flucht zu schlagen.

Kein Weihnachtsbaum

Es war die Zeit, in der der Erste Weltkrieg zu Ende ging. Eine Umwälzung, eine Neuigkeit jagte die andere: Gründung der Tschechoslowakei; Aufstand der deutschen Matrosen; Beginn der Novemberrevolution; Ausrufung eines bayerischen Freistaates durch Kurt Eisner; Bildung von Arbeiter-, Bauern- und Soldatenräten; Thronverzicht Kaiser Wilhelms II.; Waffenstillstandsabkommen von Compiègne; Nominierung Friedrich Eberts zum Reichskanzler; Ende des Kaiserreichs; Massenhafte Rückkehr verletzter Soldaten nach Hause; Geburt eines neuen deutschen Staates, der Weimarer Republik, den der Sozialdemokrat Philipp Scheidemann mit den Worten begrüßte:

> Das deutsche Volk hat auf der ganzen Linie gesiegt. Das Alte, Morsche ist zusammengebrochen. Der Militarismus ist erledigt. Die Hohenzollern haben abgedankt. Wir müssen stolz sein können in aller Zukunft auf diesen Tag.[81]

Von Benjamin kam kein Kommentar, aus gutem Grund. Denn die in der Schweiz lebenden deutschen Emigranten wurden von der Fremdenpolizei scharf überwacht, da sie »bolschewistischer Umtriebe« verdächtigt wurden. Im besten Fall legte man ihnen nahe, die Schweiz zu verlassen, ein Ratschlag, dem viele von ihnen folgten: Richard Huelsenbeck ging zurück nach Berlin, Tristan Tzara zog nach Paris, Hans Arp nach Straßburg, René Schickele nach Badenweiler.[82] Auch Benjamin musste fürchten, ausgewiesen zu werden und hielt sich deshalb mit jeder politischen Äußerung zurück. Er behauptete, kaum noch Zeitungen zu lesen. Das Wichtigste erfahre er ohnehin von Freunden aus Deutschland. Gershom Scholems Mutter Betty zum Beispiel berichtete beinahe täglich von den Zuständen in Berlin: Generalstreik, Schießereien auf der Schlossbrücke, Hungersnot, Grippe, drohender Staatsbankrott, Aufmärsche des Spartakus, Flugblätter mit antisemitischer Hetze.

Sie kommen von den Rechts-Parteien, die den Zorn des Volkes ablenken wollen, der alte geschichtliche Kniff. [...] Was sagt man überhaupt in der Schweiz zu den Rachemaßnahmen gegen das unschuldige Volk? Die Großen sind ausgerückt und die Kleinen werden gehängt – wie immer.[83]

Dora beschloss, unter diesen Umständen kein Weihnachten und schon gar kein »Friedensweihnachten« zu feiern, sondern, wie sie es von zu Hause gewohnt war, Chanukka. Scholem war stolz, dass er dazu eingeladen wurde. Es sei das erste jüdische Fest, das er gemeinsam mit den Benjamins verbringe, schrieb er an eine Freundin. In seinem Elternhaus in Berlin habe er 15 Jahre lang Weihnachten feiern *müssen*, mit Gans, Weihnachtsbaum und allem, was dazugehört habe, Benjamin, »dieser Unglückliche«, sogar 24 Jahre lang. Erst Dora habe ihm das »abgewöhnt«, und zwar gründlich.[84]

Aber – war Benjamin wirklich so »unglücklich« darüber gewesen? Schrieb er nicht Jahre später in seiner *Berliner Kindheit*, wie er es liebte, wenn der Weihnachtsbaum heimlich auf der Veranda abgestellt wurde und sich »das nahe Fest mit jedem Tage dichter in seine Zweige verspann«, wenn die Leierkästen in den Höfen ihre Choräle spielten und die ersten Kerzen hinter den Fenstern aufleuchteten? Wenn er, ohne zu singen oder zu sprechen, mit den Lippen die Worte nachbildete: »Alle Jahre wieder / kommt das Christuskind / auf die Erde nieder / wo wir Menschen sind« – bis sich »der Engel, der in ihnen begonnen hatte, sich zu bilden«, verflüchtigte?[85]

War Dora, deren Eltern beide aus streng chassidischen Haushalten stammten, vielleicht trotz aller Modernität *zu* religiös, *zu* jüdisch für ihn, besonders im Verein mit Scholem, der Benjamin eines Tages mitteilte, nicht Mathematiker, sondern »jüdischer Gelehrter« werden und sich »ganz und gar mit dem Judentum« befassen zu wollen?[86]

Nachbarn

Im Nachbarhaus gab es ein Mädchen, das Engel malte. Es hieß Annemarie Hennings und war zwölf Jahre alt. Sie hatte schon in der »Galerie Dada« in Zürich ausgestellt und sogar Bilder verkauft, was ihrer Mutter, die ständig in Geldnot war, sehr gelegen kam. Ihr Stiefvater, Hugo Ball, war der Meinung, dass sie von Matthias Grünewald und den Impressionisten beeinflusst sei. Benjamin sah eher eine Expressionistin in ihr.

Annemarie Hennings war die Tochter von Emmy Hennings und einem Vater, dessen Identität nicht ganz klar ist. Bei der Großmutter in Flensburg aufgewachsen, war sie erst nach deren Tod in die Schweiz gekommen, denn ihre Mutter war eine Nomadin par excellence, die keinen Platz für ein Kind hatte. In ihrem autobiographischen Roman *Gefängnis* schreibt sie:

> Ich kenne die Straße. Ich ging einmal ... in Schlesien ging ich ... Kennen Sie Schlesien? Im Herbst war es. Raben flogen über den Feldern ... Ich gehe so gern ... immer weiter ... auch wenn es regnet, gehe ich gern ... Ich war bei einem Wandertheater engagiert. Denken Sie; Wandertheater. Ich kann leben von dem Wort: Wandertheater ... Wandertheater ist für mich alles. [...] Man kann leben und sterben und am andern Tag lebt man wieder und anders. Ich lebe so gern![87]

Nach vielen Männerbeziehungen und Engagements in Berlin, Frankfurt, Budapest und Köln war sie nach Kriegsbeginn in Zürich gelandet, wo sie mit dem Dichter und Regisseur Hugo Ball zu leben beschloss. Die beiden gründeten das legendäre »Cabaret Voltaire« auf der Spiegelgasse, den Geburtsort von »Dada«. Dort trat sie Abend für Abend auf, zusammen mit Hans Arp, Richard Huelsenbeck, Tristan Tzara, Sophie Taeuber und vielen anderen. Das Publikum liebte ihre knabenhafte Gestalt und ihre dünne, kindliche Stimme, mit der sie merkwürdig zornig und leidenschaftlich singen konnte, Berliner

Gassenhauer, dänische Volksweisen, wütende Anti-Kriegslieder, Gedichte von Ball und Dada-Lautmalereien.

Trotz ihres ausschweifenden Lebens – sie war Morphinistin und Gelegenheitsprostituierte – war sie auf inbrünstige Weise katholisch und floh immer wieder in die Kirche und die Heilige Messe.

Das Jesuskind steht auf einem Sockel über dem Altar, von Lilien und Lichtern umgeben. Das Jesuskind streckt mir die kleinen Hände entgegen. Sein Kleid ist weiß und licht. Sonnenstrahlen um die blonden Locken.[88]

Auch Hugo Ball, aus strenggläubigem Elternhaus in der Pfalz stammend, teilte diese fast mystische Gläubigkeit und kleidete sich schwarz und asketisch wie ein Priester. Er wollte die Menschheit an ihre frühchristlichen Wurzeln zurückführen, weg von Luther, weg von Kant, weg von den Preußen. Auch von »Dada« entfernte er sich schon bald wieder, um sich ganz seiner Mission zu widmen.

Die Benjamins und die Balls kamen bald ins Gespräch und entdeckten viele Gemeinsamkeiten. Hugo Ball hatte ursprünglich vorgehabt, über Friedrich Nietzsche zu promovieren, als es ihn mit noch größerer Leidenschaft zum Theater zog. Benjamins Dissertation, in der mehrfach von Nietzsche die Rede war, muss ihn also sehr interessiert haben. Jetzt saß Hugo Ball wieder an einem großen historisch-philosophischen Werk: *Zur Kritik der deutschen Intelligenz*, dessen Manuskript er Benjamin zum Lesen gab. Ball glaubte, dass ein »Sturz der preußisch-deutschen Willkürherrschaft« nicht genügen würde, um die Welt vor weiteren deutschen Verbrechen zu schützen. Es bedürfe einer grundsätzlichen »moralischen Revolution«. Die Spitze der Nation – Professoren, Politiker, Dichter, Pastoren – habe sich 1914 kompromittiert. 93 »deutsche Intellektuelle« hätten mit ihrem glühenden »Manifest« für den Krieg bewiesen, dass sie »keine Intellektuellen« seien: Peter Behrens, Richard Dehmel, Fritz Haber, Gerhart Hauptmann, Max Liebermann und viele andere.

Balls Buch sei von einer »großartigen Einseitigkeit«, einem »flammenden Bekennereifer«, schrieb sein späterer Freund Hermann Hesse. Es war allerdings auch voller Judenhass. Im vierten Kapitel ist von einer »deutsch-jüdischen Konspiration zur Zerstörung der Moral« die Rede, was an den Beispielen »Marx« und »Lassalle« minutiös ausgeführt wird.[89]

Benjamin las das Buch mit großem Interesse, lehnte aber ab, als Ball ihm anbot, für die in Bern erscheinende *Freie Zeitung* zu schreiben, deren Redakteur er war. Vielleicht ahnte Benjamin, was heute als so gut wie gesichert gilt, dass sie der anti-deutschen Propaganda diente und von Engländern, Franzosen und Amerikanern finanziert wurde.

Expressionistische Kinderbilder

Emmy Hennings versuchte später den Eindruck zu erwecken, als wären Ball und sie *das* ideale Künstlerpaar gewesen, verbunden durch Arbeit, Liebe und Katholizismus. Die Wahrheit sah allerdings etwas anders aus. Auch während des gemeinsamen Lebens in Bern fuhr sie fort, als Varietékünstlerin unterwegs zu sein, während Ball auf ihre Tochter Annemarie aufpasste, was ihm offenbar sehr gut gefiel:

Sie ist sehr hübsch, schwarzes, abgeschnittenes Haar, dunkle Augen, Ungarin von Vaters Seite. Sehr klug und temperamentvoll. Ich muss ihr 100 000 Geschichten erzählen.[90]

Wenn Emmy nach Bern zurückkehrte, wurde es oft sehr laut. Denn sie konnte nicht von ihren diversen Liebhabern lassen, sodass Ball sogar einmal zum Revolver griff.[91] Andererseits fand er es ganz in Ordnung, dass sie die knappen Einkünfte durch Prostitution vermehrte. Er soll sie – so ein Schweizer Polizeibericht – sogar geschlagen haben, wenn sie nicht genügend Geld mit nach Hause brachte. Es kam vor, dass sie versuchte, sich im Streit die Pulsadern aufzuschneiden, weshalb sie mehrmals in psychiatrische Behandlung kam.[92] Als Varietésängerin schätzte er sie sehr. Aber ihre literarische Arbeit nahm er nicht ernst, obwohl sie selbst meinte, ebenso viel zu können wie »die Lasker, die Studer (und) die Kolb«.[93]

Benjamin sprach dagegen mit dem größten Respekt von Emmy Hennings. Er habe »einigen Umgang« mit ihr, deren Name »unter den Literaten völlig bekannt« sei, schrieb er an Ernst Schoen.[94] Damit bezog er sich auf den autobiographischen Roman *Gefängnis*, der gerade erschienen war, eine Mischung aus innerem Monolog, Psychogramm, Gesellschaftskritik und Sozialreportage. Auch von den Bildern ihrer Tochter war er begeistert. Es waren nicht nur Engel, sondern auch Dämonen darauf zu sehen, Teufel, Hexen und andere Schreckgestalten. Benjamin, der unter dem Einfluss von Paul Häberlin gerade begonnen hatte, sich für Psychoanalyse zu interessieren, sah in ihnen eine »exakte Nacherzählung von Träumen« oder der »inneren Disposition eines Menschen«. Vielleicht ahnte er, was die junge Malerin durchgemacht hatte: Vernachlässigung, sexuellen Missbrauch, Armut, Gewalt und mütterlichen Drogenkonsum. Vielleicht interessierte ihn aber auch nur das Phänomen an sich: ein Kind als expressionistische Künstlerin, begabt mit »eigentümlicher Sicherheit und Genauigkeit« und ganz neuen stilistischen Mitteln.

Gemeinsam mit Dora kaufte er Annemarie 14 Bilder ab, teils aus ehrlichem Enthusiasmus, teils weil er hoffte, ein Geschäft damit machen zu können, nicht in der Schweiz, aber vielleicht in Berlin:

Damit will ich sagen, dass diese Bilder, deren Gegenstand meist das Zusammensein von Menschen, sei es mit Dämonen, sei es mit Engeln ist, auf ein höchst lebendiges Interesse gegenwärtig mit Sicherheit rechnen können, wenn ich eine einigermaßen zutreffende Vorstellung von der [...] Sensationslust des Berliner Publikums habe. [...] Vielleicht veranstaltet Herr Möller eine Ausstellung expressionistischer Kinderbilder? [...] Entweder er wendet sich unter Berufung auf mich nach Bern, Marzili Str. 23, an Frau Emmy Hennings mit der Bitte um Übersendung von Probebildern oder er erbittet solche von mir.[95]

Vom Geist der Utopie

Ball war sicherlich eine schwierige Figur. Aber er kannte Gott und die Welt, wovon auch Dora profitieren sollte. So machte er die Benjamins mit Hans Richter bekannt, einem deutsch-jüdischen Emigranten, der in Weimar und Berlin Kunst studiert hatte und schon vor dem Ersten Weltkrieg mit kubistischen Werken hervorgetreten war. Als junger Soldat schwer verletzt, kam er 1916 in ein Lazarett bei Berlin, wo eine Krankenschwester namens Elisabeth Steinert ihn gesund pflegte. Die beiden heirateten und gingen zusammen nach Zürich. Da sie aus reichen Familien stammten, wohnten sie standesgemäß im Hotel »Vier Jahreszeiten«. Trotzdem schlossen sie sich sozialistischen Zirkeln und dem Kreis um Dada an, wodurch sie mit Ball und Hennings in Kontakt kamen. Elisabeth, auch Lisa oder Lilli, später Lischka genannt, war sehr an Philosophie interessiert und wurde eine enge Freundin von Dora.

Die vielleicht folgenreichste Bekanntschaft, die den Benjamins durch die neuen Nachbarn vermittelt wurde, war die mit Ernst Bloch, der damals in Interlaken wohnte. Ball und Bloch kannten sich schon lange, denn Bloch war ständiger Mitarbeiter der *Freien Zeitung*, für die er unter verschiedenen Pseudonymen schrieb. Außerdem war er wie Ball leidenschaftlicher Kriegsgegner und hielt sich mit dieser Position nicht zurück. Am Anfang seines Buches über den *Geist der Utopie* heißt es:

Nun haben wir zu beginnen. In unsere Hände ist das Leben gegeben. Was jetzt war, wird wahrscheinlich bald vergessen sein. Nur eine leere, grausige Erinnerung bleibt in der Luft stehen. Wer wurde verteidigt? Die Faulen, die Elenden, die Wucherer wurden verteidigt. Was jung war, musste fallen; aber die Erbärmlichen sind gerettet und sitzen in der warmen Stube. Ein stickiger Zwang, von Mittelmäßigen verhängt, von Mittelmäßigen ertragen. Der Triumph der Dummheit, beschützt vom Gendarm, bejubelt von den Intellektuellen, die nicht Gehirn genug auftreiben könnten, um Phrasen zu liefern.[96]

Ball nannte dieses Buch ein »Hexenbuch«, das Werk eines »Fitzlibutzli«, der, wenn er sich die »wilden schwarzen Haare« raufe, wie der Teufel persönlich aussehe. Etwas suspekt war Bloch ihm allerdings auch. Es sei schon erstaunlich, was ein »Jude« alles leisten könne, schrieb er an Emmy Hennings.[97]

Benjamin besuchte Bloch mehrmals in Interlaken und war sehr beeindruckt von ihm, noch bevor er den *Geist der Utopie* gründlich gelesen hatte. Einmal saßen sie die ganze Nacht zusammen, um »über das alte und neue Judentum« zu diskutieren. Auf die Lektüre des Buches reagierte er allerdings ambivalent. Es habe »ungeheure Mängel«, schrieb er an Ernst Schoen, sei aber sehr authentisch, wobei er den Verfasser zehnmal mehr schätze als das Werk.[98] Die »Mängel« hat er im Einzelnen nie definiert. Eine Rezension, die er immer zu schreiben versprach, ist nie erschienen.

Die Beziehung blieb lebenslang von Spannungen und Konkurrenzgefühlen geprägt: »Mal war sie eng, mal war sie distanziert, immer war das Schlechtreden gegenüber Dritten im Spiel.«[99] Als 1966 die erste Ausgabe von Benjamins Briefen erschien, schrieb Blochs Frau Karola an den Verleger, die vielen darin enthaltenen »Feindseligkeiten« seien für ihren Mann »eine völlig bestürzende Überraschung« gewesen, und erst jetzt – 26 Jahre nach seinem Tod – sei Benjamin für ihn wirklich gestorben.[100]

Die Beziehung zwischen Bloch und Ball kühlte sich deutlich ab, als Ball zur Begrüßung der Weimarer Republik einen Leitartikel schrieb, in dem es hieß, die neue Regierung schicke »anationale Israeliten« vor, um möglichst günstige Friedensbedingungen zu erreichen. Der Boden einer »israelitischen Republik« sei aber »das gelobte Land«, nicht Deutschland.

Wir wollen eine deutsche Nation, eine deutsche Republik, wir wollen eine deutsche Nationalversammlung.[101]

Bloch fand das antisemitisch, ganz gleich, wie es möglicherweise gemeint sei. Hugo Ball verleihe der *Freien Zeitung* den Charakter eines »Pogromblatt[es]«.[102] Auch zwischen den Benjamins und den neuen Nachbarn herrschte bald Funkstille. Von Annemaries Bildern würde nie mehr die Rede sein, so wenig wie von dem Plan, sie in Berlin auszustellen.

Der kleine Jagdhund

Doch Benjamins theoretisches Interesse für das »Kind« und das »Kindliche« war nun erwacht, stimuliert durch die Psychoanalyse, durch Annemaries Engel- und Dämonenbilder, aber auch durch Geschenke, die Dora ihm machte: »Alte Kinderbücher, Märchen und auch schöne Sagen«.[103] Dora folgte damit ihrer alten Leidenschaft für alles Märchenhafte, für die Geschichten von Bechstein zum Beispiel, die sie als kleines Mädchen verschlungen hatte. Neuerdings hatte sie begonnen, auch die Märchen anderer Völker zu lesen, chinesische zum Beispiel.

Besonders gern mochte sie die Geschichte vom »kleinen Jagdhund«. Sie handelte von einem »Scholaren« in Schansi, der sehr viel Ruhe brauchte und deshalb seine Wohnung in einem buddhistischen Tempel aufschlug. Dort fand er die Stille, die er suchte. Aber leider wimmelte es von Wanzen, Flöhen und Nissen. Er hatte sich schon fast damit abgefunden, als plötzlich winzige Ritter auf Pferden, nicht größer als Heuschrecken, auftauchten. In den Händen hielten sie Jagdfalken in der Größe von Fliegen. Andere führten Jagdhunde mit sich, so klein wie Ameisen. In kürzester Zeit war fast alles Ungeziefer getötet. Da erschien ein gelbgekleideter Mann mit einer Krone auf dem Kopf und befahl ihnen, den Tempel zu verlassen. Nur ein kleines Hündchen blieb auf einem Backstein sitzen. Es war ganz zahm.

Der Scholar setzte es in seinen Tuschkasten und besah es von allen Seiten. Es hatte ein glattes, feines Fellchen, und um den Hals hatte es ein kleines Halsband. Er wollte es mit ein paar Brosamen füttern, aber es schnüffelte nur daran und ließ sie liegen. Dann sprang es auf das Bett und suchte in den Nähten der Kleider einige Nissen und Läuse, die es auffraß. Da kam es wieder zurück und legte sich nieder. Als die Nacht vergangen war, fürchtete der Scholar, es möchte weggelaufen sein; aber es lag noch zusammengerollt da wie vorher. Immer wenn er schlafen ging, stieg es auf sein Bett und biss alles Ungeziefer tot, das es finden konnte. Keine Fliege oder Mücke wagte mehr, sich niederzulassen. Der Scholar liebte es wie ein Kleinod.

Einmal war er bei Tage eingeschlafen, und das Hündchen hatte sich ihm zur Seite verkrochen. Er erwachte, drehte sich um und stützte sich dabei auf seine Hüfte. Da fühlte er etwas und fürchtete, es könnte sein Hündchen sein. Schleunigst stand er auf und sah nach; aber es war schon tot und plattgedrückt wie aus Papier ausgeschnitten. Doch von dem Ungeziefer war auch nichts mehr übrig geblieben.[104]

Benjamin liebte es, wenn Dora die Geschichte vom kleinen Jagdhund erzählte, in ihrem leichten, unglaublich charmanten Wiener Dialekt. Er kam aber nicht auf die Idee, dass sie sich von den hundert Märchen des Buches gerade dieses ausgesucht haben könnte, weil sie ihre persönliche Situation darin wiederfand: War nicht *er* der Scholar, der die Ruhe und Abgeschiedenheit eines Tempels brauchte? Und war nicht *sie* der kleine Jagdhund, der ihm alle Unbill des Lebens aus dem Weg räumte, um am Ende »plattgedrückt« zu werden wie ein Stück Papier?

Im Räderwerk

Im Mai 1919, kurz nachdem Benjamin das Manuskript seiner Dissertation abgeschlossen hatte, erkrankte Stefan an einer schweren Streptokokken-Infektion. Benjamin war in großer Sorge um ihn:

Er musste schon zweimal – unbetäubt, unter großen Schmerzen, geschnitten werden, und wird jedenfalls in seinem jetzt so lieblichen Gesicht eine Narbe behalten. [...] Die Infektion ist, wie Sie wohl gehört haben, sehr bösartig. (Mahler ist ihr erlegen.) Das Kind ist in der Krankheit von der zartesten Liebenswürdigkeit.[105]

Als Benjamin im Juni sein mündliches Examen machte, das er mit »summa cum laude« bestand, war Stefan immer noch krank. Trotzdem wurde am Abend heftig gefeiert. Besonders Dora habe sich gefreut wie ein Kind, beinahe mehr als Benjamin selbst, berichtet Scholem. Sie habe die ganze Gesellschaft mit Geschichten über ihren Phantasieort »Pappelsprapp« unterhalten.[106] Ja, es stimmte, die beiden hätten oft Streit, furchtbaren Streit, miteinander gehabt. Aber sie seien auch zärtlich und ausgelassen miteinander gewesen. Dora habe dann zu sagen gepflegt, ihr Walter sei eben ein »Ekul«, ein besonders liebenswertes »Ekul«, über das man sich nicht zu sehr aufregen dürfe.[107] Manchmal habe sie sich in solchen Stimmungen ans Klavier gesetzt und lauthals gesungen: »Ich liebe meinen Schlendrian bis an mein kühles Grab!«[108]

Nach dem Examen fuhren die Benjamins an den Brienzersee, aber Stefan blieb krank, trotz aller »Tetezin« (Medizin), die er bekam und aller »Doktormänner«, die sich um ihn kümmerten.[109] Dora kam in dieser Zeit kaum noch zur Ruhe. Sie verlor stark an Gewicht und litt unter Blutarmut. Trotzdem versuchte sie, Benjamins Geburtstag wie gewohnt festlich auszurichten, indem sie ihm viele französische Bücher, einen Kelim und ein persisches Kissen schenkte. Benjamin freute sich. Aber er wurde trotzdem »lärmkrank«, weil sein kranker Sohn offenbar dauernd schrie. Er wünsche sich ein Zimmer »mit lederbezogenen Wänden und schweren Doppeltüren«, schrieb er an Ernst Schoen. In seiner Krankheit sei Stefan ein schrecklicher Störfaktor. Sie beabsichtigten, ihn so bald wie möglich zu seinen Schwiegereltern zu schicken, um sich noch einige Zeit »in reiner Stimmung zu erholen«.[110] Stefan war ein Jahr und drei Monate alt. »Das erste Wort, das er sinnvoll aussprach, war ›Rue‹. Dabei hob er einen Finger in die Höhe, so wie Dora es tat, wenn sie ›Ruhe‹ zu ihm sagte.«[111]

Im Juli 1919 erschienen Benjamins Eltern, Emil und Pauline, nach knapper Ankündigung in der Sommerfrische am Brienzersee, um ihren ersten Enkelsohn kennenzulernen. Sie hatten zwar eine Geburtsanzeige und vermutlich auch den einen oder anderen Bericht erhalten, das Kind selbst aber noch nie gesehen. Nun war der Krieg endlich vorbei. Man konnte wieder reisen, falls die Eisenbahner nicht gerade streikten, was öfters der Fall war.

Benjamin empfand diesen Besuch als äußerst unangenehm. Was wollten sie überhaupt in der Schweiz? Hätten sie nicht bleiben können, wo sie waren? Sein Vater war 63, seine Mutter 50 Jahre alt. Sie hatten sich seit zwei Jahren nicht mehr gesehen und wussten nicht einmal, dass er inzwischen promoviert hatte. Das sollte auch, bis auf weiteres, geheim bleiben.[112] Denn dann hätten sie womöglich ihre Unterstützung gekürzt oder ihm befohlen, nach Deutschland zurückzukehren.

Irgendwann fanden sie die Wahrheit natürlich doch heraus und stellten Fragen nach seinen Zukunftsplänen. Er antwortete, er wolle sich habilitieren und habe schon konkrete Aussichten darauf, was nicht ganz den Tatsachen entsprach, denn sein Doktorvater, Richard Herbertz, hatte nur erklärt, dass er der Sache nicht völlig abgeneigt sei. Benjamin suchte ihn in der Folgezeit auf, doch das Ganze zerschlug sich aus unbekannten Gründen, obwohl Herbertz sich durchaus für seinen Schüler einsetzte und ihm sogar einen Druckkostenzuschuss für seine Dissertation beschaffte. »Wir leben in einem Räderwerk von Schwierigkeiten, in dem wir zermalmt zu werden drohen«, schrieb Benjamin an Gershom Scholem.[113]

Zu Scherben geschlagen

In diesem »Räderwerk« fühlten sie sich mehr denn je von Stefan gestört und beschlossen, ihn nach Wien zu Doras Eltern zu geben. »Meinen Eltern, welche ihn vielleicht nach Deutschland mitnehmen würden, wollen wir ihn nicht übergeben«, schrieb Benjamin an Scholem.[114] Er kannte allerdings seine Schwiegereltern kaum. Vermutlich hatte er sie nur einmal gesehen, auf seiner Hochzeit und in den Tagen davor, als sie nach Berlin gekommen waren, um den Ehevertrag zu unterzeichnen. Dora hatte vielleicht ein verklärendes Bild von ihnen entworfen, weil sie in der Schweiz unter starker Einsamkeit litt und sich nach den Ritualen ihrer Kindheit zurücksehnte: er Gelehrter, sie Übersetzerin, eine große, gut bestückte Bibliothek, spannende Freunde, familiärer Zusammenhalt, nur der Zionismus als ständiger Streitpunkt störte.

Doch wie es ihnen seit 1917 tatsächlich ergangen war, konnte auch sie allenfalls ahnen: Im Juni 1916 war Kellner »unter beispiellosem russischen Artillerie-Feuer« aus Czernowitz geflohen, teils zu Fuß, teils in Viehwaggons.[115] Seine Zukunft war trostlos und ungewiss. Zwar wurde das Rektorat seiner Universität provisorisch nach Wien verlegt, aber Kellner erhielt – anders als viele seiner Kollegen – kein neues Lehramt, sondern musste abwarten, wie die Dinge sich entwickeln würden. Im Oktober 1918 war die alte k. u. k. Monarchie zusammengebrochen. Czernowitz und die ganze Bukowina wurden rumänisch. Man machte den Professoren zwar das Angebot, in der Stadt zu bleiben und weiter zu lehren, allerdings in rumänischer Sprache und unter Ablegung eines Eides auf die neue Verfassung. Das kam für Kellner und die meisten seiner Kollegen nicht infrage.[116]

Im Dezember 1918, kurz nach der Ausrufung der Republik Österreich, bekam er die Nachricht, dass der neue Staat ihn in seine Dienste übernehmen würde. Er hoffte auf einen Lehrstuhl für Anglistik in Wien, der seit längerem vakant war. Vergeblich. Eine Gutachterkommission befand, seine Art zu schreiben sei zu journalistisch, zu unwissenschaftlich, zu subjektiv. Es sei zu gefährlich, ihm ein Lehramt zu überlassen. Sogar sein Antrag auf einen unbezahlten Lehrauftrag wurde abgelehnt. Die Gutachter argumentierten angeblich rein sachlich. Doch seine Frau und er waren überzeugt davon, dass er abgelehnt wurde, weil er Jude war.[117]

Zwar musste der Staat ihm sein Gehalt weiterzahlen, sodass er nicht unter finanzieller Not litt. Aber er fühlte sich gedemütigt, entwürdigt, missachtet. Zu seinem 60. Geburtstag erschien ein Artikel von Felix Salten, der ihn darin noch bestärkt haben muss: Die »edle

Kulturgemeinschaft« der Völker, der er gedient habe, sei durch den Krieg »mutwillig zu Scherben« geschlagen worden. Für einen Mann wie Kellner gebe es im neuen Österreich nur noch das Dasein eines Privatgelehrten in Sachen Shakespeare.[118]

Mit politischen Äußerungen hielt er sich künftig zurück. Kein Kommentar über den Ausgang des Krieges, über den Zusammenbruch der k.u.k. Monarchie, die er so sehr geliebt und verklärt hatte. Nicht einmal zu jüdischen Fragen äußerte er sich mehr, allenfalls retrospektiv, indem er seine Bücher über Theodor Herzl abschloss. Nebenbei gab er Englischkurse an Volksbildungsinstituten und arbeitete als Fachmann in Sachen England für die Regierung. Seine Frau versucht in ihren Erinnerungen den Eindruck zu vermitteln, er habe dieses ruhige Leben akzeptiert und genossen. Enge Freunde meinten dagegen, dass er »nicht mehr er selbst« gewesen sei.

Hinzu kam, dass sein Sohn Viktor nach zwei Jahren russischer Gefangenschaft krank und traumatisiert nach Wien zurückgekehrt war. Nach seiner Genesung wanderte er nach Palästina aus, wo er sich in dem Dorf Benjamina eine neue Existenz aufbaute.

In schlechter Verfassung

Ende August 1919 kam es zur geplanten »Übergabe« des kleinen Stefan an seine Großeltern. Das Kind wurde an einer Bahnstation abgeliefert wie ein Postpaket. Dora und Walter reisten weiter durch die Schweiz: Klosters, Thusis, St. Bernhard, Lugano. Wieder wurde ein großes Geheimnis daraus gemacht. Wieder durften Benjamins Eltern nichts davon wissen. Dora hatte Schuldgefühle und sehnte sich nach ihrem Sohn. »Stefan ist in Österreich und ich habe ihn nun schon 19 Tage nicht gesehen«, schrieb sie an Gershom Scholem. »Er ist nie vorher aus der Schweiz fortgewesen.«[119]

Benjamin schreibt, dass Dora in Klosters »tüchtig« an ihrem »Kriminalroman« arbeite.[120] Um welchen Stoff es sich handelte, erwähnt er nicht, sei es aus Desinteresse oder weil Scholem ohnehin darüber

Bescheid wusste. Sollte es sich um Vorstufen zu *Gas gegen Gas* gehandelt haben: Jetzt war die Zeit absolut reif dafür. In Zürich hatte gerade ein großer Frauenfriedenskongress stattgefunden. Feministinnen wie Lida Gustava Heymann, Minna Cauer und Anita Augspurg hatten daran teilgenommen. Sie forderten mehr Verständigung zwischen Frankreich und Deutschland, Widerstand gegen Rassismus und Militarismus, mehr Frauenrechte, Abschaffung der Hungerblockaden und vieles mehr. Die Grundforderung aber hieß: Nie wieder Krieg! Und vor allem: Nie wieder Giftgas!

Doch Dora musste ihr Projekt wieder einmal verschieben. Noch hatte sie keine Zeit für Literatur oder politische Aktion. Von einer Rückkehr nach Bern war plötzlich keine Rede mehr. Walter und sie wussten wieder einmal nicht, wo sie bleiben sollten. War die Miete zu hoch? Gab es Probleme mit der Fremdenpolizei, weil Benjamin sein Studium nun beendet und keinen Grund mehr für einen weiteren Aufenthalt in der Schweiz hatte?

Sie konnten nicht ewig in Luxushotels wohnen. Deshalb suchten sie Unterschlupf in Breitenstein am Semmering, unweit von Wien, wo Doras Tante Henriette Weiß seit 1905 ein bekanntes Sanatorium betrieb, das auf die Heilung von Lungenkrankheiten spezialisiert war. Es war ein »Mittelstandssanatorium« für kleine Beamte und Angestellte, die sich keine teuren Kuren leisten konnten. Henriette Weiß, eine Schwester von Doras Mutter, die 1896 ihren einzigen Sohn und im selben Jahr ihren Mann, einen Dichter und Philosophen,[121] verloren hatte, war eine ausgesprochen starke Frau. Sie hatte den Betrieb nicht nur ohne Schaden durch den Krieg geführt, sondern auch Dependancen in anderen Kurorten eröffnet und sogar eine Waldschule für Kriegswaisen gegründet. Selbst in Zeiten der ärgsten Not musste bei ihr niemand hungern oder frieren, denn sie verstand es, mit wenig Geld auszukommen, reiche Mäzene zu gewinnen und Gesetze geschickt zu umzuschiffen. In ganz Österreich galt sie als Pionierin der »Heilstättenbewegung«. Auch in der Frauenbewegung war sie hoch angesehen, denn sie war die Erste, die sich für die Professionalisierung von weiblichem Pflegepersonal einsetzte.

Selbst der hyperkritische Benjamin, dem es sonst häufig zu kalt, zu eng oder zu laut war, schien mit seiner neuen Unterkunft ganz zufrieden zu sein. Sie hätten es »für österreichische Verhältnisse [...] in jeder Beziehung außerordentlich gut«, schrieb er an Gershom Scholem. Es gebe »vorzügliches Essen«, und es sei »leidlich warm«, nur das elektrische Licht gehe vor zehn Uhr aus,[122] was jedoch nichts mit Henriette Weiß, sondern mit der allgemeinen Sperrstunde zu tun hatte, die für alle öffentlichen Betriebe galt.

Dora hatte Sehnsucht nach Stefan und holte ihn wieder zu sich zurück. Das gute Essen, die saubere Luft, die Pflegerin, die Henriette Weiß für ihn besorgte – das alles würde ihn sicher wieder stark und gesund machen. Doch der Kleine hatte sich in diesen zwei Monaten »unbeschreiblich« verändert. Anfangs fremdelte er und schien sie kaum noch zu erkennen. Erst nach und nach gewann er sie wieder »sehr lieb«.[123] So schien es ihr wenigstens, wenn auch die ersten erhaltenen Fotos ein steif und verängstigt wirkendes Kind zeigen, das wie eine völlig fremde Person neben der Mutter steht.

Seine langen Briefe an »Onkel Gerhard« schrieb »Stefan« nun nicht mehr. Das tat Dora selbst – in ihrem eigenen Namen. Mal meinte sie, es gehe ihr so gut wie schon lange nicht mehr. Dann war sie wieder traurig und ratlos. In dem Sanatorium ihrer Tante konnten sie auf Dauer nicht bleiben. Aber wo sollten sie hin? Wieder in die Schweiz? Nach Seeshaupt? Oder nach Berlin? Nein, Letzteres wollte sie auf keinen Fall. Da sei es in Bayern »doch besser als sonst wo«.[124]

Benjamin war noch ratloser wegen seiner Zukunft, die er sich in der Schweiz, in München, aber auch in Palästina vorstellen konnte. Ob allein? Oder mit Dora? »Und dem Kind?« Das alles wisse er noch nicht genau. Vielleicht werde auch Dora »allein einige Monate in die Schweiz gehen, um dort Ersparnisse in Franken zu machen«, die sie dann in Deutschland verwenden könnten. Damit war zum ersten Mal von Trennung, jedenfalls von zeitweiliger, die Rede. An einen »ordentlichen Hausstand« sei auf lange Sicht nicht zu denken.[125]

Ende Dezember 1919 fanden sie sich alle bei den Kellners ein, auf der Messerschmidtgasse in Wien, um dort bis auf weiteres wohnen zu bleiben. Benjamin war zunächst begeistert von seinem Schwiegervater, mit dem man vorzüglich diskutieren konnte. Außerdem hatte er tatsächlich eine große Bibliothek, die wertvolle Judaica enthielt.

Doch schon bald kühlte seine Euphorie merklich ab. In Wien gab es, wie fast überall in Europa, einen dramatischen Mangel an Heizmaterial, sodass man nur wenige der vorhandenen Zimmer bewohnen konnte. An einen ruhigen Arbeitsplatz war unter diesen Umständen nicht zu denken. Man lebte eng zusammengepfercht in der Küche, dem Salon und zwei oder drei Schlafzimmern. Stefan musste mit seiner Pflegerin bei Bekannten untergebracht werden.

Manchmal konnten sie für ein paar Tage nach Breitenstein fliehen. Aber auch dort war der Platz begrenzt. Denn wenn Henriette Weiß auch als große Wohltäterin galt, musste sie doch darauf achten, Geld zu verdienen und zahlenden Gästen den Vorzug geben. Außerdem kamen jetzt immer mehr Tuberkulose-Kranke zu ihr, vor allem Kinder.

Allein in Wien war die Zahl der Erkrankten von etwa 15 auf über 50 Prozent gestiegen, denn die Ernährungslage war auch hier ziemlich katastrophal. Es fehlte an Brot, Fleisch, Milch, Gemüse, eigentlich an allem, obwohl dauernd Züge mit Hilfsgütern aus der Schweiz eintrafen. Unter diesen Umständen wurde Stefan erneut schwer krank. Er magerte ab und litt ständig unter erhöhter Temperatur. Man operierte ihn an den Mandeln, doch sein Fieber sank nicht. Benjamin glaubte, dass es »von den Drüsen« herrühre.[126] Auch er selbst bekam eine leichte Form der Spanischen Grippe, die immer noch überall grassierte und viele Opfer forderte.

Von Erholung konnte also keine Rede sein. Außerdem waren die »familiären Verhältnisse« äußerst prekär, denn die Kellners lebten nicht wie im Paradies miteinander, vor allem jetzt nicht, wo Kellner keine richtige Aufgabe mehr hatte und sich ausgegrenzt und diskriminiert fühlte. Es gab häufig Streit, auch mit Dora, die zu lange von zu Hause fort gewesen war, um wieder mit den Eltern unter einem Dach leben zu können. »Durch diese dauernde Unmöglichkeit zu planmäßigem Arbeiten« komme er in eine »schlechte Verfassung«, beklagte sich Benjamin.[127]

Blieb also nur noch übrig, nach Berlin zu fahren und bei seinen Eltern zu leben, in der großzügigen Villa in Berlin-Grunewald, was sie eigentlich unbedingt hatten vermeiden wollen. Im April 1920 aber waren sie da. Nach einigen Misshelligkeiten schien es einfacher zu sein, als sie gedacht hatten. »Die ersten Tage unseres hiesigen Aufenthaltes vergingen in einem bösen Strudel, der sich nun zu glätten scheint«, schrieb Benjamin an Gershom Scholem.[128]

Die Villa der Benjamins in der Delbrückstraße 23 in Berlin-Grunewald,
ca. 1902

5

EIN EINZIGER KAMPF UM DIE MITTEL

(1920 – 1923)

Heimkehr mit Hindernissen

Die Eltern von Walter Benjamin wohnten in der Nachbarschaft von Fabrikbesitzern, Bankiers, Kommerzienräten und Generaldirektoren, die hierhergezogen waren, um unter sich zu sein. Es gab keine Geschäfte und Restaurants, aber ein exklusives Privatsanatorium und viele Spezialärzte, darunter der Freud-Schüler Karl Abraham, der seine Praxis auf der Bismarck-Allee hatte. Fast alle Häuser waren um die Jahrhundertwende gebaut worden und wirkten wie finstere Schlösser oder Trutzburgen, auch das Haus der Benjamins, dessen erster Besitzer, der Bildhauer Harro Magnussen, sich hier umgebracht hatte, obwohl er mit seinen Helden- und Fürstendenkmälern zu den erfolgreichsten Künstlern des Kaiserreichs zählte.

In ihrem Roman *Gas gegen Gas* oder *Das Mädchen von Lagosta* hat Dora mehrmals eine Grunewald-Villa beschrieben, die entfernte Ähnlichkeit mit diesem Haus haben könnte: ein gepflegter, glatt geschorener Rasen, abgezirkelte Kieswege, vergitterte Fenster und Türen, ein Salon, ganz in Weiß und Gold gehalten, ein Diener, der untertänig die Tür öffnet. – Benjamin selbst ergänzt in seinen Erinnerungen, dass es viel Nippes und Kitsch gegeben habe, darunter ein »Mohr«, »der, beinah lebensgroß, auf einer [...] verkleinerten Gondel stand«.[1] An den Wänden hingen Bilder eines mäßigen Pferdemalers. Der Boden war mit wertvollen Teppichen bedeckt, in deren Herkunft und Qualität sich der Hausherr bestens auskannte.

Auf der weitläufigen »Bel-Etage« lebten die Benjamins. Die anderen Geschosse waren vermietet – an einen Nachlassverwalter, einen Kursmakler, einen Oberleutnant und einen Rittmeister. Es war alles sehr vornehm und gediegen. Doch manchmal hieß es, dass das Kapital spärlicher floss als früher, weil im Krieg große Verluste gemacht worden seien. Sein Vater, schwer an Diabetes erkrankt, leide deshalb unter »Gemütsdepression[en]«, schrieb Benjamin an Gershom Scholem.[2]

Benjamins jüngerer Bruder Georg wohnte um diese Zeit nicht mehr bei den Eltern. Er hatte nach dem Krieg begonnen, Medizin zu studieren, zunächst in Berlin, dann in Marburg, wo er sich der Arbeiter- und Studentenbewegung angeschlossen hatte. Bei seinen seltenen Besuchen war er sehr schweigsam, wenn auch freundlich und korrekt. Einmal brachte er Rosa Luxemburgs *Briefe aus dem Gefängnis* mit, die sie im Krieg an »Sonitschka«, eigentlich Sophie, die junge Frau von Karl Liebknecht geschrieben hatte.[3] Benjamin war überrascht von der »unglaublichen Schönheit und Bedeutung« der Texte. Das war nicht die scharfzüngige Agitatorin, die er aus der Zeitschrift *Die Internationale* und den Gesprächen mit Gershom Scholem kannte. Das war eine Poetin, Naturfreundin und Literatin. Sie las Galsworthy, Oscar Wilde und Gerhart Hauptmann, träumte von einer Reise nach Korsika und sorgte sich um das Aussterben der Singvögel, die »durch die Kulturmenschen von ihrem Boden verdrängt und einem stillen, grausamen Untergang preisgegeben« seien.

Mein innerstes Ich gehört mehr meinen Kohlmeisen als meinen »Genossen«.[4]

Nur ein einziges Mal deutet sie an, dass sie im Gefängnis misshandelt werde und sich nach den Weiden ihrer osteuropäischen Heimat sehne:

Wie anders schien dort die Sonne, blies der Wind, wie anders waren die schönen Laute der Vögel oder das melodische Rufen der Hirten. Und hier – diese fremde, schaurige Stadt, [...] die fremden, furchtbaren Menschen, und – die Schläge, das Blut, das aus der frischen Wunde rinnt.[5]

Rosa Luxemburg war am 15. Januar 1919 von Freikorpsoffizieren erschossen und in den Landwehrkanal geworfen worden, wahrscheinlich mit Zustimmung und Wissen höchster SPD-Kräfte.[6]

Auch Dora, Benjamins Schwester, sprach oft über Rosa Luxemburg, besonders, wenn Hilde, ihre beste Freundin, zu Besuch war. Sie waren beide um die 19 und standen kurz vor dem Abitur, auf das sie sich mit großem Elan vorbereiteten. Manchmal machten sie weite Spaziergänge, wobei sie über Rembrandt, Spiritismus, Thomas Mann, die Traumdeutung und das Frauenstudium sprachen.[7]

Benjamin muss sehr verwundert über seine »kleine« Schwester gewesen sein. Denn im Grunde kannte er sie überhaupt nicht. Sie war neun Jahre jünger als er. Es gab wenig Kontakt. In seiner *Berliner Kindheit* wird er sie nur ein einziges Mal ganz am Rande erwähnen:

Es war noch hell. Die Meinigen umgaben mich, ein wenig starr, wie auf einer Daguerreotypie. Nur meine Schwester fehlte. »Wo ist Dora?«, hörte ich meine Mutter rufen.[8]

Nun war sie eine selbstbewusste Abiturientin geworden, die ihre eigene Meinung hatte und von ihren Eltern hoch geschätzt wurde. An Gershom Scholem schrieb er, dass sie eifersüchtig auf »seine« Dora sei und von der Mutter darin bestärkt werde. »Die Sache liegt so unglaublich krass, dass wir sogar die Verwandten auf unserer Seite haben.«[9]

Dora und Dora mochten sich nicht, obwohl sie doch viele Gemeinsamkeiten hatten, nicht nur den Namen, sondern auch die Liebe zur Literatur, den Hunger nach Bildung und einen wachen, analytischen Verstand. Vielleicht war es wirklich »nur« Eifersucht auf die schöne

Fremde im Haus. Vielleicht glaubte Dora, die Jüngere, aber auch, dass Dora, die Ältere, eine Art Luxusgeschöpf sei, das nur verwöhnt und versorgt werden wollte. Sie war so kunstvoll frisiert, so elegant, so perfekt. Grete, Benjamins erste Verlobte, war ihr da womöglich sympathischer.

Doch der äußere Eindruck täuschte. Denn Dora, die Ältere, hatte schon kurz nach ihrer Ankunft in Berlin Kontakt zu dem Weltnachrichtendienst United Telegraph aufgenommen, wo sie als Übersetzerin und Korrespondentin arbeiten wollte. Diese Agentur, ein Subunternehmen der United Press Associations of America, das Zeitungen aus aller Welt mit Nachrichten von Shanghai bis Washington versorgte, betrieb Büros in verschiedenen Metropolen, so in London, New York, Paris, Kopenhagen, Zürich, Genf, Wien, Budapest, Buenos Aires, Tokio und Shanghai.[10] Den Leiter des Genfer Büros, Rudolf Kommer, kannte Dora offenbar schon länger. Er stammte aus Czernowitz und war im Krieg österreichischer Geheimagent in Bern gewesen. Am 17. April 1920 schrieb sie an Gershom Scholem, dass sie in beruflicher Mission nach Genf reisen wolle.[11] Kommer war dafür bekannt, dass er nicht nur beste Verbindungen in der Welt der Medien, Politik und Finanzen hatte, sondern auch großzügig gegenüber jüdischen Freunden war. So verhalf er etwa dem Schriftsteller Alfred Polgar immer wieder zu gut bezahlten Aufträgen für sein Unternehmen.

Währenddessen wurde die Situation in der Delbrückstraße unerträglich für Walter Benjamin. Seine Frau werde abgrundtief schlecht behandelt, beklagte er sich bei Gershom Scholem. Sie brauchten dringend eine eigene Wohnung, egal wo, ob in Berlin oder Bayern, alles sei recht. Sogar Seeshaupt wurde wieder in Betracht gezogen, obwohl das Haus, in dem sie einmal gelebt hatten, längst verkauft und vermietet worden war. Doch das Hauptproblem war: Doras »Heiratsgut« oder »Mitgift«, die berühmten 60 000 Kronen, war nahezu restlos aufgebraucht, durch Luxushotels, Dienstmädchen und die Schwarzmarkt- und Wucherpreise in der Schweiz. Benjamins Vater machte deshalb den sinnvollen Vorschlag, dass sie in der Delbrückstraße bleiben sollten, bis die Verhältnisse sich geklärt haben würden, was Benjamin als absolut unzumutbar empfand:

Die strikte Weigerung, mich auf die Dauer mit Frau und Kind bei meinen Eltern niederzulassen, wurde mit der Entziehung meines mir versprochenen monatlichen Fixums beantwortet und mir für die Einrichtung sowie alle weiteren Bedürfnisse bis zum späteren Empfang meines Erbteils eine Summe zugesagt, welche von demselben abgeht.[12]

Da blieb nur eins: Ein Brotberuf musste her, er musste arbeiten, so wie Franz Kafka, Arthur Schnitzler, Alfred Döblin und viele andere es taten, ohne dass ihre Produktivität darunter litt. Aber das war für Benjamin völlig undenkbar. Wo würde da seine philosophische Arbeit bleiben?

So standen die Dinge, als Dora und Benjamin Ende April 1920 buchstäblich auf der Straße standen, »ohne ein einziges Möbelstück«, allerdings mit 30 000 Mark Vorauszahlung auf Benjamins Erbteil und weiteren 10 000, die ihnen aus Kulanz überlassen worden waren, keine Kleinigkeit, wenn man bedenkt, dass das durchschnittliche Jahresgehalt eines Arbeiters damals knapp 4000 Mark betrug. Trotzdem fühlte Benjamin sich zutiefst unverstanden von seinem Vater, der mit einem Genie eben nicht umzugehen wisse.

Im Puppenhaus

Glücklicherweise gab es Freunde, die das junge Paar bei sich aufnahmen, Erich und Lucie Gutkind, geborene Baron. Sie kannten sich schon seit Jahren und standen in regelmäßiger Korrespondenz miteinander. Gutkind, 15 Jahre älter als Benjamin, war Philosoph, Mystiker, Sozialreformer, Astronom, Ethnologe, Anthroposoph – eigentlich alles. Ins Telefonbuch ließ er sich als »Privatgelehrter« eintragen. Als Sohn einer reichen Familie ging es ihm ähnlich wie Walter Benjamin. Er fühlte sich unverstanden und ausgegrenzt, nicht ganz zu Unrecht, denn wegen seiner unpraktischen und exzentrischen Art hatte man ihn von einem gewaltigen Erbe ausgeschlossen, wobei er vom Pflichtteil immer noch sorgenfrei leben konnte, jedenfalls vorläufig.

Sein Hauptwerk, *Siderische Geburt: Seraphische Wanderungen vom Tode der Welt bis zur Taufe der Tat*, 1910 unter dem Pseudonym »Volker« erschienen, war in einem biblischen Ton geschrieben und berief sich auf den »Anarchismus« des Urchristentums ebenso wie auf pazifistische Tendenzen bei Tolstoi. Es verkündete die Revolution aller Revolutionen. Es sprach vom »Ende aller Endlichkeit« und der »grenzenlosen Wanderung in selige Weiten«, nannte die Juden das »Volk der abgründigsten Verworfenheit« und Jesus den Entdecker der »Seele«. Die Frau wurde als »Dulderin« und »die Sehnsüchtige« beschrieben, als »allumfassendes Meer aller Lebendigkeit«, intuitiv, aber nie »genial«. Heute mutet es wie das Werk eines wunderlichen Apostels an, mit dem man nicht unbedingt unter einem Dach leben möchte.

Doch seit dem Erscheinen waren inzwischen zehn Jahre vergangen. Gutkind war politischer und pragmatischer geworden. Im Frühjahr 1914 gab er den Anstoß zur Gründung eines Bundes internationaler Künstler und Intellektueller, die gegen den Krieg waren. Auf seiner Wunschliste standen namhafte Kandidaten wie Martin Buber, Ezra Pound, Romain Rolland, Rainer Maria Rilke und viele mehr. Als der Krieg tatsächlich eintrat, zerbrach der Kreis, der sich »Forte-Kreis« nannte. Die politischen Auffassungen waren zu unterschiedlich. Gutkinds Vision ließ sich nicht realisieren.

1918 setzte er sich engagiert dafür ein, »Kriegsbeschädigten-Ansiedlungen« zu gründen. Er wandte sich auch dem Judentum wieder zu und lernte Hebräisch, weil er mit dem Gedanken spielte, nach Palästina auszuwandern. Mit seiner Frau Lucie zog er ganz bewusst in die Gartenstadt Falkenberg in Berlin-Grünau, eine Gründung von Gewerkschaftern, Sozialisten und Lebensreformern, die 1913 von dem jungen Bruno Taut erbaut worden war. Hier war das Gegenbild zur städtischen Mietskaserne entstanden, ein Ensemble von 135 Wohnungen und Einfamilienhäusern, in ländlicher Umgebung, aber doch stadtnah, kinderfreundlich und für alle sozialen Schichten geöffnet. Die Häuser waren bewusst farbig gestaltet, in Orange, Ocker, Blau, Rot oder Violett, umgeben von Klein- und Gemeinschaftsgärten. Man traf sich abends am Lagerfeuer, sang eine eigene Hymne, gab die Zeitung *Der Falkenberg* heraus, und scherte sich nicht um die Vorurteile vieler Berliner, die die Bewohner als Proleten, Anarchisten und Atheisten beschimpften. Hier also wohnten die Gutkinds im Haus Am Falkenberg 120, in das sie die Benjamins Ende April 1920 freundlich aufnahmen.

Benjamin war begeistert von dieser »wundervollen patriarchalischen Gastfreundschaft«, und auch Dora, der die letzten Wochen sehr zugesetzt hatten, atmete auf, weil sie wieder in »menschenwürdigen Verhältnissen« lebte.[13] Den Gutkinds kam die neue Konstellation sehr gelegen, denn sie passte zu ihrem Konzept eines harmonischen Kollektivs, einer Wohngemeinschaft, wie man heute sagen würde. »Benjamins sind nun, wie ich hoffe, nicht nur vorübergehend, unsere Gäste, und wir leben friedlich in unserem Puppenhaus zusammen, wie im Knusperhäuschen, bis die Hexe, die rote oder die weiße, uns bratet«, schrieb Gutkind an Gershom Scholem.[14] Wobei »Knusperhäuschen« stark untertrieben war. Das Haus Am Falkenberg 120 war eine geräumige Doppelhaushälfte mit fünf oder sechs Zimmern, großer Wohnküche und schönem Garten, ideal für Kinder.[15] Aber die Gutkinds, die selbst kinderlos waren, wollten Stefan wahrscheinlich nicht um sich haben. Und auch die Benjamins selbst fanden nichts dabei, ihn bei seinen Großeltern zu lassen, die angeblich sofort planten, ihn in ein Kinderheim zu geben, als eine größere Sommerreise bevorstand.[16]

United Telegraph

Walter und Dora waren gerade noch rechtzeitig in diese Idylle gekommen. Denn in Berlin wurde es jetzt richtig ungemütlich. Es gab
kaum noch etwas zu essen, da Deutschland viele seiner alten Agrar-
gebiete verloren hatte und der Import ausländischer Lebensmittel zu teuer war. Viele Schulen blieben halb leer, weil die Kinder an
Tuberkulose, Skorbut oder Hungerödemen litten. Kaufhäuser und
Luxusrestaurants wurden geplündert. Immer wieder fanden Massen-
demonstrationen statt. An soziale Hilfen war kaum zu denken, denn
durch die hohen Reparationszahlungen waren die öffentlichen Mittel
erschöpft.

Nun gab es keine andere Lösung mehr. Die Benjamins *mussten*
arbeiten. Walter versuchte es mit graphologischen Analysen. Dora
bekam eine Ganztagsstellung bei der Agentur United Telegraph, die
zwei Büros in Berlin unterhielt, eins davon auf der Jägerstraße 11 in
Friedrichswerder.[17]

Sie verdiente gut – 2000 Mark im Monat –, und die Arbeit machte
ihr Spaß.[18] In der Nähe ihres Büros befanden sich das Bankhaus
Mendelssohn, das Kaufhaus Mannheimer und das Geburtshaus
Alexander von Humboldts. Es war nicht weit bis zur Spree und zum
Werderschen Markt. In den Pausen konnte man angenehm herum-
spazieren. Hier merkte man nichts von sozialer Not. Hier wohnte das
Geld. Allerdings nicht nur. Denn täglich kamen alarmierende politische Nachrichten auf ihren Schreibtisch, die sie ins Englische oder
Deutsche übersetzen musste: Eisenbahnerstreiks im Ruhrgebiet und
in Schlesien, antisemitische Ausschreitungen an der Münchner Universität, Verkündung des Parteiprogramms der NSDAP, Besetzung
Dortmunds durch Einheiten der Roten Ruhrarmee, Hungerunruhen
in Krefeld, Hamburg und anderen Städten.

Hier wurde nichts geschönt und nichts zensiert, denn die Agentur war privat finanziert und politisch unabhängig. Sie konnte hoch-
karätige Korrespondenten ins Ausland schicken, Arthur Holitscher

zum Beispiel, den 1869 in Budapest geborenen Bestsellerautor, Jude, Bohemien, Schöngeist und kritischer Sozialist. Sein 1913 erschienenes Buch *Amerika heute und morgen*, eine Mischung aus Reisebericht, Dokumentation, Tagebuch und politischer Analyse, hatte Millionen-Auflagen. Es ging hart mit dem Kapitalismus und Rassismus ins Gericht, schilderte aber auch die Schönheiten des Landes und die leicht komischen Angewohnheiten seiner Bewohner:

Nach sieben Tagen in New York, bei einer Durchschnittstemperatur, die einen Heiligen unwirsch machen könnte, finde ich nichts, was mich mit Hass oder Verachtung gegen die viel verleumdeten New Yorker erfüllen könnte. Kauen tun sie wohl, aber Herrgott, lasst sie doch kauen! Ihr Klima absorbiert viel Feuchtigkeit, darum müssen sie viel Wässeriges in sich hineinpumpen, davon werden ihre Magenwände unwillig, und der Speichel muss nachhelfen. Auch sind ihre Zähne schlecht und brauchen Betätigung. Sie werden wohl das Kauen nötig haben. Solange sie mir ihre ausgelutschten Kautschukbrocken nicht auf die Stuhllehne schmieren, kann's mir gleichgültig sein.[19]

Als Dora im Mai 1920 ihren Dienst antrat, bekam Holitscher gerade den Auftrag, eine Russland-Reportage zu schreiben, eine große Arbeit in 15 Kapiteln, von denen jedes mit 1000 Mark honoriert wurde. Holitscher berichtet darin über »Das Arbeiter-Volk«, »Das Rote Heer«, »Propaganda«, die »Arbeitsschule«, den »Proletkult«, den »Untergang der Intellektuellen«, »Das Leben den Städten«, den »Weißen und roten Terror«, »Religion und Welt-Revolution«. Am Schluss des Buches heißt es ein wenig pathetisch, in Russland kämpfe ein hungerndes, frierendes Volk für das »Menschenrecht«. Und: Wo um das Menschenrecht gekämpft werde, da sei Heimat.[20]

Wenn Dora aus dem Büro zurückfuhr, war sie oft so erschöpft, dass sie immer wieder einschlief. Trotzdem ist es schwer vorstellbar, dass sie im »Puppenhaus« gar nichts von ihrer Arbeit erzählt hat, denn es waren doch spannende Themen und Menschen, mit denen sie zu tun hatte. Benjamin scheint sich kaum dafür interessiert zu haben.

Zumindest findet sich nichts darüber in seinen Briefen und Schriften aus dieser Zeit. Erst viel später – 1929 – wird er ein Holitscher-Buch, *Es geschah in Moskau*, für die *Literarische Welt* rezensieren und etwas nichtssagend dazu schreiben:

> Die kompositorische Ironie der Erzählung erlaubt ihm, [...] den Nebel sichtbar zu machen, in dem die großen politischen Revirements vom Kreml heruntersteigen, die Atmosphäre der Unsicherheit und des Misstrauens zu zeigen, die sie verbreiten, und den ungeheuren Heroismus greifbar zu machen, der in jenen Tagen der Prüfung für viele überzeugte Parteiarbeiter Loyalität und Disziplin [...] gewährleisten musste.[21]

Vorführung des Wunders

Am 15. Juli 1920 wurde Benjamin achtundzwanzig Jahre alt. Dora hatte sich dieses Mal etwas ganz Besonderes für ihn ausgedacht, ein Bild von Paul Klee, für den er sich sehr interessierte. In seinen Briefen aus dieser Zeit erwähnt er ihn mehrmals als einen der wenigen zeitgenössischen Künstler, deren Werk ihn berühre. Im »Graphischen Kabinett Neumann« am Kurfürstendamm fand Dora die *Vorführung des Wunders*, ein Aquarell mit Feder auf Gips und Karton. Was sie dafür bezahlt hat, ist nicht bekannt. Vermutlich nicht wenig. Denn Benjamin selbst wird ein Jahr später tausend Reichsmark für ein weiteres Werk von Paul Klee, den berühmten *Angelus Novus*, bezahlen.

Zunächst schien es, als ob sie Walter eine Freude gemacht hätte. »Kennen Sie Klee?«, fragte er Gershom Scholem. »Ich liebe ihn sehr und dieses ist das schönste von allen Bildern, die ich von ihm sah. Ich hoffe, Sie werden es im September bei mir sehen.«[22]

Es ist ein Kriegsbild, entstanden im März 1916. Paul Klee, damals 35 Jahre alt, war gerade als Landsturmsoldat eingezogen worden und hatte am selben Tag erfahren müssen, dass Franz Marc, einer seiner besten Freunde, bei Verdun gefallen war. Die Nachricht hatte ihn furchtbar mitgenommen. Er konnte in dieser Zeit kaum noch malen. In seinem Landshuter Quartier schrieb er viel in sein Tagebuch oder spielte Geige. Die *Vorführung*, eines der wenigen Bilder aus dieser Phase, darf und muss deshalb autobiographisch gewertet werden.

In seinem Tagebuch schreibt er, dass er versuche, das Soldatenleben als Theaterstück anzusehen, halb schrecklich, halb amüsant, als »General-Kostümprobe« in schmierigen Fetzen und Riemen.[23] Auch auf diesem Bild scheint etwas »vorgeführt« zu werden: schemenhafte, in Hellgrün und Blutrot gekleidete Figuren proben auf einer als Treppe angelegten Bühne den Krieg, während sich unter ihnen ein Orchestergraben öffnet, der ins Leere stürzt. Die vordere Figur wirkt wie ein Kind, das sich mit seinem Spielzeugpferd gut zu amüsieren scheint; die hintere stützt die eine, schon halb skelettierte Hand in die Hüfte und hebt die andere drohend zum Kampf, vergeblich nach einem Stück schwarzen Vorhangs greifend, während auf ihrer Schulter ein Zwerglein steht, das den eigenen Kopf wie eine Fackel über sich hält. Das Bühnenbild: zersplitterte geometrische Formen. Im Hintergrund schwefelfarbiger Rauch und Fetzen blauen Himmels. Ein bleicher Regisseur im Clownskostüm überwacht das Ganze. Doch er kann nichts sehen. Denn er hat keine Augen.[24]

Tod, Fetzen, Trümmer, Maskerade, ironische Anspielungen auf Picasso und den Kubismus: Man kann aus diesem Bild vieles herauslesen. Nur nicht, dass es »schön« oder gar »eines der schönsten« von Klee sei. Hat Benjamin überhaupt richtig hingeschaut? Oder mochte er das Bild nicht, weil es ein Thema berührte, das er unter allen Umständen verdrängen wollte, den Krieg? Nach dem Brief an Scholem hat er es nie wieder erwähnt. 1937 verkaufte er es an die Galerie Neumann zurück, die inzwischen ihren Sitz in den USA hatte. 1940 wurde es von zwei amerikanischen Kunstsammlern erworben. Heute hängt es im Museum of Modern Art in New York und ist Millionen wert.[25]

Paragraph 218

Inzwischen hatte Leon Kellner seinen Besuch angekündigt, um im Streit zwischen Benjamin und dessen Eltern zu vermitteln. Er war sehr besorgt und vielleicht auch etwas verstimmt. Hatte er doch selbst immer ein Doppel-, wenn nicht Drei- oder Vierfachleben geführt: als Lehrer, Professor, Wissenschaftler, Journalist und Politiker. Soeben war sein Buch über *Herzls Lehrjahre* erschienen. Ein weiteres über die *Englische Literatur in der neuesten Zeit* würde bald folgen. Er bestand darauf, dass sein Schwiegersohn »Buchhändler oder Verleger« werden sollte.[26] Doch daraus wurde nichts. Denn dazu wäre Kapital nötig gewesen, das Emil Benjamin nicht herausrücken wollte. Auch der Plan, eine Stelle als Lektor zu finden, zerschlug sich trotz der guten Kontakte der Kellners in die Verlagsszene.

Als die Gutkinds im September 1920 nach Italien reisten, mussten die Benjamins sich ein anderes Quartier suchen. Von einer Wohngemeinschaft war keine Rede mehr, nicht einmal von zeitweiliger Überlassung des »Puppenhauses«. Waren sie sich doch auf die Nerven gegangen? Oder hatte Dora, die den ganzen Tag arbeiten musste, nicht genügend im Haushalt mit angefasst und widersprach überhaupt Gutkinds äußerst traditionellem Frauenbild?

Nach kurzer Übergangszeit in einer Privatpension zogen die Benjamins zähneknirschend zurück zu den Eltern, wo man ihnen nun immerhin eine separate Wohnung zugestand, eine große Erleichterung, denn so hatten sie endlich ihr eigenes Reich und konnten wieder mit Stefan zusammenleben, dem, glaubt man Doras Beschreibung in *Gas gegen Gas*, ein besonders schönes Zimmer eingerichtet wurde:

> Die Wände sind gelb, oben läuft ein lustiger Fries von Kamelen, Elefanten und Ziegen. Es sind wenige weiß lackierte Möbel da; ein Regal mit Büchern; eine Kommode; ein kleiner Tisch mit zwei Sesselchen. Der Boden ist mit grünem Linoleum belegt, zwei riesige Fenster lassen Sonne und Luft herein.[27]

Nach und nach scheinen sie sich auch mit Max Pollak geeinigt zu haben, sodass die Möbel und Bücher aus Seeshaupt endlich wieder eintrafen. Die Stimmung blieb trotzdem sehr angespannt, da man den Eltern und Dora, der Jüngeren, natürlich immer wieder über den Weg lief. Letztere hatte allerdings ein gutes Verhältnis zu Stefan entwickelt, der sie liebevoll »Tante Dodo« nannte.

Alles spricht dafür, dass Dora, die Ältere, in dieser Zeit wieder schwanger wurde, und zwar ungewollt, denn für ein zweites Kind in ihrem Leben war kein Platz, zumindest nicht an der Seite ihres lärmempfindlichen Mannes, der kein Geld verdiente und sich schon durch ein Kind in seiner »reinen Stimmung« gestört fühlte.[28] Benjamin schrieb Anfang November 1920 an Gershom Scholem, dass sie »sehr schwach« sei, lange im Bett gelegen habe und sich nur langsam wieder erhole.[29] Den Grund dafür nennt er nicht. Aber es ist ziemlich klar, was er sagen wollte: dass sie eine Abtreibung hinter sich hatte.

Das war damals deutlich schwieriger als heute. Denn in der vermeintlich so liberalen Weimarer Republik wurden, nicht anders als im Kaiserreich, Frauen, die ihr Kind »vorsätzlich« abtrieben, nach Paragraph 218 des Strafgesetzbuches mit »Zuchthaus bis zu fünf Jahren« bestraft, bei »mildernden Umständen« mit einer »Gefängnisstrafe nicht unter sechs Monaten«. Noch im Juli 1920 hatten Abgeordnete der USPD beantragt, den Paragraphen ersatzlos zu streichen, ohne Erfolg. Es fand weder eine Anhörung noch eine Abstimmung statt. Abgetrieben wurde natürlich trotzdem, von Kurpfuschern, »Engelmacherinnen« oder Ärzten. Ob die Sache glatt, mit schweren Schäden oder gar mit dem Tod ausging, hing von den Beziehungen der Schwangeren ab. Problemlos verlief sie bei Dora offenbar nicht, denn sie konnte bis Ende des Jahres 1920 nicht mehr ins Büro gehen.

Sehr sonderbare Dinge

Am 1. Januar 1921 prophezeite die *Frankfurter Zeitung*, die schlimmsten Gefahren für das »staatliche Dasein« würden erhalten bleiben oder sich noch verschärfen: das ungewisse Schicksal Oberschlesiens, über dessen Verbleib bei Deutschland noch nicht entschieden worden war, die Verhandlungen über die Höhe der Reparationskosten, die bedrohliche Hungersnot und vor allem »die immer tiefer sich durchsetzende Geldentwertung, die wachsende Schichten ausweglos ins Elend« stürze. Auch für die Benjamins sollte dieses Jahr ein *annus horribilis*, ein Schreckensjahr, werden.

Sie hatten zwar endlich eine Wohnung, in der sie Gäste empfangen konnten, mit Gartenblick, einem riesigen Arbeitszimmer für Walter und einem, wenn auch nur gemieteten, Klavier für Dora, auf dem sie Schubert, Beethoven und Mozart spielte. Aber echtes »Glück« wollte sich trotzdem nicht einstellen. Denn Dora hatte sich Hals über Kopf verliebt. In Ernst Schoen, ihren alten Briefpartner aus Schweizer Zeiten.

»Ich erlebe jetzt sehr sonderbare Dinge«, schrieb sie an Gershom Scholem. »Ich weiß nicht, ob ich sie Ihnen erzählen könnte, wenn Sie hier wären – aber sicher ist, dass ich sie nicht schreiben kann.«[30]

Schoen war vier Jahre jünger als sie, ein sensibler, gutaussehender, charmanter Mann, elegant gekleidet, sehr höflich, Komponist, Pianist, der auf dem Klavier Bach so gut wie Jazz spielte, Schüler von Busoni und Edgar Varèse, aber noch unsicher, ob er die Musik zu seinem Beruf machen sollte. In den letzten Jahren hatte er sich mit Brot- und Aushilfsjobs durchschlagen müssen: als Bibliothekar, Dolmetscher und Journalist, zurzeit in Wolffs Telegraphischem Bureau. Er war Sohn einer aus Russland stammenden Jüdin und eines deutschen Architekten, der sich kurz nach seiner Geburt davongemacht hatte. Unter bedrückenden Verhältnissen bei den Großeltern aufgewachsen, war er mit 16 von zu Hause weggegangen, um bei Alfred Cohn, einem reichen Mitschüler, zu wohnen, mit dessen jüngerer Schwester Jula ihn ein schwärmerisches Verhältnis verband.[31]

Die neue Liaison kam nicht vollständig unerwartet, denn Dora und er hatten schon vor dem Krieg füreinander geschwärmt, wenn auch rein platonisch. Doch jetzt war es nicht mehr platonisch. Jetzt trafen sie sich heimlich in Gasthauszimmern. Ernst Schoen dichtete 24 Jahre später:

> *Dort schwang sich still im warmen Mondeslicht*
> *An weißer Wand mein Schatten auf und nieder*
> *Ein Duftmeer spülte von Jasmin und Flieder*
> *Dem Liebenden ums wache Angesicht*
> *Ein Gasthauszimmer. Und ich wagte nicht*
> *Dich anzublicken durch gesenkte Lider*
> *Und kniete nur und ahnte deine Glieder [...]*[32]

Sie log Walter nicht an, sondern sagte ihm offen, dass sie sich verliebt habe, in einen seiner besten Freunde übrigens. Wie es scheint, reagierte er gelassen, ja sogar freundlich, denn »der Mensch«, schrieb er in einer Notiz aus dieser Zeit, vermöge nicht »seine Triebe zu verantworten«. Die außereheliche Sexualität sei eine »ungeheure Gefahr«, die zum Leben gehöre, und nur der »ganz Fromme« vermöge es, sie auf dem »Pfad der Askese« zu umgehen.[33]

Diese reichlich trockenen Formulierungen lassen erahnen, warum Dora einmal zu Gershom Scholem sagte, dass Walter ihr oft »zwangsneurotisch« vorkomme, denn »seine Geistigkeit stünde seinem Eros im Wege«.[34] Tatsächlich hatte er sein Leben lang große Probleme mit der Liebe, weil er sich schwer damit tat, Nähe zu ertragen und viel besser über Theorien schreiben und sprechen konnte als über Gefühle. Das galt auch für das Verhältnis zu seinem Sohn Stefan, dessen Aussprüche er akribisch notierte, ohne über ihren tieferen Sinn nachzudenken, obwohl er zur Kinderpsychologie durchaus Zugang hatte, denn einer seiner Verwandten war William Stern, einer der wichtigsten Vertreter des Faches, Autor eines Buches über die »Psychologie der frühen Kindheit, bis zum sechsten Lebensjahre«, das er gemeinsam mit seiner Frau Clara verfasst hatte.[35] Viele Zitate von Stefan klingen für den heutigen Leser sehr amüsant. Aus anderen spricht aber auch die blanke Einsamkeit und vor allem: ein sehr gestörtes Verhältnis zum eigenen Vater, der offenbar nur in sein Zimmer kam, »um auf Ruhe zu dringen«, nicht, um einfach nur nett zu sein oder zu spielen. Nach einem dieser »Besuche« soll Stefan gesagt haben:

Der Vogel da (oder: der Bär) kommt immer in das Zimmer. Der Vogel soll da nicht hinkommen. Das ist mein Zimmer. Das Zimmer verdirbt doch. Das ganze Zimmer verdirbt. Mich darf man doch auch nicht störn, ich muss doch auch arbeiten.[36]

Benjamins Biographen Eiland und Jennings folgern aus solchen Protokollen, dass es ihm nicht um das Seelenleben des Kindes, sondern um ein wissenschaftliches Inventar ging, ein »Archiv der linguistischen Welt eines Kindes«, ein »virtuelles Laboratorium« zur Erforschung der »Ursprünge der menschlichen Sprache«: »Telepathische Phänomene, körperliche Imitation unbelebter Objekte, Manifestationen des Unbewussten.« Stefan habe diese »Kühle« sehr wohl registriert und noch über Benjamins Tod hinaus darunter gelitten. Sie zitieren seine Tochter Mona, die dazu sagte:

Es war sehr schwer für ihn, über jemanden zu sprechen, der nie ein wirklicher Vater, sondern eher eine intellektuelle Figur für ihn war, jemand, der ihm sehr fremd blieb, jemand, an den er sich als an einen Mann erinnerte, der ihm Spielsachen aus fremden Ländern mitbrachte.[37]

Führer durch Palästina

Benjamins ständig wachsende Bibliothek, das Kindermädchen Grete Rehbein, das im Haus wohnte, Gäste, die angemessen bewirtet werden mussten, ein privater Kindergarten für Stefan: Das alles kostete Geld, um das Dora einen »einzigen Kampf« führte, denn die Inflation schritt so dramatisch voran, dass ihr Gehalt bei United Telegraph bald nicht mehr ausreichte. Nach ihrer täglichen Arbeit im Büro übersetzte sie bis tief in die Nacht komplizierte Texte, zum Beispiel *Palästina und Südsyrien* von Jesaias Press, einen fast 400 Seiten langen Reiseführer mit Bildern und Karten, den sie aus dem Deutschen ins Englische übertragen musste.[38] Jesaias Press war Leiter der Edler-von-Lämel-Schule in Jerusalem, an der neben askenasischen und sephardischen Juden auch Jemeniten, Perser und Marokkaner unterrichtet wurden.[39] Das Buch richtete sich speziell an den jüdischen Reisenden, dem es Tipps und historische Informationen lieferte. Es rief nicht zum Hass gegenüber den Arabern auf, ganz im Gegenteil, es lobte den »Stolz«, die »Freiheitsliebe« und die »Würde« der Beduinen, ihre Gastfreundschaft und ihren ausgeprägten Familiensinn. Mit Respekt sprach es von der Kulturleistung der alten Kalifen, die der »andersgläubigen Bevölkerung keinen Glaubenszwang« auferlegt und sie »nicht zum Religionswechsel« getrieben hätten.

> Durch Terrassenbau an den Berghängen und durch Anlage von Wasserwerken bzw. Ausbesserung der verfallenen römischen Wasserleitungen sowie durch Einführung neuer Kulturen (Orangen, Zitronen etc.) brachten die Araber die Landwirtschaft zur Blüte und zogen die Grenze des besiedelten und kultivierten Landes weit in die Wüste hinaus. Die Handelskarawanen aus Mesopotamien und Persien, Indien und China zogen […] an die Küste des mittelländischen Meeres, und der Durchgangshandel brachte dem Lande Wohlstand.[40]

Der Autor betont, dass Araber und Juden eine gemeinsame Wurzel, die semitische, hätten, spricht von vielen identischen Sitten und Bräuchen. So werde »das neu geborene Kind [...] in warmem Wasser gebadet, die Haut mit Salz eingerieben und mit Öl gesalbt und dann in Windeln gehüllt«, genau wie es schon im Alten Testament (Ezechiel 16, 4) beschrieben worden sei. Historische »Schuld« am Schicksal des Landes weist er den Christen, den Kreuzfahrern, zu, die, »noch ehe sie zum Grab ihres Heilands zogen«, die »wehrlosen jüdischen und mohammedanischen Bewohner« Jerusalems niedergemetzelt und Synagogen und Moscheen in Brand gesteckt hätten.[41]

Insgesamt verspricht er sich von der Balfour-Deklaration und der Konferenz von Sanremo den »Anbruch einer Blüteperiode« für das Land:

> Als nationale Heimstätte und geistiger Mittelpunkt des jüdischen Volkes wird es in Zukunft die Aufmerksamkeit aller Juden ohne Unterschied der Gesinnung auf sich ziehen, während das sich entfaltende neue nationale und staatliche Gebilde auf dem Boden des durch Religion und Geschichte geheiligten Landes der gesamten gebildeten Welt ein großes Interesse abgewinnen wird.[42]

Dora hatte viel Freude an dieser Arbeit, denn sie vermisste den Dialog über »alles Jüdische«, den sie mit Benjamin und ihren Berliner Bekannten nicht führen konnte, obwohl die meisten von ihnen jüdisch waren. »Werde ich dieses Land einmal sehen und wie?«, schrieb sie an Gershom Scholem.[43]

Zart lila Blüten

Im März 1921 kam Jula Cohn zu Besuch, eine alte Freundin, die die Benjamins schon aus der Freien Studentenschaft kannten. Sie war Bildhauerin und die Schwester von Benjamins Schulfreund Alfred

Cohn, der sich gerade anschickte, Grete Radt, Benjamins ehemalige Verlobte, zu heiraten.

Jula Cohn, 27 Jahre alt, war Benjamin merkwürdig ähnlich: klein, feingliedrig, kurzsichtig und leicht gebückt gehend. Ein Foto aus dem Jahr 1925 zeigt sie mit der Frisur einer *Garçonne*, die ihr sehr gut stand, da sie ihren knabenhaften Typ unterstrich. Sie hatte nicht die starke erotische Präsenz Doras, wirkte aber doch anziehend auf viele Männer, so auch auf Ernst Schoen, der ihr jahrelang regelrecht verfallen war.[44] Sie hingegen blieb zurückhaltend, reserviert, vielleicht, weil sie schon früh ihre Eltern verloren hatte[45] und sich unsicher und allein fühlte, besonders, was ihre Rolle als »Mädchen« anging. »Ich glaube, es stimmt ein wenig, wenn ich sage, dass mein Leben arm und reich in einem ist«, hatte sie Schoen in einem ihrer Briefe geschrieben. »Arm und kläglich, weil ich ein Mädchen bin, mit einem damit untrennbaren Mädchendasein. [...] Vergnügter und wohler [...] fühle ich mich aber auf den Feldern. Da strolche ich dann richtig herum, ich fürchte, ich sehe dann ein bisschen aus, wie Sie nicht gern mit mir gehen würden.«[46]

Bei der Wiederbegegnung nach mehr als fünf Jahren glaubte auch Benjamin, unsterblich in sie verliebt zu sein. So sehr, dass er seine Ehe mit Dora grundsätzlich infrage stellte. Er schrieb zwar an Gershom Scholem, es sei »durchaus noch keine Entscheidung gefallen«,[47] aber Dora sah das anders. Es werde wohl »bald zur Katastrophe kommen«,[48] prophezeite sie dem alten Freund, mit dem sie sich nach so vielen Jahren endlich duzte. Jula blieb wochenlang in der Delbrückstraße, wo sie für eine angespannte, ja, verzweifelte Stimmung sorgte, ohne Benjamins Liebe erkennbar zu erwidern. Dora indessen nahm wieder ihre alte Mutterrolle an. Sie machte sich Sorgen um ihr »Kind«, also um Walter, weil sie fürchtete, dass er an dieser Beziehung zerbrechen werde.

J. hat sich zu ihm nicht entschieden, er möchte sich trennen und kann es nicht, ja weiß nicht, ob er es von sich verlangen sollte. Ich weiß, dass sie ihn nicht liebt, und sie wird ihn nie lieben. Sie ist zu ehrlich sich's vorzuma-

chen und zu naiv – da sie ja noch nie geliebt hat – um sich klar darüber
zu sein. [...] Er fragte mich heute, ob er sich nicht von ihr trennen müsste.
Ich sagte ihm, mir schiene es, als ob man nichts von ihm und er nichts von
sich verlangen dürfte. Wenn sein innerstes Wesen es zulässt, dass er hoff-
nungslos verliebt ist, so müsste er es eben sein – um uns tut es weh. Wir
sind gut zueinander und ich wollte, ich könnte besser sein, nur quält mich
noch manches. [...] Es ist ein Unstern, dass ich, wo ich zum ersten Male
glücklich sein dürfte, es aus äußeren Gründen nicht kann. Aber es ist noch
Glücks genug, ja so viel, dass ich mehr kaum ertragen könnte. [...] Ich sitze
jetzt vor einem offenen Fenster, an der Kiefer, die ich sehe, hat sich in un-
wahrscheinlicher, ja südlicher Weise eine schöne Glyzinie mit zart lila Blü-
ten emporgerankt. [...] Wenn er diese Sache überwindet, wird er so groß
sein als ein Mensch heute sein kann. Wird er sie überwinden? Ich kann
ihm nicht dabei helfen, kann nur bitten, es möge ihm nichts widerfahren.[49]

In diesem Frühjahr 1921 machte Dora, die Schwester, ihr Abitur, was in der Familie Benjamin groß gefeiert wurde. Ihre Eltern luden viele Verwandte ein, unter ihnen auch Gertrud Kolmar, eigentlich Chodziesner, eine Cousine von Walter Benjamin.[50] Sie war eine viel-versprechende junge Lyrikerin, die 1917 ihren ersten Gedichtband her-ausgebracht hatte. Um Geld zu verdienen, arbeitete sie als Erzieherin.

Trotzdem schrieb sie unermüdlich weiter, obwohl sie vorläufig keinen Verleger mehr fand, vielleicht, weil sie nicht so exotisch war wie Else Lasker-Schüler, sich nicht durch schrille Affären in Szene setzte und nicht bis nachts in den angesagten Cafés saß, sondern still, schmal und bescheiden daherkam. Ihre Gedichte aus dieser Zeit han-deln von der Mutterschaft, von der Liebe und vom Krieg, der gerade zu Ende gegangen war, ohne dass sie dem Frieden, der jetzt herrschte, wirklich traute:

Es fallen Schüsse in den Bergen.
Ich heb' die Hände still zum Herzen,
Darum ein Kranz von Tempelkerzen
Sich weinend totbrennt, schmilzt und tropft.[51]

Dora wollte Nationalökonomie studieren, ihre Freundin Hilde lieber Jura, denn ihr großes Vorbild war Liebknecht, der Anwalt der Armen und politisch Verfolgten, den man ebenfalls umgebracht hatte, am selben Tag wie seine Mitstreiterin Rosa Luxemburg. Es sah so aus, als ob sich zwischen Hilde und Georg etwas anbahnte. Jedenfalls standen sie oft beieinander und diskutierten. Nach einem Semester in Marburg war Georg wieder nach Berlin zurückgekehrt, um dort weiterzustudieren. Allerdings wohnte er nicht bei den Eltern, die genügend Platz gehabt hätten, sondern in einem Wohnheim für ledige Männer im Wedding. Hier lebten Arbeiter, Studenten und Angestellte, die die *Rote Fahne* lasen und die KPD wählten. Georg schrieb seine Dissertation über dieses Wohnheim oder genauer: über Ledigenwohnheime im Allgemeinen. Nach seinem Examen hatte er vor, als Sozialmediziner zu arbeiten.[52]

Ob Walter und Dora bei diesem Fest anwesend waren, ist nicht bekannt. Wahrscheinlich nicht. Sie waren zu sehr mit ihrer Ehekrise beschäftigt, die allmählich dramatische Formen annahm.

Die blonde Jüdin

Eine sehr dubiose Rolle in diesem Drama spielte Charlotte Wolff, 24 Jahre alt, Medizinstudentin aus Danzig, lesbisch, eloquent und nach Höherem als dem Arztberuf strebend. Schon als Schülerin hatte sie Gedichte geschrieben und Philosophen von Platon bis Nietzsche gelesen. Zurzeit übertrug sie – genau wie Benjamin – Lyrik von Baudelaire ins Deutsche.

Angeblich war es Jula Cohn, die sie bei den Benjamins einführte.[53] Doch der Hauptimpuls kam wohl von Wolff selbst, denn die wollte Benjamin unbedingt kennenlernen. In ihren Erinnerungen beschreibt sie ihn so weitschweifig wie widersprüchlich: »der geborene Poet«, »unvergleichlich aufregend«, ein »Visionär«,[54] ein »ewiger Student«,[55] aber auch »pedantisch«, »gehemmt«, »zynisch« und »steril«,[56] mit »Beinen wie Stöcken«[57] und »rosigen Apfelbäckchen«.[58] Manchmal habe er »glucksend« gelacht wie ein kleines Kind, wobei seine Augen hinter den dicken Brillengläsern geglitzert hätten. Soll heißen: Er konnte ihr Freund sein, obwohl er ein Mann war, denn eigentlich war er ja keiner. Sein Körper war ihrer Meinung nach »ohne physische Substanz«.[59]

Dora dagegen war offenbar ganz »ihr Typ«, eine Frau, zu der sie sich körperlich sehr stark hingezogen fühlte:

> Schon durch ihr auffälliges Aussehen war sie auf eine überwältigende Weise stets präsent. [...] Diese blonde Jüdin mit den leicht hervortretenden Augen, einem scharf geschnittenen Mund und vollen roten Lippen, strahlte Vitalität und Lebensfreude aus.[60]

Dora erwiderte ihre Zuneigung nicht, da sie durch und durch heterosexuell war. Als Freundin und Vertraute schätzte sie Charlotte Wolff allerdings sehr. »Ohne Frl. Wolff's Hilfe könnte ich schlecht vorwärts kommen«, schrieb sie an Gershom Scholem. »Sie ist gut, und zufällig glaubt sie das, was ich gern höre und hoffe.«[61] In Wirklichkeit war Charlotte Wolff tief gekränkt, von Dora zurückgewiesen zu werden und spielte ihr Nähe nur vor, um sie auszuhorchen. Warum sonst sollte sie noch Jahrzehnte später versuchen, sie zu diskreditieren, wo sie nur konnte, was von Benjamin-Biographen leider allzu oft unhinterfragt übernommen worden ist, da sie später eine bekannte Therapeutin und Sexualforscherin geworden war?

So schreibt sie zum Beispiel, Ernst Schoen sei bei weitem nicht Doras einziger Liebhaber gewesen. Sie habe ihr dauernd Männer vorgestellt, »die in sie verliebt waren«.[62] Zwar habe sie ihr in der »schlimmsten Zeit der Inflation« zu einem Stipendium verholfen. Doch auch dieses sei von einem ihrer Liebhaber, einem »holländischen Arzt«, bezahlt worden.[63] Tatsächlich handelte es sich um den Vater einer alten Wiener Freundin von Dora, der Charlotte Wolff drei Jahre lang unterstützte, als ihre Eltern nicht mehr für sie aufkommen konnten oder wollten.[64] Sie war 29, als sie ihr Staatsexamen machte und 31, als sie promovierte. 1923 wohnte sie mehrere Monate lang umsonst bei den Benjamins.

Wenn Dora außer Haus gewesen sei, um sich mit anderen Männern zu vergnügen, habe Benjamin ihr »ein Kapitel nach dem anderen« aus seinem Essay über die *Wahlverwandtschaften* vorgelesen und dazu gesagt, diese Arbeit sei durch Jula Cohn »inspiriert« worden.[65] Er habe ihr viel über diese Beziehung erzählt und ihr ein komplettes Psychogramm seiner selbst geliefert:

> Walter erinnerte mich [...] an Rainer Maria Rilke, für den die Sehnsucht nach einer Geliebten erstrebenswerter war als ihre Anwesenheit. [...] Mir wurde klar, dass Benjamin nicht der Mann war, der körperliche Liebe lange ertragen konnte, sondern dass er eher an mittelalterliche Minnesänger erinnerte, denen sehnsüchtig-nostalgische Liebe alles bedeutete.[66]

Doch so klug sie sich auch ins Vertrauen der Benjamins einschlich: Die Stimmung in ihrem Haus sah sie vollkommen falsch, als sie schrieb, nie habe sich dort jemand gequält, nie sei jemand unglücklich gewesen, weder Walter, noch Dora, noch Ernst Schoen oder Jula Cohn, ganz im Gegenteil:

> Die Nähe zwischen diesen vier Menschen wurde durch nichts beeinträchtigt, und man kann sich nur wundern, wie sehr Walters Leben Goethes »Wahlverwandtschaften« widerspiegelte. [...] Die vier Menschen in diesem Quartett waren in einer Art emotionalem Inzest aneinander gebunden. Ihre leidenschaftlichen Gefühle überkreuzten sich, aber ihrer gegenseitigen Zuneigung tat das keinen Abbruch.[67]

Tatsächlich lief Dora vor Verzweiflung nachts allein durch die Stadt, »von Bahnhof Börse bis Bahnhof Zoo und von Halensee bis nach Hause«.[68] Dabei sang sie laut, fast schon dem Wahnsinn nah. Manchmal dachte sie sogar an Selbstmord.

Nie hätte ich früher gedacht, ohne diese Waffe des Todes, des stets berei-
ten, leben zu können und ich will Dir sagen, Gerhard, dass es manchmal,
wenn es mir schlecht ging, fast unerträglich war, ohne diesen Ausweg zu
haben [...].[69]

Angelus novus

Im Mai 1921 wurde Dora schwer krank – »Lungenspitzenkatarrh«, eine
Vorstufe von Tuberkulose. Die Symptome müssen sich schon lange
bemerkbar gemacht haben: Husten, Heiserkeit, Auswurf, Schmerzen
in Brust und Rücken, Müdigkeit, Fieber und Nachtschweiß. Benjamin,
der wohl Angst hatte, sie für immer zu verlieren, war plötzlich sehr
besorgt um sie und schlug vor, dass sie eine Liegekur bei ihrer Tante
in Breitenstein machen sollte, wo man auf Heilung von Lungenkrankheiten spezialisiert war. Sie willigte ein, bestand aber darauf,
von Ernst Schoen begleitet zu werden. Auch Stefan und dessen Kindermädchen Grete Rehbein sollten mitkommen.

Wenig später machte sich auch Benjamin auf den Weg nach Breitenstein, ohne Jula Cohn, die in Heidelberg geblieben war, wo sie ihr
Bildhaueratelier hatte und Vorlesungen bei dem Germanisten Friedrich Gundolf hörte. Auf der Durchreise machte er für ein paar Tage in
München Station, unter anderem, um Gershom Scholem zu treffen,
der ihm heftig ins Gewissen geredet haben muss. Er riet ihm, doch
einmal gründlich darüber nachzudenken, »ob die Erfüllung ihres
Lebens wirklich in [...] neuen Eheschließungen liegen würde«, was
er für unwahrscheinlich hielt. Zeigte nicht die Besorgnis von Dora
und Walter umeinander, dass sie sich noch etwas bedeuteten und ihre
Liebe noch längst nicht am Ende war?[70]

In München erwarb Benjamin in der Galerie von Hans Goltz den
Angelus Novus von Paul Klee, der so prägend für ihn werden sollte,
sein Begleiter auf Lebenszeit, sein Meditationsbild, das »Memento
einer geistigen Berufung«.[71] Es handelte sich um eine lavierte Tusch-
federzeichnung mit farbiger Kreide auf bräunlichem Papier, die auf

den ersten Blick wie das Werk eines Kindes wirkt, ein Strichmännchen mit übergroßem Kopf und hochgereckten Armen, die Flügel anzudeuten scheinen. Das spindeldürre Wesen ist weder Mann noch Frau, weder Kind noch Erwachsener. Seine Füße erinnern an Vogelkrallen, seine Gesichtszüge eher an die eines Hundes als an die eines Menschen. Perspektive und Raum sind fast vollständig aufgegeben. Nur in den Haaren, die wie aus Papier zusammengerollt wirken, finden sich Spuren davon.

»Ich fand es zunächst nicht besonders schön, schätzte jedoch die Sensibilität dieser scheinbar anspruchslosen Geometrie«, schrieb Charlotte Wolff über dieses Bild.[72] Stefan, von Adorno darauf angesprochen, ergänzte 1961:

An die Paul-Klee-Zeichnung, mit der ich ja aufgewachsen bin, erinnere ich mich noch sehr gut; sie erregte sogar meinen kindlich-pedantischen Unwillen, da alles »schief« war, besonders, glaube ich, das eine, ungleiche Auge![73]

Benjamin selbst sagte noch kurz vor seinem Tod zu diesem Werk:

Es gibt ein Bild von Klee, das Angelus Novus heißt. Ein Engel ist darauf dargestellt, der aussieht, als wäre er im Begriff, sich von etwas zu entfernen, worauf er starrt. Seine Augen sind aufgerissen, sein Mund steht offen und seine Flügel sind ausgespannt. Der Engel der Geschichte muss so aussehen. Er hat das Antlitz der Vergangenheit zugewendet. Wo eine Kette von Begebenheiten vor uns erscheint, da sieht er eine einzige Katastrophe, die unablässig Trümmer auf Trümmer häuft und sie ihm vor die Füße schleudert. Er möchte wohl verweilen, die Toten wecken und das Zerschlagene zusammenfügen. Aber ein Sturm weht vom Paradiese her, der sich in seinen Flügeln verfangen hat und so stark ist, dass der Engel sie nicht mehr schließen kann. Dieser Sturm treibt ihn unaufhaltsam in die Zukunft, der er den Rücken kehrt, während der Trümmerhaufen vor ihm zum Himmel wächst. Das, was wir den Fortschritt nennen, ist dieser Sturm.[74]

Dora hätte allen Grund gehabt, böse zu sein, weil Benjamin dieses Bild so viel mehr schätzte als die *Vorführung des Wunders*. Doch das Gegenteil war der Fall. Nie sagte sie ein abfälliges Wort über den *Angelus Novus*, der mit der Zeit auch ihr immer mehr ans Herz wuchs und in ihren Briefen immer wieder vorkommt. Als er nach Irr- und Umwegen endlich die Wohnung in der Delbrückstraße erreicht hatte, schrieb sie an Gershom Scholem:

> *Der Angelus prangt. Als er hier die erste Nacht hing, hörte man ihn leise sagen:*
> *Ja, was?*
> *Ja meinst Du, ich sag's Dir?*
> *Mit einem Worte, er war froh.*
> *Nimm einen festen Kuss von*
> *Dora*
> *Komm*
> *Komm*
> *Komm*
> *Platz ist und Willkomm*
> *Kannst auch bei Ernst bleiben*
> *Wenn Dich von hier tut der Angelus vertreiben.*[75]

Noch eine Banane

Nach einem Intermezzo bei Jula in Heidelberg, wo er die Möglichkeiten für eine Habilitation in Philosophie sondierte, wollte Benjamin nochmals nach Breitenstein fahren, weil er so wenig von Dora hörte, deren Zustand ihm unverändert Sorge machte. Dazu bestand in der Tat sehr viel Anlass. Denn sie war wieder einmal schwanger, dieses Mal von Ernst Schoen. An Gershom Scholem schrieb sie lapidar, es sei ihr »etwas ganz Abscheuliches in die Quere gekommen«, deshalb könne sie ihn auf der Rückreise nicht besuchen.[76]

Spätestens Anfang September 1921 war sie wieder in Berlin, um eine Abtreibung vornehmen zu lassen. Benjamin wusste Bescheid. Er schrieb an seinen Heidelberger Verleger Richard Weißbach, seine Frau habe sich einer »wenn auch nicht schweren« Operation zu unterziehen.[77] Später bemerkte er, die Operation sei »nicht gut verlaufen« und mache eine »häusliche Nachkur« notwendig.[78]

Dora selbst wirkte in ihren Briefen merkwürdig munter, beinahe übermütig. Sie erzählt von Stefan und dem Plüsch-»Kätzelein«, das Scholem ihm geschenkt hatte, er habe ihm ein rotes Bändchen um den Hals gebunden und nehme es jeden Abend mit in sein Bett. Wenn er es einmal vergessen hätte, höre man ihn morgens sagen:

> Die war doch so müde und hätte doch so gerne geschlafen! Gib das Kätzelein![79]

Zu seinem Geburtstag im Dezember 1921 schickte sie Gershom Scholem ein Paket mit Leckereien, die sie selbst liebevoll zubereitet hatte. Ob alles ganz koscher sei, wisse sie allerdings nicht, eine ironische Anspielung auf seine Freundin Elsa, genannt »Escha«, die sehr religiös war und nur streng rituell aß. Aber:

> Da Du ja leider doch das meiste allein auffressen wirst, sind die Bestimmungen aufgehoben; mit einem Wort: zankt Euch selber.[80]

Trotz aller Schmerzen und Komplikationen war sie offenbar nur noch froh, nicht mehr schwanger zu sein. Ernst Schoen war weniger erfreut. Genauer gesagt, er war tief verletzt und würde es bleiben. Warum hatte sie sein Kind abgetrieben, ihm »das Letzte kümmerlich« verweigert und sich für die »bittre Ehe« mit Walter Benjamin entschieden? In einem Gedicht, das er in den vierziger Jahren auf Dora schrieb, ließ er erkennen, dass er das Ganze immer noch nicht verwunden hatte. Er hatte das Gefühl, sich zu ihrem »Spiel- und Spießgesellen«, ja, sich des Mordes schuldig und zum »Verräter« des »ungebornen Kindes« gemacht zu haben.[81]

Im Januar 1922 reiste Dora mit ihm nach London, wo sie in einem

Hotel auf der Montague Street abstiegen.[82] Was der Sinn dieser Reise war, ist nicht ganz klar. Ging es darum, die Beziehung zu retten oder hatte sie etwas für ihre derzeitigen Auftraggeber, »das Kino« und »das Auswärtige Amt«, zu tun?[83] Für ein romantisches Beisammensein war der Termin denkbar ungünstig, denn in England herrschte eine schwere Grippeepidemie, der seit Neujahr schon über 800 Menschen erlegen waren.

Auf jeden Fall fasste Dora bei diesem London-Aufenthalt den Entschluss, sich von Ernst Schoen zu trennen und wieder mit Benjamin »zu leben wie früher«. Benjamin ahnte, wie sie glaubte, noch nichts davon. Doch sie hatte vor, es ihm nach ihrer Rückkehr zu sagen. An Scholem schrieb sie:

> *Der Grund ist, dass ich fühle, dass es so nicht weiter gehen kann, wenn ich bei E. bleibe, wollte, möchte ich ganz zu ihm gehen; und dazu war ich zwar zu Neujahr entschlossen, aber inzwischen habe ich mich auf mich selbst besonnen. Ich habe diese 9 Monate in einem ununterbrochenen Kampf gelebt, um fromm sein und gut sein. Ich will nicht sagen, dass ich es bin, aber ich weiß doch wenigstens, dass mich gewisse Dinge auf immer verhindern würden es zu sein und dazu gehört das Verhältnis zu E., welches nie eine Ehe sein wird. Wenn ich aber keine Ehe führen kann, so kann ich auch nicht nur in Freundschaft mit ihm leben, und das will ich jetzt tun. Warum es keine Ehe ist oder sein kann, würde zu weit führen. [...]*[84]

Über die Gründe lässt sich nur spekulieren. Vielleicht war Ernst Schoen ihr zu jung und zu unbekümmert. Oder sie spürte, dass sie Benjamin immer noch liebte. Auf jeden Fall hätte sie Stefan bei einer Scheidung verloren, was ihr die Beziehung zu Schoen wohl nicht wert war. Diese sei von »eingebildeter Schönheit« gewesen, ein sentimentaler Traum, aber immerhin doch eine Art von Glück, an das sie gerne zurückdenke.

Benjamin war in dieser Zeit tief deprimiert, weil seine Liebe von Jula Cohn nicht erwidert wurde. Er hatte ihr seinen Essay über die *Wahlverwandtschaften* gewidmet, sie damit aber wohl eher verstimmt als erfreut. Denn neben allen autobiographischen Anspielungen, die von der Benjamin-Forschung unterschiedlich beurteilt werden, enthielt der Text heftige Angriffe auf Friedrich Gundolf, der 1916 ein Buch mit dem Titel *Goethe* veröffentlicht hatte, das zum Standardwerk werden sollte. Nur war ebenjener Gundolf der verehrte Lehrer und Mentor von Jula Cohn. Er entwarf ein sehr glorifizierendes Goethe-Bild, das auf den jungen Benjamin sicher arg antiquiert wirkte. Aber musste er deshalb von »Zwergensätzchen«, »Knallbonboneinlagen« und »zappelnden Sophismen« sprechen?[85] Benjamin selbst gab zu, er habe keinen rein wissenschaftlichen Ansatz verfolgt, sondern eine »rechtskräftige Aburteilung und Exekution« Friedrich Gundolfs vornehmen wollen.[86] Jula Cohn muss diesen Grundton bemerkt haben und peinlich berührt davon gewesen sein. Wen wollte er eigentlich damit treffen? Gundolf oder sie? Und wie sollte sie ihrem Mentor erklären, dass sie die Widmungsträgerin eines Textes war, der ihn derartig diskreditierte?[87]

Man weiß nicht, ob es zu einer finalen Aussprache gekommen ist. Jedenfalls zog sie sich immer mehr zurück, um künftig nur noch als »Freundin« präsent zu sein, die von Stefan mit »Tante Jula« angeredet wurde. Dieser Rückzug machte es Benjamin leichter, sich wieder seiner eigenen Frau zuzuwenden, die sich ebenfalls von ihrer »großen Liebe« getrennt hatte. Als sie in London war, vermisste er sie geradezu, ebenso wie Stefan, der immer wieder fragte, wo die Mama denn sei und ob sie ihm etwas Schönes mitbringen würde? Benjamin protokollierte:

Eine Bretzel? Ich: Nein, noch etwas viel Schöneres. Er: Einen Apfel? Ich: Nein, noch etwas viel, viel Schöneres. Er: Einen Klotz?[88]

Als sie endlich kam, brachte sie Stefan eine Banane mit. Stefan wirkte etwas enttäuscht, weil er mehr erwartet hatte, doch Dora sagte, er dürfe sich noch etwas wünschen.

Darauf sagte er nach langem Nachdenken: »Noch eine Banane, dass es zwei sind.«[89]

Neue Liebe?

Alle Briefe und Aufzeichnungen aus dem Jahr 1922 deuten darauf hin, dass etwas wie Harmonie bei den Benjamins einkehrte und dass sie sogar wieder miteinander schliefen. »Der letzte eheliche Verkehr zwischen den Parteien hat im Jahre 1923 stattgefunden«, heißt es im Scheidungsurteil.[90] In seinen Briefen sprach Benjamin immer wieder stolz von »seiner Frau«, ja, er bemühte sich sogar um Aufträge für sie, sicher nicht nur aus finanziellen Gründen, obwohl auch das eine Rolle gespielt haben mag, denn durch die vielen Fehlzeiten hatte sie ihre Stelle bei United Telegraph verloren.

Im Mai 1922 hatte sein Verleger, Richard Weißbach in Heidelberg, die Idee, sie einen Roman von John Cleland, *Memoirs of a Woman of Pleasure*, übersetzen zu lassen, die berühmte Geschichte von »Fanny Hill«, die der Autor 1748 in einem Londoner Gefängnis geschrieben hatte.[91] Es ist die fiktive Autobiographie eines »Freudenmädchens«, das am Ende moralisch wird und seine Erlebnisse nur protokolliert, um andere auf den Pfad der Tugend zu bringen. Schon gleich zu Anfang gibt es eindeutig lesbische Szenen, die dazu führten, dass das Buch immer wieder verboten oder vor Gericht diskutiert wurde, zuletzt 1969 in Karlsruhe, wo der Bundesgerichtshof entschied, »dass *Fanny Hill* zwar ein Werk der erotischen Literatur, aber keine unzüchtige Schrift« sei.

Ich hielt also geduldig still bei ihren Liebkosungen, die mich mehr und mehr aufzuregen begannen. Ein ganz neues Feuer brannte in meinen Adern. Mein Busen oder vielmehr die kleinen festen und glatten Hügel, die eben erst ihre Reife erlangten, zitterten heftig vor Erregung, als Phoebe ihre Hand der zarten Stelle näherte, die erst seit wenigen Monden ein zarter Flaum zierte.[92]

Benjamin war sofort begeistert von dieser Auftragsidee und schlug sogar vor, seinen Schwiegervater, den Experten für englische Literatur, um »zweckdienliche Auskunft« zu bitten.[93] Er selbst spielte den persönlichen Agenten für Dora, fragte nach dem Umfang des Manuskriptes, nach den Rechten, dem Honorar. Dora fuhr tatsächlich zu ihren Eltern nach Wien, um mit ihnen darüber zu sprechen. Ob sie ihr aus moralischen Gründen davon abrieten, oder ob Weißbach von seinem Vorhaben zurücktrat, ist nicht bekannt. Jedenfalls ist eine Übersetzung aus der Hand von Dora nicht nachzuweisen.

Immerhin scheint sie eifrig recherchiert zu haben, um das Milieu besser kennenzulernen. Charlotte Wolff schreibt, dass sie gern mit ihr in die »Verona-Diele« ging, eine beliebte Lesbenbar in Berlin-Schöneberg, wo Frauen, hauptsächlich Prostituierte, miteinander tanzten. Dora tanzte nicht mit. Sie sah nur zu. Sie fand aber, dass diese Frauen »authentisch« seien. Charlotte Wolff dagegen mischte sich oft unter die Tänzerinnen, die, schweigend aneinandergeschmiegt, wie in Trance wirkten. »Dieser Ort übte einen unvergesslichen Zauber auf mich aus«, schreibt sie in ihren Erinnerungen.[94]

Im Juli 1922 wurde Benjamin 30 Jahre alt. Kein Wunder, dass die Eltern sich um seine Zukunft sorgten, umso mehr, als Doras Einkünfte geringer geworden waren, auch wenn sie unentwegt Übersetzungsaufträge annahm und manchmal sehr überarbeitet war. Es hatte eine Zeit lang so ausgesehen, als könnte man sich irgendwie arrangieren, im selben Haus, aber in getrennten Wohnungen lebend, in gemeinsamer Sorge für Stefan, der viel Zeit bei den Großeltern und mit »Tante Dodo« verbrachte. Doch dann brach der alte Streit wieder aus. Von allen möglichen bürgerlichen Berufen, die Benjamin ergreifen sollte, war die Rede – Arbeit im Bankgeschäft, als kaufmännischer Angestellter, als Antiquar. In der Not wurde wieder einmal der Schwiegervater herbeigerufen, der, so Benjamin, enorm klug und taktvoll agierte.[95] Doch es führte zu nichts. Seine Eltern ließen nicht mit sich reden. Nun waren sie mehr denn je auf die Hilfe von Doras Familie angewiesen, die selbst in äußerst bescheidenen Verhältnissen lebte, obwohl Kellner unentwegt öffentliche Vorträge hielt, in diesem

Jahr zwei neue Bücher herausgebracht hatte, das *Shakespeare-Wörter-buch* und *Neue Wege zu Shakespeare* und oft kurz vor dem Zusammenbruch stand. Es war peinlich genug, ihn immer wieder als »Vermittler« von Wien nach Berlin kommen zu lassen. Nun mussten sie auch noch Geld von ihm annehmen. Eigentlich eine Blamage.

Wie geht es Dir, Pappa?

Gott sei Dank hatten die Kellners ihren ausgeprägten Familiensinn, der sehr störend, aber auch sehr nützlich sein konnte. Nicht nur Doras Eltern, sondern auch Onkel, Tanten, Cousins und Cousinen versuchten, dem jungen Paar zu helfen, wo sie nur konnten. Anna Kellner nahm Stefan jederzeit gern bei sich auf. Er war ihr jüngster Enkel, und sie liebte ihn. Ein weiterer wichtiger Zufluchtsort für Dora und Stefan war Breitenstein, wo sie sich in den Jahren 1922/23 beinahe öfter aufhielten als in Berlin. Wenn Walter nicht mitkam, fühlte Dora sich manchmal sehr einsam. Aber mit der Semmering-Bahn war sie schnell in Wien bei ihren Eltern.

Seit dem Lungenspitzenkatarrh hatte sie stark abgenommen und musste darauf achten, genug zu essen. Doch in Berlin, wo drei Pfund Feinbrot 205 Mark kosteten, war das kaum möglich. Breitenstein war deshalb eine Oase für sie, denn Henriette, auch »Tante Jetty« genannt, war bekannt für ihre reichhaltige Kost. Dora half tüchtig in der Küche aus, manchmal sogar als Chefköchin, damit Henriette sich um die anderen Kurheime kümmern konnte, die sie in verschiedenen Orten betrieb. Dabei entdeckte Dora, dass sie leidenschaftlich gern kochte und es mindestens so gut konnte wie »Tante Jetty«, eine Begabung, die ihr später von großem Nutzen sein würde, ob als Autorin von Kochrezepten für *Die Dame* oder als Küchenchefin in Sanremo und Surrey.

Henriette, die ihr einziges Kind, einen kleinen Jungen, früh verloren hatte, mochte den vierjährigen Stefan sehr und befasste sich viel mit ihm, genau wie Tante Rosa, die oft in Breitenstein war, um mit anzufassen. Zu Chanukka 1922 beschenkten sie ihn reichlich: mit einem Kuchen, einer Spielzeugstadt, Bonbons und einem »Pojatz«,[96] ein Wort, das aus dem Jiddischen kommt und so viel wie »Bajazzo« oder »Clown« bedeutet. Henriette und Rosa legten Wert darauf, dass Stefan jüdisch erzogen wurde. So wiesen sie ihn nicht nur an, mit ihnen Chanukka zu feiern, sondern auch das »Schima«, das »Schma Jisrael« zu beten, das er sehr gerne sprach, besonders, wenn er krank war:

Höre, Jisrael, der Ewige ist unser Gott, der Ewige ist einzig.
Gelobt sei der Name der Herrlichkeit seines Reiches für immer und ewig.
[…][97]

Stefan »schrieb« fleißig Briefe aus Breitenstein, vor allem an seinen »Pappa«, ob freiwillig oder nicht, ist nicht klar. Vielleicht wollte Dora ihrem Mann damit eine Freude machen oder ihn daran erinnern, dass er irgendwo ein Kind hatte, dem er fehlte. Mal schrieb sie selbst, mal eine der Großtanten für Stefan. Aber den Wortlaut diktierte er wohl selbst:

Wie geht es dir, Pappa? […] Mir geht es gut, nein, schlecht, weil ich dich so lange nicht gesehen hab. Ich hab dich sehr lieb. […] Eben hab ich von Tante Rosa einen Apfel bekommen, der ist so groß, dass man die ganze Nacht dran knabbern muss. […] Ich schick dir viele Küsse. Ich hab dich sehr lieb. Steffen[98]

Eine neue Woge der Finsternis

Im Januar 1923 waren sie alle zusammen in Breitenstein, in einem kleinen, aber gut geheizten Zimmer, während draußen unablässig dichter Schnee fiel. Benjamin konnte in dieser Enge zwar nicht arbeiten, freute sich aber an der Ruhe und dem gesunden Klima, das ihn von den Vorgängen in Deutschland ablenkte. Diese waren inzwischen so dramatisch geworden, dass selbst er, der bislang eher Unpolitische, hochgradig alarmiert war. Zu Beginn des Jahres waren über 80 000 französische und belgische Soldaten ins Ruhrgebiet einmarschiert, um Sachleistungen in Form von Kohle und Stahl zu erzwingen, weil Deutschland mit den Reparationszahlungen im Rückstand war. Das löste einen Aufschrei nationaler Empörung aus. Die Bevölkerung leistete passiven Widerstand. In vielen Gruben und Fabriken ruhte die Arbeit. Überall gab es Straßenkämpfe, Generalstreiks, Verhaftungen, Exekutionen. Reichspräsident Ebert ließ Flugblätter drucken, auf denen es hieß:

Am 11. Januar haben französische Truppen wider Recht und Vertrag das deutsche Ruhrgebiet besetzt. Seit dieser Zeit hatten Ruhrgebiet und Rheinland schwerste Bedrückungen zu erleiden. Über 180 000 deutsche Männer, Frauen, Greise und Kinder sind von Haus und Hof vertrieben worden. Für Millionen Deutsche gibt es den Begriff der persönlichen Freiheit nicht mehr.[99]

Gleichzeitig stieg die Inflation ins Unermessliche. Ein Liter Milch kostete 280 Milliarden Mark, ein Kilo Kartoffeln 333 Milliarden. Anders als während des Krieges, den Benjamin nach Kräften versucht hatte zu ignorieren, zeigte er sich dieses Mal sehr erregt, ja empört und verbittert, sprach von »Widerwärtigkeiten« und einer »neuen Woge der Finsternis« über Deutschland. Einerseits hatte er Angst um sein »armes« Land, das in größter Not war. Andererseits spürte er, dass es immer weniger »sein« Land war, denn mit der Not wuchsen auch Antisemitismus und Nationalismus, wuchs der »verstockte« Geist oder Ungeist.[100] Die Ermordung des jüdischen Außenministers Walther Rathenau durch die rechtsextreme Organisation »Consul« hatte er, als sie im Juni 1922 stattfand, nicht weiter kommentiert. Jetzt wurde ihm bewusst, dass sie ein Alarmzeichen für alle Juden war und es Zeit wurde, ernsthaft an Auswanderung zu denken. Es war kaum zu glauben, dass die Freikorps schon vor seinem Tod auf der Straße gesungen hatten:

Auch Rathenau, der Walther,
Erreicht kein hohes Alter,
Knallt ab den Walther Rathenau,
Die gottverdammte Judensau![101]

Würden sie ihn, den Juden Walter Benjamin, jemals habilitieren, ob in Heidelberg oder in Frankfurt, wo er sich neuerdings öfter aufhielt, um mit verschiedenen Professoren zu verhandeln, Hans Cornelius und Franz Schultz, die sich beide seltsam abweisend und reserviert zeigten?

In diese Phase elementarster Zukunftsängste fiel eine hässliche Auseinandersetzung mit Gershom Scholem, der 1922 in München über ein Werk der jüdischen Mystik promoviert hatte. Seine Verlobte, Escha Burchhardt, war schon nach Palästina emigriert. Er selbst hatte vor, ihr bald zu folgen, wartete aber noch auf sein Visum und nutzte die Zeit, um sein Staatsexamen als Mathematiklehrer zu machen. In Berlin war er oft zu Gast bei den Benjamins, wo sich alsbald ein Ton der Gereiztheit einstellte. Er war eifersüchtig auf Charlotte Wolff und vielleicht auch auf Dora, die sich wieder gut mit Walter verstand, sodass er weder ihn noch sie jemals ganz für sich allein hatte. Am 2. April 1923 schrieb er in einem bisher unveröffentlichten Brief an Escha:

Mit Dora ist es aus, und ich muss Dir eigentlich sagen, dass ich ein Gefühl der Erleichterung habe.[102]

Das klingt wie das Ende einer Liebesgeschichte. Und aus seiner Sicht war es das wohl auch. Denn er hatte Dora vom ersten Moment an faszinierend gefunden, während sie in ihm immer nur den guten Freund oder kleinen Jungen gesehen hatte. Als »Mann« existierte er nicht für sie.

Was im Einzelnen zwischen den beiden geschehen ist, lässt sich aus Scholems Briefen an Escha schwer herauslesen, da sie auf Vorfälle anspielen, die dem Leser unbekannt sind. Fest steht, dass sie im April

1923, als sie zum Pessach bei der Familie Moses Marx eingeladen waren, nebeneinander saßen und in Streit gerieten. Dora fragte ihn, was er eigentlich von ihr wolle, er sei schon seit langem so unfreundlich zu ihr, worauf er sagte, sie selbst wisse doch wohl am besten, warum, ihr »Sündenregister« sei ja recht lang. Als sie um Präzisierung bat, bezog er sich auf eine Begegnung zwischen ihr, Escha und Grete Radt, bei der sie sich »unglaublich« aufgeführt habe. Das Problem war nur: Es war Jahre her. Dora konnte sich gar nicht mehr daran erinnern. Sie bestritt, jemals eifersüchtig auf Grete Radt gewesen zu sein, die inzwischen mit Jula Cohns Bruder Alfred verheiratet war und ein Kind hatte. Seit langer Zeit habe sie »nicht eine Minute mehr« an sie gedacht. Dies alles habe sie, so Scholem, in völliger »Hysterie« vorgetragen. Hysterisch und launenhaft sei sie ja schon immer gewesen, Escha kenne sie ja.

Sie lief weg zu Walter, der zehn Schritte vor uns mit einem ganz fremden Menschen, einem Pessachgast von Marx, ging, und fing dort eine Szene an, alles in lautestem Geschrei. [...] Sie hätte nun genug von unserer »widerlichen Erotik«, sie wolle nichts mehr sehen und hören, alles das in den unangenehmsten Gassenausdrücken, und da ich [...] selbst wirklich nicht die Spur eines schlechten Gewissens hatte [...], blieb ich ungerührt, mir tat Walter leid. Sie lief davon und er musste ihr nachlaufen.[103]

Ob Dora sich tatsächlich so ausgedrückt, und vor allem: was sie damit gemeint hatte, ist nicht bekannt. Vielleicht, dass er sie mit den ganzen Kreuz-und-Quer-Liebesgeschichten aus alten Zeiten in Ruhe lassen solle, mit dem »emotionalen Inzest«, wie Charlotte Wolff es nannte,[104] weil diese Art von Erotik ihr »widerlich« sei? Benjamin versuchte zu vermitteln. Ohne Erfolg. Denn er bestand darauf, dass Scholem sich »wenigstens [um] zivile Umgangsmöglichkeiten« mit Dora bemühen sollte, was der Freund als »unbillige Drohung« ablehnte.[105] Er sah Dora nur noch als böse Frau, die Walter »rettungslos zerstört« habe.[106] Vergessen waren ihre vielen herzlichen Briefe, ihre Anteilnahme an seiner Gesundheit, seiner Geldnot und seinem Studium, die intensiven Gespräche über das Judentum, die langen Abende in Seeshaupt und Bern, bei denen es zwar manchmal, aber durchaus nicht immer sehr laut zugegangen war. Dora war heftig und hatte das starke Temperament ihrer Mutter geerbt. Aber hatte sie solch eine Verurteilung verdient?

Mit diesem Streit war auch die Freundschaft zwischen den beiden Männern zu Ende. Jedenfalls vorläufig. In einer langen, selbstgerechten Erklärung schloss Scholem das Kapitel »Walter Benjamin« mit den Worten:

Gebe Gott, dass wir uns in einem anderen Jahr und unter einem günstigeren [...] Stern ohne Beschämung zusammenfinden können.[107]

6

IM CLUB DER EHEBRECHER

(1923 – 1927)

Lärm und Stille

Im Januar 1922 hatte Dora sich gewünscht, mit Benjamin wieder zusammenleben zu können wie früher. Sie hatte »die schönsten Hoffnungen« für die Zukunft.[1] Doch spätestens Mitte 1923 sah sie ein, dass es unmöglich war. Es fehlte ihm nicht an Zuneigung, ganz im Gegenteil. Er war besorgt um ihre Gesundheit und schickte sie zu einem der besten Lungenspezialisten von Berlin, Prof. Wilhelm Zinn, dem Direktor des Krankenhauses in Moabit, der, »ohne eine absolute Erledigung des Prozesses festzustellen«, ihren Befund für nicht ungünstig ansah.[2]

Aber es hielt Benjamin einfach nicht lange zu Hause. Es hielt ihn überhaupt nicht lange an einem Ort und schon gar nicht in der Delbrückstraße, wo gerade zwei Familien mit Kindern eingezogen waren, die den ganzen Tag lärmten, ob im Haus oder im Garten. »Jede Möglichkeit ungestörter Tagesarbeit scheint verschwunden«, schrieb er an einen Freund.[3]

Zunächst floh er wegen seiner Habilitationspläne nach Frankfurt. Später nahm er sich ein möbliertes Zimmer in Berlin. Doch auch da gefiel es ihm nicht recht. Zu Hause war es zu laut. Hier war es zu ruhig, obwohl er sich manchmal mit Ernst Bloch oder Ernst Schoen traf. Doch es fehlte ihm der rege geistige Austausch.

In der Delbrückstraße hätte er ihn haben können. Nicht nur mit Dora, der Älteren, sondern auch mit Dora, der Jüngeren, die wieder zu Hause wohnte und viel Interessantes zu berichten wusste. Nach dem Abitur hatte sie Nationalökonomie studiert, erst in Berlin, dann in Heidelberg, dann in Jena. Im Oktober 1922 war sie wieder nach Berlin gekommen, um sich auf ihre Dissertation vorzubereiten, über »Die soziale Lage der Berliner Konfektionsheimarbeiterinnen mit besonderer Berücksichtigung der Kinderaufzucht«, für die umfangreiche empirische Studien erforderlich waren.[4] Dafür verbrachte sie viel Zeit in den Arbeitervierteln, befragte Frauen, sprach mit Kindern, die kaum je eine Schule gesehen hatten, weil sie bis tief in die Nacht bei der Heimarbeit helfen mussten, die verstört waren, unter Rücken- und Augenschäden litten und nicht selten nur wenige Jahre alt wurden. Kinderarbeit, wird sie später schreiben, sei eine »Kulturschande«. Sie werde vom Gesetzgeber nicht kontrolliert oder unterbunden, da man die Heimarbeit immer noch idealisiere und als besonders kinder- oder familienfreundlich erachte. Tatsächlich bringe sie viele Kinder um ihre Kindheit und mache »kleine, verkümmerte Erwachsene« aus ihnen. Doras Forderung: höhere Löhne, mehr Kinderkrippen, mehr Mutterschaftsurlaub und vor allem: mehr Engagement seitens der Frauen selbst. Die einzelne Frau könne das jedoch nicht für sich allein tun, sondern müsse sich Parteien oder Gewerkschaften anschließen, die ihren Kampf nachhaltig unterstützten.[5]

Diese Untersuchung war politisch hochaktuell. Am 21. März 1925 berichtete das *Berliner Tageblatt,* dass weibliche Heimarbeit nicht nur im Arbeitermilieu, sondern auch »in den Familien des Mittelstandes« dazu dienen müsse, »die Spanne zwischen dem [...] kleinen Einkommen und dem teuren Lebensbedarf zu verringern«. Die Löhne in diesem Bereich seien allgemein extrem niedrig. Selbst für die Anfertigung gehobener Kleidung wie etwa kunstvoll gefertigter Damenmäntel würden 45 Pfennig pro Stunde gezahlt, in Glücksfällen vielleicht 72 Pfennig. Bei einem Zwischenmeister in Friedenau erhielten die Frauen für das »Handstricken einer Jacke, das vier bis fünf Tage in Anspruch« nehme, 2,50 Mark, für ein patentgestricktes Kinderkleid 1,25 Mark. Viele Frauen, schreibt der ungenannte »Autor«, hinter dem sich möglicherweise Dora, die Jüngere, verbirgt, würden

»durch ein verständliches Schamgefühl« davon abgehalten, sich einer Gewerkschaft anzuschließen, weil sie nicht als Proletarierinnen gelten wollten.

Das Buch von Benjamins Schwester war, so das Urteil des Gutachters, »eine gründliche Studie über ein Gebiet [...], das der Erforschung überaus schwer zugänglich ist. [...] Die Verarbeitung des Materials ist sorgfältig und lässt Selbständigkeit des Denkens in hohem Maße erkennen.« Trotzdem erhielt Dora nur ein »befriedigend« für diese Arbeit, in Volkswirtschaft und Handelspolitik sogar nur ein »ausreichend«.[6] Das war ein Skandal, doch für die Zeit eigentlich symptomatisch. Man ließ zu, dass Frauen über frauenspezifische Themen promovierten, gab ihnen aber schlechte Noten dafür.

Doch ihr großer Bruder blieb davon unberührt. Keine Spur von Empörung über diese Ungerechtigkeit, von Interesse an ihren wissenschaftlichen und sozialen Themen. So wenig wie an denen von Georg Benjamin übrigens, der, inzwischen Doktor der Medizin, sein praktisches Jahr in verschiedenen Einrichtungen absolvierte, in einer Kinderklinik, im Jüdischen Krankenhaus und einer »Irrenanstalt«. Es gibt viele Theorien und Spekulationen darüber, warum Benjamin so kühl gegenüber seinen Geschwistern blieb: der Altersunterschied, die Geschlechterdifferenz, die Unterschiede in der politischen Haltung, die »intellektuelle Distanz«.[7] Begriffe wie »Eifersucht« oder »Geschwisterrivalität« werden vermieden, obwohl es sich um menschliche Phänomene handelt, deren Vorhandensein nicht erst seit Freud allgemein bekannt ist. Warum sollte ausgerechnet Benjamin frei davon gewesen sein?

Erschwerend kam noch hinzu, dass Georg, der Jüngere, längst auf eigenen Füßen stand, während Walter, der Ältere, immer noch die Unterstützung der Eltern brauchte. Selbst die »kleine Schwester« verdiente ihr eigenes Geld, als Hilfskraft im Archiv einer Berliner Bank.[8] Gut möglich, dass Benjamin sich manchmal anhören musste, was Scholem ihm schon in der Schweiz bitter vorgeworfen hatte: dass er seine Eltern ausnutze, obwohl sie alt, krank und durch die Inflation schwer geschädigt seien.[9]

Vorläufig kam er zwei Mal in der Woche in die Delbrückstraße, hauptsächlich, um Stefan zu sehen, für den er sich bei diesen Gelegenheiten viel Zeit nahm. Dora war ganz zufrieden damit. Stefan auch. Das war allemal besser als ein Vater, der dauernd »Ruhe« verlangte. Doch schon im April 1924 hatte Benjamin genug von der neuen Form der »Besuchs-Ehe« und fuhr nach Capri, um »auf Biegen oder Brechen«[10] seine Habilitationsschrift zu schreiben, deren Thema – der »Ursprung des deutschen Trauerspiels« – inzwischen feststand. Er hatte eigentlich keine besondere Lust dazu. Der notwendige »Elan« und der »Funken der ersten Eingebung« wollten sich nicht einstellen. Seine Materialsammlung kam ihm wie eine »Masse von Bausteinen« vor. Er gab zu, längst nicht alle infrage kommenden Dramen gelesen zu haben, weil das einen empfindlichen »dégout« in ihm erzeugt hätte.[11] Er war sich inzwischen auch nicht mehr sicher, ob der etablierte akademische Betrieb mit seinen verstaubten Formalitäten und Hierarchien überhaupt das Richtige für ihn sei. Doch er musste die Sache irgendwie zum Abschluss bringen, schon allein wegen seiner Eltern, die er nicht noch länger hinhalten konnte.

Das Naturereignis

Capri, Spaghetti, Sonne, Mittelmeer, Hafenkneipen, verwunschene Gärten, nächtliche Diskussionen mit Bloch, der ebenfalls auf der Insel war: Die sieben Monate, die Walter Benjamin dort verbrachte, sind so unendlich oft und ausführlich beschrieben worden, dass hier einige Anmerkungen genügen müssen. Alle Biographen sind sich darüber einig, dass dieser Aufenthalt eine Zäsur, eine Befreiung für ihn gewesen sei, ob von Deutschland, Berlin, seiner akademischen Laufbahn oder von Dora, mit der ihn nur noch eine prosaische »Wirtschaftsgemeinschaft« verbunden habe.[12] Wer diesen Aufenthalt finanzierte, ist nicht recht klar. Die Eltern haben sicherlich etwas dazu beigetragen. Er schreibt aber auch mehrmals, dass Dora ihm größere Summen überwies. Oder dass Freunde wie Richard Weißbach ihm etwas vorschossen. Manchmal verkaufte er Bücher aus seiner Sammlung. Der Rest bleibt ein Rätsel. Ihn selbst bedrückte seine finanzielle Situation offenbar ebenso wenig wie die Tatsache, dass er Stefans Einschulung verpasste.

Als Höhepunkt dieser romantischen Monate wird seine Begegnung mit Asja Lacis gewertet, einer aus Lettland stammenden Regisseurin und Schauspielerin, die ihn mit dem politischen Theater bekannt gemacht habe, mit der Kultur und »Klassenkampfmentalität« der frühen Sowjetunion.[13] Diese Bekanntschaft hätte er auch schon früher machen können. Durch Arthur Holitscher und dessen Bücher zum Beispiel oder durch Georg, seinen eigenen Bruder, der aktives Mitglied der KPD und des Verbandes sozialistischer Ärzte war. Aber er brauchte wohl eine Frau, die ihn darauf stieß, eine dominierende, irritierende Frau wie Asja Lacis.

An Gershom Scholem, mit dem er inzwischen wieder Kontakt aufgenommen hatte, schrieb er darüber:

Eine bolschewistische Lettin aus Riga, die am Theater spielt und Regie führt, eine Christin, ist am meisten bemerkenswert. [...] Ich habe mit der Bolschewistin bis halb ein Uhr gesprochen und dann bis halb fünf gearbeitet. Jetzt sitze ich vormittags unter bedecktem Himmel bei Seewind auf meinem Balkon, einem der höchsten von ganz Capri, von dem man weit über den Ort und auf das Meer hinaussieht.[14]

Die »Bolschewistin aus Riga« war ein knappes Jahr älter als er und Mutter einer fünfjährigen Tochter namens Daga. Sie war von einem lettischen Kollegen, Julius Lacis, geschieden, und lebte mit dem österreichischen Regisseur Bernhard Reich zusammen, einem engen Mitarbeiter Max Reinhardts. Da er gerade in München arbeitete, war sie für einige Zeit solo. Mit Tochter Daga wohnte sie in einem romantischen Häuschen, »das ganz von Weinlaub umschlossen war«.[15]

Asja Lacis stammte aus ganz anderen Verhältnissen als Walter Benjamin. Sie war in Ligat aufgewachsen, einem winzigen Dorf, das nur aus einer Fabrik, einem Gutshof und ein paar Arbeiterhäusern bestand. Die Mutter war Lohnweberin, der Vater Gelegenheitsarbeiter, mal Kürschner, Schneider, mal Sattler. Im Winter saß sie oft Monate lang in der Stube, weil sie keinen warmen Mantel und keine festen Schuhe hatte. Doch sie hatte viel Phantasie und schuf sich ihre eigene Welt, eine Welt aus Bildern:

> Wenn [...] an den Scheiben des kleinen Fensters die Eisblumen blühten, das war mein Glück. Ich kniete auf einem Schemel und schaute hypnotisiert auf den Eisbildschirm, wo ich meine Märchenfiguren auftauchen sah. Am häufigsten sah ich das hässliche kleine Entchen, Rotkäppchen und die Prinzessin aus dem »König Drosselbart«.[16]

Als der Vater eine Stellung in Riga bekam, wurden die finanziellen Verhältnisse etwas besser, sodass sie sogar aufs Gymnasium gehen konnte. Dort lehrten »die besten lettischen Dichter, Musiker und Maler. [...] Sie kämpften für die nationale lettische Kultur und Kunst.«[17] Doch soziale Ungleichheit gab es auch hier. Denn sie war das einzige Arbeiterkind unter lauter Fabrikanten- und Aristokratentöchtern, die sie wegen ihrer billigen Kleidchen verspotteten. Sie nahm sich vor, auf jeden Fall zu studieren und später einmal schöne, teure Kleider zu tragen.

Sie studierte in Moskau, erst Neuropsychologie, dann Schauspielerei, ließ sich von Meyerhold und Majakowski inspirieren, erlebte die russische Revolution, das Ende des Ersten Weltkriegs und die ersten Jahre der jungen Sowjetunion. Eins ihrer ersten Engagements hatte sie in Orjol, einer mittelgroßen Industriestadt in Zentralrussland, wo sie überall verlassene und verwahrloste Kinder sah, Kriegswaisen »mit schwarzen, monatelang nicht gewaschenen Gesichtern, [...] bewaffnet mit Stöcken und Eisenstangen«. Wenn man versuchte, sie in Waisenhäuser zu bringen, brachen sie immer wieder aus. Hier entwickelte sie ein neues Konzept, das Konzept eines »proletarischen Kindertheaters«. Sie hatte mit fünfzig Kindern gerechnet, aber es kamen Hunderte.[18]

1922 ging sie mit Daga nach Berlin, warum, bleibt unklar. Sie hatte wohl von den »Goldenen Zwanzigern« gehört, von Max Reinhardt »und interessanten neuen Regisseuren expressionistischer Richtung«.[19] Berlin hatte Glamour und Chic, den es in Orjol nicht gab. Es lockte mit seinen Bars, Kabaretts, Revue-Theatern und großen Kinos. Vielleicht würde eine zweite Elisabeth Bergner aus ihr werden?

Gleich zu Anfang ihres Aufenthalts lernte sie Bernhard Reich kennen, ihren späteren Lebensgefährten. Er war nicht nur Regisseur, sondern auch Kritiker, Theoretiker und politischer Denker. Ein hochinteressanter Mann also, aber sie hatte trotzdem immer wieder ihre Affären. Glaubt man ihren Erinnerungen, so gab es beinahe keinen Künstler der Weimarer Republik, der ihr nicht verfallen war: Caspar Neher, Lion Feuchtwanger, Ernst Toller, Egon Erwin Kisch, Joseph Roth, um nur einige zu nennen.[20] Als Bernhard Reich 1923 nach München ging, begleitete sie ihn und lernte dort Bertolt Brecht kennen, der sie als Assistentin für eine seiner Produktionen engagierte, das *Leben Eduards des Zweiten von England*. Angeblich übte sie großen Einfluss auf ihn aus, zumindest in Hinblick auf diese Inszenierung, der sie einen ganz eigenen Anstrich gegeben haben will:

Er fragte mich über die Oktoberrevolution und die sowjetischen Theater aus. Er erzählte von seinem Inszenierungsplan für »Eduard II.« und sprach über die Soldatenszenen. Ich meinte, man müsse alle Soldaten weiß schminken, und sie müssten unter Kriegstrommeln mechanisch marschieren wie Marionetten.[21]

In diesem Stück trat sie selbst auch als Schauspielerin auf, in der Rolle des jungen Eduard, einer Hosenrolle also. Sehr zum Missfallen des Dramaturgen, Rudolf Frank, der sie für eine grandiose Fehlbesetzung hielt, »plump«, »völlig talentlos« und des Deutschen kaum mächtig. Immer wieder riet er Brecht von ihr ab, ziemlich deutlich.

»Lieber Brecht, dieses hässliche Weib kostet Sie mehr, als die schönste Frau Sie je kosten würde.« [...] Und dann kam die Premiere. [...] Die dicke Frau Lazis in ihrer Hosenrolle erschien, so, wie Brecht es ihr vorgemacht hatte, mit dem Zeigefinger auf Mortimer deutend und das einzige Wort sprechend, aus der ihr verdammtes Röllchen bestand, das Wort: »Mörder!« Aber aus ihrem des Deutschen unkundigen Mund klang es genau wie: »Merde!« Es gab einen Lacherfolg, fast wie bei Valentins »Christbaumbrettl«, und am Schluss wurde gezischt.[22]

Das war 1923, ein Jahr, bevor sie Walter Benjamin begegnete, für den sie das erotische Erlebnis schlechthin gewesen sein soll, jedenfalls nach Ansicht seiner Biographen. »Dass sie sein Typus von Frau war, legen Fotografien aus den zwanziger Jahren nahe«, heißt es da zum Beispiel.[23] Aber: Was war »sein Typus von Frau«? War sein Frauenbild so simpel, dass es sich auf einen bestimmten »Typus« festlegen lässt? Schon Dora Benjamin und Jula Cohn waren extrem unterschiedliche »Typen«. Auf Bildern von 1912, 1915 und 1918 ist Asja Lacis mal als Kindfrau, mal als Gesellschaftsdame, mal als Femme fatale zu sehen. Die Ansichten über ihr Aussehen gingen jedenfalls weit auseinander und waren keineswegs nur positiv, wie der Bericht von Rudolf Frank zeigt.

Mandeln auf Italienisch

Eines Tages war sie mit Daga unterwegs, um Mandeln zu kaufen. Doch Italienisch konnte sie noch schlechter als Deutsch. Als sie vergeblich versuchte, sich verständlich zu machen, stand plötzlich ein fein gekleideter Herr neben ihr und sagte:

> »Gnädige Frau, darf ich Ihnen helfen?« – »Bitte«, sagte ich. Ich bekam die Mandeln und ging mit meinen Paketen auf der Piazza – der Herr folgte mir und fragte: »Darf ich Sie begleiten und die Pakete tragen?« Ich schaute ihn an – er fuhr fort: »Gestatten Sie, dass ich mich vorstelle – Doktor Walter Benjamin […].«[24]

Ihr erster Eindruck von ihm: »Brillengläser, die wie kleine Scheinwerfer Lichter warfen, dichtes dunkles Haar, schmale Nase, ungeschickte Hände – die Pakete fielen ihm aus der Hand.« Er sah so aus, wie sie sich einen »Wohlhabenden«, einen »soliden Intellektuellen« vorstellte.[25] Das gefiel ihr. Sie war zwar immer noch Kommunistin, aber gegen etwas Geld hatte sie trotzdem nichts, besonders, wenn sie es nicht selbst zu verdienen brauchte. Ihre Beziehung zu Bernhard Reich? Kein Problem. Es war doch chic, mehrere Männer zu haben. Es war sogar politisch korrekt. Besitzanspruch, Eifersucht, Monogamie – das taugte doch alles nur für die Bourgeoisen, die Kapitalisten. Kommunistinnen standen über solchen Konventionen.

Am nächsten Tag, erzählt sie in ihren Erinnerungen, sei er in das romantische, weinumrankte Häuschen gekommen, um ihr zu gestehen, dass er sie schon seit Wochen beobachte. Sie war gar nicht auf Besuch eingestellt. Sie hatte ein zerrissenes graues Kleid an und war gerade dabei, Spaghetti zu kochen. Daga, ihre kleine Tochter, hatte sich an diesem Tag noch nicht einmal gewaschen. Doch Benjamin blieb und »entflammte«.[26] So sehr, dass sie später einmal behaupten wird, er habe »24 Stunden am Tag« auf ihr gelegen,[27] eine gelinde Übertreibung wahrscheinlich, denn eine solche Potenz ist nicht einmal von Herkules oder Casanova bekannt. Die rein praktische Frage ist auch: Wo blieb Daga während dieser Zeit? Und warum waren sie dann später, in Moskau, wieder beim »Sie« und redeten sich nur ausnahmsweise mit Vornamen an?[28]

Zunächst wurde viel geredet. Asja erzählte von ihrem Kindertheater, von »neuen sozialistischen Sitten« und »neuen Schriftstellern und Dichtern«,[29] während Benjamin sie in die französische Literatur einführte: André Gide, Marcel Proust, Charles Vildrac, Georges Duhamel. Auch auf seine eigene Arbeit kam er zu sprechen, auf sein aktuelles Buch, eine »Analyse der deutschen Barocktragödie des 17. Jahrhunderts«, worauf sie sofort eine Grimasse gezogen und gefragt haben will: »Wozu sich mit toter Literatur beschäftigen?«[30]

Dieser Satz scheint großen Eindruck auf ihn gemacht zu haben, denn noch nie hatte ihm jemand derart offen die Meinung gesagt wie diese junge lettische Frau, die kaum Deutsch konnte. Er begann zu zweifeln, wusste nicht mehr, ob er auf dem richtigen Weg war, haderte mehr denn je mit seinem Thema und sich selbst. Hatte sie nicht vielleicht recht? War er bisher nicht viel zu unpolitisch gewesen? War nicht vieles in seinem Werk reichlich »altfränkisch«?[31]

Als Lacis im September wieder abfuhr, um Bernhard Reich in Paris zu treffen, ließ Benjamin sie ziehen, ohne an ein neues Leben mit ihr zu denken, was sie ihm später bitter vorwerfen würde. Warum er damals nicht mit ihr »geflohen« sei, auf eine andere »wüste Insel« zum Beispiel?[32] Warum er nicht alles hinter sich abgebrochen habe, seine Ehe, seine Habilitationspläne, seine ganze bürgerliche Existenz, die sie einerseits zu verachten vorgab, andererseits aber wieder sehr schätzte, da sie sich ein Luxusleben davon versprach?

Weil er Zweifel gehabt habe, wird Benjamin selbst später darauf antworten. Nicht nur aus finanziellen Gründen und wegen seiner »fanatischen Reiselust«, sondern auch aus »Furcht vor feindlichen Elementen in ihr«, ihrer »Lieblosigkeit«[33] und ihrer gewaltigen Egozentrik, die er auf Capri wohl eher ahnte als klar durchschaute. Ja, es war eine große Zäsur, ein exotisches Abenteuer, ein Wendepunkt in seinem Leben und Werk, aber eine »im vollen Sinne erfüllte Liebe«[34] war es nicht. Er war nicht einmal besonders traurig, als sie wieder abfuhr, sondern reiste in Ruhe nach Rom und Florenz, um im November zu Dora nach Berlin zurückzukehren.

»Eine geisterhafte Front«

Deutlich verändert traf er dort ein, wie es Dora vorkam, etwas strammer und schlanker als früher. Vielleicht, weil er nur von Luft und Liebe gelebt hatte? Stefan reagierte gleichgültig auf sein Erscheinen und weigerte sich, zu erzählen, wie es denn so in der Schule sei.

Ohne Sehnsucht nach Asja zu äußern, begann Benjamin sofort mit der Reinschrift seines Trauerspiel-Buches, das er in Frankfurt zur Habilitation einreichte, ohne Erfolg. Seine Gutachter fanden es einerseits zu verklausuliert, andererseits nicht akademisch genug.

»Ich habe mich«, schrieb sein Betreuer Hans Cornelius an die Fakultät, »da ich die vom Verfasser beabsichtigte kunstwissenschaftliche Leitung nicht zu erkennen vermochte, brieflich an ihn gewendet, mit der Bitte, mir in einem kurzen Auszug den [...] Inhalt seiner Arbeit wiederzugeben. Ich habe darauf von ihm einen Überblick [...] seiner Arbeit erhalten; aber es ist mir abermals nicht gelungen, diese Darlegungen zu verstehen. In dieser Verlegenheit habe ich mich an die Herren Dr. Gelb und Dr. Horkheimer mit der Bitte gewendet, diesen Auszug [...] zu lesen und mir zu sagen, in welchem Sinne sie diese Ausführungen deuten könnten. Ich habe von Beiden die Antwort erhalten, dass sie dieselben nicht zu verstehen vermöchten.«[35]

Die Fakultät beschloss daher im Juli 1925, Benjamin einen entsprechenden »Wink« zu geben, den er annahm. Er zog seine Arbeit zurück. Damit war die Sache für ihn erledigt. Er war nicht einmal besonders zerknirscht deswegen. Das Buch selbst würde er 1928 bei Rowohlt herausbringen und es, »damals wie heute«, seiner Frau Dora widmen.

Diese hatte Benjamins lange Abwesenheit dazu genutzt, ihre Karriere als Journalistin voranzutreiben, die sie von nun an konsequent verfolgen wird. Den Anfang machte sie mit dem schon erwähnten Aufsatz über »Die Waffen von morgen«, der lange Zeit Walter Benjamin zugeschrieben worden ist.

Der kommende Krieg wird eine geisterhafte Front haben. Eine Front, die gespenstisch bald über diese, bald über jene Metropole, in ihre Straßen und vor jede ihrer Haustüren vorgerückt wird. Dazu wird dieser Krieg, der Gaskrieg aus den Lüften, in nie gekanntem Sinne dieses Wortes ein wahrhaft »atemberaubender« Hasard sein. Denn seine schärfste strategische Eigenart liegt darin: bloßer und radikalster Angriffskrieg zu sein. Gegen die Gasangriffe aus der Luft gibt es keine zusätzliche Gegenwehr. Selbst die privaten Schutzmaßregeln, die Gasmasken, versagen in den meisten Fällen. Das Tempo der kommenden kriegerischen Auseinandersetzung wird demnach durch das

Bestreben diktiert werden, sich sowohl zu verteidigen, als die vom Gegner verursachten Schrecken durch ein Zehnfaches von Schrecken zu überbieten. Daher ist es belanglos, wenn wohlmeinendere unter den Theoretikern uns das »humane« Tränengas in Aussicht stellen, dessen wachsende Bedeutung bereits der vorige Krieg gelehrt hat: letzter Zweck der Aktionen des Flugzeuggeschwaders soll die Vernichtung des feindlichen Willens zum Widerstande sein. Durch einige wenige »raids« soll die Bevölkerung der feindlichen Zentren mit besinnungslosem Entsetzen derart erfüllt werden, dass jeder Appell an die Organisation der Abwehr versagt. Der Schrecken soll sich der Psychose nähern.[36]

Der Aufsatz erschien am 29. Juni 1925 auf der ersten Seite der renommierten *Vossischen Zeitung*, zwölf Tage, nachdem 38 Staaten das »Genfer Protokoll« unterzeichnet hatten. Es appellierte an das »Gewissen der Nationen«, indem es ein striktes Verbot von »erstickenden, giftigen oder ähnlichen Gasen sowie von bakteriologischen Mitteln im Kriege« aussprach.[37]

Die Weichen für eine Laufbahn als politische Journalistin waren damit gestellt. Doch Dora entschied sich – vorläufig – anders und wandte sich dem heiter-satirischen Genre zu, wenn auch immer auf aktuelle gesellschaftliche Themen anspielend, die sie selbst und viele andere Frauen ihrer Zeit bewegten. 1925 und 1926 waren es vor allem die Themen »Frauen« und »Ehe«. Hier ein Beispiel:

Urlaub von der Ehe[38]

Wollen wir heute nach Muottas Muraigl? Mit der Bergbahn?« fordert die junge Frau mich auf. »Ich hole meinen Hut und bin gleich wieder da.«

Die Gäste des »Alpenhofs«, die eben auf der Terrasse bei Mokka, Likör und Zigaretten ein Stündchen nach dem anderen bei Tisch verplaudern, sehen der schönen Blondine bewundernd nach.

»Eine bezaubernde Frau«, sagt der Arzt aus Dresden.

»Immer gut aufgelegt«, ergänzt der rheinische Industrielle mit einem Seitenblick auf die Gattin.

»Wieso ›Frau‹? Die ist doch nicht verheiratet?«

»Bitte, steht als ›Frau Roeder aus Berlin‹ im Fremdenbuch.«

»Schreiben tut er ihr nicht – wenigstens wartet sie nie auf den Briefträger«, sagt Fräulein Lilly, die stark verlobt ist, und errötet.

»Sie hat sicher Kinder«, erklärt die Mutter der drei Rangen.

»Dann ist sie eben geschieden.«

»Nein.« Der Engländer saugt nachdenklich an seiner Pfeife.

»Sie haben wohl schon Ihr Glück versucht?« neckt der Dresdner unter allgemeinem Gelächter.

Langsam klettern die winzigen Wägelchen der Drahtseilbahn den Berg empor. Immer großartiger wird das Panorama, das sich vor unseren Blicken entfaltet.

»Schade«, sagt die junge Frau halblaut, »schade, dass Kurt –«

»Ihr Mann?« kann ich mich nicht enthalten, zu fragen.

Sie sieht mich spitzbübisch an. »Ja! Man hat sich wohl schon den Kopf zerbrochen? Aber nun reise ich ja bald ab, da will ich Ihnen reinen Wein einschenken.«

»Sie sind also wirklich verheiratet?«

Sie bricht in ihr reizend natürliches Lachen aus. »Und wie! Ich habe drei Kinder! Aber im Sommer bin ich ledig.«

Ich muss mein dümmstes Gesicht gemacht habe, denn sie fügt hinzu: »Es ist eine lange Geschichte. Wenn es Sie interessiert –«

Und während wir in 2000 Meter Höhe unsere saure Milch löffeln, erzählt sie:

»Wir haben vor acht Jahren geheiratet. Aus Liebe. Ich war noch sehr jung, kam gleich vom Elternhaus weg ins neue Heim. Die ersten Jahre waren prachtvoll. Ich konnte mir gar nicht vorstellen, wieso es unglückliche Ehen gibt.« Sie wird plötzlich sehr ernst. »Es sind jetzt genau drei Jahre her, da war ich auf dem Weg zum Rechtsanwalt, um mich scheiden zu lassen. Unsere Ehe war ein Fiasko. Wir hatten uns noch immer lieb, das war das Tragische. Aber das tägliche Leben bestand aus einer Kette von kleinlichen, dummen, widerwärtigen Zänkereien. Mein Mann, früher ein stiller, vornehmer Mensch, entwickelte sich zum Wüterich. Nichts konnte ich ihm recht machen. Ich gelte für eine gute Hausfrau, wir haben seit Jahren dieselbe Köchin – aber plötzlich schmeckte ihm nichts mehr. […] Gingen wir aus, so war ich nie richtig angezogen – bald war ich ihm zu elegant, bald zu einfach; so gab es immer eine Szene. Sie wissen ja: bald hatte er recht, bald ich unrecht.«

»Und das ließen Sie sich so ruhig gefallen? Eine so temperamentvolle Frau?«

»Nun ja, zugegeben, ich bin auch kein sanftes Lamm. Aber mein Hauptfehler war ein anderer. Ich wurde nämlich eifersüchtig. Ich bildete mir ein, Kurt sei in eine andere Frau verliebt. Immer hatte ich Angst. Wenn wir eine Frau mit hübscheren Beinen trafen oder sie besser tanzte als ich, lag ich die ganze Nacht schlaflos. […] Am meisten taten mir die Kinder leid. […] Sie wissen doch, wie schlecht das auf die Kinder wirkt! Kurz, unsere Ehe war eine Hölle geworden. Einmal, als wir wieder großen Krach hatten – es handelte sich darum, wer vergessen hatte, die Telefonrechnung zu bezahlen, – hielt ich es nicht länger aus. Ich setzte den Hut auf und lief zu meiner Freundin – sie sollte mir einen tüchtigen Rechtsanwalt empfehlen.

»Was?« sagte sie entsetzt. »Soweit habt ihr es mit eurem ewigen Zusammenhocken schon gebracht? Nein, meine Liebe, zuerst trittst du mal dem Klub bei, und wenn das nicht hilft, dann meinetwegen.«

Ich hatte schon oft von dem mysteriösen Klub gehört, wusste aber gar nichts Näheres. Bevor ich mucksen konnte, klingelten wir schon im zweiten Stockwerk eines Hauses im alten Westen. An der Tür hing eine Tafel:

Klub der Ehebrecher. Nur für Verheiratete. Ehepaaren ist der gemeinsame Eintritt nicht gestattet.

»Sie bringen uns wieder ein Mitglied! Das ist nett!«

[…] Der Preis war so niedrig, dass ich mich fügte. Meine Personalien kamen in ein dickes Buch, dann drückte mir der Direktor einen Bogen in die Hand.

»Die Statuten! Sehr wichtig, gnädige Frau!«

Und ich buchstabierte mit immer steigendem Erstaunen:

Statuten des Klubs der Ehebrecher

§ 1 Mitglied des Klubs kann jede verheiratete Person werden.

§ 2 Zutritt zu den Klubräumen ist von neun Uhr morgens bis nachts um zwölf gestattet, jedoch nur dann, wenn der Gatte (die Gattin) des betreffenden Mitgliedes nicht bereits im Klublokal anwesend ist.

§ 3 Jedes Mitglied verpflichtet sich:

a) mindestens einmal in der Woche unsere Klubräume aufzusuchen;

b) mindestens einmal im Jahre auf mindestens zwei Wochen allein ohne den Gatten (die Gattin) zu verreisen;

c) während dieses Eheurlaubs keinen Ring zu tragen und über den Stand keine Auskunft zu erteilen;

d) während des Urlaubs keinen Briefwechsel mit der Gattin (dem Gatten) zu führen;

e) sich während des Urlaubs um alle Angelegenheiten, die das eheliche Leben betreffen, nicht zu kümmern (Geschäftliches, Kinder, Haushalt);

§ 4 Wer gegen die Klubvorschriften verstößt, wird nach zweimaliger erfolgloser Warnung von der Liste gestrichen.

Als ich fertig war, sagte der Direktor:

»Es ist erstaunlich, wie viele Ehen heutzutage kaputt gehen – und woran? An der Dummheit, meine Gnädigste [...]! Sie sind sicher eine gute Hausfrau und wissen, dass man nicht immer die gleichen Speisen auf den Tisch bringen darf, wenn dem Mann nicht der Appetit vergehen soll. [...] Jeder Mensch muss Abwechslung haben. Nach drei Monaten ist selbst in der besten Ehe der Reiz der Neuheit dahin. Gerade wertvolle Menschen, die nicht in der Gewohnheit erstarren wollen, brauchen neue Eindrücke, neue Anregung. [...] Nicht genug, dass die meisten Ehepaare ihre freie Zeit zusammen verbringen. Wenn der Mann Urlaub nimmt, so verbringt er die sauer verdienten vier Wochen in genau derselben geistigen Umgebung. Er hört immer dieselben Gespräche wie zu Hause, und jeder neue Eindruck, den er auf der Reise empfangen könnte, nimmt sofort einen alltäglichen Geruch an. Genauso geht es der Frau, […] und unwillkürlich kehren dann die Gedanken und Gespräche immer wieder nach Hause zurück.«

»Ja«, musste ich zugeben, »vorigen Sommer sprachen wir immer nur von unserem Prozess mit dem Hauswirt. Immer wieder kamen wir darauf zurück, es war wie verhext!«

»Sehen Sie? Und das nennt man dann eine Vergnügungsreise! Nein, so darf man es nicht machen! Reisen Sie allein, und Sie werden wirklich erholt und erfrischt zurückkehren!«

»Aber kommt es nicht viel teurer, wenn wir getrennt reisen? Und die Kinder? Was wird mit denen?«

»Was man will, das kann man auch, gnädige Frau! […] Und selbst wenn Sie etwas zulegen müssten: Sie bringen das durch Ihre größere Frische wieder herein. Die Kinder nimmt sicher gern die Großmama auf die paar Wochen oder Sie geben sie in ein Heim an der See. […] Und dass die Ehe gesund bleibt, ist doch schließlich ebenso wichtig, nicht wahr?«

Ich musste dem Direktor Recht geben. Am Abend erzählte ich alles meinem Mann. Er trat ebenfalls bei, und noch im gleichen Sommer reisten wir allein. Die Kinder nahm Mama mit aufs Land.

»Und wie verlief die erste Fahrt?«

»Zuerst hatte ich mächtige Angst! Als ich im D-Zug saß und zum ersten Mal im Leben allein für mich sorgen sollte, da schlug mir das Herz ganz hörbar. Denken Sie, ich konnte nicht einmal einen Fahrplan lesen! Ich hatte einen stillen Ort im Zillertal gewählt, um Touren zu machen – mein Mann liebt das Meer, und wir waren, auch der Kinder wegen, bisher immer an die Ostsee gegangen. Überraschend schnell gewöhnte ich mich an meine Einsamkeit.«

»Und hatten Sie kein Heimweh?«

»Zuerst ein bisschen, besonders nach den Kindern, aber ich wusste ja, ich sehe sie bald wieder. Das Drolligste aber war, wie sich meine Erinnerung an Kurt in den vier Wochen verwandelte. Mir fiel so nach und nach ein liebes Wort nach dem anderen ein, das ich überhört,

Zeichen seiner Zuneigung, die ich übersehen hatte, und mit einem Mal stand sein Bild wieder so freundlich und gut vor mir wie in den ersten Jahren. Abwesenheit wirkt Wunder.«

»Aber Ihre Eifersucht! Nun konnten Sie ihn doch nicht mehr überwachen?«

»Ja, Sie werden es vielleicht nicht verstehen – gerade darum war ich nicht mehr eifersüchtig. Im Grunde wusste ich ja, dass ich gegen Schreckgespenster gewütet hatte, und mit jedem Kilometer Entfernung entschwanden ein paar.« [...]

»Und wie war es nach Ihrer Rückkehr?«

»Wir flogen uns in die Arme, so glücklich waren wir, wieder zusammen zu sein. Kurt hatte nun auch gemerkt, was er an mir hatte. [...] Dies ist nun mein dritter Eheurlaub. Es ist nicht zu sagen, wie sich mein Leben verändert hat, seit ich Mitglied bin! Will mir mal wieder die Geduld reißen, so denke ich an meine Reise, dann erscheinen alle kleinen Widerwärtigkeiten mir lächerlich. Oder ich gehe in den Klub, wo ich immer gleichgesinnte Seelen treffe.«

»Und Ihr Mann? Ist der auch so begeistert?«

»Kurt? Der kommt verjüngt und in prächtiger Laune von seinem Urlaub heim. Er hat neue Menschen gesehen, getanzt, Tennis gespielt, [...] hat hübschen Frauen den Hof gemacht, nur um festzustellen, dass ich ihm immer noch gefalle. Dieses Jahr ist er in England an der See, frischt seine Sprachkenntnisse auf und macht interessante Bekanntschaften.«

»Schade, dass Sie schon reisen.«

»Ja, ich wollte eigentlich sechs Wochen bleiben – aber die Zeit wird knapp – denn im Herbst geht es nach Italien.«

»Allein natürlich?«

Die hübsche junge Frau wird rot.

»Nein«, lächelt sie ein wenig verlegen. »Wissen Sie, da wir uns jetzt doch so gut vertragen – und nach den Statuten des Klubs ist es doch auch nicht verboten – kurz und gut, im Oktober machen Kurt und ich unsere zweite Hochzeitsreise.«

Doras Wandlung

Dora Benjamin schrieb diesen Text für das Magazin *Uhu*, das von 1924 bis 1934 bei Ullstein erschien. Es nahm zu aktuellen Trends in Politik, Kultur und Gesellschaft Stellung und hatte einen extrem hohen literarischen Standard. Bertolt Brecht, Hermann Hesse, Tucholsky, Klabund und viele andere prominente Autoren der Weimarer Republik schrieben für den *Uhu*. Aber auch Frauen wie Vicky Baum, Gina Kaus, Joe Lederer oder Hertha Pauli. Sie gehörten, wie Dora, zum Team der ersten Stunde. Walter Benjamin kam erst 1930 dazu.

Zwischen 1925 und 1926 erschienen mehrere Texte von Dora, die sich alle satirisch mit der Frau in der Weimarer Republik befassen, diesem »Weltwunder«, das möglichst alles auf einmal sein sollte: amerikanisches Glamour-Girl, deutsche Mutter, internationale Gesellschaftsdame und fesche Garçonne, die Sport machte, Geld verdiente und ihr Auto selbst reparierte. Dora war sich wie viele ihrer Kolleginnen darüber klar, dass es sich hier um ein mediales Konstrukt handelte, um ein männliches Konstrukt übrigens, denn diesen Anforderungen konnte keine Frau auf der Welt gerecht werden. Andererseits war diese vielseitige »neue Frau« gut für die Werbung zu instrumentalisieren, ob für Schönheitscremes, Schlankheitsmittel, Kühlschränke, Fernreisen, schnelle Pferde, Jazzplatten, Küchenmaschinen, Gesundheitsratgeber oder Kochbücher. Am Bild des Mannes änderte sich dagegen gar nichts. Er blieb, was er schon immer gewesen war, ein deutscher Herrenmensch, kantig und muskulös, trug zeitlose Anzüge und warb für Autos, Cognac, Geldanlagen und Zigaretten.

Fritz Eichenberg, einer von Doras bevorzugten Karikaturisten, hat diese Absurdität in einer Illustration zu »Urlaub von der Ehe« wunderbar dargestellt. Ein rauchender, eleganter Herr sitzt im Bildzentrum und blickt gelangweilt von seiner Zeitung auf, während ein kleiner Schnauzer zu seinen Füßen hockt. Um ihn herum stehen demütig lächelnd fünf Frauen, alle blond, alle perfekt geschminkt, alle gertenschlank. Die eine trägt Schleifenbluse und Glockenrock, die andere Kilt und Pullover, die dritte ein schmales Herrenjackett, die vierte ein Kellnerinnenkostüm und die fünfte ein Abendkleid. Bildunterschrift: »Bald war ich ihm zu elegant, bald zu einfach.«

Einer der komischsten dieser Texte handelt von der »tüchtigen Hausfrau«, die behauptet, »41 Berufe« zu »können«. Sie sei Näherin, Strickerin, Köchin, Bäckerin, Konditorin, Putzmacherin, Mechanikerin, Kunststopferin, Tapeziererin, Friseurin, Kammerjägerin, Tierärztin und viele mehr.[39] Doch leider misslingt ihr fast alles, was sie anfasst. Der Hund frisst das Gift, das sie für die Ratten ausgelegt hat, der Frack, den sie für ihren Mann bügeln will, bekommt Brandlöcher, beim Gardinenaufhängen schlägt sie ein Fenster ein, und das Fahrrad, das sie repariert hat, will nicht mehr fahren. Trotzdem führt sie eifrig Buch über ihre Aktivitäten und resümiert, jetzt begreife ihr Mann vielleicht, was es heiße, dass sie seine Frau sei. Es sei nicht nur ein großes Glück, es bedeute auch »Ersparnisse in Menge«.

Die Frage ist: Woher kam dieses Talent zur Komik, zur Gesellschaftskritik, zur Satire, das Dora bisher noch nie gezeigt hatte, weder in ihren Briefen an Scholem noch an Blumenthal oder Ernst Schoen? Es wirkt wie eine Mischung aus genauer Beobachtungsgabe, Wiener Schmäh, Selbstironie und jiddischem Witz. Wahrscheinlich hatte es schon immer in ihr geschlummert, sich aber nie entwickeln können, vor allem nicht an der Seite von Benjamin, dem großen Denker und Grübler, der alles Mögliche war, nur kein Meister der Selbstironie, wenn er auch manchmal einen hintergründigen Humor haben konnte.

Eigentlich war das neue Arrangement ziemlich perfekt. Sie machten nicht Urlaub »von«, sondern »in« der Ehe. Nach langen Trennungen, in denen der Briefkontakt nie ganz abriss, kehrten sie immer wieder zueinander zurück und hatten sich viel zu erzählen. So wurde es niemals langweilig. Ganz im Gegenteil. Benjamin muss höchst überrascht gewesen sein, nach seiner Rückkehr von Capri eine Frau vorzufinden, die sich von der dienstleistenden Übersetzerin zur selbstständigen, satirischen Autorin entwickelt hatte und für die besten Magazine der Weimarer Republik schrieb.

Asja im Schlaraffenland

Doch das Glück war nicht von Dauer. Benjamin war kaum wieder in Berlin, als Asja Lacis auch schon vor der Tür stand. Bernhard Reich hatte als Regisseur am Deutschen Theater zu tun und wohnte mit Daga und ihr in einer kleinen Pension auf der Meierottostraße in der Nähe der damaligen Wohnung von Bertolt Brecht, der seit 1924 Dramaturg in Berlin war. Reich sollte dort die *Kameliendame* inszenieren, ein Stück, das ihm offenbar wenig gefiel, weil es ihm zu bürgerlich und zu sentimental war. Die Bearbeitung nach dem Roman von Alexandre Dumas stammte von dem österreichischen Autor Ferdinand Bruckner, der das Renaissancetheater in Berlin leitete. Reich hatte Brecht gebeten, das Stück umzuschreiben, was auch geschah.[40] Doch die Premiere mit Elisabeth Bergner in der Hauptrolle erhielt nur Verrisse, von denen der schärfste aus der Feder von Alfred Kerr stammte. Die Bergner, die er sonst sehr schätze, sei in dieser Rolle »vögelchenhaft lieb. Ein armer Kanari«. Sie greife sich etwas zu oft in die Gegend von Lunge und Herz und spreche in »wehleidigem, fast heiserem Ton«. Bernhard Reich wurde beinahe noch schärfer gerügt:

> Herr Reich ist nicht von dieser Welt. Er bringt ein versagendes Heiterkeitsgetu im ersten Gesellschaftsauftritt; verpuffende Dramatik im zweiten. [...] Alles in der Regie bleibt hier falsch.[41]

Schon nach wenigen Vorstellungen wurde das Stück wieder abgesetzt, unter anderem, weil sich herausgestellt hatte, dass es gar nicht Bruckners *Kameliendame* war, die hier gespielt wurde, sondern die von Brecht.[42] Die Bergner distanzierte sich von dem Stück und trat nicht mehr auf. Asja Lacis mag sie ein oder zwei Mal vertreten haben. Es kann also nicht die Rede davon sein, dass sie, wie häufig zu lesen, in Berlin unter der Regie ihres Lebensgefährten Bernhard Reich als »Kameliendame« glänzte.[43]

Da sie nun sehr viel Zeit für ihre Privatangelegenheiten hatte, sah sie sich die Villa im Grunewald an. Sie war tief beeindruckt. So etwas kannte sie bisher nur aus Illustrierten. »Der Tisch war raffiniert gedeckt – da waren Souvenirs, Delikatessen und Naschwerk. Die verschiedenen Dinge gefielen mir sehr, und ich freute mich.«[44]

Dass auch Dora dort wohnte, störte sie nicht, ganz im Gegenteil, sie ging einfach darüber hinweg und registrierte sie erst gar nicht. Beinahe täglich rief sie bei Benjamin an, um Forderungen zu stellen, wobei es oft Streit gab. Mal wollte sie sich Geld leihen, dann in ein Restaurant geführt werden, wobei nur die besten ihr gut genug waren. Es machte ihr Spaß, ihn dabei zu beobachten, »wie fachmännisch und elegant er ein Menü zusammenstellte«.[45] Besonders perfide war ihre Idee, Daga in denselben Kursus für rhythmische Gymnastik zu schicken, den auch Stefan besuchte. In ihren Erinnerungen schreibt sie zwar, der Impuls sei von Benjamin ausgegangen, doch das ist höchst unwahrscheinlich. Denn der interessierte sich nicht für diese Gymnastikkurse. Er fand sie »benebbicht«.[46] Stefan, berichtet sie, habe sich »wie ein kleiner Kavalier« benommen, »höflich und galant«.[47] Doch was dachte er selbst sich wohl dabei? Dass sein Vater vorhabe, diese Frau, die kaum Deutsch konnte, zu seiner Stiefmutter zu machen und das magere kleine Mädchen zu seiner Stiefschwester?

An Benjamins Gesprächen »mit einem jungen Philosophen«, an dessen Namen sie sie sich nicht erinnert, vielleicht Theodor W. Adorno, damals noch Wiesengrund, konnte sie sich nicht beteiligen, da sie »in einer speziellen Terminologie« diskutierten, die sie nicht verstand.[48] Tatsächlich versuchte sie aber, ihn mit Brecht bekannt zu machen, was auch gelang. Im November 1924 führte sie die beiden in der Pension Voß zusammen, in der sie damals wohnte.[49] Das Gespräch verlief jedoch kühl. Benjamin interessierte sich sehr für Brecht, aber Brecht sich umgekehrt nicht für Benjamin. Erst viel später würden sie einander näherkommen – ohne Asja Lacis.

Am 19. August 1925 erschien in der *Frankfurter Zeitung* ein Aufsatz mit dem Titel »Neapel«, als dessen Autoren Benjamin und Asja Lacis firmierten. Freunde, besonders Adorno, waren überzeugt, dass dieser Text »ganz und gar ein Produkt Benjamins« war, zu dem Lacis ihn bestenfalls inspiriert habe. Wer sie denn überhaupt sei, diese Frau, schrieb er an Siegfried Kracauer? »Die Schwester des Theodor Däubler oder ein kabbalistischer Ibbur aus der Schizophrenie des Waltenden?«[50] Den Text selbst fand er übrigens »außerordentlich«, was auch zutraf; er ist sehr poetisch, sehr stimmungsvoll, fast wie ein Gemälde, nicht ohne den für Benjamin so typischen analytischen Hintersinn, doch viel freier und melodischer als seine früheren:

Phantastische Reiseberichte haben die Stadt betuscht. In Wirklichkeit ist sie grau: ein graues Rot oder Ocker, ein graues Weiß. Und ganz grau gegen Himmel und Meer. […] Die Stadt ist felsenhaft. Aus der Höhe, […] vom Castell San Martino gesehen, liegt sie in der Abenddämmerung ausgestorben, ins Gestein verwachsen. Nur ein Uferstreifen zieht sich eben, dahinter staffeln die Bauten sich übereinander. Mietskasernen mit sechs und sieben Stockwerken, auf Untergründen, an denen Treppen herauflaufen, erscheinen gegen die Villen als Wolkenkratzer. In den Felsengrund selbst, wo er das Ufer erreicht, hat man Höhlen geschlagen. […] Weiterhin leiten Stufen zum Meer, in Fischerkneipen, die man in natürlichen Grotten eingerichtet hat. Trübes Licht und dünne Musik dringt abends von dort nach oben. […]

»Von Walter Benjamin und Asja Lacis«: Für Dora muss das wie ein Schlag ins Gesicht gewesen sein, denn das war ein öffentliches Bekenntnis zu einer neuen Frau und einem neuen Leben, einer neuen Symbiose von Körper und Geist. Erst die Widmung der »Wahlverwandtschaften« an Jula Cohn und nun das – schlimmer ging es eigentlich nicht mehr. Nach dieser unglaublichen Verletzung und Blamage hätte sie allen Grund gehabt, sofort die Scheidung zu fordern.

Die Medienfrau

Doch was tat sie? Sie flüchtete sich in die Arbeit und weitete ihren Themenkreis immer mehr aus, unter anderem auf das Gebiet der Musik und der Medienkritik. Für die *Vossische Zeitung* interviewte sie im November 1925 den ungarisch-amerikanischen Dirigenten Ernö Rapée, der seit kurzem im Ufa-Palast engagiert war, wo er ein Orchester mit 75 Musikern dirigierte.[51]

Dora beschreibt den 1891 in Budapest geborenen Musiker als »schmächtigen, schlanken Menschen mit schwarzem Künstlerkopf und Kohleaugen«, der den rechten Arm wie einen Taktstock hin- und herschwang, sobald er in Feuer geriet. Er war ein erstklassiger Dirigent, mit Richard Strauss gut bekannt, ehemaliger Assistent an der Dresdner Hofoper. Vor Jahren war er nach Amerika gegangen, um dort Kinoorchester zu dirigieren, im Roxy Theatre in New York zum Beispiel, dem damals größten Lichtspieltheater der Welt.

Nun also Berlin, Ufa-Palast am Zoo. Dora wollte wissen, wozu er denn so ein großes Orchester benötige? Ob nicht die übliche kleine Stummfilmkapelle genüge?

»Ich glaube, wir verstehen uns nicht ganz«, sagte Rapée. »Sie gehen vom Kino aus – für Sie ist die Musik nur Begleitung. […] Bei mir wird nicht nur während, sondern auch vor der Vorstellung Musik gemacht. Ich begrüße das moderne Kino mit seinen Tausenden von Sitzplätzen als Gelegenheit, Musik für alle zu machen.«

»Und die Konzerte? Die Oper?«

»Bitte rechnen Sie einmal aus, wieviel Leute im Laufe eines Jahres ins Konzert gehen. […] Wieviel Musikabende werden wohl so durchschnittlich in Berlin gegeben? 150? Gut, setzen wir 200. Rechnen Sie jedes Mal 1500 Plätze […], das ergibt 300 000 Besucher pro Jahr. […] Rechnen Sie die Opernbesucher mit weiteren 400 000. Das gibt dreiviertel Million. Und die anderen?«

»Welche anderen?«

»Die anderen 3 ¼ Millionen? Berlin zählt vier Millionen Einwohner. Dürfen die anderen keine Musik hören? Keine wirkliche Musik? Sollen sie auf Leierkästen beschränkt bleiben, auf Musikcafés, Grammophone und Klaviergeklimper?«

»Ich fürchte, Sie überschätzen die Leute. Viele machen sich nichts aus Musik. Und dann – wie wollen Sie dem abhelfen? Soll man noch mehr Konzertsäle bauen? Ohnedies bleiben so viele Plätze leer.«

Nun war Ernö Rapée ganz in seinem Element. Dora, die künftige Rundfunkfrau, gibt Wort für Wort wieder, was er gesagt hat: Die Amerikaner gälten allgemein als oberflächlich, doch von ihnen habe er gelernt, dass man einem Menschen, der klassische Musik gar nicht kenne, und davon gebe es nicht wenige, nicht zumuten könne, »einen ganzen Abend lang still zu sitzen […] und Beethoven oder Wagner zu hören«. Man könne ihn nicht zum Musikgenuss zwingen, sondern müsse ihm »mundgerecht« ausgewählte Stücke anbieten:

> »Nur wirklich gute Musik, die von erstklassigen Künstlern gemacht wird. […] Ein Trio, eine Arie, eine Ouvertüre; denn lange Stücke ermüden, wenn man das Hören nicht gewöhnt ist. […] Wer sich nun für das Gehörte besonders interessiert, kann in einem Konzert- oder Opernhaus das Stück im Ganzen hören. Sein Geschmack ist geweckt. Anstatt also den Bildungsstätten Konkurrenz zu machen, wie man uns so oft vorwirft, regen wir zu ihrem Besuche an.«

Am Ende des Gesprächs kam Dora auf das neue Medium Rundfunk zu sprechen, das doch ganz ähnliche Ziele verfolge?

> Er lächelte. »Ja, Sie haben mein großes Geheimnis erraten. Ja, ich möchte wie der Rundfunk eine große Gemeinde haben, ein Riesenohr, das die Werke der großen Meister vernimmt. Wie groß wird erst die Gemeinde sein, wenn unsere Darbietungen an den Rundfunk angeschlossen sind, wie es heute in Amerika bereits der Fall ist?«

Der Zauberpapa

Im Herbst 1925 wurde Asja Lacis nach Riga eingeladen, um ein Theater »beim Klub der linken Gewerkschaften« zu leiten.[52] Sie fuhr sofort hin. Reich hatte in Moskau zu tun. Sie inszenierte experimentelle, »proletarische« Theaterstücke, etwa Szenen aus Ernst Tollers *Masse Mensch*. Das Projekt war schwierig, denn da Lettland seit 1918 von Russland unabhängig war und seit 1922 eine eigene Verfassung hatte, wurde die als russisch beeinflusst geltende »Kommunistin« Lacis scharf kontrolliert. Die Polizei war häufiger Gast bei den Proben. Lacis soll kurz vor der Verhaftung gestanden haben.

Ausgerechnet in dieser Situation tauchte Walter Benjamin auf. Völlig unangemeldet. In Berlin hatten sie oft gestritten. Jetzt hoffte er, vielleicht doch noch etwas von der Romantik auf Capri retten zu können, ohne Dora, Stefan oder Bernhard Reich, die immer im unpassenden Moment dabei waren. Außerdem wollte er als neugieriger Mensch möglichst viele fremde Städte kennenlernen, um zu sehen, ob es sich vielleicht dort leben ließe. Aber: Asja war keineswegs erbaut über seinen Besuch.

> Er liebte zu überraschen, aber diesmal gefiel mir seine Überraschung nicht. Er kam von einem anderen Planeten – ich hatte keine Zeit für ihn.[53]

Benjamin fühlte sich zurückgewiesen und gekränkt. »Ich war in Riga, um eine Freundin zu besuchen, angekommen«, schrieb er in seinem Buch *Einbahnstraße*, einer »Sammlung philosophischer Vexierbilder«, wie er es später nennen wird. »Ihr Haus, die Stadt, die Sprache waren mir unbekannt. Kein Mensch erwartete mich, es kannte mich niemand. Ich ging zwei Stunden einsam durch die Straßen. Aus jedem Haustor schlug eine Stichflamme, jeder Eckstein stob Funken und jede Tram kam wie eine Feuerwehr daher gefahren. Sie konnte ja aus dem Tore treten, um die Ecke biegen und in der Tram sitzen.«[54]

Er ging zu einer ihrer Aufführungen. Doch er verstand kein Wort. Das war nicht die Atmosphäre des Deutschen Theaters in Berlin. Das war Proletariertheater, das er nun erstmals leibhaftig, ohne verbale Verbrämung, kennenlernte, eine ziemlich ruppige Angelegenheit. Asja Lacis erinnerte sich später:

> Als ich ihn nach der Vorstellung traf, sah er erbarmungswürdig aus: Der weiche Hut war zerknüllt, Rock und Hemdkragen hatten sich verschoben, er war wie durchgedreht. Er erzählte, die Menge drückte ihn an einen Türpfosten, schleuderte ihn in den Saal. Um nicht zerquetscht zu werden, musste er auf ein Fensterbrett klettern. Einige rauften sogar im Gedränge, er blieb beinahe ohne Atem. [...] Ihm hat nichts gefallen, mit Ausnahme einer Szene: Ein Herr im Zylinder unterhält sich unter einer Laterne mit einem Arbeiter.[55]

Die Begegnung blieb ohne Resultat. Nichts wurde geklärt. Es gab wohl auch keinen Sex, nicht einmal ein ungestörtes Zusammensein. Er fuhr so ratlos ab, wie er angekommen war.

Zu Hause im Grunewald herrschte dagegen euphorische Stimmung, denn Dora hatte gerade eine neue Stellung bekommen, als Redakteurin im Ullstein-Haus auf der Kochstraße. Sie arbeitete nun in der »Funk-Redaktion«, was wohl hieß, dass sie den Rundfunkteil der verschiedenen Blätter des Hauses zu betreuen hatte. In diesem Jahr feierten sie zuerst Chanukka, dann Weihnachten, Letzteres in der Wohnung von Benjamins Eltern. Stefan, sieben Jahre alt, bekam viele Geschenke. Ein Puppentheater aus Benjamins Kinderzeit wurde hervorgekramt und wieder aufgebaut. Dora lud eine Reihe von Kindern ein, und Benjamin höchstpersönlich beteiligte sich als temperamentvoller Puppenspieler. Während der Feiertage war er viel mit Stefan zusammen. Er las ihm Märchen vor, erzählte von seinen Reisen und begann wieder, seine Aussprüche aufzuzeichnen. Stefan war glücklich. Er fühlte sich wie ein »Sonntagskind«, das etwas ganz besonders Schönes erleben durfte.

Wenn man Papa fragt, weiß er bei allen Geschichten Bescheid. Papa weiß alle Geschichten auf der ganzen Welt. [...] Das ist so wie gezaubert. Ein Zauberpapa. Wenn man einen Zauberpapa hat, dann ist man ein Sonntagskind.[56]

Dora wandte ein, er sei aber an einem Donnerstag geboren, nicht am Sonntag. Das sei doch auch schön. Darauf Stefan, der offenbar nicht mehr an den Klapperstorch glaubte:

Gott, Mammi, hättest du mich nicht noch die drei Tage später auf die Welt bringen können – da hättest du mich doch wieder zurückdrücken können – geht das denn nicht?[57]

Der Flaneur

Benjamin blieb bis März in Berlin, unter anderem, um die Hochzeit von Georg abzuwarten, der im Februar seine Jugendfreundin Hilde Lange heiratete.[58] Benjamin – er war Trauzeuge auf dem Standesamt in Berlin-Steglitz – befürchtete, Hildes Eltern könnten schockiert sein, weil Georg Jude und Kommunist war. Doch das waren sie nicht. Sie hatten viele jüdische Freunde und schätzten ihren künftigen Schwiegersohn, der inzwischen Schularzt im Bezirk Wedding war, wo er mehr als 6000 Kinder betreute. Außerdem engagierte er sich im Proletarischen Gesundheitsdienst, im Arbeiter-Samariter-Bund und im Verein sozialistischer Ärzte. Er war so beliebt, dass er von Eltern, Kindern und Lehrern gern als »Heiliger Georg« bezeichnet wurde.[59]

Im Januar 1926 hatte Gershom Scholem, der inzwischen als Bibliothekar in Jerusalem arbeitete und an der Universität jüdische Mystik lehrte, wieder Kontakt zu Dora Benjamin aufgenommen, zum ersten Mal nach fast dreijähriger Unterbrechung. Ob ihm sein schroffes Verhalten von damals leidtat, oder ob er nur eine Kombattantin gegen Asja Lacis suchte, deren Einfluss auf Benjamin er für schädlich hielt, ist nicht bekannt. Vielleicht beides. Dora gab vor, sich zu freuen, reagierte aber vorsichtig und zurückhaltend:

Lieber Gerhard,
ich danke Dir für Deinen guten Brief. Ich habe ihn lange erwartet. Das soll kein Vorwurf sein, sondern Dir nur sagen, wie freundlich er mich berührt hat.
Ich muss viel arbeiten und nicht immer auch nur Erträgliches. Hoffentlich komme ich auch einmal zu etwas Anderem. Inzwischen bin ich zufrieden, ohne die drückendsten Sorgen zu sein. Ich bin froh, dass Du es gut hast. Dass es viel Problematisches unten geben würde, darauf warst Du wohl gefasst. Es wird trotzdem wohl dort leichter sein als hier, mit gutem Gewissen des Morgens zu erwachen. Es bedrückt mich, wieviel Opfergaben man sich und anderen täglich darbringen muss, um nur zu leben und seine Klarheit zu behalten. Allmählich ist das meine größte Sorge geworden, Klarheit zu haben und im Handeln nicht zu weit von ihr abzuweichen. Die gefühlsmäßige, romantische, romanhafte Steigerung des Lebens [...] macht mir gar keine Freude mehr.
Stefan geht es Gottlob sehr gut. Er singt schon hebräische Lieder, lieber als deutsche, wie er sagt, weil sie »heilig« sind. Schreibe mir bald wieder. Das nächste Mal antworte ich schneller. Grüße, lieber Gerhard, von Deiner Dora.[60]

Dieser Brief sagt wenig über sie selbst und schon gar nichts über den Zustand ihrer Ehe, über den sie sich wahrscheinlich selbst nicht im Klaren war. Einerseits war es schade, dass Benjamin vorhatte, bald nach Paris zu fahren, um dort an seinen Marcel-Proust-Übersetzungen zu arbeiten, dessen gesamtes Werk er nach und nach übertragen wollte, gemeinsam mit seinem Freund, dem Autor und Lektor Franz Hessel. Andererseits war es nicht zu übersehen, dass das Reisen ihm guttat, weil er jedes Mal erfrischt und erholt wieder nach Hause kam. Auch Dora selbst schätzte die neu gewonnene Freiheit, die ihr deutlich mehr Zeit gab. Für ihre Arbeit, für Stefan und für die Männer, die sich gelegentlich einstellten. Benjamin hatte ihr sein volles Placet dafür gegeben und sie sogar dazu ermutigt, sich hin und wieder doch »einen Freund zu nehmen«.[61] Schließlich war sie erst 36, noch zu jung, um wie eine Nonne zu leben.

Er fuhr also los und quartierte sich im Hôtel du Midi auf der Avenue du Parc Montsouris ein, wo er es sehr reinlich und komfortabel fand, gut geheizt, und verglichen mit Berliner Preisen sogar relativ billig. Er flanierte viel, ging in Tanzcafés, auf den Pfefferkuchenmarkt, in kleine Theater, in »Kutscherkneipen«, traf Emigranten, aß gut und kam morgens so früh aus dem Bett wie noch nie. Dora hatte also keinen Grund, sich Sorgen zu machen – obschon er, aber davon wusste sie wahrscheinlich nichts, wieder Kontakt zu Jula Cohn suchte, die inzwischen Radt-Cohn hieß, da sie seinen Jugendfreund Fritz, den Bruder seiner ehemaligen Verlobten Grete, geheiratet hatte. Er flehte sie an, nach Paris zu kommen, auf sein Zimmerchen im romantischen Hôtel du Midi. Mit Fritz würde man schon irgendwie fertigwerden. Noch war ja kein Kind unterwegs. Noch war alles nur wie ein Spiel. Ob sie wirklich kam, oder ob es nur ein romantischer Traum blieb, ist nicht ganz klar und im Grunde auch unwichtig.[62] Offenkundig ist nur, dass er entschlossen war, Asja Lacis zu vergessen, weil sie sich so schroff und abweisend verhalten hatte.

Nervenzusammenbrüche

Am 18. Juli 1926 starb Benjamins Vater mit 70 Jahren. Er hatte schon lange an Diabetes gelitten. 1923 hatte man ihm das rechte Bein amputieren müssen, das von Nekrose befallen gewesen war. Verschiedene Firmen, deren Vorstand er angehört hatte, ließen Todesanzeigen drucken, die Sanitas-Actien-Gesellschaft in Hamburg, der Aufsichtsrat des Ottensener Eisenwerkes und andere mehr.[63] Alle lobten ihn als »treuen Freund« und »hervorragenden, vorbildlichen Führer«, einen Mann von »unermüdlicher Schaffensfreude« und »außerordentlicher Tüchtigkeit«.

Benjamin scheint von seinem Tod nicht besonders beeindruckt

gewesen zu sein. »Du wirst inzwischen vielleicht gehört haben, dass mein Vater gestorben ist«, schrieb er an Gershom Scholem.[64] Das war alles. Am schlimmsten war für ihn, dass er sein geliebtes Paris verlassen musste. Die Beerdigung, das Erbe, der Nachlass – es gab viel zu regeln. Benjamin schnitt insgesamt recht gut ab. Er bekam knapp 30 000 Mark ausgezahlt, eine Summe, die heute in Euro etwa das fünffache wert wäre, musste aber in einem »Auseinandersetzungs-vertrag« auf seinen Anteil am etwaigen Erlös aus dem Verkauf des Hauses verzichten,[65] weil er schon vorher so viel Geld von seinen Eltern bekommen hatte. Bei der Diskussion um das Erbe soll es zu heftigem Streit mit den beiden Doras und seiner Mutter gekommen sein. Georg »scheint sich herausgehalten zu haben«.[66]

Als er nach Frankreich zurückfuhr, war er in »schlechter Verfas-sung« und erlitt »einen Nervenzusammenbruch […] nach dem ande-ren«.[67] Vielleicht hatte ihm der Tod seines Vaters doch mehr ausge-macht, als er dachte. Nichts war ausgesprochen oder geklärt worden. Eigentlich kläglich. Die Chance, einander zu verstehen, war nun ver-passt. Für immer. Vielleicht fragte er sich, ob er nicht selbst schwere Fehler gemacht hatte? Ob er nicht allzu gnadenlos mit dem »senilen«, »schwachsinnigen« Alten gewesen war, wie er ihn einmal genannt hatte?[68] Jetzt war es zu spät. Es war nichts mehr zu reparieren.

Nach dem Versuch eines Urlaubs an der Riviera fuhr er wieder nach Berlin zu Dora und Stefan, um sich bei »bürgerlich-eingezogener Le-bensweise […] zu restaurieren«.[69] Bis Weihnachten wollte er bleiben, seine Bibliothek ordnen und sich viel mit Stefan befassen. Doch dann schickte Bernhard Reich ihm ein Telegramm, in dem es hieß, dass Asja sehr krank sei und seine Hilfe brauche. Benjamin machte sich sofort auf den Weg.

Sie war inzwischen von Riga nach Moskau gezogen, um der let-tischen Zensur zu entkommen und um wieder mit Kindern zu ar-beiten wie früher. Tochter Daga und Bernhard Reich waren bei ihr. Im September hatte auch sie einen Nervenzusammenbruch erlitten, fast synchron mit Benjamin, eine merkwürdige Form von Telepathie. Für ein paar Wochen war sie in ein »Hospital«, ein psychiatrisches

Krankenhaus, gekommen.[70] Der Grund: In dem Kinderhort, den sie betreute, war ein schweres Unglück geschehen. Ein Kind hatte einem anderen den Schädel eingeschlagen. Sie hatte einen psychotischen Anfall erlitten oder ihn vielleicht auch nur vorgetäuscht, um der Strafe, die sie erwartete, zu entgehen. Sie war schließlich Fachfrau. Sie war vom Theater und hatte außerdem Neuropsychologie studiert.

Benjamin erreichte Moskau am 6. Dezember 1926. Nach langer Kälte hatte es Tauwetter gegeben. Aber alles war noch voll Schnee und Schmutz. Reich und Asja Lacis holten ihn ab. Asja hatte für ein paar Stunden Urlaub aus dem »Sanatorium« bekommen, in das sie zur Rekonvaleszenz verlegt worden war, in einen Schlafsaal, den sie sich mit mehreren Frauen teilte. Sie sah »nicht schön, wild unter einer russischen Pelzmütze aus, das Gesicht durch das lange Liegen etwas verbreitet«, schrieb Benjamin in sein *Moskauer Tagebuch*.[71] Er erzählte von Bertolt Brecht, den er inzwischen wiedergesehen hatte. Wahrscheinlich ließ er sie grüßen. Es gab keine Umarmung, kein Fest des Wiedersehens. Asja verschwand bald wieder in ihr Sanatorium. Benjamin war mehr mit Reich unterwegs als mit ihr, der ihm, wie schon früher, sehr sympathisch war. Seine Berichte über die russischen Verhältnisse seien zwar lang, aber »unendlich lebendig, voll von Belegen und Anekdoten« gewesen.[72] Er sprach fließend Russisch und Jiddisch. Ein wertvoller Führer.

Benjamin war bis dahin kein Tagebuchschreiber gewesen. Nun aber schrieb er ein minutiöses *Moskauer Tagebuch*, das bis heute von höchstem literarischem Wert ist, schrieb über die Menschen, die Straßen, die Farben, die Gerüche, das Theater, die Politik, das Essen, den Schnee, über Museen, Kirchen und Kunstwerke, über persönliche Begegnungen, zum Beispiel mit Joseph Roth, der in einem vornehmen Hotel logierte – und, natürlich, auch über seine Gefühle für Asja.

Am Morgen schneite es und auch tagsüber fiel oft Schnee. [...] Ich verstehe, dass Asja in Berlin den Schnee vermisste und unter dem nackten Asphalt litt. Hier geht der Winter, wie ein Bauer in weißer Schafwolle, unter einem dichten Schneepelz dahin.[73]

Asja bleibt in diesem Reisetagebuch merkwürdig marginal, wie ein Phantom, das gelegentlich aus dem Sanatorium auftaucht und wieder verschwindet. Meistens sehr launenhaft, abweisend, unfreundlich, bei jeder Gelegenheit Streit mit ihm oder Reich suchend, ob über ein falsches Wort, einen falschen Kuchen, eine falsche Geste. Fast nie suchte sie das Alleinsein mit ihm, und wenn, dann nur, um ihn mit Vorwürfen zu überhäufen: dass er nicht längst schon zwei Kinder mit ihr hätte, sie nicht heiraten würde, nicht erlaube, dass sie zu ihm in die Delbrückstraße ziehe und so weiter.[74] Oft verlangte sie teure Geschenke von ihm, einen besonders wertvollen Kleiderstoff oder ein tungusisches Pelzkostüm, das mit Perlen bestickt war.[75] Wenn er nein sagte, war sie beleidigt. Zu Silvester weigerte sie sich sogar, ihm einen Kuss zu geben, sodass er das alte Jahr traurig abschloss.[76] Er wollte schon abreisen, weil er glaubte, dass sein Kommen vergeblich gewesen sei. Doch dann überfiel sie ihn wieder mit Zärtlichkeiten, die er längst vergessen geglaubt hatte. Dora hatte ihm unterdessen geschrieben, dass sie ihm Geld schicken wolle.[77]

Was war nur los mit dieser seltsamen Frau? Was war nur los mit ihm selbst? Manchmal litt er unter seiner »quälenden Abhängigkeit«,[78] um sich im nächsten Moment wieder ein Kind von ihr zu wünschen, ein Kind wie Daga, die ihn merkwürdig faszinierte.[79] Doch im gleichen Moment schrieb er glühende Liebesbriefe an Jula.[80] Oder telegraphierte an Heinrich Guttmann vom Verlag Ullstein in Berlin, von dem er sofort »die Wahrheit über Dora« wissen wollte, die sich wohl längere Zeit nicht gemeldet hatte, was ihm große Sorgen mache.[81] Zum Schluss seiner Moskauer Notizen heißt es:

Ich winkte aus dem Schlitten zurück. Erst schien sie abgewandt zu gehen, dann sah ich sie nicht mehr. Mit dem großen Koffer auf meinem Schoße fuhr ich weinend durch die dämmernden Straßen zum Bahnhof.[82]

Die praktische Berlinerin

Im Dezember 1926 verließ Dora ihre Stellung bei Ullstein und wurde Chefredakteurin der *Praktischen Berlinerin*, ein Blatt, das seit 1905 zweimal monatlich in der Bazar-Aktiengesellschaft Berlin erschien. Auf dem Titel der unter ihrer Verantwortung entstandenen ersten Januarausgabe von 1927 ist eine schlanke Frau mit modischem Garçonne-Schnitt zu sehen, die lachend ein Plakat mit der Aufschrift »1/1927« an die Wand nagelt. Zu ihren Füßen reißt ein Kind den Kalender von 1926 in Stücke. Ein schwarzer, erkennbar männlicher Dackel hilft ihm dabei.

Der Gestalter oder besser: Collageur, war Sasha Stone, eigentlich Steinsapir, ein junger Fotograf russischer Herkunft, der auch den Umschlag zu Benjamins *Einbahnstraße* entworfen hatte. Er war seinerzeit berühmt für Werbe- und Industriefotografie, Stadtbilder, Montagen und ungewöhnliche Porträts, etwa von Tilla Durieux und Bruno Walter. 1940 in Frankreich an Tuberkulose gestorben, wird er heute zögernd wiederentdeckt.[83]

Inhaltlich ging es in der *Praktischen Berlinerin* in erster Linie um Mode, Kindererziehung und Kochrezepte, aber bei weitem nicht nur. Es ging auch um »Frauen, die ihren Mann stehen«: Ingenieurinnen, Polizistinnen, Fliegerinnen und Malermeisterinnen; um den Umgang mit Geld und mit Handwerksgeräten; um Schulprobleme, Graphologie und Physiognomik; um die Psyche des Kindes; um den Stand der Frauenbewegung; um »schöpferische Frauen« wie Käthe Kollwitz, Paula Modersohn-Becker und Alice Behrend; um Neuigkeiten von Film und Bühne; und um die Frage, ob die Frau Humor habe …

Jede Nummer enthielt einen Fortsetzungsroman, nicht immer, aber meistens aus weiblicher Feder. Bei einem – dem *Zauberschloss* von Elisabeth Gräfin Russell[84] – handelt es sich um eine »autorisierte Übersetzung aus dem Englischen« von Anna Kellner. Auch Doras Schwester, Paula Arnold, die eine große Naturkennerin war, ist mit verschiedenen Beiträgen vertreten, vor allem über Vögel, Insekten,

Schmetterlinge und Kräuter. Sie hatte sogar eine eigene Rubrik: »Mein Spaziergang«.

Diese enge Kooperation zwischen den drei Kellner-Frauen widerlegt Paula Arnolds spätere Behauptung, dass Dora ihre geborene Feindin gewesen sei. Anna Kellner war eine international bekannte Übersetzerin, die für große Verlage wie Ullstein und Reclam arbeitete, Paula war Lehrerin in Wien und öffentlich kaum präsent. Dora gab ihr mit dieser Rubrik eine große Chance. Sie handelte sich womöglich sogar Ärger ein, weil es so aussah, als würde sie die Zeitung zu einem Familienunternehmen machen, ohne Berliner Autorinnen angemessen zu berücksichtigen. Doch das stimmte nicht. Zu ihren ständigen Mitarbeiterinnen gehörten die prominente Journalistin Margarete Caemmerer, Kolumnistin der *Vossischen Zeitung*, die Pädagogin Dr. Eleonore Goldschmidt und die Schauspielerin Anna Elisabet Weirauch, deren Roman *Tina und die Tänzerin* erstmals in der *Praktischen Berlinerin* erschien. Alle lebten und arbeiteten in Berlin. In dem Roman geht es, wie schon der Titel verrät, um eine Liebesbeziehung zwischen Frauen. Die Autorin bekannte sich offen zu ihrer Homosexualität und lebte bis zu ihrem Tod mit einer zehn Jahre jüngeren Niederländerin zusammen.

Die praktische Berlinerin war also – zumindest unter Doras Ägide – alles andere als eine »normale« Frauenzeitschrift, auch wenn sie einige der üblichen Frauenthemen zu bedienen hatte. Doch selbst hierbei wich sie erheblich vom Mainstream ab. Fast der ganze Jahrgang 1927 widmet sich unter der Rubrik »Kochrezepte« nur der »Küche des Auslands«, der russischen, rumänischen, polnischen, böhmischen, englischen, französischen und so weiter. Den Anfang machte Russland. »Wir geben heute«, heißt es da leicht ironisch, »einige Rezepte der russischen Küche, die als wohlschmeckend, sättigend und äußerst nahrhaft bekannt ist«: Russischer Borscht, Fischsuppe mit Muschelsauce, Blini mit Matjeshering, Schaschlik aus fettem Hammelfleisch, über glimmendem Feuer gebraten, Soljanka aus Fisch, Kasha aus Buchweizengrütze. Autor: »Alexander M. Früherer Koch am russischen Hofe«. Gab es ihn überhaupt? Oder stammten die

Rezepte aus der Feder von Dora Benjamin, die sich über ihren russlandbegeisterten Herrn Gemahl lustig machen wollte?

Auch andere Artikel lassen einen Bezug zu Walter Benjamin vermuten. In einem großen Porträt über Käthe Kollwitz werden starke Zweifel daran geäußert, dass das »Genie« ausschließlich männlich sei. Es ist nicht namentlich gekennzeichnet. Stammt es vielleicht aus der Feder von Dora?

Ein altes Vorurteil spricht den Frauen die produktiven Fähigkeiten ab. Bis in die jüngste Zeit hinein haben führende Gelehrte immer wieder versucht, unter Berufung auf wissenschaftliches Material aller Art zu beweisen, dass die Frau ihrer ganzen Veranlagung nach überhaupt nicht imstande sei, sich schöpferisch zu betätigen. Theoretische Behauptungen zu widerlegen, ist sehr schwer. Besonders [...] in diesem Falle, wo der Streit auf beiden Seiten mit so viel persönlicher Erbitterung geführt wird. Immer wieder tauchen neue Hypothesen auf und der Streit nimmt kein Ende. Was wir hier versuchen wollen, ist nichts anderes, als durch den tatsächlichen Augenschein darzulegen, dass die geniale Frau nur in dem Sinne eine Ausnahmeerscheinung darstellt, wie das menschliche Genie überhaupt.[85]

7

GAS GEGEN GAS

(1927 – 1930)

Stille Musik

Nach seiner Rückkehr aus Moskau wollte Benjamin sich eigentlich ein möbliertes Zimmer nehmen, um ungestört mit Jula Radt-Cohn zusammen zu sein. Doch die Sache zerschlug sich. Denn Jula war schwanger, nicht von ihm, sondern von ihrem Mann, Fritz Radt, dem Bruder seiner ehemaligen Verlobten Grete. Benjamin zog also wieder in die Villa im Grunewald, wo er es, verglichen mit seinen Absteigen in Moskau, eigentlich doch ganz schön hatte. Da war seine Bibliothek, sein gewohnter Luxus, eine Heizung, die zuverlässig funktionierte, da war Stefan mit seinen lustigen Sprüchen, und da war Dora.

Es ging ihr sehr gut in der neuen Stellung. Sie war regelrecht aufgeblüht. Neben ihrer Arbeit als Chefredakteurin der *Praktischen Berlinerin* schrieb sie neuerdings für *Die Dame,* das »Journal für den verwöhnten Geschmack«, die schönste und eleganteste Zeitschrift der Weimarer Republik, die seit 1912 bei Ullstein erschien.

Weil die Konkurrenz prominenter Autorinnen und Autoren gewaltig war – Arthur Schnitzler, Alfred Polgar, Vicky Baum und Gina Kaus schrieben für das Blatt –, versuchte Dora es zunächst mit kleineren Artikeln, um sich langsam zu steigern. Ihr Ton ist weniger satirisch als im *Uhu,* wenn auch immer noch voller Humor, der aber manchmal ins Melancholische umschlägt. Es entstanden jetzt literarische Kurzgeschichten, kleine Skizzen aus dem Leben von Frauen, die manchmal fast wie Filmepisoden wirken, inspiriert durch das

Vorbild der amerikanischen »short story«, eine literarische Gattung, deren Entsprechung sie in Deutschland vergeblich suchte:

Der Held ein Eisendreher oder Klavierspieler im Kino, ein Automobilverkäufer oder Student, eine abgeplagte Hausfrau oder arme Lehrerin, oder auch ein Holzmillionär oder Bankier. [...] Selbst ein Hergesheimer hat diese Gattung nicht verschmäht.[1]

In diesem Jahr, 1927, schrieb sie die schon erwähnten Texte »Zaubern« und »An die Dame im Gebirge«, die beide zu mehr Achtsamkeit in der Ehe aufrufen.[2] Da ist Hanna, die ihrem depressiven Mann, dem Maler Bendix, neue Inspiration gibt und ihn in die Welt seiner Kindheit zurückführt. Oder die reiche Berliner Gesellschaftsdame, die plötzlich die ersten Fältchen um die Augen des Partners entdeckt und sich nach langer Zeit wieder an die Anfänge dieser Liebe erinnert.

Krieg es Zufall, dass Dora diese Geschichten gerade jetzt schrieb? Oder gab es da autobiographische Bezüge? Hatten Benjamin und sie nicht auch die schönen und poetischen Zeiten ihrer Beziehung vergessen? Die Stille in Seeshaupt, das Moor in Dachau, Benjamins 25. Geburtstag im Hotel Savoy in Zürich, als sie ihm Bücher von Balzac, Flaubert und Verlaine geschenkt hatte?

Das war jetzt zehn Jahre her. An seinem letzten Geburtstag war er in Paris gewesen. An ihrem Geburtstag hatte sie ein Telegramm aus Moskau bekommen. Mehr nicht. Sie hatte ihn traurig allein feiern müssen – wenn sie ihn denn überhaupt gefeiert hat. Es ist nichts darüber bekannt.

In einer ihrer ersten Geschichten für *Die Dame*, »Stille Musik«, lässt sie eine Frau sprechen, die überzeugt ist, eine zeitgemäße, moderne und sachliche Beziehung geführt zu haben, eine Beziehung ohne Schwärmen im Mondschein und anderen romantischen Kitsch, durch und durch tolerant und intellektuell.[3] Nicht einmal auf den Terminus »Liebe« hatte sie Anspruch erhoben. Und jetzt war alles aus – wie im Theater, wenn der Vorhang gefallen ist. Jetzt waren da nur noch Leere und Schmerz, »greifbar wie ein böses Tier, das im Dunkel lauert«.

Woher kamen die schlaflosen Nächte, [...] woher der quälende Hunger nach den unbedeutenden Kleinigkeiten der Vergangenheit? Nach dem Gefühl des rauen Stoffes an der Wange, wenn man sich an die vertraute Schulter lehnte, nach einem Tonfall, einem Pfiff, einem Räuspern, einer tausendmal gehörten Redewendung? Warum brannte das Entbehren wie eine böse Wunde, die bei der leisesten Berührung mahnt: Nimm dich in Acht, ich bin noch da, bin noch nicht verheilt? Wie war es möglich, dass es so altmodisch endete wie ein Roman aus den neunziger Jahren?

Sie hatten viel getanzt, immer zu derselben Jazzplatte, »Oh, my pretty Dina«, hatten sich beschimpft, geschlagen, mit Vorwürfen überhäuft, aber immer wieder versöhnt, bis er plötzlich wegging, um eine andere zu heiraten, eine völlig unbedeutende, langweilige Person, wie sie meinte. Wieder und wieder hörte sie sich ihr altes Lieblingslied an, gesungen von einer »vollen, reinen Negerstimme«. Damals, als sie noch zusammen waren, hatte sie einmal gesagt, dass der Text von »unglücklicher Liebe« handle. Doch er hatte, schon deutlich gereizt, erwidert: »Ganz im Gegenteil, aber du hörst ja niemals hin!«
War es das vielleicht? Hatte sie ihn nie wirklich verstanden, ihm nie genau zugehört? War ihr nicht vieles, was ihn bewegte, entgangen? Hatte sie in ihrer praktischen, zupackenden Art nur auf das »Laute, [...] das Leichtverständliche« geachtet und dabei viele Unter- und Zwischentöne überhört?

Die Platte spielte weiter, aber nun hörte niemand mehr zu; durch die Finger der Frau tropften Tränen, wie ein ewiger Refrain erschütterte sie ein Schluchzen: Nur einmal, nur ein einziges Mal wieder neu anfangen können, wieder gutmachen dürfen! Wie würde sie hinhören, wie die Ohren spitzen, das Leiseste zu vernehmen! Nur noch ein einziges Mal!

Haschisch und Honeymoon

Doch im Moment sah es bei den Benjamins eigentlich wieder ganz friedlich aus. Sie saßen beide an ihren Tischen und schrieben, sie über die Liebe und die Frauen vor allem, er über Moskau und das Leben dort, nicht nur in seinem persönlichen Tagebuch, sondern auch in Essays und Artikeln, die ihm geradezu aus der Feder zu fließen schienen. Und das Seltsame war: Seitdem er aus Moskau zurück war, sah er Berlin mit ganz anderen Augen, diese »trostlos saubere« Stadt seiner Kindheit, in der kein Schmutz, aber auch kein Schnee auf den Straßen lag und alles so kahl und kalt wirkte wie auf den bitterbösen Zeichnungen von George Grosz.

> Die Breite der Bürgersteige ist fürstlich. Sie machen aus dem ärmsten Schlucker einen Grandseigneur, welcher auf der Estrade seines Schlosses wandelt. Fürstlich vereinsamt, fürstlich verödet sind die Berliner Straßen. […] In Moskau drängt die Ware überall aus den Häusern, sie hängt an den Zäunen, lehnt an Gattern, liegt auf dem Pflaster. Alle fünfzig Schritt stehen Weiber mit Zigaretten, Weiber mit Obst, Weiber mit Zuckerwerk. Sie haben einen Waschkorb mit der Ware neben sich, manchmal auch einen kleinen Schlitten ... Berliner Straßen kennen solche Posten […] nicht. Verglichen mit den Moskauer, sind sie wie eine frisch leer gefegte Rennbahn, auf der ein Feld von Sechstagefahrten trostlos vorbeihastet.[4]

Er sprach auch im Radio »Über junge russische Dichter«, es war sein Debüt in dem neuen Medium. Ernst Schoen, inzwischen künstlerischer Leiter des Südwestdeutschen Rundfunks in Frankfurt, hatte ihm dieses Forum verschafft, das er noch oft und brillant für sich nutzen würde.

Doch obwohl nun eigentlich alles stimmte – die Arbeit, die Wohnung, der Familienfrieden, das Geld –, reiste er im April wieder nach Paris, denn zu viel Nähe war ihm nach wie vor unerträglich. Er zog wieder in sein altes Hotel, das Hôtel Du Midi. Aber es wollte ihm dieses Mal gar nicht gefallen. »Schwieriges Einleben«, schrieb er an Jula Radt-Cohn. »Probleme. Arbeit, zu viel, um fertig zu werden, zu wenig, um zu verdienen.«

Berlin lässt mich in einer Weise im Stich, die ich – obwohl ich manches von dort gewöhnt bin – denn doch noch nicht erlebt habe. Von meiner Frau bisher noch keine Zeile.[5]

Doch plötzlich, im Mai 1927, standen Dora und Stefan vor der Tür. Eine riesige Freude und Überraschung! Mehr Achtsamkeit, mehr Zuneigung, mehr Erinnerung an die schönen Zeiten von früher – Dora schien sich die Botschaften ihrer eigenen Texte zu Herzen genommen zu haben und schrieb an Gershom Scholem:

Lieber Gerhard, dies ist nicht der Brief, den ich Euch seit einem Jahre schulde, aber etwas Ähnliches wird es wohl werden, denn ich schreibe mit Walters Federhalter. [...] Paris ist herrlich. Walter führt sehr gut. Auch Stefan schleifen wir hier mit. Ich hoffe Euch bald zu sehen. Wir fahren von hier an die Riviera. Leider bin ich sehr müde, zu sehr für diese herrliche Stadt. Innige Grüße. Dora[6]

Benjamin selbst fühlte sich keineswegs überrumpelt, sondern ließ alle Welt wissen, wie glücklich er sei, so etwa Hugo von Hofmannsthal und Siegfried Kracauer.

Wir sind, die Chronologie verkehrend, zurzeit auf Hochzeitsreise. Ich habe nach alter jüdischer Überlieferung die Riviera für angezeigt gehalten. Auch meine Frau und mein Sohn sind hier und freuen sich unseres jungen Glücks.[7]

Doch als Stefan wieder zurück in die Schule und Dora in die Redaktion der *Praktischen Berlinerin* musste, war das Glücksgefühl schnell wieder verflogen. Benjamin entschloss sich, noch einen Abstecher an die Loire zu machen, mit einer gewissen L., deren Identität nicht ermittelt ist, einer Pariserin, die er etwa vier Wochen zuvor kennengelernt hatte.[8] Das Problem war nur: L. ließ ihn sitzen.

12. August 1927. Ich werde mich mit Stichworten begnügen. Die bekannte Qual der Einsamkeit, die mich besonders auf Reisen überkommt, nimmt zum ersten Mal die Züge des Alt-Seins an. L. ist nicht mitgekommen. Die Chancen für ein Missverständnis sind nicht mehr als zehn Prozent. Neunzig Prozent Chancen bestehen dafür, dass ich auf die banale Art genasführt bin. […] Ich kann überzeugt sein, dass ich jetzt, einsam, alle Plätze finde, an denen es mit ihr reizend gewesen wäre. So sitze ich nun in einer kleinen, ganz stillen und sehr guten Wirtschaft […] in Orléans. Der Tisch hat genau die Breite, an dem es gut ist, einander gegenüberzusitzen. Die elektrischen Birnen im Raum sind so schwach, dass ich kaum schreiben kann.[9]

Im Oktober war er wieder in Berlin, wo er sich zunächst einmal krank ins Bett legte, mit einer »Gelbsucht«, wahrscheinlich Hepatitis A oder B, die er sich beim Geschlechtsverkehr zugezogen hatte.[10] Es war ja so einfach. Es gab ja so viele käufliche Mädchen in Paris, genau wie Bücher. Und noch eine andere Gemeinsamkeit gab es: »Bücher und Dirnen kann man mit ins Bett nehmen.«[11]

Während seiner Abwesenheit hatte Dora sein Zimmer vollständig umgeräumt und renoviert, die Wände gestrichen, die Möbel umgestellt, das in Jahren angesammelte Chaos beseitigt. Benjamin war entzückt von dem neuen Domizil. »Ich begreife nicht mehr, wie ich es in seinem alten Zustand ertragen habe«, schrieb er an Alfred und Grete Cohn. »So ist es: man muss weit reisen, um, nach Monaten wieder sein Zimmer betretend, zu wissen, wie man seinen Stuhl zu stellen hat.«[12]

Doch die Idylle war fast zu schön, vor allem, als er langsam wieder gesund wurde. Das war alles so langweilig, so bürgerlich. Wollte Dora ihn durch das Auf- und Umräumen vielleicht doch nur ans Haus binden? Er begann, Haschisch zu nehmen. Zunächst unter Aufsicht seiner ärztlichen Freunde Ernst Joël und Fritz Fränkel. Fränkel leitete eine Drogenberatungsstelle, Ernst Joël ein neues »Gesundheitshaus«, beide in Berlin-Kreuzberg. Die beiden Ärzte waren Freunde von Georg und Dora, der Jüngeren, die inzwischen mit Kindern und Suchtkranken arbeitete und sich als »Psychologin« verstand.[13] Fränkel und Dora benutzten Benjamin in gewisser Weise als Versuchskaninchen, da sie eine Studie über »Die Bedeutung der Rauschgifte für die Juden« verfassen wollten, die 1932 auch wirklich erschien.[14]

Sie fragen sich darin, ob Juden anders auf Rauschgifte reagierten als Nicht-Juden, genauer, ob »für sie als Zugehörige einer Rasse, eines besonderen Milieus, besondere Gesetze [gelten], die sie von ihrer Umwelt scheiden?« Aufgrund statistischer Untersuchungen kamen sie zu dem Ergebnis, dass Juden weniger empfänglich für Alkohol seien als Nicht-Juden. Unter den Morphinisten machten sie dagegen dreißig Prozent aus. Die Autoren rechnen Morphium, Kokain und Haschisch zu den Drogen, die »die Grenzen der eigenen Persönlichkeit erweitern« oder »bereits vorhandene Anlagen über das normale Maß« steigerten. Juden seien oft depressiv, fahren die Autoren fort. Die Anzahl der Suizide bei Juden übersteige bei weitem den Durchschnitt der nicht-jüdischen Bevölkerung. Deshalb griffen sie gern zu Mitteln, die nicht nur zur »Selbstbetäubung«, sondern auch zur »Selbstvernichtung« führten. Die Abneigung vieler Juden gegen Alkohol sei aus ihrem Abscheu vor Brutalität und Gewalt zu erklären. Sie bevorzugten Mittel, die in »kontemplative« Stimmung versetzten, wie Haschisch zum Beispiel.

In solch einer »kontemplativen Stimmung« notierte Benjamin am 18. Dezember 1927 morgens um drei:

Geister schweben (vignettenhaft) hinter der rechten Schulter. Kühle in dieser Schulter. […] Ich habe das Gefühl, dass außer mir vier im Zimmer sind. […] Große, horizontale Dehnung der Wohnung. Zimmerflucht, aus der die Musik kommt. Aber vielleicht auch Schrecken des Korridors. Unbegrenztes Wohlwollen. Versagen der zwangsneurotischen Angstkomplexe. […] Ofenröhre wird Katze. […] Ausgesprochene Unlust, mich über Dinge des praktischen Lebens, Zukunft,

Daten, Politik, zu unterhalten. [...] Man geht die gleichen Wege des Denkens wie vorher. Nur scheinen sie mit Rosen bestreut.[15]

Er fuhr fort, die Wirkung der Droge nahezu zwanghaft zu protokollieren und schrieb an Gershom Scholem, dass sie in »engsten Beziehungen« zu seinem philosophischen Wirken stehe.[16] Was war denn so schlimm daran? Nahmen nicht viele in seinem Kreis Drogen wie Haschisch, Kokain, Meskalin, Opium oder Morphium? Und waren sie deshalb etwa weniger schöpferisch und produktiv? Nein, ganz im Gegenteil. Drogen waren ein Motor der Phantasie und der Kräfte des Unbewussten. Man brauchte doch nur an die Surrealisten zu denken. Fränkel und Dora bestätigten ihn in dieser Ansicht, indem sie schrieben:

> Immerhin ist daran zu denken, dass es Persönlichkeiten gibt, die sozial wertvoll, ja weit über das Durchschnittsmaß begabt sind und ihr Leben lang an kleine Giftdosen gebunden waren. Jedenfalls muss von jeder fürsorgerischen Betreuung die Einstellung erwartet werden: Sucht gleich Krankheit, nicht Verbrechen.[17]

Frauenfragen und Frauensorgen

Im Januar 1928 begann auch Dora, die Ältere, für den Rundfunk zu arbeiten, und zwar für die Reihe »Frauenfragen und Frauensorgen«, die ein- bis zweimal wöchentlich im Sender Berlin zu hören war. Es war ein gemäßigt anspruchsvolles Programm, das sowohl über Hauswirtschafts-, Erziehungs- und Ehefragen als auch Frauenberufe und parlamentarische Frauenarbeit informierte. Angesehene Journalistinnen wie Margarete Jacobsohn, Adele Schreiber oder Margarete Caemmerer lieferten kurze, prägnante Beiträge zu Themen wie »Die Garçonne«, »Ordnung und Pedanterie« oder »Die Frau als Leserin«. Die Sendung war sehr beliebt, wurde aber auch oft kritisiert, von Männern wie Frauen. Hauptkritikpunkt war, dass sie, da nachmittags um halb vier laufend, für Berufstätige praktisch nicht hörbar sei. Andere bemängelten die Dominanz typischer Hausfrauenthemen:

> Irgendeine bejahrte Dame [...] plauscht gemütvoll über häusliche Sorgen und Bedürfnisse und verbreitet sofort die Atmosphäre [...] deutschnationaler Hausfrauenvereine um sich. Eingehend wird erörtert, wie Kuchen gebacken werden, was man zu Weihnachten schenken soll. [...] Eine versunkene Welt kleinbürgerlicher Behaglichkeit ist zu neuem Leben erwacht, und man glaubt, eine Vorlesung aus einem alten Jahrgang der »Gartenlaube« zu hören.[18]

Von Januar bis Februar 1928 war Dora mit einem Zyklus zum Thema Kind vertreten: »Das Kind und die Lüge«, »Das Kind und die Angst«, »Das Kind, die Arbeit und das Geld« und »Das Kind und die Ehe«.[19] Drei Monate später folgte ein weiterer Zyklus über die Ehe: »Ehe und Wohnungsnot«, »Die amerikanische Ehe«, »Die Kameradschaftsehe« und »Ehe-Urlaub«.[20] Die Manuskripte sind leider nicht mehr erhalten. Aber einige Themen hatte sie schon in *Uhu* und der *Praktischen Berlinerin* behandelt, sodass sich der Inhalt zum Teil rekonstruieren lässt.

»Lügt Ihr Kind?« – Unter diesem Titel schrieb Paula Arnold einen Artikel für *Die praktische Berlinerin*, der wahrscheinlich ein Gemeinschaftswerk beider Schwestern ist.[21] Er war inspiriert durch die Individualpsychologin Sophie Lazarsfeld, eine Schülerin Alfred Adlers, Autorin von Büchern über Ehe, Familie, Erziehung und Sexualität. Eines davon, *Das lügenhafte Kind*, war gerade in Dresden erschienen.

In Paulas Text ist von einem Fünfjährigen die Rede, der sich ein eigenes kleines Kind »erfunden« hat, das er »pflegt, unterrichtet und bestraft«. Wenn er in die Straßenbahn steigt, führt er es an der Hand und spricht mit ihm. Zu Hause gibt er ihm zu essen, legt es ins Bett und schimpft, wenn es nicht schlafen will. Diese schon an Schizophrenie grenzende Verstörung sei das Ergebnis vollkommener Einsamkeit und sozialer Isolation, aber keine »Lüge«. Ob Stefan hier vielleicht Modell gestanden hat?

Die Kameradschaftsehe hieß ein Buch des amerikanischen Jugendrichters und Sozialreformers Benjamin Barr Lindsey, das gerade auf Deutsch erschienen war.[22] Lindsey verstand unter »Kameradschaftsehe« eine »rechtskräftig geschlossene Ehe mit gesetzlich anerkannter Geburtenkontrolle und dem Recht für kinderlose Paare, sich mit beiderseitiger Einwilligung jederzeit scheiden lassen zu können, ohne dass […] Unterhaltsbeiträge zu zahlen sind«. Eine Art Experiment also, das bei Misslingen jederzeit wieder abgebrochen werden konnte, keine Verpflichtung fürs Leben.

Das Buch wurde in der Presse heiß diskutiert. Selbst Papst Pius XI. befasste sich damit, ablehnend natürlich.[23] Auch die evangelische Kirche war dagegen, weil sie hier sowjetische Muster zu finden glaubte, was nicht ganz falsch war. In Arthur Holitschers Russland-Buch heißt es, dass man sich dort scheiden und trauen lassen könne, so oft man wolle.

Die Ämter, die diese Prozedur vornehmen, verlangen an Legitimation ein Mindestmaß: das Arbeitsbuch und die Unterfertigung eines Formulars. Im rötlichen Scheine einer an der Wand befestigten Fahne der Sowjet-Republik vollzieht sich diese Handlung auf rapide und mechanische Art. Es bleibt den Beteiligten unbenommen, nachher zum Popen oder Rabbiner zu wandeln. Viele sollen dies tun, wird gesagt. Selbstverständlich hindert keine Verordnung Menschen, die sich lieb haben, in einem durch das Gefühl geheiligten Bündnis beisammen zu bleiben. Es ist nur ein Haufen von Lügen, materiellem Zwang, veralteten Vorurteilen, gesellschaftlichen Konventionen und sonstigem Kehricht aus dem Leben der Gemeinschaft hinausgefegt.[24]

Aus diesen Beispielen wird deutlich, dass Dora Sophie Kellner, wie sie sich nun durchweg nannte, nicht die üblichen Hausfrauenthemen bediente, sondern auf der Höhe des aktuellen gesellschaftlichen Diskurses stand. Allerdings war der Zeitpunkt ihres Einstiegs in den Rundfunk denkbar ungünstig. Denn das Frauenbild der Weimarer Republik begann sich zu wandeln. Die Haare wurden länger. Die Röcke auch. Es wurden wieder Knotenfrisuren getragen. Zurück an den Herd, hieß die Devise. Die »Miss Germany« von 1927 hatte keinen Bubikopf mehr, sondern lange blonde Zöpfe. Die Garçonne verschwand langsam, das deutsche Gretchen kam wieder. Die Berliner Frauensendung wurde immer konservativer und bekam immer weniger Sendeplatz, bis sie schließlich ganz aus dem Programm verschwand.

Auch *Die praktische Berlinerin* wurde eingestellt, obwohl Dora sich alle Mühe gegeben hatte, sie modern und publikumswirksam zu gestalten. Vielleicht kam ihr Witz einfach nicht mehr an. Vielleicht wünschte man sich weniger Ironie und mehr Bodenhaftung. Schon im August 1927 war es spürbar geworden. Die frechen Umschläge von Sasha Stone verschwanden. Stattdessen prangte ein biederes Ehepaar auf dem Titelbild. Er mit Gamshut und Rucksack, sie im Lodenkostüm, beide vor Alpenkulisse. Man meint, sie jodeln zu hören. In der letzten unter Doras Ägide entstandenen Nummer heißt es, dass ausländische Tänze wie Black Bottom und Charleston hoffentlich bald verschwinden würden, diese Modekrankheiten, dieses hässliche Zappeln und Strampeln. Stattdessen müsse der Walzer wieder Einzug halten, der schöne, klassische Tanz unserer Kultur, »die Quintessenz des europäischen Wesens«.[25]

Die Literarische Welt

Benjamin trug sich seit längerem mit dem Plan, nach Jerusalem zu gehen, wo Gershom Scholem ihm eine Stelle an der Universität besorgen wollte, als Dozent für deutsche und französische Literatur. Doch das Problem war, dass er fast gar kein Hebräisch konnte und auch wenig Lust hatte, es zu lernen. Auch den lange geplanten Besuch bei Scholem in Palästina schob er immer wieder hinaus, um sie letztlich gar nicht zu machen. Mal kam die Arbeit an seinem neuen Opus magnum, den *Passagen*, dazwischen, dann eine Fahrt nach Lugano, dann eine weitere Gelbsucht und schließlich – der Besuch von Asja Lacis, die im November 1928 wieder in Berlin erschien. Sie kam zusammen mit Bernhard Reich, ihrem Lebensgefährten. Daga, neun Jahre alt, war in Moskau geblieben. Wer sie betreute, ist unklar. Wahrscheinlich hatte man sie, wie schon früher, in einem Kinderheim untergebracht.

Asja Lacis behauptet in ihren Erinnerungen, nach Deutschland »abkommandiert« worden zu sein, als Referentin für Kultur- und Schulfilm in der sowjetischen Handelsvertretung.[26] Diese Handelsvertretung gab es tatsächlich. Sie residierte seit 1921 in der Lindenstraße. Vielleicht bestand Asjas Aufgabe darin, russische Filme nach Deutschland zu vermitteln oder umgekehrt. Doch genau darüber schreibt sie kein Wort in ihrem Erinnerungsbuch, das den Leser mit Namen russischer Kollegen aus dieser Zeit geradezu erschlägt. Sie huscht über das Thema hinweg und kommt sofort zu den »drei großen B's«, mit denen sie ständig zu tun hatte: Walter Benjamin, Johannes R. Becher und Bertolt Brecht.

Von näheren Beziehungen zu Benjamin erwähnt sie nichts, obwohl er im November 1928 mit ihr zusammenzog, in die Düsseldorfer Straße 42. Wie Dora darauf reagiert haben mag? Vermutlich gelassen. Sie hatte nun schon so oft erlebt, dass seine Liebesgeschichten nicht von Dauer waren, ob mit Jula Cohn, der Pariser »L.« oder den Frauen, die ihm der Rowohlt-Lektor Franz Hessel auf seinen Partys zuführte, Olga Parem, Doris von Schönthan, Nicoletta von Studtner oder »Clara von Irgendwas«.[27] Mal meinte er, eine von ihnen zu lieben, mal mehrere gleichzeitig. Und immer wieder war gleich von Ehe oder Kindern die Rede. Wozu sollte sie sich dieses Mal aufregen?

Außerdem musste sie sehr viel arbeiten, um die Familie durchzubringen. Denn seitdem die *Praktische Berlinerin* eingegangen war, hatte sie kein festes Gehalt mehr, kein verlässliches »Fixum«, wie Benjamin sich bei Scholem beklagte.[28] Was das Materielle betraf, war sie immer noch wie eine Mutter für ihn, der Fels in der Brandung seines unsteten Lebens. An seinen Freund Alfred Cohn schrieb er im März 1929, dass er mit seiner Arbeit für verschiedene Zeitungen kaum mehr als 300 Mark im Monat verdiene, obwohl er ein gut eingeführter Kritiker und Autor sei.[29] Das wird der Wahrheit entsprochen haben. Denn die Honorare für Zeitungsschreiber waren damals sehr niedrig.

Im Rundfunk zahlte man deutlich besser, etwa 100 bis 150 Mark für einen Halbstundenbeitrag,[30] was aber auch nicht zum Leben reichte, zumal das Geld, das er 1926 von seinem Vater geerbt hatte, offenbar aufgebraucht war.

Dora schrieb also weiter für die *Berliner Funkstunde*, den *Uhu, Die Dame*, die *Vossische Zeitung*, wahrscheinlich auch für andere Blätter aus dem Ullstein-Wald, so etwa *Tempo*, die *Berliner Illustrierte Zeitung* oder die *BZ am Abend*. Es ist kaum möglich, das alles zu rekonstruieren. Denn die Zeitungslandschaft der Weimarer Republik war schier unüberschaubar. 1928 erschienen 3356 verschiedene Tageszeitungen, davon allein 147 in Berlin.[31] Vieles, aber bei weitem nicht alles, ist inzwischen digitalisiert. Leider ohne Suchwortfunktion, sodass es schwer ist, gezielt nach Artikeln von Dora zu suchen, die außerdem unter wechselnden Namen oder Kürzeln schrieb, etwa »Dora«, »Dora Sophie« oder »Dora Sophie Kellner«.

Fest steht allerdings, dass sie seit 1928 eine gefragte Autorin der *Literarischen Welt* war, des wichtigsten Literaturjournals der Weimarer Republik. Fast alle namhaften Autoren schrieben für dieses Blatt, das vierzehntägig in 30 000 Exemplaren erschien – Thomas Mann, Robert Musil, Stefan Zweig und natürlich auch Walter Benjamin, der hier eine Art publizistischer Heimat fand. Er hatte feste Kolumnen, vor allem auf dem Gebiet der russischen und französischen Literatur und der Theaterkritik.

Nun stieß auch Dora in dieses Terrain vor und wurde zu einer ernsthaften Konkurrentin ihres Mannes, der zwischen Stolz und Befremden schwankte. Allerdings waren ihre Themen ganz andere. Sie konzentrierte sich, ihrer Vorbildung entsprechend, auf englische und amerikanische Literatur und – was zunächst überraschend klingt – auf Übersetzungen aus dem Chinesischen. Aber China war ja schon immer ihr Traumland gewesen, nicht geographisch, sondern literarisch gesehen. Sie kannte und liebte die chinesischen Märchen, hatte sich mit dem Buddhismus befasst, mit alter chinesischer Epik, die in Deutschland noch viel zu unbekannt sei, obwohl Hesse, Klabund und viele andere deutsche Autoren in chinesischen Motiven schwelgten.

»Aus der Ts'in und Hanzeit«, heißt es in einem ihrer Artikel, »haben sich konkave Metallspiegel erhalten, deren Vorderseite das Bild des Beschauers zurückwirft, während die Hinterseite, mit geheimnisvollen Zeichen bedeckt, eine nicht minder bedeutungsvolle Magie ausstrahlt.«[32]

Eine ähnliche Magie übe der »chinesische Sittenroman« aus mit seiner Mischung von Höflichkeit und Grausamkeit, Zeremoniell und Strafen, mit seinen breiten erotischen Szenen und seiner seltsam anmutenden Geisteswelt, in der ein Dichter, Schriftgelehrter oder Kalligraph mehr gelte als ein Kaiser.

Leider, schrieb sie, sei die Kunst der Übersetzung ins Deutsche noch nicht weit gediehen. Diese Kunst bestehe darin, »den chinesischen Ausdruck durch uns vertraute Begriffe wiederzugeben, ohne ihm die Eigenart des Originals zu nehmen«.[33] Doch die Sinologie sei ein allzu weltfremdes Fach. Anstatt den Laien zu begeistern und zu informieren, baue sie Mauern auf, das wenige Verständliche sei »getrübt durch Theorien und durch einen Mangel an reinem Tatsachengewinn«.[34]

Auffallend an Doras Rezensionen für die *Literarische Welt* ist, dass sie nie Inhaltsangaben oder gar Anekdotisches aus dem Leben des Autors enthalten und sich nur selten zu konkreten Details äußern. Gewiss gibt es auch Verrisse, die sich gewaschen haben. So schreibt sie zum Beispiel über die amerikanische Bestsellerautorin Fanny Hurst, ihr Roman sei »unlogisch im Aufbau«, strotze vor Unwahrscheinlichkeiten und zerre mit Motiven wie »Kindesentführung, Trunksucht, Notzucht [und] Totschlag« an den Nerven der Leser, um plötzlich mit einem Happy End aufzuwarten, das so wirke, »als ob ein kranker [...] in schmierige Lumpen gekleideter Bettler plötzlich eine strahlende Ephebenmaske« aufsetze.[35] Doch das sind Ausnahmen. Sie wird selten so heftig. In der Regel versucht sie, die tiefere Substanz eines Textes zu erfassen, in einer Sprache, die ihrerseits hohe literarische Qualität hat. Über *Flamingo*, einen Roman der heute nahezu vergessenen anglo-amerikanischen Autorin Mary Borden, heißt es da etwa:

Dieses erstaunliche Buch begnügt sich nicht damit, den Leser mit dem Eindruck eines großen Kunstwerks zu entlassen. Man ist nicht fertig, wenn man es aus der Hand legt. Was aber da weiter wühlt und bohrt, das sind nicht die Schicksale der Figuren, nicht die kulturellen und politischen Probleme, die der Roman in Fülle aufwirft. Es sind, so sonderbar das klingt, technische Fragen, Fragen nach den Geheimnissen der Zunft. [...] Man tut einen Blick in die unterirdische Hexenküche, glaubt zu sehen, wie die Lava sich bildet, aufsteigt, überquillt, sich ergießt. [...] Einer der großen Lehrer der Verfasserin ist Conrad. Man begreift ihn [...] vielleicht erst ganz, wenn man »Flamingo« gelesen hat. Dieses außerordentliche Pulsieren der Sprache, dieser schwebende Rhythmus, dem Rhythmus des atmenden Meeres so ähnlich, [...] er kehrt im Werke Mary Bordens wieder, aber verwandelt.[36]

Ein treuer Sohn seines Volkes

Im Herbst 1927 hatten Leon und Anna Kellner eine Palästina-Reise gemacht, um ihren Sohn Viktor und dessen Familie zu besuchen. Er lebte als Farmer in Binyamina, einem kleinen Ort in der Nähe von Haifa, der seinen Namen dem Baron Edmond Benjamin James de Rothschild verdankte. Für die Kellners war es die zweite Palästina-Reise. Die erste hatten sie 1922 gemacht, unter Benutzung des Reiseführers von Jesaias Press, den Dora aus dem Deutschen ins Englische übersetzt hatte. Über diese Reise hatte Anna einen langen Bericht in der Zeitschrift *Menorah* geschrieben, der sich fast wie ein Reiseroman las und außerdem noch sehr viel Witz hatte:

Ein kleiner Kolonist, der einem Pogrom in Russland entronnen ist, beschwört seine Verwandten, die Heimat zu verlassen und nach Palästina zu kommen. Ein Vetter folgt seiner Aufforderung, kommt mit ein paar tausend Rubeln in der Tasche an und erkundigt sich vorsichtig, was für Aussichten er als Bauer haben würde. Der andere erzählt ihm, wie fruchtbar das Land sei, wie der Weizen gedeihe, das

Gemüse, die Orangen; mit jüdischer Lebhaftigkeit beschreibt er ihm einen Zitronenbaum, der fast tausend Zitronen bei einer Ernte getragen habe. Und schließlich nimmt er dem Vetter dessen Regenschirm aus der Hand, stößt ihn heftig in den Boden und sagt: »Wenn du Regenschirme pflanzest, werden Regenschirme wachsen!«[37]

Die zweite Palästina-Fahrt verlief schwieriger. Sie konnten nicht mehr wie damals von Ägypten aus durch das ganze Land reisen, nach Binyamina, Haifa, Tel Aviv und Jerusalem, das für sie die schönste Stadt auf der Welt war. Kellner, 68 Jahre alt, war seit dem Krieg nie mehr richtig froh und gesund geworden. Er litt unter Depressionen und Herzschwäche, hatte mehrmals »Nervenzusammenbrüche«. Die Ärzte hatten ihm strenge Erholung verordnet, aber er konnte das Reisen und Schreiben einfach nicht lassen. Auch in Binyamina musste er von einem Arzt behandelt werden, der zu sofortiger Rückkehr riet. Doch kaum in Wien, hatte er wieder Heimweh nach Palästina, nach Viktor, nach der Arbeit auf dem Feld und im Stall, die ihm sehr gut gefallen hatte, wenn es nur nicht so schrecklich heiß gewesen wäre, 40 Grad wärmer als zu Hause im herbstlichen Wien.

Im November 1928 erlitt er einen Herzinfarkt, den er nur knapp überlebte. Alles würde gut, tröstete er seine Frau. Sie würden bald wieder nach Palästina fahren und die herrlichsten Orangen essen, den zartesten Blumenkohl und die größten lilafarbenen Auberginen. Doch am 5. Dezember war es vorbei. Er hatte versucht, einen kleinen Spaziergang zu machen, von dem er jedoch alsbald wieder zurückgekehrt war. Die Wohnung lag auf der zweiten Etage. Er schaffte es kaum noch bis vor die Tür. Als er oben war, setzte er sich in den Sessel und starb.[38]

»Ein Forscher von Weltruf, ein feinsinniger Essayist, ein gütiger, wertvoller Mensch, ein treuer Sohn seines Volkes ist dahingegangen«, schrieb die jüdische Zeitung *Die Stimme*. »Überall, in der jüdischen wie in der nichtjüdischen Welt, löst Professor Kellners Hinscheiden echte Trauer um einen geistig hochstehenden und lauteren Menschen aus.«[39]

An seinem Begräbnis nahmen viele Prominente teil, der österreichische Bundespräsident Michael Hainisch, der Wiener Bürgermeister Karl Seitz, Professoren der Universitäten von Wien und Czernowitz und der Präsident der Israelitischen Kultusgemeinde. Auf der Todesanzeige wurden neben Paula und Viktor mit ihren Ehepartnern auch »Dora und Dr. Walter Benjamin« als »Kinder« genannt. Ob Benjamin nach Wien zur Beerdigung fuhr, ist nicht bekannt, wahrscheinlich jedoch nicht, weil er in seinen Briefen nichts davon erwähnt, nicht einmal den Tod seines Schwiegervaters, der doch so unendlich viel für ihn getan hatte.

Das Gesicht der literarischen Frau

Benjamin sprach nun immer wieder von Scheidung, diesmal ernsthaft, weil er hoffte, Asja dadurch enger an sich binden zu können. Das Ganze war eher ein Akt der Verzweiflung als der Vernunft, denn sie lagen sich ständig in den Haaren und trugen ihre Differenzen auch öffentlich aus, etwa auf den zahlreichen Partys bei den Hessels, wo Asja exzessiv mit anderen Männern tanzte, während Benjamin »reptilig gekrümmt« auf dem Sofa saß. Auch Bernhard Reich, immer noch nicht wirklich von ihr getrennt, tauchte gelegentlich auf, hauptsächlich, um Unmengen von Brötchen zu verschlingen, denn er war groß, dünn und oft sehr hungrig.[40]

Manchmal erschien auch Klemperer, der bekannte Leiter der Berliner Krolloper, der durch provozierende Inszenierungen von sich reden machte und auf der Abschussliste der Deutschnationalen stand. Mit seinem Gardemaß von zwei Metern war er hochattraktiv, eine »majestätische Erscheinung«, wie Benjamin nicht frei von Neid protokollierte.[41] Offenbar hat Asja auch ihm schöne Augen gemacht und ihn in längere Gespräche verwickelt. Er kannte Strawinsky, dessen Werke er regelmäßig aus der Taufe hob. Und er fuhr seit 1924 mindestens einmal im Jahr nach Russland, um dort als Dirigent aufzutreten. Angeblich soll er ihr angeboten haben, *Hoffmanns Erzählungen* an der

Krolloper zu inszenieren,[42] was, gelinde gesagt, reichlich unglaubwürdig ist, da sie keine Ahnung von der deutschen Romantik hatte und weder Deutsch noch Französisch genügend beherrschte, um das Stück auch nur ansatzweise zu verstehen. Ganz aus der Luft gegriffen ist die Geschichte allerdings auch nicht, denn *Hoffmanns Erzählungen* wurden tatsächlich an der Krolloper neu inszeniert, mit Zemlinsky am Dirigentenpult, Moholy-Nagy als Bühnenbildner und Ernst Legal als Regisseur. Wie hätte Asja in dieser Gesellschaft bestehen sollen? Mag sein, dass Klemperer ihr eine Regieassistenz angeboten hat, doch es kam nicht dazu, da diese große Aufgabe ihr nach eigener Aussage zu viel Angst machte.

Dora hatte jetzt langsam genug von Benjamins Asja-Geschichte und schlug in ihren Texten deutlich schärfere Töne an als bisher. Nein, sie wies sich jetzt keine Schuld mehr zu wie in ihrem Text »Stille Musik«. Sie suchte nicht mehr alle Fehler bei sich und in ihrer Unfähigkeit, dieses sensible, zarte Gemüt richtig zu verstehen. Im Januar 1929 schrieb sie in der *Dame:*

Die Ehe ist eine altmodische Einrichtung. Und eine einseitige. Einer ist darin immer der Gebende, er empfängt nur, indem er schenkt, [...] je selbstloser, je verschwenderischer, desto mehr erfüllt er die Gesetze der Beziehung. Es muss nicht immer die Frau sein. [...] Ist aber die Frau die Gebende, wo muss sie [...] die Grenzen des Geschlechtes zu überwinden wissen. Wo andere spröde sein dürfen, muss sie nachgiebig sein; wenn andere die entzückende eigene Person stets im Rampenlicht sehen wollen, muss sie sich mit der Kulisse zufrieden geben. Auf uralte Vorrechte der Frau wird sie verzichten müssen, denn sie sind dem männlichen Teil in dieser Ehe vorbehalten: hilflos, launenhaft, schutzbedürftig, verwöhnt.[43]

Dass sie plötzlich so mutig und forsch sein konnte, hatte viel mit Lothar Brieger zu tun, einem neuen Mann in ihrem Leben, der sich hundertprozentig auf ihre Seite stellte. Er war elf Jahre älter als sie, Kunsthistoriker, Schriftsteller, Journalist, zeitweilig Zionist, verheiratet, aber seit langem getrennt lebend, Autor von Büchern über Lesser Ury, das Genre-Bild, das Aquarell oder das *Goldene Zeitalter der französischen Illustration*. Zurzeit arbeitete er an einem Buch über *Das Frauengesicht der Gegenwart*, für das er die verschiedensten prominenten Frauen der Weimarer Republik fotografieren ließ: Die Sängerin Fritzi Massary, die Schauspielerinnen Tilla Durieux und Carola Neher, die Feministin Alice Salomon, die Puppenmutter Käthe Kruse, die Fechtmeisterin Helene Meyer, die Filmemacherin Lotte Reiniger, aber auch Ärztinnen, Studentinnen oder Biologinnen, deren Namen heute niemand mehr kennt.[44]

In diesem Buch ist auch »die Schriftstellerin Dora Sophie Kellner« zu sehen. Man hat Mühe, Dora darauf wiederzuerkennen, so sehr hat sie sich seit den ersten Jahren ihrer Ehe verwandelt. Sie ist schlanker und markanter geworden, viel entschlossener, dabei aber nicht uncharmant, die Gesichtszüge haben sich deutlich verschärft, der Blick wirkt kritisch und prüfend, nicht mehr so unsicher und um Zuneigung heischend wie früher. Auch die langen Haare sind inzwischen gefallen. Sie trägt jetzt einen klassischen, in leichte Wellen gelegten Garçonne-Schnitt, kein Dekolleté, keinen Schmuck, sondern eine schlichte dunkle Bluse mit weißem Kragen.[45]

Das Foto stammt von Steffi Brandl, einer in Wien ausgebildeten Fotografin, die ihr Atelier am Kurfürstendamm, Ecke Uhlandstraße hatte. Sie war spezialisiert auf Porträts, vor allem von modernen, emanzipierten Frauen, aber nicht nur. Auch Max Liebermann und Adolf Loos ließen sich von ihr fotografieren.

Brieger zeigt sich in diesem Buch als Freund der Frauenbewegung, aber vor allem als Freund von Dora, der er ein regelrechtes Denkmal damit setzt. »Das Gesicht der modernen Schriftstellerin ist eine Angelegenheit für sich«, schreibt er dazu. »Das liegt im Wesen unserer modernen Literatur begründet. Das geschriebene Wort […] ist nämlich das erste Gebiet, auf dem sich ein innerlicher Wandel ausprägt. […] Wie ihre Arbeit, so ist das Gesicht der literarischen Frau. Es hat einen kühnen Vorwärtssprung in das Männliche gemacht.«[46]

Angst

Im April 1929 hatte Dora eine beklemmende Vision, die sie unter dem Titel »Angst« für *Die Dame* aufschrieb.[47] Die Geschichte beginnt eigentlich ganz harmlos. Auf einer Party sitzen mehrere Leute zusammen und erzählen sich, wann sie sich einmal besonders gefürchtet haben, wobei einer meint, »Furcht« und »Angst« seien nicht dasselbe: Man fürchte sich »vor etwas«. Angst aber habe kein konkretes Objekt.

Plötzlich spricht ein Partygast von den Pyrenäen, demselben Gebirge, das Walter Benjamin elf Jahre später, am 24. September 1940, überqueren wird, am vorletzten Tag seines kurzen, unvollendeten Lebens. Seine Fluchthelferin Lisa Fittko hat beschrieben, wie er immer wieder stehen blieb, weil sein Herz nicht mehr wollte, wie er aus einem verrotteten Tümpel Wasser trank, weil er fürchtete, auf dem Weg zu verdursten, bevor er das Manuskript, das er bei sich trug, in Sicherheit wusste. Es ist eine gespenstische Szene, in der sie zu viert durch die Berge wandern, auf immer schmaler werdenden Pfaden, die zwischen lauter Geröll kaum noch zu sehen sind, umkreist von Aasgeiern, die auf menschliche Beute hoffen.[48]

Genau diese Szene nimmt Doras Erzähler, ein Engländer, vorweg:

> Mein Begleiter und ich waren seit dem frühen Morgen im unzugänglichsten Teil des Gebirges unterwegs. […] Sie machen sich keinen Begriff von der düsteren Größe dieser Landschaft. Das Massiv, in dem wir kletterten, waren die Montes Encantados, die »Verzauberten Berge« – nie wurde ein Name passender gewählt. […] Um zum Pass und zur Straße zu gelangen, hatten wir ein wüstes Plateau zu überschreiten, das zwischen zackigen, abenteuerlichen Gesteinsformen eingezwängt lag wie ein Hexenkessel; es war von Schründen durchzogen und mit Blöcken besät, stellenweise kam man nur vorwärts, indem man von Stein zu Stein sprang. Plötzlich strauchelte mein Freund, er war erschöpft, konnte nicht mehr weiter; ich stützte ihn, aber die Sonne sank immer tiefer, der Horizont war schmutzig und

trübe, wenn Nebel kam, bevor wir den Durchgang erreichten, waren wir verloren; wir hatten kein Wasser mehr, und vor uns lag im besten Falle ein Marsch von vielen Stunden. [...] Wir erreichten endlich den Pass, trunken vor Müdigkeit. [...] Ich hatte Zeit, zurückzusehen, hinauf in die öden, kahlen, grandiosen Berge. Und da empfand ich plötzlich Angst, zum ersten Mal im Leben: eine lähmende, tödliche Angst. Die Einsamkeit senkte sich langsam und vernichtend auf mein Herz, wie einer der Riesenblöcke, unter denen wir saßen. Warum? Warum gerade in diesem Augenblick, als wir in Sicherheit waren? Ich weiß es nicht.

Kopf und Geschlecht

Im Mai 1929 suchte Benjamin die Rechtsanwälte Dr. Georg Buss und Dr. Ernst Katz in Berlin auf, um die Scheidungsklage gegen Dora einzureichen. Deren Inhalt übertraf ihre schlimmsten Erwartungen. Er behauptete, 1923 zum letzten Mal mit ihr geschlafen zu haben, obwohl sie noch 1927 ihre »zweite Hochzeitsreise« miteinander gemacht hatten. Ferner warf er ihr »ehewidrige Beziehungen« mit Lothar Brieger und einem gewissen Friedrich Podszus vor. Letztere konnte er allerdings nicht mehr genau datieren. Außerdem behauptete er, »dass sie mehrfach dritten Personen gegenüber äußerst zynische Bemerkungen über die intimsten Beziehungen des Klägers zur Beklagten gemacht« habe.[49]

Sein Ziel war, Dora alle Schuld an der Zerrüttung der Ehe zuzuweisen. Falls die Zivilkammer des Landgerichts III in Berlin ihm recht geben würde, wovon er mit großer Sicherheit ausging, würde sie das Sorgerecht für Stefan, die Wohnung in der Delbrückstraße, ihre Mitgift, ihren Anteil an seinem späteren Erbe und den Anspruch auf jegliche Unterhaltszahlungen verlieren, also eigentlich alles.

Dora war fassungslos und empört. Sie hatte ihn für einen schwierigen, aber redlichen Menschen gehalten. So viel Niedertracht hätte sie ihm niemals zugetraut.

Es folgten noch mehrere Gespräche, die zu nichts führten. Dann gab Dora auf und nahm sich selbst zwei hervorragende Anwälte, Freiherrn von Godin und Dr. Kurt Eichenbaum in Berlin. Damit hatte Benjamin überhaupt nicht gerechnet. Bei Gershom Scholem beklagte er sich bitter darüber, dass Dora sich die »verschlagensten und gefährlichsten Anwälte Deutschlands« genommen habe.[50] Hatte er etwa erwartet, dass sie klaglos zustimmen würde?

Nachdem sie die Widerklage eingereicht hatte, reiste sie im Auftrag des Hauses Ullstein nach London, wo sie sich in der Church Road im Stadtteil Richmond ein Zimmer nahm. Sie hatte den Auftrag, für mehrere Blätter des Verlages, die *BZ*, *Tempo*, *Die Dame* und die *Vossische Zeitung*, Berichte über verschiedene Themen zu schreiben wie »Education, Housing, Literature«, Gerichtsverhandlungen, »politische Frauen« und »all die kleinen Schmonzes«, wie sie auf Jiddisch an Gershom Scholem schrieb. Sie sei zwar glücklich, einen Kontrakt über zwölf Artikel zu haben, komme sich aber manchmal wie ein »Hausierer mit Schuhbandeln« vor.[51] Obwohl sie bis tief in die Nacht zu tun hatte und außerdem noch an ihrem Roman *Gas gegen Gas* arbeitete, schrieb sie Scholem am 17. Juni 1929:

> Mit Walter steht es sehr schlimm, lieber Gerhard, ich kann Dir nicht mehr sagen, denn es drückt mir das Herz ab. Er ist völlig unter Assjas [sic!] Einfluss und begeht Dinge, die die Feder sich sträubt zu schreiben und die verhindern, dass ich in diesem Leben je wieder ein Wort mit ihm rede. Er besteht nur noch aus Kopf und Geschlecht, alles andere ist völlig ausgeschaltet, und Du weißt oder kannst Dir denken, dass es in solchen Fällen nicht lange dauert, bis der Kopf unterliegt. Das war immer seine große Gefahr und wer weiß, wie es wird. Ernst Schoen sieht es sehr schwarz an. Walter hat […] mich wegen meiner Schuld verklagt. […] Ich kann Dir wie gesagt nicht schreiben, was ich durchgemacht habe und noch durchmache. Die Aufenthaltsbewilligung der Assja läuft ab und er wollte sie schnell heiraten, um ihr die Preußische Staatsangehörigkeit zu verschaffen; obwohl er aber nichts von seinem Geld sicherstellen will, weder für Stefan noch für mich, verlangte er – und ich versprach es auch – die Hälfte meines

zukünftigen Erbteils von meiner Tante her.[52] *Ich gab ihm alle Bücher, tags darauf verlangte er auch die Kinderbuchsammlung; im Winter hat er monatelang ohne zu bezahlen bei mir gewohnt, mich Hunderte gekostet und gleichzeitig Hunderte für Assja ausgegeben, als ich sagte, ich hätte kein Geld mehr, hat er die Scheidung vorgeschlagen. Noch heute schuldet er mir für zwei Monate Kost, Telefon usw., über 200 Mark.* [...] *Nachdem wir uns acht Jahre lang sämtliche Freiheit gegeben haben, er mir seine sämtlichen schmutzigen Sachen erzählt hat, mir selbst tausendmal zugeredet hat, mir »einen Freund zu nehmen«, ich seit sechs Jahren nicht mehr mit ihm lebe, verklagt er mich; jetzt sind ihm plötzlich die verachteten deutschen Gesetze gut genug. Hinter ihm steht natürlich die völlig skrupellose Assja, die ihn, wie er selbst mir mehrfach gesagt hat, nicht liebt und ihn einfach ausbeutet, was zwar klingt wie ein übler Roman, aber wahr ist.* [...] *Ich habe einen Heiratskontrakt, den bat er mich zu zerreißen, dann wollte er die Schuld auf sich nehmen. Ich versprach, ihn zu widerrufen. Aber er will nichts tun; nichts für Stefan, nicht seine Schulden an mich zurückzahlen, mir nicht einmal die Wohnung lassen, die ich mit eigenen Händen gestrichen habe und für die ich seit Jahren Miete und Kohlen bezahle. Er ist – nicht verwandelt, sondern gewisse Seiten seines Wesens sind einfach ins Maßlose gesteigert.* [...] *Stefans und mein zukünftiges Leben ist ihm so egal wie das eines Wildfremden.*

Dabei leidet er entsetzlich, Augenzeugen haben mir erzählt, [...] *dass sie leben wie Katz und Hund. Sie hat eine Wohnung, die er bezahlt und früher bewohnte, bis sie ihn zwang auszuziehen, da kam er zu mir zurück. Er verlangte von mir, ich sollte sie bei mir wohnen lassen, was ich natürlich abschlug, sie hat sich gegen mich furchtbar benommen vor Jahren schon. Und das ist nun die Revanche.*

Gesunde Nerven

In seiner Antwort, die offenbar nicht erhalten ist, versuchte Scholem, den alten Freund zu verteidigen, obwohl er selbst sehr erzürnt darüber war, dass er seine Palästina-Reise immer wieder verschoben hatte, woran er mit Recht Asja Lacis die Schuld gab, denn diese rühmt sich in ihren Erinnerungen:

> Einmal hatte er ein Lehrbuch der hebräischen Sprache bei sich, er sagte, dass er Hebräisch lerne. Vielleicht werde er nach Palästina fahren. Sein Freund Scholem verspreche ihm dort eine gesicherte Existenz. Ich war sprachlos, dann kam es zu einer scharfen Auseinandersetzung: der Weg eines normal denkenden progressiven Menschen führt nach Moskau, aber nicht nach Palästina. Ich kann ruhig sagen, dass Walter Benjamin nicht nach Palästina fuhr, das habe ich erreicht.[53]

Scholem schrieb, Benjamin habe seit 1921 kein Zuhause mehr gehabt und nicht gewusst, wohin er gehöre. Das habe ihn seelisch und moralisch korrumpiert. Dora bestritt das. Mit Recht. Er hatte de facto doch ein Zuhause, die schöne, wenn auch nicht sehr geliebte Wohnung in der Delbrückstraße. Dass er es nicht schaffte, sich eine andere zu besorgen, hatte er ganz allein sich selbst zuzuschreiben. In ihrer Antwort vom 24. Juli 1929 schrieb Dora, wenn ihre Ehe auch anders gewesen sei als die der meisten bürgerlichen Mitmenschen, habe sie sie nie als besonders schwierig empfunden. Bis Benjamin 1924 nach Capri gefahren sei und Asja Lacis kennengelernt habe.

> *Seither hat er immer paktiert: mit dem Bolschewismus, [...] mit dem Zionismus, [...] mit der Philosophie. [...] Dieses Paktieren hat ihn geistig und moralisch völlig untergraben. Dass sein Denken weiter scharf, pointiert, tief ist, leugne ich nicht, ich glaube auch, dass die Arbeit, die er jetzt macht, über die Pariser Passagen, von der er mir freilich kein Wort mitgeteilt hat, in ihrer Art großartig ist – und Du darfst nicht sagen, Gerhard, dass Dir seine geistige Entwicklung wichtiger ist als mir. Dazu habe ich zu lange meine ganze Existenz auf ihn gestellt, um heute nur noch die erbitterte, verlassene Gattin zu spielen. Aber wo bleibt sein Wesen, das mir so lange führend war, wenn er nur noch Kopf und Geschlecht ist? Ich kann es ansehen, von welchem Standpunkt ich will, es ist und bleibt ein entsetzliches*

*Unglück, [...] weil ich einfach mittellos zurückbleibe; mit dem Jungen, den
er mir im besten Fall lässt, ohne für ihn einen Pfennig zu zahlen [...].
Mit dem Odium einer doppelten Scheidung, noch dazu mit meiner Schuld;
ohne Wohnung; ohne einen Pfennig Geld (denn mein gesamtes Vermögen
habe ich für ihn ausgegeben, nicht für mich, denn ich habe seit 1918 verdient).*[54]

Selbst einer seiner besten Freunde, Ernst Schoen, sei der Meinung,
dass Asja ihn völlig beherrsche und ihm sogar vorschreibe, wohin
er reisen dürfe und wohin nicht, schreibt Dora weiter. Erst vor kurzem habe sie ihre Tochter Daga nach Berlin geholt und liege ihm mit
diesem Kind »völlig auf der Tasche«, was dagegen spricht, dass sie bei
der Sowjetischen Handelsvertretung etwas verdiente, wenn diese Geschichte nicht überhaupt reine Fiktion ist.

Wie es Stefan in dieser Zeit ging, wagt man kaum sich zu fragen.
Er war elf Jahre alt, reif fürs Gymnasium. Sein Großvater, Emil Benjamin, war seit drei Jahren tot. Seine Großmutter hatte mehrere Ge-
hirnschläge erlitten. Blieb nur das Kindermädchen, Grete Rehbein,
und »Tante Dodo«, Dora, die Jüngere also, die 1929 immer noch in der
Delbrückstraße wohnte, wahrscheinlich, um in der Nähe ihrer kranken Mutter zu sein.[55] Sie war sehr engagiert im Kreuzberger Gesundheitshaus und zurzeit besonders stark beschäftigt, da sie mit ihrem
Kollegen Fritz Fränkel eine große Ausstellung – »Gesunde Nerven« –
vorbereitete, die im Oktober gezeigt werden sollte. Ernst Joël fiel als
Mitstreiter aus. Er hatte sich das Leben genommen. Wann sollte sie
Zeit gehabt haben, sich um Stefan zu kümmern?

Das Kind ist der Vater des Mannes

Dora schrieb während ihres Londoner Aufenthaltes und kurz danach
längere Artikel über »Die Lady und ihr[en] Garten«, »Die politischen
Töchter«, »Kindersport in England«, »Ehrenjungfrauen zum Anbeißen« und »Der neueste Galsworthy«.[56] Wahrscheinlich auch Kurz-

meldungen über »Seidenwäsche als Kündigungsgrund«, »Tennis nur in Strümpfen« und »Rothaarige unter sich«.[57] Der Ton ist überwiegend satirisch und leicht. Ernstere Themen werden vermieden. Nur einmal blitzt etwas wie persönliche Betroffenheit auf, als sie über die Erziehung der englischen Kinder – besonders der Jungen aus besserem Hause – schreibt:

Mit vier Jahren bekommt das Kind sein erstes Reittier, ein Shetlandpony; schon drei Jahre später darf es ein richtiges Pferd besteigen, wer es sich leisten kann, hält jedem seiner Kinder einen »hunter«, ein rassiges Reitpferd mit Stammbaum, und man erwartet von ihnen, dass sie von zehn Jahren ab an den Hetzjagden teilnehmen und vor zwei Meter hohen Gittern ebenso wenig zurückschrecken wie vor einem reißenden Bach oder einem steilen Hügel. Dass sie nebenbei Cricket, Tennis, Hockey und Golf spielen, ist klar. Überall bleibt der Sport letzter Maßstab: zum Obersten der Schule wird nicht der beste Schüler gewählt, sondern der tüchtigste Fußballer oder Cricketer, […] auch wenn es mit Latein und Geometrie ein wenig hapert.

Welcher Gegensatz zum Kontinent, mit seinen Schülertragödien, Kinderselbstmorden und Versetzungsängsten! Man kann sich nichts […] Harmloseres und Vergnügteres denken als ein typisch englisches Kind. Hand in Hand mit dem dauernden Aufenthalt im Freien, mit Abhärtung und körperlicher Leistung geht das zierlichste Benehmen im Hause. Kein englischer Junge wird es wagen, vor seiner Mutter durch die Tür zu gehen; fällt der kleinen Schwester ein Spielzeug auf den Boden, so hebt er es auf; vom sechsten Jahr an hat er tadellose Tischmanieren und handhabt Messer und Gabel wie ein Großer. […] Dabei fehlt der leiseste Anklang an den militärischen Drill, wie er bei uns für unerlässlich zur Kindererziehung gilt. Die nötige Disziplin erlernt sich bei Fußball und Cricket von selbst, wie […] der ständige Umgang mit edlen Pferden und Hunden zu […] Menschlichkeit und Güte, wie jede Art von Sport und Spiel in größerem Kreise zu Rücksicht und Großmut erzieht. – »Das Kind«, heißt ein Lieblingswort der Engländer, »ist der Vater des Mannes.« Sie sind die freiheitsliebendste

Nation der Welt: Bürokratie und Amtstyrannei kennt man hier nur vom Hörensagen; das Gesetz ist für die Bürger da, nicht die Bürger fürs Gesetz. Erst dann, wenn man die englischen Kinder kennt, weiß man warum.[58]

Pazifismus und Science-Fiction

Am 19. Juni 1929 brachte die *BZ am Mittag* folgende Nachricht aus Wien:

Die »Arbeiterzeitung« fährt fort mit der Veröffentlichung zahlreicher Geheimdokumente aus dem Besitz der österreichischen Heimwehren und weist nach, dass mit voller Kenntnis der Behörden die Heimwehren sich auch mit Gasgranaten ausrüsteten. […] Die Hauptzentrale der Heimwehren befindet sich in Graz, wo Gasgranaten verschiedenster Art hergestellt werden. Heimwehrabteilungen wurden zu Übungen im Werfen von Gasgranaten kommandiert.

Das reichte. Das wird den endgültigen Anstoß gegeben haben. Dora musste diesen Roman, der nun schon so lange in ihrem Kopf war, endlich fertig schreiben. An Tatkraft und Wut fehlte es ihr nicht. Ganz im Gegenteil. Die Scheidung setzte ungeahnte Energie in ihr frei. Fehlte nur noch der Verleger, der nicht so einfach zu finden war. Rowohlt? Da saß Franz Hessel im Lektorat, Benjamins enger Freund. Ullstein? Da war sie als Journalistin gut eingeführt, nicht als Romanautorin. Doch zum Glück gab es noch Ernst Schoen, ihren alten Geliebten, der inzwischen künstlerischer Leiter des Südwestdeutschen Rundfunks in Frankfurt war. Er hatte zwar die Sache mit der Abtreibung nicht vergessen. Doch sie war ihm nicht mehr so wichtig, jedenfalls im Moment nicht. Denn er war glücklich mit Johanna (»Hansi«) Liman verheiratet, mit der er eine Tochter namens Nina hatte. Ein Sohn, Alexander, würde bald folgen.[59]

Er war zwar immer noch sehr befreundet mit Walter Benjamin,

versuchte aber auch, fair gegenüber Dora zu bleiben, die ihm sehr leidgetan haben muss, weil sie so lange um diese Ehe gekämpft hatte und nun mit ihrem Sohn vor dem finanziellen Ruin stand.

1930 erschien im Hausblatt des Frankfurter Senders, der *Südwestdeutschen Rundfunkzeitung*, die erste Folge ihres Romans *Gas gegen Gas*. In durchaus anspruchsvollem Umfeld übrigens, denn dieses Blatt brachte nicht nur Programmmeldungen, sondern auch politische und rundfunktheoretische Beiträge, Schauspielerporträts, Artikel über das »Ende der neuen Sachlichkeit« und »Sigmund Freuds Bedeutung für die Gegenwart«.

Zu Beginn wird die Heldin, Camilla von Zöllnitz, eingeführt, eine junge Österreicherin, die durch den Krieg ihre Eltern und ihr gesamtes Vermögen verloren hat. Sie hat nichts gelernt außer Singen, Klavierspielen und Französisch. Aber sie hat beste Manieren und gilt als schön. Nach einem missglückten Versuch, sich in Krakau als Sängerin einzuführen, landet sie in einem Bordell auf Korfu. Ein Geschäftsmann namens Oskar Lefevre verspricht, sie zu retten, und nimmt sie mit auf ein Schiff, das sie nach Deutschland bringen soll. Nachdem er sie nachts wiederholt brutal missbraucht hat, beschließt sie, ins Wasser zu gehen. Doch der Versuch misslingt. Ihre inneren Kräfte sind stärker. Sie ist eine gute Schwimmerin und kämpft sich ins Leben zurück. Halb ohnmächtig erreicht sie das Ufer der Insel Lagosta, auf der sich ein Dr. Frey rührend um sie kümmert. Er ist Deutscher, Arzt, ehemaliger Kriegsteilnehmer, und Mitarbeiter eines Chemikers namens Palm, dem die ganze Insel gehört. Die beiden haben dort ein Laboratorium aufgebaut, in dem sie »Gas gegen Gas«, ein Gegengift gegen Giftgas, entwickeln wollen, um der Gefahr künftiger Gaskriege entgegenzuwirken. Frey selbst ist im Krieg schwer verletzt worden.

»Denken Sie sich ein Glas Wasser, aber bis zum Rande gefüllt, sodass kaum ein Tropfen mehr hineingeht«, erläutert Palm seine Idee. »Nun kommt jemand und will Öl in das Glas tropfen lassen. Was geschieht?«

»Das Öl wird auf dem Wasser schwimmen«, sagte Camilla [...].

»Ja – oder wenn im Glas kein Platz mehr ist, wird es einfach an allen Seiten abfließen. Dasselbe muss man im Großen wiederholen: man muss die bedrohte Stadt mit einem Gas anfüllen, das schwerer ist als das Angriffsgas – da unser Gas sich zwar ausdehnt, sich aber nur begrenzt zusammendrücken lässt, so setzt es dem Kampfgas, das von oben herunterkommt, einen Auftrieb entgegen. [...] Mein Verfahren beruht auf dem Umstand, dass man davon abgekommen ist, Gasbomben abzuwerfen – man schüttet von oben die gefährliche Substanz herunter wie Regen; aber selbst Bomben werden unschädlich gemacht, denn das Giftgas steigt hoch, weil es leichter ist als das Schutzgas. Dieses Schutzgas zu finden war sehr schwer. Es musste ein großes Gewicht haben, und doch die Menge Sauerstoff enthalten, die zum Atmen nötig ist. Sauerstoff ist aber ein sehr leichtes Gas. Glücklicherweise habe ich mich schon viel früher damit befasst, Gase von hohem spezifischem Gewicht herzustellen [...]. Ich glaube, die Mischung gefunden zu haben [...].«[60]

Während Camilla ihre Streifzüge über die Insel macht und menschenleere Modellstädte entdeckt, in denen Palm und Frey ihre Experimente durchführen, lernt der Leser ihre ältere Schwester Jadwiga kennen. Sie lebt in Berlin auf der Emser Straße, genau dort, wo Dora mit Pollak gewohnt hatte, in einer noblen, großbürgerlichen Wohnung mit vielen Zimmern. Da sie wie Camilla nichts Richtiges gelernt hat, lässt sie sich von reichen Männern der Berliner Gesellschaft aushalten. Ihr derzeitiger Geliebter ist ausgerechnet Oskar Lefevre, der Camilla missbraucht hat. Doch davon ahnt sie noch nichts.

Er ist Teilhaber eines deutsch-französischen Chemiekonzerns, der im Krieg große Gewinne mit Giftgas gemacht hat. Nun ist dessen Produktion in Deutschland verboten worden. Ein gewaltiges Ärgernis für die Lefevres. Doch sie versuchen, das Verbot zu umgehen, indem sie Filialen in Ländern eröffnen, die das »Genfer Protokoll« nicht unterzeichnet haben. Moralische Bedenken werden als »Humanitätsdusel« vom Tisch gefegt:

»Wie der Weltkrieg nach einwandfreien Statistiken beweist, waren nur zwei Prozent aller Gasverwundungen wirklich schwer, während von den durch Explosivstoffe und Geschosse kampfunfähig gemachten Kriegsteilnehmern 25 Prozent dauernd dienstuntauglich blieben. Das allein genügt. Aber wenn wir die Sache vom überlegenen Gesichtspunkte aus betrachten: gerade die entsetzliche Gefahr eines Gaskrieges, die Unmöglichkeit, Rüstungen, die sich auf die Erzeugung von Giftgasen beschränken, zu verbieten oder zu kontrollieren, müssen jeden künftigen Krieg verhindern. Man wird es sich, wenn erst einmal Giftgase in genügenden Mengen lagern, sehr wohl überlegen, bevor man einen Gaskrieg entfesselt. Damit ist schlagend bewiesen, dass es gegen den Krieg überhaupt kein zuverlässigeres Mittel gibt als recht große Vorräte von Giftgas zu produzieren; das ist doch wohl klar, meine Herren?«[61]

Bis hierhin ist der Roman ein Stück gelungener, politischer Unterhaltungsprosa, gewürzt mit Sarkasmus und Inselromantik, also durchaus spannend, wobei die erste, die Selbstmordszene, die stärkste ist. Doch dann verliert Dora sich in komplizierten Dreier- und Vierer-Liebesgeschichten, die den Leser ermüden. Frey liebt Camilla, aber Camilla liebt Palm, der wiederum nur an seine schöne junge Frau Madeleine denkt. Diese ist eine Schwester der bösen Lefevres, die dem Chemiker Palm nach dem Leben trachten. Denn wenn es ihm gelänge, sein Schutzgas erfolgreich auf den Markt zu bringen, könnten sie ihre Firma schließen. Am Ende kommt zwar alles wieder in Ordnung. Die Guten werden belohnt und die Bösen bestraft. Palm wird gerettet. Auch die Schwestern finden wieder zueinander. Doch was ist mit dem Schutzgas? Was mit dem politischen Plot? Er verliert sich in langen Problemdialogen über die Liebe:

Einen Menschen wirklich zu lieben, verbraucht alle freien Kräfte – es ist eine Aufgabe wie die Kunst. Viele bringen sie überhaupt niemals fertig.[62]

Eigentlich schade. Denn Doras Grundidee war überraschend und mutig, obwohl oder weil sie viele Science-Fiction-Elemente hatte. Doch in ihrer äußerst belasteten Situation fehlte ihr wohl die Kraft, sie stringent zu Ende zu führen. Die *Südwestdeutsche Rundfunkzeitung* druckte den Roman, wie es scheint, nicht ganz vollständig ab. Dafür übernahmen ihn die *Innsbrucker Nachrichten* und das *Grazer Tagblatt* unter dem Titel *Das Mädchen von Lagosta*.

Wolken und Staub

Im August 1929 packte Benjamin endgültig seine Kisten und verließ »in Wolken von Staub« den Ort seiner »zehn- oder selbst zwanzigjährigen Sesshaftigkeit«.[63] Asja hatte bereits erklärt, ihn wieder verlassen zu wollen, doch dann erkrankte sie, so Benjamin, an Enzephalitis und musste zu einem Spezialisten nach Frankfurt gebracht werden.

Dieser Spezialist war Kurt Goldstein, Neurologe, Psychiater und Psychotherapeut, der kurz vor seiner Übersiedlung nach Berlin stand, wo er am Krankenhaus Moabit auch Otto Klemperer behandeln würde, der unter schweren bipolaren Störungen litt. Es spricht vieles dafür, dass hier wieder einmal eine Legende verbreitet wurde, dass Asja nicht körperlich, sondern psychisch erkrankt war, was ihr bizarres Verhalten erklären würde, ihre extreme Launenhaftigkeit, ihr gestörtes Verhältnis zur Wahrheit und das Wechselbad, dem sie Walter Benjamin aussetzte: Liebe, Zurückweisung, Zärtlichkeit, Schroffheit, Beleidigung, Leidenschaft, wobei immer die Drohung, ihn zu verlassen, im Raum stand.

Für die Annahme einer psychischen Erkrankung spricht auch, dass Benjamin im Dezember 1929 ausgerechnet Bad Königstein im Taunus mit ihr aufsuchte, den Ort, an dem sich das Sanatorium Kohnstamm befand, das auf Heilung psychisch erkrankter Künstler spezialisiert war. Viele Prominente der Weimarer Republik waren hier Stammgäste, unter anderem Ernst Ludwig Kirchner, Carl Sternheim und Otto Klemperer, von dem die Empfehlung gekommen sein mag. Kurt

Goldstein und Oskar Kohnstamm, der Leiter des Sanatoriums, waren Freunde. Es war durchaus üblich, Patienten, wenn sie es wünschten, nicht stationär unterzubringen, sondern in nahe gelegene Hotels oder Pensionen zu schicken. Das würde erklären, warum Benjamin und Lacis in der Pension Quisisana logierten und nicht im Krankenhaus.[64]

Doch ob Asja nun psychisch krank war oder nicht: Für Dora war das ohne Bedeutung, denn sie hatte die Folgen zu tragen. Zunächst in Form einer furchtbaren Erschöpfung, die ihre Tatkraft zu brechen drohte. Krankheiten, Unfälle, Katastrophen im Freundeskreis, alles kam gegen Ende des Jahres 1929 zusammen. Zunächst starb ihre beste Freundin, Elisabeth Richter-Gabo, die sie 1918 in der Schweiz kennengelernt hatte. Sie war 1922 wieder nach Berlin gekommen, wo sie mit ihrem Mann, dem Künstler und Filmemacher Hans Richter, ein großes Haus führte. Auch Benjamin schätzte sie und war oft zu Gast dort. In ihrem Salon wurde über judaistische Themen diskutiert oder auch Kasperletheater gespielt, unter aktiver Beteiligung Benjamins, der die Aufführungen organisierte.[65] 1923 trennte sich Elisabeth von ihrem Mann. Sie lebte seitdem mit Naum Gabo zusammen, einem russisch-jüdischen Maler und Bildhauer, der in Deutschland studiert hatte. Sie waren sehr glücklich, als Elisabeth 1929 endlich schwanger wurde, was sie sich jahrelang vergeblich gewünscht hatte. Doch dann, im November, kam es zur Katastrophe. »Eine Ader platzte, sie wurde narkotisiert und geöffnet«, schrieb Dora an Gershom Scholem. »Als sie aus der Narkose erwachte, sagte man ihr, sie würde leben und das Kind auch. Das war zu viel für sie, sie bekam einen Herzschlag und starb.«[66]

Zum Glück war Anna, Doras Mutter, gerade in Berlin und konnte ihrer Tochter ein wenig beistehen. Doch dann kam das nächste Unglück. Anna Kellner hatte einen schweren Unfall.

Sie ist am Monbijouplatz [...] von einem Privatauto überfahren worden [...] und hat einen doppelten Beckenbruch, eine Nierenquetschung, eine eingedrückte Rippe, zwei Kopfwunden und mehrere Blutergüsse davongetragen. Seit fünf Wochen liegt sie in der Klinik des Geheimrats Bier, die zufällig im Hause der nächsten Unfallstation gelegen ist. Jetzt geht es besser und wir hoffen, sie durchzubringen.

Ich habe nun mehrere Termine hinter mir. Die ganze Sache nimmt groteske Formen an [...]. Manchmal glaube ich, es ist alles nur ein Traum. Jetzt nennt Walter Lotte Wolff als Zeugin u. a. dafür, dass ich mich ihr gegenüber einer erotischen Technik gegen ältere Herren gerühmt habe. Um mir nicht zu schaden [sic!], will er in diesem Zusammenhang die Namen von Herausgebern von Zeitschriften, Verlagsdirektoren etc. nicht nennen. Diese selbe Lotte Wolff hat die letzten drei Jahre ihres Studiums von dem Gelde bestritten, das der Vater einer holländisch-wienerischen Freundin von mir ihr auf meine Bitten gab. [...] Man weiß nicht mehr, ob man lachen oder weinen soll.

Ich habe heute in alten Briefen von Walter gelesen. Welche Veränderung in so wenigen Jahren! Er ist wie ausgewässert, verflacht, gemein gemacht. Welcher Charme, welche Anmut, welcher Geist und welche Tiefe noch in dem nebensächlichsten Satz! Und dabei behauptet er heute, nachdem er im letzten Schriftsatz die Beziehung zu Asja noch glatt zugegeben hat, ich sähe das falsch, sie sei schwer krank und wollte außerdem einen anderen Menschen heiraten. [...] Vielleicht gibt es einen Stern, wo man geläutert werden kann und die Zeit zurückgedreht wird. Aus seinem wie aus meinem Leben ist alles Leichte, Zarte, Gute und Liebenswürdige verschwunden. Haben wir uns so tief in Schuld gestürzt? Goethes Freundin würde sagen, wir haben keinen versöhnten Gott mehr.[67]

8

DAS ECHO DEINER FRAGE

(1930 – 1939)

Der Prozess

Am 27. März 1930 verkündete die sechste Zivilkammer des Landgerichts III in Berlin die Scheidung der Ehe von Walter und Dora Sophie Benjamin. Das Ergebnis für Benjamin war vernichtend. Denn er, der Kläger, wurde für schuldig befunden und hatte sämtliche Kosten des Rechtsstreits zu tragen.[1] Dora hatte im Prozess vortragen lassen, es sei richtig, dass sie ein Liebesverhältnis mit Brieger unterhalte. Benjamin sei darüber jedoch im Bilde gewesen und habe es ausdrücklich geduldet. Er habe ihr seit Jahren jeden ehelichen Verkehr verweigert, seinerseits aber sexuelle Beziehungen zu anderen Frauen gehabt, besonders zu Asja Lacis und Olga Parem.

Benjamin bestritt, jemals mit einer der beiden Frauen verkehrt zu haben. Er bestritt ferner, Dora dazu ermutigt zu haben, »sich auf sexuellem Gebiet nach freiem Gutdünken zu betätigen«. Das Gericht glaubte ihm jedoch nicht, zumal Dora schriftliche Gegenbeweise erbringen konnte, so etwa Briefe, in denen er seine »laxe Auffassung […] vom Wesen der Ehe« darlegte. Als besonders schwerwiegend wurde angesehen, dass er eines seiner Bücher, die »Einbahnstraße«, explizit Asja Lacis gewidmet habe. Er habe auch keine Bedenken gehabt, sich »trotz Kenntnis der ehewidrigen Beziehungen zwischen Brieger und der Beklagten« von Dora unterhalten zu lassen und sie sogar aufzufordern, »sich […] von Brieger Geld zu borgen«, falls ihre eigenen Mittel erschöpft seien. Er selbst habe noch nach Erhebung der Scheidungsklage wiederholt Damenbesuch auf seinem Zimmer empfangen, mit Olga Parem verschiedene Kinos und Restaurants besucht und mit Asja Lacis in Bad Königstein, Pension Quisisana, logiert.

Dass der Beklagten in Anbetracht dieses […] vom Kläger fortgesetzten ehewidrigen Verhaltens die Fortsetzung der völlig zerrütteten Ehe nicht zugemutet werden kann, bedarf keiner weiteren Ausführung. Gezeichnet: Charmak, Werner, Gerber.

Rein inhaltlich hatte Dora also jeden Grund zu triumphieren. Sie hatte »gewonnen«. Man hatte Benjamins Argumentation vollkommen auseinandergepflückt und ihn außerdem darauf verwiesen, dass er »als Schriftsteller« der gebildeten Oberschicht angehöre und das Gericht nicht mit solchen dummen Geschichten belästigen solle. Es war eine furchtbare Blamage. Und ein äußerst frauenfreundliches Urteil für diese Zeit. Alle Zeugen und Zeuginnen, die er bemüht hatte, Charlotte Wolff, Olga Parem und andere, die im Urteil nicht aufgeführt sind, hatten nicht helfen können. Er war der Verlierer, nicht nur moralisch. Laut Ehevertrag, den Doras Eltern 1917 aufgesetzt hatten, war er verpflichtet, die Mitgift zurückzuerstatten und regelmäßigen Unterhalt für Dora zu zahlen, 300 Reichsmark im Monat. Das Sorgerecht für Stefan, das ihm im Fall eines »Sieges« zugestanden hätte, verlor er ebenfalls. Und das alles wegen Asja Lacis, die ihn inzwischen wieder verlassen hatte, weil sie an einem Mann ohne Haus und Geld nicht interessiert war.

Trotzdem ging es Dora in den nächsten Monaten sehr schlecht. Warum? Weil sie sich dieses Ende nicht gewünscht hatte. Weil sie in ihrem Glauben an Benjamin völlig erschüttert war, an seinem Charakter, am Sinn ihres Zusammenseins, an der Substanz dieser letzten dreizehn Jahre. »Ich war schon für jeden Zuspruch und jedes hoffnungsvolle Wort taub geworden«, schrieb sie an Gershom Scholem. »Ich verstand es nicht mehr.«[2] Sie sei sich manchmal wie Josef K. in Kafkas *Prozess* vorgekommen.

Während der Scheidung selbst habe sie sich nicht gut, aber auch nicht schlecht gefühlt. Ihr Vater sei gestorben, ihre Mutter verunglückt, sie habe ihre beste Freundin, Elisabeth Richter-Gabo, verloren. Und trotzdem habe sie immer den Kopf hoch gehalten. Oder sich vielleicht auch nur »still geduckt«, um nicht ganz unterzugehen?[3] Doch jetzt, da alles vorbei sei, wisse sie manchmal gar nicht, wozu sie eigentlich lebe. Nur für Stefan? Natürlich sei es Sünde, davon zu sprechen, ja, überhaupt nur daran zu denken. Doch sie könne eben nicht anders.[4]

Äußerlich wirkte sie tatkräftig wie immer. Viel mehr als Walter Benjamin, der seltsam gealtert war, stelzbeinig, aufgedunsen und beleibt, altmodisch angezogen mit einer Weste und einer goldenen Uhrkette, die über dem Bauch spannten, noch langsamer und unbeholfener gehend als früher. Doch was nützte ihr das, wenn sie nicht nur ihren Glauben an sich selbst, sondern auch ihre Freunde verloren hatte? Ernst Bloch, Charlotte Wolff und viele andere – alle hatten sich von ihr abgewandt. Alle wollten plötzlich gewusst haben, dass Benjamin und sie nie zueinander gepasst hatten. Man sprach am Telefon über sie, nannte sie eine dumme Gans, eine Alma Mahler en miniature, eine unerträgliche »Sprechmaschine«.[5] Es war, als ob sich die Worte erfüllt hätten, die sie ein Jahr zuvor in einer Geschichte geschrieben hatte:

> Glückliche Ehen sind immer vom Nimbus des Geheimnisvollen umgeben. Durchschaubar ist nur das Unglück. Niemand wundert sich, wenn Menschen auseinandergehen, die nach Alter und Stand, nach Vermögen und Temperament ausgezeichnet zueinander passen müssten; woran die Beziehung gekrankt ist, will jeder gewusst und später oder früher ein trauriges Ende prophezeit haben.[6]

Bräute auf Bestellung

Im Sommer 1930, gleich nach der Scheidung, fuhr sie im Auftrag des Hauses Ullstein nach Amerika. Sie wollte das Land kennenlernen und darüber berichten wie sie es schon aus England getan hatte, für die *Vossische Zeitung*, die *BZ am Mittag*, *Die Dame*. In New York wohnte sie in einem großen Hotel, dem Allerton House, einem dieser surrealistischen Wolkenkratzer, die sie bisher nur aus den Zeitungen kannte. Sie mischte sich mitten unter das Volk und schrieb kurze Impressionen wie diese:

»Wollen Sie mitkommen? Nach Ellis Island? Es sind Bilderbräute avisiert.«

Es klingt verlockend und ich nehme dankend an. Früh am Morgen schon bringt uns die Fähre nach dem Fegefeuer der Einwanderer, das, vom silbernen Nebel umsponnen, gar nicht so schrecklich aussieht. Da wir »passés« oder Erlaubnisscheine haben, dürfen wir zur Anlegestelle hinaus. Eine kleine Gruppe Amerikaner, Damen und Herren, tauscht entzückte Worte über die Kühle nach einer schlaflosen Nacht im schwelenden New York. Der Begleiter erklärt:

»Das sind Beamte der Travellers' Aio Society, der Gesellschaft zum Schutz fremder Reisender und Emigranten. Sie sind von den Passbehörden in Europa verständigt worden, dass Bräute eintreffen, und sorgen jetzt dafür, dass alles in Ordnung geht. Die Bräutigams warten drinnen.«

Ich werfe einen Blick in die Halle: Acht bis zehn Burschen und Männer, jung und ältlich, dick und dünn, lang oder kurz; außer dem runden Strohhut, der »Butterblume« oder »Kreissäge«, die sie erst zu wirklichen Bürgern der Union macht, haben sie nichts gemeinsam als einen höchst schafsähnlichen Gesichtsausdruck. Zwei unterhalten sich leise mit großen Gesten. Drei andere haben Bilder ausgetauscht und betrachten sie ehrfürchtig. Da der Dampfer noch nicht in Sicht ist, flitze ich einen Augenblick hinein, um zu hören. Ein Stimmgewirr wie abends im Prater, beim Watschenmann – ungarische, tschechische und polnische Laute – dazwischen das rührende verschlampte Deutsch der weiland österreichisch-ungarischen Monarchie, scheinbar noch immer das Esperanto dieser Entwurzelten. Der große Dicke, dem sein Fleischerberuf auf zehn Schritt Entfernung vom roten Gesicht abzulesen ist, regt sich auf:

»So a Narrische was Haar färbt und immer reinrennt ins Kino – na, das is nix. Bloß Amerikanische kane. Wir habens feine Kundschaft was oft spät einkauft – da muss ich stehen bis abends zehne. Wann ich dann zauskomm, will ich anständige Lungenbratl und Dalken mit Powidl – nicht so Gfraß aus Büchsen. Böhmische Madeln sans hier kane, nur was schon hier geboren sans und verheiratete. Ich hab zausgeschrieben, an geistlichen Herrn, und de Wiskotschil auch. Und wie de Mrha und de Platschek hams Bildln anschaut, da hams auch wollen. Das is Braut meinige.«

Er zieht voll Stolz ein Foto aus der Tasche.

»Da – hams Zöpf sehn? Und dick isse, ka Gripsch wie hiesige. Mutter war Nachbarin von meinige. Geistliche Herr schreibt, is gesundes Madel.«

Draußen klärt mich eine liebenswürdige Dame auf.

Die Männer sind Ausländer, Emigranten aus Ungarn, Polen und der Tschechoslowakei. Manchmal auch Armenier und Griechen, Letten, Italiener, Deutsche. Sie können hier keine Frauen finden, die ihnen gefallen. Da schreiben sie nach Hause – an den Pfarrer, an eine Verwandte, die im Heimatdorf geblieben ist, an den Bürgermeister oder Dorfschullehrer. Ob eine Lust hat? Wenn möglich eine blonde mit blauen Augen – aber das ist nicht so wichtig. Die Hauptsache: sie kann kochen und ist aus guter Familie, fleißig, gesund und sparsam. Dann folgt die Beschreibung des Heiratslustigen. Der sei der Lajos, der Sohn des Schmiedes, habe eine Bäckerei und so und so viel Erspartes. Bild legt er keins bei – wozu? Darauf kommt es nicht an. Eher eine Beglaubigung vom Priester.

Man kann sich ausmalen, welche Erregung in Budowice oder Szermersziget herrscht, wenn der Brief ankommt. Lange geschieht nichts –

denn man muss sich erst auf die Mädchen einigen, und so sitzen die Honoratioren manchen Abend zusammen und überlegen, wem das Glück zufallen soll. […] Dass alle zuerst im eigenen […] Heimatdorf anfragen, ist selbstverständlich – wo gibt es sonst noch solche Speckknödel und Palatschinken?

Und endlich sind zwei Glückliche ausgewählt. Man fährt ins nächste Städtchen, zum Fotografen. Ein weiterer Monat vergeht. Und als der nächste Brief aus Amerika ankommt und geöffnet wird, fällt eine lange grüne Banknote heraus – das Reisegeld für die Mädchen. Nun wird zugeschnitten und genäht, gestrickt und gehäkelt; mit leeren Händen darf die Braut nicht kommen. Pass und Visum werden besorgt – und fast gleichzeitig mit den Mädchen geht ein Brief vom amerikanischen Konsul an die Einwanderungsstelle in New York. Denn ganz einfach ist die Einreise nicht. Bevor der Bräutigam die Braut in Empfang nehmen darf, muss er sich aufs Genaueste ausweisen – über Lebenswandel, Vermögen und ernsthafte Ansichten. Sehr oft begnügt sich die Behörde auch damit noch nicht, sondern bringt die Braut sofort nach der Ankunft zum Standesamt und traut die beiden – die kirchliche Zeremonie können sie später bei selbstgebackenem Kuchen und alkoholarmem, heimgebrautem Bier nachholen. Amerika leidet immer unter dem Alpdruck »Mädchenhandel« und kann sich nicht genug tun in Vorsichtsmaßregeln.

So weit sind wir gekommen, als das Schiff anlegt. Bleich und übernächtigt, aber voll gespannter Erwartung sehen die Bauerngesichter auf uns herunter. Manche der Mädels sind noch in Tracht. Die Burschen in der Halle sind hochrot vor Aufregung und Verlegenheit. Aber sie dürfen noch nicht heraus. Nicht einmal der junge Tscheche, der als einziger keine Bilderbraut erwartet, sondern seinen alten Schatz, dem er nach zweijährigem unermüdlichem Sparen das Reisegeld geschickt hat. Er hat sie längst erkannt und ruft ihr durch das Fenster ein dröhnendes »Bozena« zu. Aber die Weitgereisten müssen vorher empfangen, geordnet, ihre Papiere geprüft werden – erst in der zweiten Halle lässt man die Männer heran.

Ob viele Heiraten glücklich ausgehen? Warum nicht? Manche sind vielleicht enttäuscht, wenn sie statt des erträumten Helden Janosch mit Schnurrbart nur einen o-beinigen, kahlköpfigen Mikosch erblicken. Aber sie sind tapfer und fassen sich. Hauptsache: sie sind in Amerika. Jedenfalls hat noch keine Jammerbriefe nach Hause geschrieben. Denn die Bräute auf Bestellung treffen weiterhin pünktlich ein. Im vergangenen Jahr waren es 2000 aus allen Ländern Europas.[7]

25 Pfund weniger

Als sie zurückkam, hatte sie 25 Pfund abgenommen. Sie war auch vorher schon schlank gewesen, aber jetzt sah sie so hinreißend attraktiv aus, dass viele Leute sie kaum mehr wiedererkannten, fast wie ein amerikanischer Filmstar. Es war eine harte Zeit in diesem fremden Land, ganz allein mit den Gedanken an Benjamin, Asja, Stefan und ihren Vater. Doch vielleicht war das ja gar nicht so falsch. Tagelang mit niemandem zu sprechen außer dem Zeitungsmann und dem Liftboy, nachts auf die Dächer und die Lichter von New York zu sehen, alleine U-Bahn zu fahren oder durch Viertel zu gehen, in die sie sich früher nie getraut hätte, die jüdischen Viertel in Lower East Side zum Beispiel. Erst jetzt konnte sie einen Autor wie Michael Gold, Sohn rumänisch-jüdischer Immigranten, der hier aufgewachsen war, richtig verstehen:

Der Frühling zwischen toten Katzen und Gemüseabfällen in der überfüllten Straße, auf deren Bürgersteig halbnackte Prostituierte sich räkeln; der Winter in den winzigen, armseligen Löchern, die eine brave jüdische Hausfrau in unausgesetzter Fron von morgens bis Mitternacht der Familie erhält; Spiele mit Banden von Straßenjungen, aus denen später die Schwerverbrecher sich rekrutieren; Notzucht, Korruption, die sieben Todsünden in ihrer schimpflichsten Gestalt; das ist die Kindheit des Autors gewesen, aus dem Dreck, Gestank und Abschaum des New Yorker East End blühte diese edle Blume empor. Michael Gold, 35 Jahre alt, Kommunist, Herausgeber der Zeitschrift

»New Masses«, ist ein Dichter; diese Autobiographie ein großer Roman. Es sind Höhepunkte darin, wie das Pilzesuchen der heimwehkranken Mutter und der Einzug des neuen Wunderrabbis, aber keine einzige matte, papierne, löcherige Stelle; die Gefahr aller biographischen Schilderung: das Erlebte, Persönliche auf Kosten der großen Konzeption zu unterstreichen, ist mit prachtvollem Elan vermieden.[8]

Nein, sie war jetzt kein dummes Gretchen mehr, das sich wegen »ehewidrigen Verhaltens« abstrafen ließ wie ein Schulkind, sie war eine richtige Schriftstellerin, die perfekt Englisch sprach, eine hochbegabte, vielgefragte Autorin, auch wenn Benjamin und seine Freunde das nicht sehen wollten. Ihr neuer Mut spiegelt sich auch in den Rezensionen wider, die sie unbeirrt weiterschrieb, ob in der *Dame* oder der *Literarischen Welt*. Über Virginia Woolf, Else Lasker-Schüler, Hugh Walpole, Henry Louis Mencken, ja sogar über den großen George Bernard Shaw, dem sie ungeniert Frauenfeindlichkeit vorwarf, oder besser: seine Unfähigkeit, Frauen zu verstehen, was man am deutlichsten an den Vorworten zu seinen Dramen erkenne, die er sich vielleicht lieber hätte sparen sollen:

Aus diesen gewinnt man die Überzeugung, dass Shaw die Frauen ganz mechanisch in drei Gruppen einteilt: in den Muttertyp, den Mätressentyp und in den Blaustrumpftyp, der irgendeinem »geistigen Ideal« nachlebt. Alle seine Frauen gehören stets nur […] in eine dieser drei Kategorien. Er ahnt nicht einmal, dass die gleiche Frau bei einem Mann mehr mütterlich, bei einem anderen mehr kokottig und bei einem dritten mehr ideal empfindet, und dass gerade die Frau von heute […] davon angestrengt ist, diese drei Rollen nebeneinander […] spielen zu müssen. Hier nähert man sich bereits der Erkenntnis, warum Shaw so wenig von den Frauen versteht, weil dieser unabhängige, originalitäts- und revolutionssüchtige Geist doch nur in einem […] unheilbaren Puritaner wohnt.[9]

Ob Benjamin das alles gelesen hat? Man weiß es nicht. Immerhin gab er Scholem zu verstehen, dass er Dora jetzt mit anderen Augen sehe als früher, dass er ein »bejahteres« Verhältnis zu seiner Ehe habe, was auch immer dieses hölzerne Wort besagen sollte.[10] Fazit: Sie hatte sich durch die Scheidung befreit. Er sich nicht. Er fiel von einem »Kollaps« in den anderen[11] und fürchtete den Moment der großen Abrechnung, der dann auch kam, und zwar in der Praxis eines Berliner Notars, aber ganz anders ausfiel, als er geglaubt hatte.

Sie bestand nicht auf Rückzahlung der Mitgift. Sie wollte auch keinen Unterhalt von ihm haben. Sie wollte nur, dass er eine Hypothek auf das Haus eintragen ließ, 40 000 Reichsmark, zu ihrer Sicherheit. Damit seien ihre Ansprüche für Gegenwart und Zukunft erledigt. Keine Vorwürfe, keine Streiterei, kein langes Feilschen.[12] Er brauchte nur zu unterschreiben. »Ich bin glücklicher als in meinem ganzen Leben, da ich jetzt erst meine Freiheit verwerten kann«, schrieb sie an Gershom Scholem. »Beziehungen zu Männern habe ich nur die allerleichtesten und oberflächlichsten.«[13]

Im Juli 1931 tat sie etwas, was Benjamin völlig verblüffte: Sie lud ihn zum Mittagessen in die Delbrückstraße ein, nicht allein, sondern zusammen mit Joseph Hergesheimer, einem amerikanischen Autor, dessen Romane sie übersetzte. Dora wusste, dass Benjamin Hergesheimer sehr schätzte. Auch sie selbst sah viel Verwandtes in ihren Ideen, die genaue Beobachtungsgabe, den ironischen Scharfsinn, den zersetzenden Blick hinter die Kulissen der Gesellschaft. Noch wusste sie nicht, ob Benjamin zusagen würde. Doch er tat es und kam, hocherfreut, vor allem, weil auch Stefan, jetzt 13, dabei war, der sich seinerseits riesig freute. Leider ist nicht überliefert, was Dora, die ausgezeichnete Köchin, auf den Tisch brachte. Etwas Österreichisches vielleicht? Oder etwas Amerikanisches? Sie hatte in Amerika viele Rezepte gesammelt, die sie in der *Dame* publizierte, Hummer à la Newburg, Seezunge à la Yachtclub, Sellerie à la Shelbourne, Huhn à la Maryland, Spaghetti à la Caruso, Entenbraten mit Apfelsinen. Es machte richtig Spaß, sie zu lesen, selbst, wenn man nichts davon kochen konnte oder wollte, weil sie immer kleine Geschichten dazu erzählte, über Land, Leute, Mentalität und Kultur:

Dass man in den Vereinigten Staaten schlecht speise, gehört zu den Legenden, die sich bei uns ebenso hartnäckig erhalten wie drüben die Meinung, jeder Deutsche trinke täglich zehn Maß Bier und esse mindestens viermal die Woche Eisbein und Sauerkohl. In Wirklichkeit sind die Amerikaner ausgesprochene Gourmets. […] Das liegt an ihrer Lebensfreude, an ihrer anerkannten Fähigkeit, zu genießen, was Gott Gutes schickt, aber auch an der vielfältigen Tradition der Gastronomie, die sich auf französische und spanische, deutsche und russische Rezepte stützt. Ganz besonders zeichnet sich der Süden mit seiner alten Kultur im Erfinden von Leckerbissen aus; die schwarzen Köchinnen, die in gewissen aristokratischen Familien wie zurzeit der Sklaverei vererbt werden und die Geheimnisse ihrer Kunst nur ihren Nachkommen überliefern, könnten es mit jedem französischen Chef aufnehmen.[14]

Auch Hergesheimer, der, wie der Name sagt, selbst deutsche Vorfahren hatte, spukten Vorurteile über die Deutschen im Kopf herum, nicht gerade von Eisbein und Sauerkraut, aber von strammen preußischen Offizieren und Mädchen mit »flachsblondem Haar und blauen Blumenaugen, unheilbar häuslich, rein und unberührt wie Edelweiß«, die, erst einmal verheiratet, »ungeheuer dick« würden und ungezählte Kinder bekämen, mit denen sie ihre Gatten demütig in die Bierhalle begleiteten, um dort zu warten, bis sie so viel Bier getrunken hatten, dass sie bereit waren, ihnen ein Frankfurter Würstchen zu spendieren. Hergesheimer war angenehm überrascht, beinahe nichts von diesen Klischees wiederzufinden. Nein, die Mädchen in Deutschland seien mindestens genauso groß, schlank und anmutig wie in den Staaten. Und statt der Offiziere und Soldaten mit Stahlhelm habe er, aus dem Zugfenster schauend, »nichts als geduldige Greise [gesehen], die geduldig kleine friedliche Gärten pflegten, […] eine Landschaft mit Häusern unter roten Ziegeldächern, von Fliederhecken umrahmt; überall Flieder! Weißer Flieder, dunkler und hell-lila Flieder. Ruhe und süßer Wohlgeruch.«[15]

Walter Benjamin war tief beeindruckt von dieser Begegnung und schämte sich fast, seinem Freund Scholem zu schreiben, wie gut es ihm bei Dora gefallen habe.[16]

Joseph Hergesheimer

Dora übersetzte die Hergesheimer-Romane *Bergblut* und *Der Steinbaum*, die beide bei Rowohlt erschienen,[17] ferner eine Reihe von Artikeln und Kolumnen, die sie im *Querschnitt* und der *Vossischen Zeitung* unterbrachte. Sie war seine Übersetzerin und Agentin zugleich, vor allem aber seine sehr gute Freundin, der viel daran lag, den etwas schrulligen Herrn mit den runden Brillengläsern in Deutschland bekannt zu machen. Über *Bergblut* in der Übersetzung von Dora schrieb der Bergsteiger, Schriftsteller und Filmemacher Luis Trenker:

> Blut- und bodengebundene Menschen, die von Generation zu Generation durch ihre Landschaft, das Gebirge, gezeichnet, gestählt und gestaltet wurden: ein seltenes Thema in Amerika, dem Land der großen Einwanderung. Dass Hergesheimer es bewältigen konnte, gehört zum Erbteil seiner europäisch-deutschen Abstammung. Darüber hinaus kommt er auch hier, wie in seinen Industrie-Romanen, sehr bald zum sozialen Problem. Die Vernichtung der bäuerlichen Arbeit, die Auflösung und Ablösung des Bodens durch das Geld ist es, was er schildert. […] Starre Menschen, glühende Sonnenuntergänge, wolkenverhangene Regentage geben dem Buch eine erdige Atmosphäre. Zwischen allem eine phantastische Spielszene, endend in Whisky und Schlägereien. Hergesheimer erzählt stark, einfach und gut.[18]

Hergesheimer und Dora waren sich sehr sympathisch, vielleicht zu sehr, denn er hatte eine Frau namens Dorothy, die ihn allerdings nicht auf dieser Reise begleitete, weil sie ständig kränkelte. Hergesheimer fand, dass Dora ein »Engel« und »die reizendste Person auf der Erde« sei, wobei er zugab, dass er sich große Sorgen um sie mache. Denn er halte es durchaus für möglich, dass »dieser Hitler [...] eine politische Revolution« veranstalten und »all die netten jüdischen Mädchen und Jungen abschlachten« werde.[19] Er riet ihr, rechtzeitig in die Staaten zu kommen, für immer. Alles, was dazu notwendig sei, werde er gerne tun.

In Berlin machte sie ihn nicht nur mit Benjamin, sondern auch mit wichtigen Lektoren und Redakteuren bekannt, wobei heftig gefeiert wurde. Vielleicht gab es Streit. Oder es wurden Möbel zertrümmert. Dora spricht jedenfalls von einer »Treibhaus-Atmosphäre«, in der sie alle nicht ganz bei sich selbst gewesen seien. Es sei wohl besser, diese Tage zu vergessen.[20] Alles spricht für eine stürmische Liebesbegegnung, zumal »Joe« auch später immer wieder brieflich versicherte, wie sehr er sie vermisse. Ein Jahr später kam er noch einmal, diesmal im Herbst. Doch da war Dora gerade sehr krank. Sie wurde von Gallensteinen gequält. Trotzdem fuhr sie mit ihm von Berlin nach Paris, immer unter starken Schmerzen leidend. »Die Tatsache, dass es Dir nicht gut ging, bewirkte, dass ich mich auf dieser langen Reise an unserer sehr guten Übereinstimmung nicht wirklich freuen konnte«, schrieb Hergesheimer nach seiner Rückkehr.[21]

Benjamin hatte ihn übrigens nicht besonders beeindruckt. Er wirkte auf ihn wie jemand, der »gerade von einem Kreuz herabgestiegen [sei], um das nächste zu besteigen«.[22] In der Korrespondenz mit Dora wird er nicht mehr erwähnt. Es geht hauptsächlich um politische und literarische Fragen. Hergesheimer fragte sich, warum er in Amerika plötzlich kaum noch Erfolg hatte. Lag es an Schwächen der Bücher selbst? Oder an den Figuren, die darin vorkamen? Ein »homosexueller Schneider« zum Beispiel, den man in Amerika nur schwer »vermarkten« könne?[23] Briefwechsel zwischen Dora und Hergesheimer lässt sich bis 1935 nachweisen. Im letzten dieser Briefe schreibt er:

Ich brauche Dir nicht zu sagen, dass meine Liebe und Sorge für Dich unverändert ist, und dass jetzt, da wir so weit voneinander getrennt sind, Dein Bild nichts von seiner Strahlkraft und Bedeutung für mich verliert.[24]

Henry Louis Mencken

Ganz anders war ihre Beziehung zu Henry Louis Mencken, der im Prolog dieses Buches erwähnt wurde. Sie schätzte ihn sehr, aber sie war nicht in ihn verliebt und er nicht in sie. Für ihn gab es nur Sara Haardt, seine junge Frau, eine hochbegabte Autorin von Kurzgeschichten und Essays, die er in seinem 50. Lebensjahr geheiratet hatte, obwohl er wusste, dass sie unheilbar krank war. Er war sehr glücklich mit ihr. Eine andere Frau wäre für ihn nicht infrage gekommen, auch nach ihrem Tod nicht, als er fortfuhr, »fast jede Stunde des Tages« an sie zu denken.[25]

Mencken, Sohn eines deutsch-amerikanischen Zigarrenfabrikanten, war ein Starjournalist, in Amerika so beliebt wie gefürchtet, weil er der Nation dauernd die Leviten las, ob es nun gegen Dummheit, Stumpfheit und Heuchelei, Puritanismus, schlechte Politiker oder Prohibition, Henry Ford oder den Turbo-Kapitalismus ging. Er war stark von Nietzsche beeinflusst und liebte es, Beethoven und Brahms auf dem Klavier zu spielen. Für die deutsche Kultur hatte er eine starke Sympathie. Er galt als Antisemit, war aber in Baltimore mit deutschen Juden zur Schule gegangen und gab mit einem jüdischen Freund, Jean Nathan, eine Zeitung, den *American Mercury,* heraus. Tatsächlich wetterte er in seinen Traktaten genauso gegen die Juden wie gegen Methodisten, »Pfaffen« und Pseudomarxisten.

Schon Leon Kellner hatte mit ihm Kontakt gehabt, noch 1928, kurz vor seinem Tod also. »Mein Vater sagt mir, dass er Ihnen geschrieben habe, um Sie über verschiedene Passagen in Ihrem Buch ›Notes on democracy‹ zu befragen«, schrieb Dora in ihrem ersten Brief an Mencken.[26] Kellner hatte offenbar vor, das Buch zu übersetzen, wozu er dann aber vor seinem Tod nicht mehr kam, sodass Dora sich anbot, es an seiner Stelle zu tun.

Sie bezeichnet es als »eines der feinsten Werke«, die sie je gelesen habe,[27] was schwer zu verstehen ist, denn es geht in diesem Buch beinahe gar nicht um »Demokratie«, sondern um den modernen Menschen, die neue Psychologie, die Rolle der Hormone, die Philosophie des Neides, die ewige Masse, den Volkswillen und den Lohn der Tugend. Vieles in diesem Buch wirkt aus heutiger Sicht ausgesprochen undemokratisch, sozial herablassend und polemisch. Es wird immer wieder betont, dass der Amerikaner, besonders der auf dem Land lebende, zum politischen Denken unfähig sei. Da ist vom »Bauer[n], der allein auf seinem Misthaufen sitzt«, die Rede,[28] von der »Feindseligkeit des Neandertalmenschen gegenüber jedem exakten Wissen«[29] oder vom »untergeordneten Menschen«, dessen Leben »mitsamt seinem sogenannten Denken […] ein biochemischer Vorgang« sei, obwohl er »von Chemie nicht mehr als eine Kuh und von Biologie nicht mehr als ihr Kalb« verstehe.[30]

Doch Dora mochte, warum auch immer, dieses Buch, vielleicht, weil es ihrem Vater so gut gefallen hatte, aus Pietät also. Allerdings hatte sie Mühe, einen Verleger dafür zu finden, denn Menckens Ton kam in der Weimarer Republik nicht so gut an, zumindest nicht bei den linken jüdischen Lektoren, mit denen sie hauptsächlich zu tun hatte. Es erschien schließlich – 1930 – im Widerstandsverlag, einem hochdubiosen, »nationalrevolutionären« Unternehmen, das von einem gewissen Ernst Niekisch geleitet wurde. Ehemals Vorsitzender des bayerischen Arbeiter- und Soldatenrates und Mitglied der USPD, war er dem linken Flügel der NSDAP immer näher gerückt und vertrat offen rassistische und antisemitische Positionen, so zum Beispiel: »Der Jude sitzt am Hebel und reguliert Tempo und Tourenzahl in Rücksicht auf die Beschaffenheit des biologischen Materials, dessen Eigenwuchs jüdisch zurechtzubiegen ist.«[31] In seinem Verlag erschien 1930 das Buch Literatenwäsche mit Polemiken gegen Kerr, Döblin, Liebermann, Max Brod, Heinrich Mann und andere jüdische Linksintellektuelle.[32] Wie Dora ausgerechnet dort landen konnte, bleibt ein Rätsel. Vielleicht aus Naivität? Am 13. Juni 1930 teilte sie Mencken jedenfalls hocherfreut mit, dass ihre Übersetzung vom Widerstandsverlag akzeptiert worden sei. Honorar: 450 Reichsmark für jeden von ihnen. Sie habe als seine Vertreterin unterschrieben, um keine Zeit zu verlieren, denn die Verhältnisse auf dem deutschen Verlagsmarkt seien »katastrophal«.[33] Eigentlich wollte sie noch ein weiteres Mencken-Buch, *Treatise on the Gods*, übersetzen, doch dazu kam es zum Glück nicht mehr, denn das wäre ihr publizistischer Ruin gewesen. In diesem Buch heißt es, den Juden fehle es an allem, was den zivilisierten Menschen ausmache, Mut, Würde, Unbestechlichkeit, Ehrgeiz und Vertrauen.[34]

Trotzdem entwickelte sich eine enge Freundschaftsbeziehung zwischen Dora und Mencken, die bis in die vierziger Jahre anhielt, wenn sie auch nicht dazu führte, dass er eine Bürgschaft für ihren Sohn Stefan erbrachte, sei es, weil es ihm zu kompliziert und zu teuer war oder eben doch aus Antisemitismus. Andererseits verhalf er Doras Nichte, Hannah Arnold, einer in Zürich promovierten Neurochirurgin, zu einer Einreise in die USA und setzte sich dort sehr für sie ein. Es war also alles extrem widersprüchlich.

In Menckens umfangreichem Briefwechsel mit Dora ist bis dahin wenig von persönlichen Dingen die Rede, also auch nicht von Walter Benjamin. Allerdings scheinen nicht alle Briefe erhalten zu sein, denn sie schrieb ihm im Oktober 1930:

Danke, dass Sie meinen Wunsch teilen, meinen Namen wieder anzunehmen! Aber nein, lieber Mr. Mencken, ich kann nicht vorgeben, ein Fräulein zu sein. Die Spuren der Ehe sind nicht so leicht auszuwischen, wie Sie zweifellos selber herausfinden werden.[35]

Daraus ist zu schließen, dass sie sich eben doch über ihre Ehe geäußert hatte, und zwar sehr negativ. War es ihr deshalb peinlich, Mencken zu sagen, dass sie sich ihrem Mann wieder angenähert hatte und sich große Sorgen um ihn machte, als er mitten im Krieg plötzlich verstummte, ohne dass sie wusste, weshalb?

Mencken war immer sehr generös. Er wollte nie, dass sie ihre Über-
setzerhonorare mit ihm teilte und zeigte sich insgesamt dankbar für
ihre Bemühungen um ihn. Persönlich begegnet sind sie sich nur zwei
Mal: das erste Mal während ihrer Amerika-Reise im Jahr 1930, das
zweite Mal 1934 an der Côte d'Azur, wohin er mit seiner Frau Sara
gereist war. 1933 war er »weit davon entfernt«, von Hitler »begeistert«
zu sein. Er hoffte, dass die Hohenzollern zurückkehren würden. Da
er sein Leben lang in einer freien Demokratie gelebt habe, sei er »natürlich ein unverbesserlicher Monarchist«.[36]

Vom bösen Weibe

Über die Exiljahre, die Walter Benjamin hauptsächlich in Paris, aber
auch in Dänemark, Spanien und Italien verbrachte, ist so unendlich
viel geforscht und geschrieben worden, dass hier auf weitere Ausführungen verzichtet werden kann. Es gibt unzählige Aufsätze, aber
auch ganze Bücher darüber, basierend auf seinem umfangreichen
Briefwechsel mit Adorno, Scholem und vielen anderen.[37] Was nahezu
vollständig ausgeklammert wird, sind seine langen Aufenthalte bei
Dora in Sanremo: Von November 1934 bis Februar 1935, im Sommer
und im Dezember 1936, im Sommer 1937 und von Dezember 1937
bis Januar 1938. Seinen Freunden schrieb er von einem »sehr stillen
Hafen«, in dem er gelandet sei, von Bergspaziergängen »unter ganz
sommerlichen Umständen«, selbst im Winter,[38] von Touren in kleine
Bergdörfer, wo er »die schönste Treppe der Welt entdeckt habe«,[39] von
der »herrlichsten Gegend [...] ohne tägliche Lebens- und Existenz-
sorgen«, wo er seinen Gedanken »promenierend oder schreibend«
nachgehen konnte, wenn ihn auch manchmal das ungute Gefühl
überkam, sich »in den Trümmern seiner eigenen Vergangenheit« ein-
genistet zu haben.[40]

Während seiner Abwesenheiten schrieben sie sich. Insgesamt
55 Briefe sind aus der Zeit von 1933–39 erhalten. Doch auch daraus
wird kaum je etwas zitiert. Diese Missachtung hängt wohl damit

zusammen, dass die gute Übereinkunft zwischen den geschiedenen Eheleuten nicht ins Bild passt. Dass es sich eingebürgert hat, Dora als »böse Frau« darzustellen, die ihm viel geschadet und wenig genützt, vor allem aber kaum Einfluss auf sein Werk ausgeübt habe, ganz im Gegensatz zu Asja Lacis oder Jula Cohn, seinen großen, ihn inspirierenden Musen.

Lothar Brieger hat einen bewusst polemischen Essay geschrieben, »Vom bösen Weibe, das keines war«, in dem er dieses Diktum der Forschung um Jahrzehnte vorwegnimmt:

Ehefrauen genialer Männer haben es immer schwer. Man nimmt es ihnen übel, dass sie das Genie an die Familie gefesselt haben. So ist in der Geschichte der Weltkultur die ungemein beliebte Legende vom bösen Weibe des großen Mannes entstanden. Fast durchwegs handelt es sich dabei um anständige, harmlose, meistens ausschließlich auf das Wohl ihrer Ehemänner bedachte Wesen, denen es von den Biographen in Wirklichkeit übel genommen wird, dass sie keine Vamps waren. Sie haben ihre Männer nicht genügend angeregt, sie haben ihnen das Leben nicht sauer genug gemacht, um ihnen die Flucht in die Kunst noch näher zu rücken, sie haben sich dadurch gewissermaßen an der Nachwelt versündigt. [...] Das Genie ist vielleicht in den meisten Fällen kein guter Ehegatte. Möglich, dass es für die engen Grenzen des Familienlebens zu groß ist und dass man ihm keinen Vorwurf daraus machen kann, wenn es im Leben [...] wie in seiner Arbeit Ketten und Grenzen sprengt. Aber das ist kein Grund, um aus den armen Frauen, die das Unglück einer solchen Ehe hatten, Dämonen und Schuldige zu machen.[41]

Tatsächlich war Dora nach der Scheidung der ruhender Pol in Benjamins Leben, eine Zuflucht in Krisenzeiten, jemand, mit dem er sich über alles austauschen konnte. Ob über Geld, seine Gesundheit, die politische Lage, das Schicksal der Geschwister und Freunde, seine Arbeiten, seine Gedanken und vor allem über den Sohn Stefan, für den sie sich beide verantwortlich fühlten. Nach den langen Jahren der Krisen und des Getrenntseins war ihnen klar geworden, dass sie vieles an ihm versäumt hatten.

Am 8. April 1933 begannen sie einen umfangreichen Briefwechsel, den sie fortsetzten, bis der Krieg den Postverkehr unterbrach, genauer: bis Dezember 1939. Die meisten der noch erhaltenen Briefe stammen von ihr. Von Benjamin sind nur wenige überliefert. Aber aus Doras Reaktionen lässt sich ablesen, dass er ihr oft geschrieben haben muss. Eine Edition dieser Briefe wäre eine wichtige Aufgabe für die Benjamin-Forschung.[42]

Solange Dora noch in Berlin war, bediente sie sich spezieller Codes, um die Zensur hinters Licht zu führen. Von sich selbst spricht sie als »Sophie«, oder »die frühere Frau von Bendix«, von Stefan, dessen Zweitname »Raphael« war, als »der kleinen Raphaella«, vom Gefängnis Plötzensee als »Fischbach«, von »Deutschland« als »Spanien«. Oft verkehrt sie die tatsächlichen Verhältnisse ins Gegenteil, wohl wissend, dass Benjamin sie genau verstehen würde. Das gibt den Briefe manchmal etwas sehr Komisches. Da heißt es zum Beispiel:

Lieber Walter!
Obwohl die Greuelpropaganda glücklich abflaut, bitte ich Dich dennoch, Deinen ganzen Einfluss und alle Beziehungen, die Du im Ausland besitzest, daranzusetzen, dass die schmählichen Verleumdungen endlich als solche gebrandmarkt werden und verschwinden. Es herrscht hier musterhafteste Disziplin und Ordnung.[43]

Sie nennt ihm Adressen, die nützlich für ihn sein könnten, informiert über Stefans Zensuren, über die Verhältnisse an seiner Schule, dem Grunewald-Gymnasium, über Benjamins Bruder Georg, den man im April 1933 verhaftet und nach Plötzensee gebracht hatte:

Der Schwager ist sehr krank und muss auf unabsehbare Zeit ins Sanatorium, [...] wie ich glaube, in Fischbach, oder wie es heißt.[44]

Sie erkundigt sich, welche Bücher er brauche, ob sie ihm etwas schicken solle, ein Lehrbuch der spanischen Sprache zum Beispiel, bittet um Kopien seiner eigenen neueren Arbeiten, die sie sehr interessieren würden.

Kannst Du mir den Aufsatz über Bennett nicht schicken? Ich würde mich sehr damit freuen.[45]
Wie ist es eigentlich mit dem »Kindheitsbuch«? Hat R. endgültig abgelehnt? Ich habe jetzt einen Zugang zu Kiepenheuer. Glaubst Du nicht, dass da etwas zu machen wäre?[46]

Über seine Texte ist sie des Lobes voll und freut sich jedes Mal, wenn sie etwas Neues von ihm in den Zeitungen entdeckt, meistens unter dem Pseudonym »Detlef Holz«, das er seit 1933 benutzte:

Es wird Dich interessieren, dass am Sonntag in der Voss. eine wunderbare kurze Sache von Holz war, über Schmöker.[47]

Manchmal schiebt Stefan Nachrichten an den »lieben Papa« ein, in großer, krakliger Kinderschrift, sehr schwer lesbar. Es geht darin um die Schule, um Radtouren oder Aktionen mit Freunden. Oft auch um Briefmarken, die Benjamin ihm aus dem Exil fleißig schickte, denn Stefan war ein leidenschaftlicher Sammler.

Im September 1933 berichtet Dora, dass sie vorhabe, eine Pension in Italien zu eröffnen. Noch sei nichts klar. Aber sie sehne sich sehr danach, aus Deutschland fortzukommen.

Hier wird es Herbst, wir haben zum ersten Mal geheizt. Unsere Geldnot ist unbeschreiblich, beinahe so wie in den ersten Jahren nach unserer Rückkehr nach Berlin oder schlimmer.[48]

Trotzdem meint sie, es sei besser, er würde für ein paar Wochen nach Berlin kommen, weil er auf Ibiza, wo er sich derzeit aufhalte, so schwer erkrankt sei. Eine Wunde am Bein hatte sich infiziert, angeblich durch Stiche von Anopheles-Mücken, was eher unwahrscheinlich ist. Es handelte sich wohl nur um eine »einfache« Blutvergiftung. Jedenfalls sieht Dora schon an seiner Schrift, dass etwas nicht stimmt und macht sich Sorgen um ihn.

Sophia meint, er könne doch eine Weile bei ihr wohnen und sich wieder dort einleben. Er hat auch irgendeine unangenehme Krankheit gehabt, Blutvergiftung oder so etwas, und sie meint, er brauche Pflege. [...] Du kannst ja einmal mit ihm darüber sprechen, aber berücksichtige bitte, dass sie nicht wünscht, dass seine Verwandten etwas davon erfahren.[49]

Stefan und sie erzählen von einer großen Reportagereise im Sommer 1933, über Mähren, Siebenbürgen, Bukarest, Belgrad, Budapest, Pressburg und Prag wieder zurück nach Berlin, mit zwei Fotografen. Thematisch sei es um die »Grenz- und Auslandsdeutschen« gegangen.[50]

Einiges davon sei schon veröffentlicht, allerdings schlecht bezahlt worden. Doch es sei gut, dass sie einmal hinausgekommen seien.[51]

Inzwischen erweitert sie Benjamins berühmte Sammlung von Kinderbüchern und schlägt ihm vor, einiges davon in Paris zu verkaufen, natürlich nur Doubletten und Ausrangiertes.

Wie denkst Du darüber [...]? Wenn Du es übernähmest, würde ich die Sache gern mit Dir gemeinsam machen, fifty-fifty. [...] Leb recht wohl, ich wollte Dir gern etwas zur Erquickung senden, aber außer ein paar Kriminalromanen für die Zeit, wo Du liegen musst, wird sich wenig machen lassen. [...] Viele Grüße von Deiner D.[52]

Im Dezember 1933 haben die italienischen Pläne bereits Gestalt angenommen. Bei einem Privatlehrer, Alfredo Polito, lernt sie mit Stefan die Sprache.

Dabei kann ich beobachten, wie das Kind sich zu Sprachen stellt: ganz erstaunlich, so, als sei er bereits zwanzig Jahre lang Philologe an der Uni-

versität. [...] Sehr elend sind die deutschen Aufsätze; ich kenne überhaupt keinen Menschen, der ein so furchtbares Deutsch schreibt.[53]

Zu ihrem 44. Geburtstag im Januar 1934 schickt sie Benjamin 20 Mark: »Damit Du bei Prunier, oder wo man jetzt gut isst, ein paar Lieblingsspeisen zu Dir nehmen oder mit anderen Worten Dich selbst atzen kannst.«[54] Das heißt: Er solle doch bitte auf sie anstoßen an sie denken! In den letzten Ehejahren hatten sie sich, wenn überhaupt, nur nüchterne Telegramme zu ihren Geburtstagen geschickt.

Gershom Scholem sei sehr beleidigt, dass sie Italienisch lerne und nicht Hebräisch. »Er scheint mir allerhand Gutes zuzutrauen und mich für eine Assimilantin schönster Sorte zu halten, bloß weil ich schrieb, dass ich nur zu ihnen könnte, wenn ich eine Anstellung habe. Er sollte doch in erster Linie bedacht sein, keine Schmarotzer dorthin zu bitten.«[55] Ihre Korrespondenz kühlt ab und hört schließlich auf, genauer: Scholem beantwortet ihre Briefe nicht mehr und lässt später nicht einmal etwas von sich hören, als er ganz in ihrer Nähe, in Genua ist. Den Grund für sein Schweigen hat Dora nie wirklich verstanden.[56]

Sanremo

Im April 1934 hat sie etwas Geeignetes gefunden, die »Villa Emily« oder »Villa Verde« in Sanremo, Via Hope, ein schönes Haus aus dem 19. Jahrhundert, das ursprünglich dem englischen Maler Edward Lear gehörte, jetzt aber im Besitz des englischen Konsuls von Genua ist. Es hat einen Speisesaal, eine Terrasse und ungefähr zwanzig Zimmer. Das Schönste aber ist der Blick aufs Meer und der herrliche Park mit Palmen, Mammutbäumen, Kakteen, Lilien und Oleander. Alles sei wunderbar komfortabel und elegant, mit fließend Wasser und Zentralheizung in allen Zimmern. Sie werde bald einen Mietvertrag abschließen. Dann hätte auch er, Benjamin wieder ein neues Zuhause, in das er jederzeit kommen könne, wenn er wolle.[57]

Dass Du krank warst, hat mir sehr Leid getan. Wenn Sophie erst die Pension hat, musst Du sie dort besuchen und eine Weile ihr Gast sein. Da wirst Du Dich wieder etwas erholen. Sophie will ihre kleine Raffaella auch später umschulen. [...] Was denkst Du darüber? Es gibt dort auch deutsche Schulen [...].

Zu seinem 42. Geburtstag am 15. Juli 1934 schreibt sie bereits aus Sanremo, wo sie in einem großen Hotel, dem Hotel Miramare, die Küche führt um etwas Geld zu verdienen, bevor sie die »Villa Verde« offiziell eröffnet. Stefan sei auch bei ihr. Ebenso ihre Mutter, ein Berliner Mitschüler von Stefan und Lothar Brieger, ihr früherer Liebhaber, mit dem sie inzwischen aber wohl rein sachlich umgeht.

Ich bin natürlich glücklich, hier zu sein, seit Jahren das erste Mal wieder wohl und heiter, aber ich mache mir sehr große Sorgen wegen Stefan. Die Schule hier ist ganz für ihn geeignet, [...] aber er will ja zurück. Und ich lasse ihn in allem, was ihn betrifft, gerne gewähren, weil er ja so vernünftig ist. Schreibe bitte, was Du darüber denkst. Es ist sehr schade, dass Du nicht herkommen konntest. Vielleicht geht es noch. [...] Vielleicht kommen auch Beer-Hofmanns aus Wien.[58]

Es steht hier so, dass ich mit dem zukünftigen Direktor, einem Faschisten und guten Freunde von uns,[59] eine Villetta gemietet habe, die am Luxushotel Miramare liegt, [...] in der besten Gegend von Sanremo. [...] Ich dachte mir, dass Du — wenn Deine Dispositionen es nicht anders empfehlen — schon vor Oktober kommen könntest. [...] Zwei Aufsätze — Standort und Erfahrung[60] — habe ich sofort gelesen, sie sind großartig.[61]

Stefan siedelt im Herbst 1935 mit 17 Jahren nach Sanremo über. In Berlin hat er bei einer Verwandten, »Tante Clara«, der Mutter von Benjamins Cousin Egon Wissing, gewohnt. Doch er hat große Probleme, sich einzuleben, vor allem in der Schule.

Nachdem er hier musterhaft und tüchtig wie immer die unendlich schwere Prüfung und Nachprüfung bestanden hatte und einen Monat in die Schule gegangen war, [...] erklärte er mir anfangs November, er wolle nicht mehr dahin gehen, erstens sei es ihm zu schwer, zweitens zu zeitraubend, [...] und drittens müsse er zu viel stumpfsinniges Zeug lernen. Daran mag etwas sein, aber das Schwerste ist wohl für ihn die Anonymität in der Klasse nach allen Erfolgen in Berlin. [...] Ich dachte es mir so einfach, dass er hier auf der Schule anständig Italienisch lernen, dann springen und studieren sollte. [...] Aber sein Widerwillen war so groß, dass ich ihm eben nachgab.[62]

Sie enschließt sich, ihn nach Wien auf eine »Presse« zu schicken, wo er sich auf ein externes Abitur vorbereiten soll. Doch die Trennung nimmt sie sehr mit. Sie entwickelt Symptome von »Luftschluckerei«, die sie schon in der Ehe mit Benjamin hatte.

Ich kann Dir gar nicht beschreiben, wie leid er mir tut. Er war immer so brav. Wenn Du das arme Gesicht gesehen hättest, als er hier abfahren musste.[63]

Im Sommer 1936 kommt Benjamin für längere Zeit nach Sanremo. Er bemüht sich, zu helfen, wo er kann, besonders durch Ordnen der Bibliothek.[64] Stefan ist in Wien, stellt sich aber wie tot und reagiert nicht auf Telegramme und Briefe. Dora möchte sofort hin, um nach dem Rechten zu sehen. Doch das Schlimme ist:

Ich kann [...] nicht hin. Ich werde seit September [...] steckbrieflich gesucht [...], und ich weiß nicht, ob der Rechtshilfevertrag zwischen Deutschland und Österreich nicht auch eine Verhaftung ermöglicht. Freilich ist Fluchtsteuerhinterziehung kein eigentliches Delikt, aber ich muss erst die Antwort eines österreichischen Anwalts abwarten.[65]

Irgendwann meldet Stefan sich wieder, weil er Geld braucht. Doch beruhigt sind Dora und Walter deshalb noch lange nicht. Vorläufig lassen sie seine Handschrift von einer Graphologin, Anja Mendelssohn, analysieren, die zu einem vernichtenden Ergebnis kommt.

So wenig mich die Analyse überrascht, so traurig bin ich. Vor allem sehe ich doch, dass ich wahrscheinlich schuld bin, ich habe es eben – nicht aus bösem Willen, sondern weil es die Umstände mit sich brachten – in dem ersten Jahr hier an Liebe fehlen lassen und das hat ihm den Rest gegeben.[66]

Ein Psychoanalytiker, Wilhelm (Willy) Hoffer, urteilt etwas milder als Anja Mendelssohn. Er schreibt, sein Gesamteindruck sei ein guter. Stefan wirke sehr männlich, sei ordentlich gekleidet, allerdings etwas scheu und ungelenk, was mit seinem Alter zusammenhänge. Es habe in der Vergangenheit Alkoholexzesse gegeben, die er selbst auf seine Einsamkeit zurückführe. Rein äußerlich wirke er angepasst und stabil.

Wenn er (aber) durch Enttäuschungen innerer Natur oder im Lebenskampf, auch in der Liebe, erschüttert werden würde, könnte die erreichte Anpassung wohl noch sehr leiden. [...] Mir scheint, er würde gern mehr über sich wissen wollen, sich nicht nur anpassen, sondern selbst bestimmen wollen. [...] Er braucht Führung durch andere oder die Fähigkeit, sich selbst zu führen. [...] Von der Unstetheit beim Lernen [...] angesehen, habe ich etwas ausgesprochen Krankhaftes oder Neurotisches an ihm nicht bemerkt.[67]

Hoffer schlägt trotzdem eine Analyse vor, fünfmal wöchentlich für zehn Schilling die Stunde. So viel Geld hat Dora aber nicht flüssig, denn nun ist Walter in großer Finanznot und bittet um Hilfe. Dora bietet ihm regelmäßige Unterstützung an, damit er sein Zimmer in Paris bezahlen könne.

Wenn Du monatlich noch 100 Lire von mir bekommst, kannst Du vielleicht in Paris bleiben? Und dann herkommen, wenn ich mehr Platz habe, etwa zum Sommer?[68]

Sie möchte vor allem verhindern, dass er »zu dem furchtbaren Brecht« nach Dänemark fährt, der, wie sie meint, einen schlechten Einfluss auf ihn habe.[69]

Zu Beginn des Jahres 1938, als die anti-jüdischen Gesetze in Italien verschärft werden, entschließt sie sich, nach London zu fahren und dort eine Scheinehe einzugehen, mit einem gewissen Harry Morser,[70] einem Wiener Jugendfreund, der sich bereit erklärt hat, sie zu heiraten, gegen eine bestimmte Geldsumme wahrscheinlich. Er ist südafrikanischer Staatsbürger und betreibt in London einen Platin- und Juwelenhandel. Sie teilt Benjamin mit, was sie vorhabe. Er ist einverstanden. Wenige Tage später erklärt sie auf einer Postkarte aus London, es sei nun alles erledigt, sie werde gleich wieder zurückfahren und wolle ihn, Benjamin, in Paris am Gare du Nord sehen. Leider werde ihre »Ehe« für Stefan ohne Nutzen sein. »Er muss dort fünf Jahre wohnen, um naturalisiert zu werden.«

Gleich nach ihrer Rückkehr aus London ist sie zum deutschen Konsul in Sanremo gegangen, nicht in eigener, sondern in Benjamins Sache. Sein deutscher Pass ist abgelaufen. Er ist, bis auf sein französisches Réfugié-Papier, ohne alle Ausweise und kann sich nicht von Paris fortbewegen, auch nicht nach Sanremo, um seine Familie zu sehen. Dora versucht, einen neuen Pass für ihn zu bekommen. Der Konsul scheint zunächst kooperativ. Doch am nächsten Tag ruft er an und stellt eine Reihe unangenehmer Fragen. Wo Benjamin sei? Woran er arbeite? Welche Kontakte er habe? Ob er noch Mitarbeiter der Moskauer Zeitschrift *Das Wort* sei?

Dora: Ach, Herr Konsul, das ist doch schon zig Jahre her. Damals haben sie ihn aufgefordert, über den Philosophen Green, einen englischen Philosophen des 19. Jahrhunderts, einen Artikel zu schreiben resp. einen vorhandenen zu bearbeiten. Seither hat er mit den Leuten nichts zu tun.
Konsul: Wissen Sie das sicher?
Dora: Aber gewiss, Herr Konsul, wir haben schon öfters davon gesprochen wie gut es war, daß er noch seinerzeit ganz von ihnen abgerückt ist, denn

wie schädlich wäre es jetzt für uns gewesen, wenn er für Moskau gearbeitet hätte!

Konsul: Nun, das will ich so unbedingt nicht sagen, es sei denn, er hätte sich staatsfeindlich betätigt.

Dora: Sie erinnern sich ja vielleicht noch an ihn, Herr Konsul, er ist doch ein ganz weltfremder, unpolitischer Mensch, der nur für seine philosophische Arbeit lebt. Er hat ja mit den ganzen Dingen nie etwas zu tun gehabt. Ist denn der Pass gekommen?

Konsul: Ja, aber ganz kurzfristig. Und ich muss ihn nun nach Paris an die Botschaft schicken, haben Sie seine Anschrift?

Dora: Ja, soll ich sie Ihnen geben?

Konsul: Nicht nötig. Schreiben Sie ihm, er soll sich den Pass in ein paar Tagen bei der deutschen Botschaft abholen.

Dora: Das ist ja herrlich, vielen Dank, Herr Konsul. Und fröhliche Ostern.

Konsul: Danke, gleichfalls, gute Ostern.[71]

Der Konsul lässt sich durch Doras Charme überzeugen und veranlasst, dass der neue Pass an die deutsche Botschaft in Paris geschickt wird. Aber Benjamin holt ihn nicht ab, aus verschiedenen Gründen. Er hat gehört, einen deutschen Pass bekomme man nur, wenn man versichere, dass man kein französisches Réfugié-Papier habe. Er hat Angst, dass die französischen und die deutschen Behörden miteinander kommunizieren, vielleicht auch, dass man ihn sofort in Haft nehmen wird. Vor allem aber will er nicht, dass sein Gesuch, französischer Staatsbürger zu werden, daran scheitert, dass er erneut einen deutschen Pass entgegennimmt. Er schreibt Dora, sie solle dem Konsul sagen, dass er verreist sei, nach Amerika. Dora ist schockiert und empört. Unter diesen Umständen hätte sie sich niemals auf die Sache eingelassen. Ohne Pass nach Amerika? Das sei doch absolut unglaubwürdig. Sie müsse nun sehen, wie sie mit dem Konsul klarkomme. Wahrscheinlich müsse sie damit rechnen, dass er sich räche, an ihr selbst, an Stefan und vielleicht an ihm.

Ich begreife, wie gesagt, Deine Widerstände gegen all dies, aber bedenke andererseits meine Lage, resp. Stefans. Bei den neuen stark antisemitischen Tendenzen halte ich es für ausgeschlossen, nebstbei gesagt, dass Du auf das Réfugié-Papier hier jemals hereinkommst. [...] Ich hoffe, dass wir einmal mit all diesem fertig sein werden, kann es allerdings noch nicht recht glauben. Besuch ist elend. Wetter desgleichen.[72]

Benjamin antwortet am 2. Mai 1938:

Wird man mit all diesen Dingen je fertig werden? Ich vermag nur das Echo Deiner Frage zu spielen. Und nur zu hoffen, dass Du es für Stefan zu ebenso gutem Ende führst wie für Dich. – Bei mir kommt es auf einen Verzicht mehr oder weniger vielleicht nicht mehr an. Im Übrigen verbietet mir im Augenblick noch nichts, mir meinen Lebensabend als den eines Franzosen zu erträumen, wenn mir das Spaß macht.[73]

Dora sah Benjamin ein letztes Mal im Dezember 1939, kurz nachdem er aus dem Internierungslager Vernuche bei Nevers entlassen worden war. Es war in Paris. Er sah sehr wohl aus. Sie gingen in einem guten Restaurant zusammen essen. Dann fuhr Dora nach London, um sich dort eine neue Existenz als Hotelbetreiberin aufzubauen. Die Pension Villa Verde wurde unter italienische Zwangsverwaltung gestellt. Da der Postverkehr durch den Krieg zum Erliegen kam, hat Dora nie mehr etwas von Benjamin gehört.

EPILOG

»YOUR LOVING MOTHER DORA«

(1939 – 1964)

Dora Sophie Kellner, die sich für den Rest ihres Lebens »Morser« nannte, obwohl sie nie mit Morser zusammengelebt hat, siedelte 1939 endgültig nach London über und blieb dort bis zu ihrem Tod am 24. Mai 1964. Sie fand einen neuen Lebensgefährten, Frank Shaw, den sie im Sommer 1938 kennengelernt hatte, als er mit einer Gruppe englischer Jugendlicher nach Sanremo kam und in ihrer Pension wohnte. Er war von Beruf Dozent für Elektrotechnik am Woolwich Polytechnikum in London. Sie betrieben gemeinsam mehrere Hotels, die sie teils gekauft, teils gemietet hatten.[74]

Ihren Beruf als Schriftstellerin übte Dora in London nicht mehr aus. Sie reiste mehrmals in Restitutionsangelegenheiten nach Wien und Berlin, aber nicht mehr nach Sanremo. Ihr Sohn Stefan schrieb 1965 an Adorno, dass sie »einen unsinnigen Widerstand« dagegen gehabt habe. Als Adorno ihn nach dem Verbleib von Büchern und Manuskripten, darunter auch solchen von Walter Benjamin, befragte, antwortete Stefan:

Was die in Italien zurückgelassenen Sachen angeht, so wurden von meiner Mutter zwei allerdings ganz verfahrene Schritte unternommen: einerseits meldete sie über die südafrikanische Regierung (denn sie besaß damals diese Staatsbürgerschaft) einen – allerdings nur finanziellen – Anspruch an, welcher stecken blieb, da der Anwalt untüchtig war, andererseits be-

auftragte sie die Witwe ihres ehemaligen Anwalts in Sanremo (welche
das Büro weiterführte) die Angelegenheit aufzugreifen. Diese verlangte
einen Vorschuss und war, sobald sie diesen erhalten hatte, nicht mehr dazu
zu bekommen, auch nur zu antworten. Ich schlug auch mehrmals mei-
ner Mutter vor, an Ort und Stelle etwas zu unternehmen, aber sie hatte
dagegen einen unsinnigen Widerstand. […] Die in Sanremo zurückgeblie-
benen Gegenstände hielt ich bisher für einige große Möbelstücke (u. a.
einen wertvollen alten Bauernschrank) welche sich nicht zum Versand nach
England eigneten, denn ihren Haushalt ließ meine Mutter noch zur Zeit
der Münchener Krise nach England bringen. Daher hätte ich gedacht, dass
nur wenig Hoffnung besteht, dass noch leicht bewegliche Gegenstände in
Sanremo geblieben sind. Zudem sind ja in solchen Fällen Italiener sehr
schwer dazu zu kriegen, mit der Wahrheit herauszurücken.[75]

Stefan Benjamin wurde im Dezember 1941 von Australien auf die Isle
of Man gebracht. Am 17. Juli 1942 schrieb Dora an Gershom Scholem,
dass er wieder bei ihr sei.

Er hat wie durch ein Wunder die doppelte gefährliche Seereise überstanden
und die Monate hier im Lager. Ob er nicht für immer Schaden genommen
hat, weiß ich nicht.[76]

Während seiner Internierung hat Dora nie aufgehört, an ihn zu
schreiben, auf Englisch. Die meisten Briefe überschrieb sie mit »Dea-
rest Love«. Unterschrift: »Your loving mother Dora«.[77] Außerdem war
sie ständig mit jüdischen Hilfsorganisationen in Kontakt, um seine
Befreiung zu erreichen. Vor der Internierung hatte er in England sein
Abitur nachgemacht, mit glänzenden Noten, in der Absicht, Sprachen zu studieren. Doch der Krieg zerstörte diese Pläne. Er eröffnete
ein Versandantiquariat für wissenschaftliche Bücher, »Library and
Scientific Books Supply«, das er bis zu seinem Tod im Februar 1972
führte.

Die Beziehung zu Dora wird von seinen Töchtern Dina, Mona und
Kim als schwierig geschildert. Er soll sich von ihr bevormundet, aber

nicht wirklich geliebt gefühlt haben. Er war drei Mal verheiratet und bekam vier Töchter. Mona und Kim waren noch Kleinkinder, als er starb. Aus seinem Briefwechsel mit Adorno und dem Suhrkamp-Verlag ist ersichtlich, dass er sich bis zu seinem Tod intensiv um das Werk seines Vaters bemühte. 1961 schrieb er an Siegfried Unseld, wie sehr er sich freue, dass es ihm und »Herrn Dr. Adorno« gelungen sei, den Werken seines Vaters »einen größeren Erfolg zu sichern, als ihnen zu Lebzeiten beschieden war«.[78] Besonders berührt zeigte er sich von der Erstausgabe der Briefe:

Mich gehen die BRIEFE mehr an, als das bei Ihnen zuvor Erschienene – nicht so sehr, weil auch ich in ihnen erwähnt werde, sondern weil sie mir einen Einblick in das Leben meiner Eltern vermitteln, welcher den meisten Menschen versagt bleibt, und welchen ich ohne Ihr und der Herausgeber Wirken nie erhalten hätte.[79]

Georg Benjamin starb am 26. August 1942 im KZ Mauthausen. Er wurde höchstwahrscheinlich umgebracht. Seine Frau **Hilde Benjamin**, die nach dem Krieg in der Sowjetischen Besatzungszone blieb, war von 1949 bis 1953 Vizepräsidentin des Obersten Gerichtes der DDR und von 1953 bis 1967 Justizministerin, bekannt als die »rote Hilde«. Sie starb 1989 in Berlin.

Dora Benjamin ging 1933 nach Paris, wo sich zum ersten Mal ein engeres Verhältnis zu ihrem Bruder Walter entwickelte. Sie teilten viele Sorgen des Exils miteinander, lebten sogar zeitweise in derselben Wohnung. Ihre Beziehung zu ihrer Schwägerin Dora blieb so gespannt wie immer. Dabei ging es hauptsächlich um Geldfragen. Da sie unter fortschreitendem Morbus Bechterew litt und von chronischen Schmerzen geplagt wurde, konnte sie nur Aushilfsarbeiten machen, ob als Haushälterin oder Betreuerin von Flüchtlingskindern. 1940 kam sie in das berüchtigte Internierungslager Gurs, aus dem sie nach kurzer Zeit wieder floh. Sie schlug sich bis nach Lourdes durch, wo sie für einige Wochen mit Walter zusammenlebte. Im Dezember 1942 floh sie in die Schweiz. Sie war 41 Jahre alt und hoffte, nach Amerika emigrieren zu können. Doch sie bekam kein Visum. 1943 schrieb sie an einen Freund:

Ich danke Ihnen für alles, was Sie mir über Walter sagen. Es ist natürlich besonders schmerzlich für mich, dass ich im Augenblick »gerettet« erscheine, und er den Verhältnissen drüben zum Opfer fiel. Andererseits muss ich sagen, dass besonders das letzte Jahr so ungeheuerlich schwer war, dass es wahrscheinlich für einen so sensiblen Menschen, wie Walter es war, ein Glück ist, dass er es nicht erleben musste. [...] Das, was er von dem Zusammenbruch Frankreichs erlebte – und worunter er schwer litt – war ja nur der Auftakt zu dem viel Grauenvolleren, was später kam.[80]

Im Winter 1943 erkrankte sie an Brustkrebs, was sie nicht daran hinderte, wissenschaftliche Konzepte für die Behandlung kriegstraumatisierter Kinder zu entwickeln. Sie starb im Juni 1946 in Zürich.

Gershom Scholem nahm im neuen Staat Israel eine wichtige Position ein. Er wurde Professor für jüdische Mystik, Präsident der Israelischen Akademie der Wissenschaften und Ehrenbürger von Jerusalem. Seinen Hauptruhm erwarb er sich aber durch seine Schriften über Walter Benjamin. 1942 forderte er Dora auf, ihm Materialien für eine Biographie zu liefern, da sie außer ihm selbst die Einzige sei, die Authentisches zu berichten wisse.

Du hast eine Fähigkeit und Gerechtigkeit, die ich erprobt habe, d. h., Du kannst ohne Bitterkeit von dem Großen jener Jahre sprechen. [...] Und da Du es kannst, so musst Du es auch.[81]

Dora selbst sah das offenbar völlig anders. Sie war durch die Nachricht von Walters Tod furchtbar erschüttert worden und brauchte Zeit, um sie zu verarbeiten und zu verkraften. Außerdem war es mitten im Krieg. Sie musste sich eine neue Existenz aufbauen und hatte immer noch große Sorgen um Stefan. Auch gesundheitlich war sie stark angegriffen. Es ist von Bluthochdruck und Arthritis die Rede. Sie sagte zwar, dass sie sich bemühen würde, Einiges aufzuschreiben, sobald sie Zeit fände, doch im Grunde fühlte sie sich durch Scholems Ansinnen überfordert, gerade jetzt. Hätte er nicht wenigstens noch etwas warten können?

Fast in jeder Benjamin-Biographie ist zu lesen, dass sie sich »weigerte«, Auskunft zu geben, wodurch ihr Nimbus als »böse Frau« noch bestärkt wurde. Tatsächlich schrieb sie im Juli 1942:[82]

Bitte schreibe mir doch mehr über Dich und Dein Leben. Du musst nicht glauben, dass ich nicht immer an Dich denke, sobald ich etwas Zeit habe, und an die Zeit die wir drei zusammen hatten. Mehr vielleicht, als für mich gut ist. Deine Briefe haben mich aufgerichtet und getröstet und ich habe Dir im Geiste gewiss zwanzigmal geantwortet. Wann ich nun zum Schreiben komme, kann ich so wenig sagen.
Alles Gute für Dich und die Deinen
Dora

DANKSAGUNG

Ich danke den vielen Kolleginnen und Kollegen, die mich bei der Arbeit unterstützt haben, vor allem Momme Brodersen (Palermo), Daniela Müller (Berlin), Sabine Schiller-Lerg (Münster) sowie Ursula Marx und Michael Schwarz (beide Berlin). Ohne ihre Ratschläge und begleitenden Recherchen hätte ich dieses Buch nicht schreiben können.

Mein besonderer Dank gilt den Londoner Nachkommen Dora und Walter Benjamins, Dina (Mickie) Draper, Samuel Walter Benjamin Draper, Mona Benjamin und Kim Edwards, für ihre herzliche Gastfreundschaft und Unterstützung. Sie haben mir in langen Gesprächen berichtet, was in keinem Buch zu lesen steht.

Frau Urszula Jablonska (Köln) und Herrn Roberto Di Bella (Köln) danke ich für unermüdliche Korrespondenz mit polnischen und italienischen Archiven sowie für die Übersetzung wichtiger Dokumente.

Meinem Mann Klaus Kammerichs und meinen Kindern Lilli und Niko danke ich für die viele Geduld, die sie mit mir hatten. Das Gleiche gilt für meinen Agenten Peter Molden und dessen Frau Regina. Mein Lektor Erik Riemenschneider (Hamburg) hat mich beim Schreiben sachkundig und engagiert begleitet.

Mein Dank gilt ferner:
Axel Körner, London / Berlin
Beata Sosnová, Opava
Christoph Bachmann, München
Georg Wiesing-Brandes, Hannover
Maciej Wzorek, Warschau

Maf Räderscheidt, Schleiden
Martin G. Enne, Wien
Monika Grübel, Köln
Monika Künzel, Riegelsberg
Ramon Pils, Wien
Renate von Fraunberg, Seeshaupt
Stefan Litt, Jerusalem

ANHANG

Anmerkungen

Prolog »Ich erinnere mich an nichts Dunkles«

1 Akte »Dora Sophie Morser« (HO 405/36550) in den British National Archives, Kew. Den Zugang zu dieser Akte verdanke ich Mona und Kim Benjamin, London.

2 Frederick James Marquis Earl of Woolton.

3 Dora Sophie Morser an Henry Louis Mencken, Brief vom 10.12.1942, New York Public Library, Henry Louis Mencken Papers. Original Englisch. Im Folgenden abgekürzt als: Mencken/NYPL.

4 Zit. nach Michael Seyfert: Deutsche Exilliteratur in britischer Internierung. Ein unbekanntes Kapitel der Kulturgeschichte des Zweiten Weltkriegs, Berlin 1983, S. 22 und 28.

5 Dora Sophie Morser an Egon Wissing, Brief vom 4.2.1941, Mencken/NYPL.

6 Dora Sophie Morser an Henry Louis Mencken, Brief vom 12.10.1940, ebd.

7 Henry Louis Mencken an Dora Sophie Morser, Brief vom 31.1.1942, ebd.

8 Dora Sophie Morser an Egon Wissing, Brief vom 4.2.1941, ebd.

9 Gershom Scholem an Dora Sophie Morser, Brief vom 26.5.1941, Israelische Nationalbibliothek Jerusalem im Folgenden abgekürzt als: INBJ.

10 Dora Sophie Morser an Gershom Scholem, Brief vom 15.7.1941, ebd.

1 Dora Kellner: Wiener Kindheit um 1900

1 Wiener Neue Freie Presse, 1.1.1890.

2 Laut Geburtsurkunde von Dora Sophie Kellner, Archiv der Israelitischen Kultusgemeinde Wien

3 Ebd.

4 Anna Kellner: Leon Kellner, sein Leben und Werk, Wien 1936, S. 23. Im Folgenden abgekürzt als: Anna/Leon Kellner.

5 Heute Berdytschiw, Ukraine.

6 Paula Arnold: Meine Großmutter Klara, in: Hakidmah, 11.6.1949.

7 Klara Weiß an Anna Kellner, o.D., zit. nach A.K. (= Anna Kellner): Unsere Mutter, in:

Menorah III, 1925, Illustrierte
Monatsschrift für die jüdische
Familie, S. 166; im Folgenden ab-
gekürzt als A. K., Unsere Mutter,
Menorah.

8   A. K., Unsere Mutter, Menorah III, 1925, S. 93.

9   Ebd.

10 Leo Rafaels (= Leon Kellner):
Der erste Schultag, in: Menorah VII, 1929, S. 399 ff.

11 Leon Kellner: Jüdische Weihestunden, eine Sammlung ausgewählter Aufsätze, hrsg. vom
jüdisch-nationalen akademischen Verein Emunah, Czernowitz 1914, S. 18.

12 Dora Sophie Kellner: Bräute
auf Bestellung. Heiraten auf gut
Glück. New York, im August.
In: Vossische Zeitung, 31.8.1930,
erste Beilage, Sonntag (Morgen).

13 Paula Arnold: Im Bannkreis
Herzls. Eine zionistische
Jugend in Wien. Typoskript im
Theodor-Kramer-Archiv, Wien.
Im Folgenden abgekürzt als:
Arnold / Jugend.

14 Ebd.

15 »Leib« und »Leon« bedeuten
dasselbe, nämlich »Löwe«.

16 Anna / Leon Kellner, S. 15.

17 Ebd., S. 16.

18 A. K., Unsere Mutter, Menorah III, 1925, S. 93.

19 Anna / Leon Kellner, S. 18.

20 Nach freundlicher Auskunft
von Herrn Maciej Wzorek,
Museum der Geschichte der
Polnischen Juden in Warschau.

21 Universitätsarchiv Wien, PH R A
305; Prom. Prot. M 34, Bd. 2/84.

22 A. K., Unsere Mutter, Menorah IV, 1926, S. 66 f.

23 Anna / Leon Kellner, S. 53.

24 Altes Testament, Buch der Richter, 5, 2–3.

25 Arnold / Jugend.

26 Das Vaterland, 16.9.1885.

27 Arnold / Jugend.

28 Heute Opava, Tschechien.

29 Zu Troppau s. Paul Buhl:
Troppau, die ehemalige
Landeshauptstadt Österrei-
chisch-Schlesiens, München
1979.

30 Nach freundlicher Auskunft
von Beata Sosnová, Staatsarchiv Opava / Troppau; s. auch
»Wohnungsanzeiger der Landeshauptstadt Troppau sammt
Colonie Karlsau nach dem
Stande vom 1. Jänner 1894«.

31 Arnold / Jugend.

32 Klara Weiß an Rosa Schanzer,
o.D., zit. nach A. K., Menorah IV,1926, S. 658.

33 Anna / Leon Kellner, S. 57.

34 Vgl. Jahres-Bericht der
Staats-Oberrealschule in Trop-
pau für das Schuljahr 1893–94,
Troppau 1894.

35 Es gab in Troppau zwar ein
Böhmisches Gymnasium, aber
keine böhmische Oberreal-
schule.

36 Anna / Leon Kellner, S. 57.

37 Leon Kellner: Fromme Reklame,
in: Neues Wiener Tagblatt,
5.5.1888.

38 Vgl. dazu Günter Gödde: Mathilde Freud. Die älteste Tochter Sigmund Freuds in Briefen und Selbstzeugnissen, Gießen 2003, S. 17.

39 Leon Kellner: Englische Emanzipations-Novellen, in: Neue Freie Presse, 5. 6. 1895.

40 Leon Kellner: Ibsen in London, ebd., 10. 8. 1893.

41 Kellner schreibt hier den Namen von Eleanor Marx-Aveling falsch. Zudem ist die Schilderung ihrer Position unzutreffend. Sie hat nie gegen Ehe und Mutterschaft polemisiert, sondern sich vor allem für die Rechte der Frau am Arbeitsplatz eingesetzt, besonders in ihrer Funktion als Führerin von Frauen-Gewerkschaften. Kellner lässt auch unerwähnt, dass sie sich engagiert um die jüdischen Heim- und Lohnarbeiter im Londoner East End (Männer wie Frauen) kümmerte, da sie das Elend der Juden mildern wollte, die ihr Vater in seinen Schriften so wenig beachtet hatte.

42 A. K.: Unsere Mutter, Menorah IV, 1926, S. 60 f.

43 Leon Kellner: Meine Schüler, Wien 1930, S. 138.

44 Der Hinweis erscheint nur bei Arnold / Jugend, nicht bei Anna / Leon Kellner.

45 A. K.: Unsere Mutter, Menorah V, 1927, S. 272.

46 Zit. nach Brigitte Hamann:

Hitlers Wien, Lehrjahre eines Diktators, Wien 1996, S. 404 f.

47 Anna / Leon Kellner, S. 57.

48 Arnold / Jugend.

49 Theodor Herzl: Der Judenstaat. Versuch einer modernen Lösung der Judenfrage, Berlin / Wien 1896.

50 Ebd., S. 21.

51 Zit. nach Anna / Leon Kellner, S. 57.

52 Arnold / Jugend. Damit hatte sie, so brutal es auch klingt, nicht ganz Unrecht. Alle drei Kinder wurden psychisch schwer krank. Pauline starb 1930 an den Folgen einer Morphiumsucht, ihr Bruder Hans beging Selbstmord, Trude war manisch-depressiv und wurde aus einer Heilanstalt nach Theresienstadt deportiert, wo man sie 1942 ermordete. S. dazu Andrea Livnat: Herzls letzter Wille, in: www. hagalil.com, 17. 9. 2006.

53 Anna / Leon Kellner, S. 66 f.

54 Ebd., S. 65.

55 Leonard Merrick: Eine persönliche Ansicht, übersetzt von Anna Kellner, Stuttgart / Engelhorn 1898.

56 Leon Kellner: Ein Jahr in England, Stuttgart 1900, S. 171.

57 Ebd., S. 214.

58 Ebd.

59 Leon Kellner: Die Rache der Besiegten, in: Neues Wiener Tagblatt, 12. 4. 1900.

60 Ebd.

61 Leo Rafaels: Londoner Eindrü-

cke, in: Die Welt, Zentralorgan der zionistischen Bewegung, Jg. 1, 1897, H. 13.

62 Leo Rafaels: Der Pufferstaat, in: Die Welt, Jg. 2, 1898, H. 2.

63 Vgl. Die Neuzeit, 19. 5. 1899.

64 Diese Halle wurde »jüdische Toynbee-Halle« genannt. Im Stadtteil Brigittenau lebten besonders viele jüdische Arbeiterinnen und Arbeiter. Über die Gründung zahlreiche Berichte in der Wiener Presse seit 1900.

65 Arnold / Jugend.

66 Leo Rafaels: Kol Nidre, in: Die Welt, Zentralorgan der zionistischen Bewegung, Jg. 3, 1899, H. 36.

67 Zit. nach Dora Sophie Kellner: Das Mädchen von Lagosta, in: Innsbrucker Nachrichten, 9. 4. 1932.

68 Leon Kellner: Theodor Herzls Lehrjahre, Wien 1920, S. 159. Im Folgenden abgekürzt als Kellner / Herzls Lehrjahre.

69 Arnold / Jugend.

70 Ebd.

71 Marsha L. Rozenblit: Die Juden Wiens 1867–1914. Assimilation und Identität. Wien / Köln / Graz 1989, S. 171.

72 Kellner / Herzls Lehrjahre, S. 5.

73 Eugenie Schwarzwald an den Kultusminister, Brief vom 31. 3. 1904, zit. nach Hans Deichmann (Hrsg.): Leben mit provisorischer Genehmigung, Leben Werk und Exil von Dr. Eugenie Schwarzwald (1872–1940), Ber-lin / Wien / Mülheim a. d. Ruhr 1988, S. 57.

74 Zit. nach Deborah Holmes: Langeweile ist Gift. Das Leben der Eugenie Schwarzwald, Salzburg 2012, S. 103. Im Folgenden abgekürzt als Holmes / Schwarzwald.

75 Stellungnahme des Kuratoriums der Pestalozzi-Stiftung, 1896. Zit. nach Brigitte Spreitzer (Hrsg.): Anna Freud – Gedichte, Prosa, Übersetzungen. Wien / Köln / Weimar 2014, S. 19.

76 Arnold / Jugend.

77 Jahresbericht des Mädchen-Lyzeums am Kohlmarkt, Wien 1903, S. 62.

78 Arnold / Jugend.

79 A. K.: Unsere Mutter, in: Menorah 1925/26.

80 Arnold / Jugend.

81 Zit. nach: Europa Erlesen – Czernowitz, hrsg. von Peter Rychlo, Klagenfurt 2004, S. 71. Im Folgenden abgekürzt als Rychlo / Czernowitz.

82 Anna / Leon Kellner, S. 71

83 Vgl. Neue Freie Presse, 29. 3. 1904. Das Haus stand damals als Kapitalanlage zum Verkauf und wurde per Kleinanzeige angeboten. Der Besitzer war Julius Löw. Vgl. dazu auch Neue Freie Presse, 25. 12. 1904.

84 Dora Sophie: Ehrenjungfrauen zum Anbeißen, in: BZ am Mittag, 22. 6. 1929. Sie schildert hier keine Wiener, sondern eine Londoner Straßenszene.

85 Czernowitzer Tagblatt,
    30.3.1904.
86 Dora Sophie Kellner: Das Mäd-
    chen von Lagosta, in: Innsbru-
    cker Nachrichten, 30.1.1932.
87 Dora Sophie Kellner. ebd.,
    16.4.1932.
88 Czernowitzer Tagblatt, 9.3.1905.
89 Bukowinaer Volkszeitung,
    6.10.1907.
90 Czernowitzer Allgemeine Zei-
    tung, 29.12.1905.
91 Vgl. Franka Kühn: Dr. Edu-
    ard Reiss. Der erste jüdische
    Bürgermeister von Czernowitz,
    1905–1907, Konstanz 2004.
92 Dora Benjamin an Ernst Schoen,
    Brief vom 4.12.1918, UB Gießen.
93 Czernowitzer Tagblatt, 7.5.1905.
94 Dora Sophie Kellner: Das Mäd-
    chen von Lagosta, in: Innsbru-
    cker Nachrichten, 13.2.1932.
95 Persönliche Mitteilung von
    Dina Draper, London.
96 Czernowitzer Tagblatt, 1.5.1905.
97 Rychlo/Czernowitz, S.152.
98 Czernowitzer allgemeine Zei-
    tung, 28.5.1907.
99 Bukowinaer Post, 16.5.1907.
100 Anna/Leon Kellner, S.29.
101 Ebd., S.79.
102 Rede des Abgeordneten
    Prof. Dr. Kellner zur Begrün-
    dung des Antrags auf Änderung
    der Landtagswahlordnung
    (13.1.1913), in: Der Jüdische
    Volksrat 106, 24.1.1913, S.1f.
103 Arnold/Jugend.
104 Der Bautechniker, 4.12.1908.
105 Neues Wiener Tagblatt, 1.7.1909.
106 Zit. nach Bruno Kreisky: Ge-
    danken eines Österreichers, in:
    Der Spiegel, 1.2.1989.
107 Jahresbericht des Mädchen-
    Lyzeums am Kohlmarkt, Wien
    1907, S.80.
108 Jahresbericht des Mädchen-
    Lyzeums am Kohlmarkt, Wien
    1907, S.83.
109 Jahresbericht des Mädchen-
    Lyzeums am Kohlmarkt, Wien
    1908, S.76.
110 Jahresbericht des Mädchen-
    Lyzeums am Kohlmarkt, Wien
    1909, S.43.
111 Ebd., 1960, S.47.
112 Jahresbericht Akademisches
    Gymnasium Wien, 1910, S.47.
113 Holmes/Schwarzwald, S.146.
114 Ebd.
115 Sigmund Freud: Zur Ätiologie
    der Hysterie, zit. nach: Stu-
    dienausgabe Bd. I, hrsg. von
    Alexander Mitscherlich, Angela
    Richards, James Strachey,
    Frankfurt/M. 1982, Bd. I, S.446.
116 Sigmund Freud: Drei Abhand-
    lungen zur Sexualtheorie, ebd.,
    Bd. V, S.81 und S.96f.
117 William Stern: Psychologie der
    frühen Kindheit bis zum sechs-
    ten Lebensjahre. Mit Benutzung
    ungedruckter Tagebücher von
    Clara Stern Leipzig 1914, S.23.
118 Otto Soyka, in: Die Fackel,
    26.10.1905.
119 Holmes/Schwarzwald, S.132.
120 Peter Hammerschlag: Porträt
    einer Jugendbildnerin, in: Ders.:
    Der Mond schlug grad halb acht.

Grotesk-Gedichte, Wien 1972,
S. 151.
121 Dora Sophie Kellner an Walter

Benjamin, Brief vom 11.7.1938,
WBA Berlin.
122 Zit. nach Holmes / Schwarzwald,
S. 27.

2 Das Leben der Studenten (1909–1914)

1 Jahresbericht des Mädchen-
Lyzeums am Kohlmarkt, Wien
1908, S. 99.
2 Zit. nach Alison Rose: Die
›Neue jüdische Familie‹. Frauen,
Geschlecht und Nation im
zionistischen Denken, in:
Deutsch-Jüdische Geschichte
als Geschlechtergeschichte,
Studien zum 19. und 20. Jahrhundert, hrsg. von Kirsten
Heinsohn und Stefanie Schüler-Springorum, Göttingen
2006, S. 189.
3 Robert W. Rosner: Chemie in
Österreich, 1740–1914, Lehre –
Forschung – Industrie. Wien,
Köln, Weimar 2004, S. 235.
4 Deutsches Volksblatt, 29.3.1911.
5 Hans Puttnies, Gary Smith: Benjaminiana, Gießen 1991, S. 136.
Im Folgenden abgekürzt als
Puttnies / Smith, Benjaminiana.
6 Vgl. Puttnies / Smith: Benjaminiana, S. 135 und 137.
7 Theodor Reiks Dissertation
»Flaubert und seine ›Versuchung
des heiligen Antonius‹, ein
Beitrag zur Künstlerpsycho-
logie«, Minden 1912, entstand
während der gemeinsam mit
Dora verbrachten Studienjahre.

Er analysiert darin nicht nur die
Figur des Antonius in der Darstellung von Flaubert, sondern
auch Flaubert selbst aufgrund
seiner Briefe, Tagebücher und
Schriften. Dabei beruft er sich
immer wieder auf die Theorien
des »kühnen und originellen«
Psychologen Sigmund Freud,
besonders auf dessen Sexualtheorie.
8 Zit. nach Käthe Leichter: Leben
und Werk, hrsg. von Herbert
Steiner, Wien 1973, S. 332.
9 Dora Pollak an Herbert Blumenthal, Brief vom 4.5.1914,
INBJ.
10 Zit. nach Holmes / Schwarzwald,
S. 144.
11 A.K.: Unsere Mutter, Menorah III, 1925, S. 94.
12 Leon Kellner: Meine Schüler,
S. 141.
13 A.K.: Unsere Mutter, Menorah III, 1925, S. 94.
14 Anna / Leon Kellner, S. 25.
15 Vgl. S. 164.
16 A.K.: Unsere Mutter, Menorah III,1925, S. 166.
17 Arnold / Jugend.
18 Todesanzeige / Internetquelle.
19 Bukowinaer Post, 7.7.1912.

20 Die folgenden biographischen Angaben stützen sich auf ein Interview, das der Psychoanalytiker und Freud-Experte Kurt Eissler 1952 mit Max Pollak führte: »Remarks on Max Pollak«, Sigmund Freud Papers: Interviews and Recollections 1914–1998, Library of Congress, Washington.

21 Für den Einblick ins Matrikenbuch der israelitischen Kultusgemeinde von Bielitz danke ich Frau Urszula Jablonska, Köln, die mit den Kontakt zum Staatsarchiv Katowice herstellte.

22 Innsbrucker Nachrichten, 6. 2. 1932.

23 Akte Dora Sophie Morser in den National Archives Kew (England), HO 405/36550.

24 Ebd.

25 Leon Kellner: Geschichte der nordamerikanischen Literatur, Berlin / Leipzig 1913.

26 Leon Kellner: Jüdische Weihestunden. Eine Sammlung ausgewählter Aufsätze, Czernowitz 1914, S. 14: »Wisst ihr, wie mir zumute war? Wie dem leichtsinnigen Sohne, der nach langer Abwesenheit heimkehrt und im Hause seines Vaters Fremde findet, die sich als die regelmäßigen Erben gebärden. Der Gott unserer Väter, der starke, gute Gott, der uns durch Wüsten und Meere geführt, der treue Hirte, der uns vor den Zähnen der Wölfe in den zweitausend Jahren unserer Zerstreuung bewahrt hat, wir haben ihn verschmäht und verlassen – die anderen aber, die Fremden, rühmen und preisen ihn als ihren Gott mit unseren Psalmen!«

27 Ebd., S. 56.

28 Vgl. S. 48.

29 Heimkehr. Essays jüdischer Denker. Hrsg. vom jüd. nat. akad. Verein Emunah, Czernowitz 1912, S. VII (Vorwort von Leon Kellner).

30 Leon Kellner: Geschichte der nordamerikanischen Literatur, Berlin / Leipzig 1913, S. 34. Leo Rafaels: Der erste Schultag, in: Menorah VII, 1929, S. 399. Dieser Text wurde unter Pseudonym nach seinem Tod durch seine Frau Anna veröffentlicht.

31 Wilhelm Jerusalem: Der Kulturwert des Judentums, in: Der Jude, 2 (1917–1918), S. 485.

32 Ebd., S. 484.

33 Gershom Scholem: Walter Benjamin – die Geschichte einer Freundschaft, Frankfurt / M. 1975, S. 40. Im Folgenden abgekürzt als Scholem / Freundschaft.

34 Aus der Anzeige eines heutigen Berliner Immobilienmaklers.

35 Todesanzeige / Quelle: Internet.

36 H. W. Belmore (= Herbert Blumenthal): Some Recollections of Walter Benjamin, in: German Life and Letters, 28 (2. Januar 1975), S. 122 f.

37 Der Anfang – Zeitschrift der

Jugend, hrsg. von Georges Barbizon und Siegfried Bernfeld, Berlin, 1. Jahr, September 1913, H. 5, S. 158.

38 Der Anfang, Juli 1914, S. 1.

39 Walter Benjamin (= »Ardor«) in: Der Anfang, Mai 1913, S. 9.

40 »Eine Studentin« in: Der Anfang, Januar 1914, S. 262.

41 Dora Pollak an Herbert Blumenthal, Brief vom 4.5.1914, INBJ.

42 Dora Pollak an Herbert Blumenthal, Brief vom 5.5.1914, ebd.

43 Walter Benjamin an Herbert Blumenthal, Brief vom 6.5.1914, Gesammelte Briefe Bd. 1, S. 216 (Im Folgenden abgekürzt als GB.

44 Dora Pollak an Herbert Blumenthal, Brief vom 5.5.1914, INBJ.

45 Wieland Herzfelde, geb. 1896, der zu dieser Zeit in Berlin war und Anschluss an den Sprechsaal suchte. Das unveröffentlichte Tagebuch befindet sich im Herzfelde-Archiv der AdK Berlin. S. dort Einträge unter dem 16.6.1914.

46 Dora Pollak an Herbert Blumenthal, Brief vom 5.5.1914, INBJ.

47 Dora Pollak an Herbert Blumenthal, Brief vom 4.5.1914, ebd.

48 Dora Pollak an Herbert Blumenthal, Brief vom 5.5.1914, ebd.

49 Ebd.

50 Walter Benjamin: Berliner Kindheit um Neunzehnhundert, GS Bd. IV, 1, S. 283. Im Folgenden wird, wenn nicht anders angegeben, die Suhrkamp-Taschenbuch-Ausgabe, hrsg. von Rolf Tiedemann und Hermann Schweppenhäuser, benutzt, da die kritische Neuausgabe noch nicht vollständig ist.

51 Leon Kellner: Jüdische Weihestunden: Eine Sammlung ausgewählter Aufsätze, Czernowitz 1914, S. 18.

52 Scholem / Freundschaft, S. 15.

53 Hilde Benjamin: Georg Benjamin, Leipzig 1982, S. 25. Im Folgenden abgekürzt als: Hilde / Georg Benjamin.

54 Mehr zu Emil Benjamin, seiner Biographie und seinen Geschäften bei Momme Brodersen: Kapitalist, Spekulant und Rentier, ein Porträt Emil Benjamins, in: Juni, Magazin für Literatur und Politik, Bielefeld 2016, S. 8 ff. Im Folgenden abgekürzt als Brodersen / Emil Benjamin.

55 Zu dieser etwas überpointierten Darstellung neigt Antonia Grunenberg in: Götterdämmerung, Aufstieg und Fall der deutschen Intelligenz 1900–1940. Walter Benjamin und seine Zeit, Freiburg / Basel / Wien 2018, S. 35 ff. Im Folgenden abgekürzt als Grunenberg / Götterdämmerung.

56 Walter Benjamin: Berliner Chronik, GS VI, S. 473 ff.

57 Gustav Wyneken: Eros, Lauenburg 1924, S. 48; ders.: Schule und Jugendkultur, Jena 1919, S. 14 f.

58 Helene Schadow an das Schulministerium in Meiningen, Brief vom 2. 6. 1909, zit. nach Peter Dudek: Fetisch Jugend – Walter Benjamin und Siegfried Bernfeld. Jugendprotest am Vorabend des Ersten Weltkrieges, Bad Heilbrunn 2002, S. 32.

59 Thijs Maasen: Pädagogischer Eros. Gustav Wyneken und die Freie Schulgemeinde Wickersdorf, Berlin 1995, S. 11.

60 Das Landgericht Rudolstadt verurteilte ihn am 30. 8. 1921, weil er zwei Jungen zu homosexuellem Verkehr genötigt haben sollte. Er wurde 1923 im Rahmen einer Amnestie entlassen, 1931 aber erneut verurteilt.

61 Holmes / Schwarzwald, S. 144

62 Gustav Wyneken: Schule und Jugendkultur, S. 44.

63 Franz Sachs: Von deutschen Jüdinnen, in: Der Jude, eine Monatsschrift, 1. Jg. (1916/17), S. 662 ff.

64 Walter Benjamin an Herbert Blumenthal, Brief vom 6. 5. 1914, GB I, S. 218.

65 Dora Pollak an Herbert Blumenthal, Brief vom 4. 5. 1914, INBJ.

66 August Halm: Harmonielehre, Leipzig 1900.

67 Walter Benjamin: Das dämonische Berlin, Radiosendung vom 25. 2. 1930, GS VIII, 1, 86 ff. S. dazu auch Sabine Schiller-Lerg: Walter Benjamin und der Rundfunk, München 1984, S. 129.

68 Walter Benjamin an Herbert Blumenthal, Brief vom 10. 5. 1914, GB I, S. 221.

69 Käthe Kollwitz: Die Tagebücher 1908–1943, hrsg. von Jutta Bohnke-Kollwitz, München 2018, S. 146. Im Folgenden abgekürzt als: Kollwitz / Tagebücher.

70 Walter Benjamin an Herbert Blumenthal, Brief vom 15. 5. 1914, GB I, S. 226.

71 Walter Benjamin an Herbert Blumenthal, Brief vom 17. 7. 1914, GB I, S. 245.

72 Grete Radt: Umschau (Berlin), in: Der Anfang, März 1914, S. 356.

73 Walter Benjamin an Herbert Blumenthal, Brief vom 6. 5. 1914, GB I, S. 219.

74 Walter Benjamin an Herbert Blumenthal, Brief vom 30. 7. 1913, GB I, S. 155.

75 Walter Benjamin: Metaphysik der Jugend, GS II, 1, S. 95.

76 Margarete Cohn-Radt: Berliner Pflegekinder. Untersuchung über die Gründe des Pflegestellenwechsels in vier Berliner Bezirken, Berlin 1932.

77 Die folgenden Ausführungen stützen sich auf unveröffentlichte Tagebuchaufzeichnungen von Wieland Herzfelde, die

er im Juni 1914 niederschrieb.
Das Manuskript befindet sich
im Herzfelde-Archiv der ADK
Berlin, dem ich für die Erlaubnis
zur Einsichtnahme herzlich
danke.

78 Wieland Herzfelde, Tagebuch,
ebd.
79 Kollwitz / Tagebücher, Juni 1914,
S. 146.

3 Sommer ohne Sonne (1914–1918)

1 Rudolf Bernauer: Theater meines Lebens, Berlin 1955, S. 304 f.
2 Anna / Leon Kellner, S. 85.
3 Leon Kellner: Offener Brief an John W. Robertson, in: Neues Wiener Tagblatt, 11.1.1909.
4 Dr. Max Rosenfeld (Drohobycz) in: Heimkehr. Essays jüdischer Denker, Czernowitz 1912, S. 30.
5 Czernowitzer Tagblatt, 26.8.1914.
6 Walter Benjamin, GS VI, S. 481.
7 Vgl. Momme Brodersen: Spinne im eigenen Netz. Walter Benjamin, Leben und Werk, Bühl-Moos 1990. S. 80. Im Folgenden abgekürzt als: Brodersen / Spinne.
8 Hilde / Georg Benjamin, S. 32.
9 Vossische Zeitung, 10.8.1914.
10 Walter Benjamin, GS VI, S. 477.
11 Nach freundlicher Mitteilung von Daniela Müller, Berlin, die die Akten der Freien Studentenschaft im Archiv der Humboldt-Universität konsultiert hat.
12 Gustav Wyneken: Der Krieg und die Jugend, München 1915, S. 12 f.
13 Walter Benjamin an Gustav Wyneken, Brief vom 9.3.1915, GB I, S. 263 f.
14 Amtliches Verzeichnis des Personals und der Studierenden der Königlichen Friedrich-Wilhelms-Universität in Berlin, WS 1914/15, S. 6.
15 Vgl. dazu Gerit von Leitner: Der Fall Clara Immerwahr. Leben für eine humane Wissenschaft, München 1993.
16 Zum Giftgaseinsatz im Ersten Weltkrieg vgl. Dieter Martinetz: Der Gaskrieg 1914–18 – Entwicklung, Herstellung und Einsatz chemischer Kampfstoffe, Bonn 1996.
17 Dora Sophie Kellner: Das Mädchen von Lagosta, Innsbrucker Nachrichten, 23.1.1932. Der Roman wird hier teilweise nach dem Grazer Tagblatt, teilweise nach den Innsbrucker Nachrichten zitiert, da die Digitalisate bei ÖNB / Anno in beiden Fällen noch nicht ganz vollständig sind. Von der Urfassung in der »Südwestdeutschen Rundfunkzeitung« (1930) gibt es kein Digitalisat.

18 In beiden Blättern erschien der
    Roman unter dem Titel »Das
    Mädchen von Lagosta«.

19 Dsb (= Dora Sophie Benjamin):
    Die Waffen von morgen, in:
    Vossische Zeitung, 29.6.1925.

20 Dora Pollak an Herbert Blu-
    menthal und Carla Seligson,
    Brief vom 29.6.1915, INBJ.

21 Leon Kellner an C.D. Morley,
    Offener Brief, Neues Wiener
    Tagblatt, 11.1.1916.

22 Zit. nach Brigitte Hamann: Der
    Erste Weltkrieg, Wahrheit und
    Lüge in Bildern und Texten,
    München/Zürich 2004, S.180 f.

23 Walter Benjamin an Herbert
    Blumenthal, Brief von Ende 1916,
    GB I, S.348.

24 Dora Pollak an Herbert Blu-
    menthal und Carla Seligson,
    Brief vom 29.6.1915, INBJ.

25 H.W. Belmore (= Herbert Blu-
    menthal) an Gershom Scholem,
    Brief vom 21.1.1951, zit. nach
    Puttnies/Smith, Benjaminiana,
    S.116 f.

26 Ernst Bloch an Karola Bloch,
    Brief vom 5.11.1930, zit. nach:
    Ernst Bloch: Das Abenteuer
    der Treue. Briefe an Karola
    1928–1949, Frankfurt/M. 2005,
    S.63.

27 Charakterisierung durch
    Jan-Robert Bloch, Sohn von
    Ernst und Karola Bloch, in ei-
    nem Interview mit der Autorin.

28 Momme Brodersen: Klassen-
    bild mit Walter Benjamin. Eine
    Spurensuche, München 1912,

29 Walter Benjamin an Herbert
    Blumenthal, Brief nach dem
    6.4.1915, GB I, S.265 f.

30 GS II, 1, S.75 ff.

31 Zwei Gedichte von Hölderlin,
    GS II, 1, S.105 f.

32 Der Regenbogen, GS VII, 1, 19 f.

33 Gershom Scholem: Tagebücher
    nebst Aufsätzen und Entwür-
    fen, 1. Halbband 1913–1917,
    unter Mitarbeit von Herbert
    Kopp-Oberstebrink, hrsg. von
    Karlfried Gründer und Friedrich
    Niewöhner, Frankfurt/M. 1995,
    S.132. Im Folgenden abgekürzt
    als: Scholem/TB 1913–1917.

34 Scholem/Freundschaft, S.23.

35 Scholem/TB 1913–1917, S.61.

36 Ebd., S.451.

37 Zit. nach Annelies Laschitza: Im
    Lebensrausch. Trotz alledem.
    Rosa Luxemburg, Berlin 1996,
    S.437.

38 Rosa Luxemburg: Zur Einfüh-
    rung, in: Die Internationale.
    Eine Monatsschrift für Praxis
    und Theorie des Marxismus,
    hrsg. von Rosa Luxemburg und
    Franz Mehring, Berlin 1915, S.1 f.
    Im Folgenden abgekürzt als
    Luxemburg,/Internationale.

39 Ebd., S.4 und 9.

40 Für diese und die folgenden An-
    gaben danke ich Dr. Christoph
    Bachmann vom Bayerischen
    Staatsarchiv München.

41 Zit. nach Puttnies/Smith, Ben-
    jaminiana, S.57.

S.70. Im Folgenden abgekürzt
als: Brodersen/Klassenbild.

42 Zu Seeshaupt vgl.: Das Künst-
lerdorf – von Spitzweg bis Campendonk, Gemeinde Seeshaupt
2013.

43 1875–1944.

44 Anna Kellners ältere Schwester Rosa Weiß war 1880 in
arrangierter Ehe mit dem
Dortmunder Buchhändler und
Verleger Sali Schanzer verheiratet worden, dessen Familie aus
Bielitz stammte. Sie war zu ihm
nach Dortmund gezogen, nach
seinem frühen Krebstod aber
wieder zu ihrer Familie zurück-
gekommen, zusammen mit ihren Kindern Else und Max, mit
denen sie zeitweilig im Haushalt
der Kellners in Troppau lebte.

45 Starnberger Land- und Seebote,
4.1.1914.

46 Ebd., 2.8.1915.

47 Ebd., 2./3.10.1915.

48 Scholem/Freundschaft, S. 27.

49 Walter Benjamin an Fritz
Radt, Brief und Gedicht vom
13.12.1915, GB I, S. 305 f.

50 Walter Benjamin an Fritz Radt,
Brief vom 9.3.1916, GB I, S. 316 f.

51 Walter Benjamin an Fritz Radt,
Brief vom 26.4.1916, GB I, S. 320.

52 Gershom Scholem: Walter Benjamin und sein Engel, Frank-
furt/M. 1992, S. 93.

53 Nach freundlicher Mitteilung
von Daniela Müller, Berlin, die
Stefan Radt (inzwischen verstorben) interviewt hat.

54 Puttnies/Smith, Benjaminiana,
S. 141. Das Original des Briefes

befindet sich im Scholem-Nach-
lass in Jerusalem und wurde mir
leider nicht zugänglich gemacht,
da angeblich Urheberrechte
verletzt werden könnten.

55 Puttnies/Smith, Benjaminiana,
S. 141.

56 Vgl. S. 82.

57 Anna/Leon Kellner, S. 85.

58 Wiener Neue Freie Presse,
19.6.1916.

59 Ebd.

60 Hilde/Georg Benjamin, S. 35 ff.

61 Suizid am 10.7.1916. S. dazu
auch Brodersen/Spinne, S. 25.

62 Scholem/Freundschaft, S. 80 f.

63 Starnberger Land- und Seebote,
24.7.1916.

64 Walter Benjamin an Gershom
Scholem, Brief vom 20.7.1916,
GB I, S. 328 f.

65 Dora Pollak an Fritz Radt, Brief
vom 23.7.1916, INBJ.

66 GS II, 1, S. 126 f.; GS II, 1, S. 129 f.;
GS II, 1, S. 132 f.; GS II, 1, S. 133 f.;
GS II, 1, S. 140 f.; GS II, 2, S. 601;
GS II, 2, S. 202.

67 Walter Benjamin an Gershom
Scholem, Brief von Anfang
August 1916, GB I, S. 311.

68 Scholem/Freundschaft, S. 47.

69 Ebd., S. 39 f.

70 Ebd., S. 39.

71 Ernst Mach: Erkenntnis und Irrtum – Skizzen zur Psychologie
der Forschung, Wien 1905.

72 Tagebuch Scholem, zit. nach
Puttnies/Smith, Benjaminiana,
S. 57.

73 Scholem, TB 1913–1917, S. 384.

74 Tagebuch Scholem, zit. nach
Puttnies / Smith, Benjaminiana,
S. 63.

75 Walter Benjamin an Ludwig
Strauß, Briefe vom 11.9.1912,
10.10.1912, 21.11.1912, 7.1.1913,
GB I, S. 61 ff.

76 Gershom Scholem: Von Berlin
nach Jerusalem, Frankfurt / M.
1994, S. 16 f.

77 Tagebuch Scholem, zit. nach
Puttnies / Smith, Benjaminiana,
S. 61.

78 Scholem / TB 1913–1917, S. 172.

79 Scholem / Freundschaft, S. 45.

80 In einem Brief vom 2.5.1938
(Benjamin-Archiv, ADK Berlin)
schreibt Benjamin an Dora:
»Einen Heimatschein besitze ich
nicht.«

81 Leon Kellner: Eine Woche in
Berlin, in: Neues Wiener Tagblatt vom 1.10.1916.

82 Falsche Schreibweise der Straße
im Original.

83 Protokoll betreffend Uebergabe
des Scheidebriefs, Geschäfts-
zahl NC III 467/16, K. k. Bezirksgericht Innere Stadt Abthei-
lung III am 11/10/16. Original im
Stadt- und Landesarchiv Wien.

84 Scholem / TB 1913–1917, S. 464.

85 Scholem / Freundschaft, S. 49.

86 Walter Benjamin an Gershom
Scholem, Brief vom 12.1.1917, GB
I, S. 352.

87 Freiheit (Wien), 23.12.1916.

88 Kollwitz / Tagebücher, 1.2.1917.

89 Scholem / Freundschaft, S. 50.

90 Nach freundlicher Mitteilung
des Archivs der Humboldt-Universität Berlin.

91 Matrikenbuch der israelitischen
Kultusgemeinde in Bielitz,
Eintragung vom 19.2.1917. Nach
freundlicher Mitteilung des
Staatsarchives Katowice.

92 Im Juli 1929 schrieb Dora an
Gershom und Escha Scholem:
»Als ich heiratete, wollten meine
Eltern es nicht zugeben, bevor
seine Eltern einen Kontrakt
unterschrieben, der mich für
den Fall einer Scheidung aus
seinem Verschulden oder seines
Ablebens sicher stellte.« (INBJ,
Nachlass Scholem).

93 Für den Einblick in den Ehevertrag danke ich Dina (Mickie)
Draper, London, der Enkelin
von Dora und Walter Benjamin.

94 Heiratsanzeige in der Jüdischen
Volksstimme, 10.4.1909.

95 Sigmund Adler: Die Besoldung der Professoren an den
österreichischen Universitäten
und den ihnen gleichgestellten
Hochschulen, in: Archiv für
Rechts- und Wirtschaftsphi-
losophie Vol. 11, No. 1 (1917/18),
S. 39 und 49.

96 Nach freundlicher Auskunft
des Centrum Judaicum in Berlin
ließen sich keinerlei Angaben
dazu finden.

97 Scholem / Freundschaft, S. 52.

98 Paul Scheerbart, 1863–1915,
auch unter den Pseudonymen
»Kuno« oder »Bruno Küfer«
bekannt, war ein Verfasser

phantastischer und satirischer
Literatur, Gründer des Verlags
Deutscher Phantasten. Der
»Asteroiden-Roman« Lesabéndio war 1913 mit Zeichnungen
von Alfred Kubin erschienen.
Sowohl dieser Roman als auch
seine Aufsätze über Glas-Archi-
tektur übten großen Einfluss
auf Walter und Dora Benjamin

aus. Er starb am 15.10.1915 an
einem Gehirnschlag, aber von
Walter Mehring wurde die
Meinung vertreten, er habe
aus Protest gegen den Krieg
jede Nahrungsaufnahme
verweigert. Seitdem genoss
er einen Kultstatus bei vielen
Intellektuellen.

4   Leidlich warm (1917–1920)

1   Wiener Medizinische Wochen-
schrift, 1913, S. 430.
2   Walter Benjamin an Gershom
Scholem, Brief vom 23.5.1917,
GB I, S. 358.
3   Carl Thiemann: Erinnerungen
eines Dachauer Malers, Dachau,
o.J., S. 18.
4   GS II, S.S. 602 f.
5   GS II, S. 604.
6   GS II, 3, S. 1414.
7   Zit. nach Johann Jakob Grund:
Philosophische Heimatkunde.
Walter Benjamin in Dachau,
in: Widerspruch, 2011, Nr. 54,
Münchener Zeitschrift für Philosophie, S. 114.
8   Gershom Scholem an Aharon
Heller, Brief vom 5.7.1917, zit.
nach Gershom Scholem: Briefe,
Bd. I, 1914–1947, hrsg. von Itta
Shedletzky, München 1994,
S. 69. Im Folgenden abgekürzt
als Scholem / Briefe I.
9   Wilhelm Caro.
10   Walter Benjamin an Herbert

Blumenthal, Brief vom 10.7.1917,
GB I, S. 368.
11   Walter Benjamin an Gershom
Scholem, Brief vom 15.7.1917, zit.
nach Scholem / Freundschaft,
S. 58.
12   Walter Benjamin an Herbert
Blumenthal, Brief vom 27.7.1910,
GB I, S. 12.
13   Walter Benjamin an Gershom
Scholem, Brief vom 18.18.1917,
GB I, S. 377.
14   Walter Benjamin an Gershom
Scholem, Brief vom 31.7.1917, zit.
nach Scholem / Freundschaft,
S. 59.
15   Schweizerische Hotel-Revue,
28.12.1918.
16   Stefan Zweig: Bei den Sorglosen,
Neue Freie Presse, 26.2.1918.
17   Dora Sophie: An die Dame im
Gebirge, in: Die Dame, Zweites
November-Heft, 1927, S. 28 ff.
18   Ferruccio Busoni an Gerda
Busoni, Brief vom 6.9.1917, zit.
nach: Ferruccio Busoni: Briefe

an seine Frau, hrsg. von Friedrich Schnapp, Zürich / Leipzig
1935, S. 323.

19 Walter Benjamin an Ernst
Schoen, Brief vom 10. 9. 1917,
GB I, S. 387.

20 Walter Benjamin an Ernst
Schoen, Brief vom 10. 9. 1917,
GB I, S. 386.

21 Scholem / Freundschaft, S. 100.

22 Sigmund Freud: Der Moses des
Michelangelo, Studienausgabe,
Bd. X, S. 172.

23 Dora Benjamin an Ernst
Schoen, Brief vom 4. 12. 1918,
Universitätsbibliothek Gießen.

24 Vgl. S. 76.

25 Scholem / Freundschaft, S. 57.

26 Zit. nach Manfred Rauchen-
steiner: Die Gaswerfer
von Flitsch, in: Die Presse,
20. 10. 2007.

27 Walter Benjamin an Ernst
Schoen, Brief vom 17. 6. 1918,
GB I, S. 464. Max Pollak verweigerte die Herausgabe der
Möbel, weil Dora sich ihrerseits
weigerte, die Lagermiete zu
bezahlen.

28 Dora Benjamin an Gershom
Scholem, Brief vom 12. 11. 1917,
INBJ.

29 Ebd.

30 Vgl. dazu Hochschulgeschichte
Berns 1528–1984. Zur 150-Jahr-
Feier der Universität Bern, Bern
1984, S. 498.

31 Walter Benjamin an Gershom
Scholem, Brief vom 3. 12. 1917,
GB I, S. 398.

32 Walter Benjamin an Ernst
Schoen, Brief von Ende 1917,
GB I, S. 415 f.

33 Stuttgart 1914.

34 Walter Benjamin an Ernst
Schoen, Brief vom 31. 7. 1918,
GB I, S. 468. Diese Bemerkung
bezieht sich allerdings nicht auf
Charlotte Pingoud, sondern auf
Luise Zurlinden und ihr Buch
über »Gedanken Platons in der
deutschen Romantik«, Leipzig
1910.

35 Walter Benjamin an Ernst
Schoen, Mai 1918, GB I, S. 455.

36 Vgl. Walter Benjamin: Der
Begriff der Kunstkritik in der
deutschen Romantik, hrsg.
von Uwe Steiner = Werke und
Nachlaß, Kritische Gesamt-
ausgabe, hrsg. von Christoph
Gödde und Henri Lonitz, Bd. 3,
Frankfurt / M. 2008, S. 165.

37 Hendrik Sparnaay: Neue Schriften zur Romantik, in: Neophilo-
logus 9 (1924), 94–110.

38 W. J. (= Wilhelm Jerusalem), in:
Neue Freue Presse, 21. 8. 1921.

39 Jena 1893.

40 Der schlimme Tommy und
andere englische Volksmärchen,
autorisierte Übersetzung von
Anna Kellner, Wien 1922.

41 Walter Benjamin an Gershom
Scholem, Brief vom 22. 10. 1917,
GB I, S. 395.

42 Im Verlag Egon Fleischel, Berlin.

43 Walter Benjamin an Gershom
Scholem, Brief vom 31. 1. 1918,
GB I, S. 423: »Ein höchst bedeu-

tender Roman, den ich meiner
Frau zum Geburtstag schenkte«.

44 Die folgenden Zitate sind der
Züricher Ausgabe (Charles-
Louis Philippe: Marie Donadieu)
von 1942 entnommen.

45 Ebd., S. 20.

46 Ebd., S. 58.

47 Ebd., S. 158.

48 Ebd., S. 186.

49 Ebd., S. 23.

50 Ebd., S. 58.

51 Dora Benjamin an Gershom
Scholem, Brief vom 31.1.1918,
INBJ.

52 Ist dies eine Anspielung darauf,
dass Walter Benjamin mit
vollem Namen »Walter Bendix
Schoenflies Benjamin« hieß?

53 Dora Sophie: Zaubern. Eine
Skizze, in: Die Dame, H. 5, 1927,
S. 61 ff.

54 Walter Benjamin an Gershom
Scholem, Brief vom 23.2.1918,
GB I, S. 434.

55 Walter Benjamin an Gershom
Scholem, Brief vom 30.3.1918,
GB I, S. 441.

56 Dora Benjamin an Ernst
Schoen, Brief vom 2.3.1918,
Universitätsbibliothek Gießen,
Teilnachlass Walter Benjamin.

57 Hans Guggisberg, zit. nach: Zur
Schweizerwoche 1918, S. 78 f.

58 Walter Benjamin an Gershom
Scholem, Brief vom 17.4.1918,
GB I, S. 449.

59 Gershom Scholem an Werner
Kraft, Brief vom 13.4.1918, Scholem / Briefe I, S. 155.

60 Scholem / Freundschaft,
S. 69 f.

61 Stefan Benjamin (i. e. Dora Benjamin) an Gershom Scholem,
Brief vom 20.6.1918, INBJ.

62 A. K.: Unsere Mutter, Menorah IV, 1926, S. 719.

63 Scholem / Freundschaft, S. 89 f.

64 Walter Benjamin an Ernst
Schoen, Brief vom 15.5.1918,
GB I, S. 455.

65 Vgl. Der Bund, 15.5.1918.

66 Scholem / Freundschaft, S. 74.

67 Die Weißen Blätter, Juli / September 1918, S. 59.

68 Beliebte Ausdrucksweise Doras,
zit. nach Peter Zudeick: Der
Hintern des Teufels – Ernst
Bloch – Leben und Werk, Baden-Baden 1985, S. 102.

69 Stefan Benjamin (i. e. Dora Benjamin) an Gershom Scholem,
Brief vom 8.9.1918, INBJ.

70 Stefan Benjamin (i. e. Dora Benjamin) an Gershom Scholem,
Brief vom 25.7.1918, INBJ.

71 Scholem / Freundschaft, S. 72.

72 Ebd., S. 73.

73 Walter Benjamin an Gershom
Scholem, Brief vom 24.8.1918,
GB I, S. 473.

74 Stefan Benjamin (i. e. Dora Benjamin) an Gershom Scholem,
Brief vom 8.9.1918, INBJ.

75 Dora Sophie Kellner: Die alte
Frau des jungen Mannes, in: Die
Dame, Zweites Januar-Heft 1929,
S. 49 f.

76 S. dazu Emmy Ball-Hennings:
Ruf und Echo. Mein Leben mit

Hugo Ball, Einsiedeln 1953,
S. 132.

77 Scholem / Freundschaft, S. 98 f.

78 Ebd., S. 99.

79 Walter Benjamin: Berliner
Chronik, GS Bd. VI, S. 511.

80 Dora Benjamin an Ernst
Schoen, Brief vom 17.10.1918,
Universitätsbibliothek Gießen,
Teilnachlass Walter Benjamin.

81 Vossische Zeitung Nr. 575,
9.11.1918.

82 Vgl. Bärbel Reetz: Das Paradies
war für uns. Emmy Ball-Hennings und Hugo Ball, Berlin
2015, S. 227. Im Folgenden abgekürzt als Reetz / Paradies.

83 Betty Scholem an Gershom
Scholem, Brief vom 11.12.1918,
in: Betty Scholem – Gershom
Scholem: Mutter und Sohn
im Briefwechsel 1917–1946,
hrsg. von Itta Shedletzky in
Verbindung mit Thomas Sparr,
München 1989, S. 28.

84 Gershom Scholem an Escha
Burchhardt, Brief vom
23.11.1918, Scholem / Briefe I,
S. 185.

85 Walter Benjamin: Berliner
Kindheit um Neunzehnhundert,
GS IV, 1, S. 283.

86 Scholem / Freundschaft, S. 106.

87 Annemarie Hennings: Gefängnis, Berlin, Frankfurt / M., Wien
1985, S. 23.

88 Ebd., S. 111.

89 Alle Zitate nach Hugo Ball: Zur
Kritik der deutschen Intelligenz,
Bern 1919.

90 Hugo Ball an August Hofmann,
Brief vom 7.10.1916, zit. nach
Emmy Ball-Hennings: Hugo
Ball. Sein Leben in Briefen und
Gedichten. Mit einem Vorwort
von Hermann Hesse, Frank-
furt / M. 1991, S. 31.

91 Bärbel Reetz: Emmy Hennings –
Leben im Vielleicht, Frankfurt / M. 2001, S. 184.

92 Reetz / Paradies, S. 162 f.

93 Ebd., S. 223.

94 Walter Benjamin an Ernst
Schoen, Brief vom 24.7.1919,
GB II, S. 34 f.

95 Ebd.

96 Ernst Bloch: Geist der Utopie,
München / Leipzig 1918, S. 9.

97 Hugo Ball an Emmy Hennings,
Brief vom 9.11.1917, zit. nach
Emmy Ball-Hennings: Hugo
Ball. Sein Leben in Briefen und
Gedichten, S. 52.

98 Walter Benjamin an Ernst
Schoen, Brief vom 19.9.1919,
GB II, S. 46 f.

99 Grunenberg / Götterdämmerung, S. 122.

100 Karola Bloch an Siegfried
Unseld, Brief vom 9.11.1966,
zit. nach: Irene Scherer / Welf
Schröter (Hrsg.): Etwas, das in
die Phantasie greift. Briefe von
Karola Bloch an Siegfried
Unseld und Jürgen Teller, Mös-
singen-Talheim 2015, S. 89.

101 Freie Zeitung, 16.11.1918.

102 Ernst Bloch an Wilhelm
Muehlon: Brief vom 2.11.1918,
zit. nach: Ernst Bloch: Briefe

1903–1975, Bd. I, Frankfurt / M.
1985, S. 235 f.

103 Walter Benjamin an Ernst
Schoen, Brief vom 31.7.1918,
GB I, S. 467.

104 Chinesische Märchen, gesammelt und aus dem Chinesischen
übertragen von Richard Wilhelm, Köln 1985, S. 50 ff.

105 Walter Benjamin an Ernst
Schoen, Brief vom 14.5.1919,
GB II, S. 26.

106 Scholem / Freundschaft, S. 107.

107 Ebd., S. 72.

108 Ebd., S. 100.

109 Benjamin begann um diese Zeit,
sich gelegentlich Aufzeichnungen über die Redensarten seines
Sohnes zu machen. Diese sind
veröffentlicht in: Walter Benjamins Archive, Bilder, Texte und
Zeichen, hrsg. vom Walter-Benjamin-Archiv, bearbeitet von
Ursula Marx, Gudrun Schwarz,
Michael Schwarz und Erdmut
Wizisla, Frankfurt / M. 2006,
S. 76 ff. Im Folgenden abgekürzt
als: Benjamins Archive.

110 Walter Benjamin an Ernst
Schoen, Brief vom 24.7.1919,
GB II, S. 33.

111 Benjamins Archive, S. 83.

112 Walter Benjamin an Gershom
Scholem, Brief vom 4.8.1919,
GB II, S. 40.

113 Walter Benjamin an Gershom
Scholem, Brief vom 20.8.1919,
GB II, S. 42.

114 Ebd.

115 Vgl. S. 104 f.

116 Vgl. Kamila Staudigl-Ciecho-
wicz: Zwischen Wien und
Czernowitz – österreichische
Universitäten um 1918, in:
Beiträge zur Rechtsgeschichte
Österreichs 2014, S. 232 f.

117 Vgl. Ramon Pils: Disziplinierung eines Faches. Zur Englischen Philologie in Wien im
frühen 20. Jahrhundert, in:
Karl Anton Fröschl / Gerd B.
Müller / Thomas Olechowski /
Brigitta Schmidt-Lauber (Hg.)
Reflexive Innensichten aus
der Universität. Disziplinengeschichten zwischen Wissenschaft,Gesellschaft und Politik,
Wien 2015, S. 544 ff. – Ich danke
Herrn Ramon Pils, Universität Wien, für den Hinweis auf
diesen Aufsatz und weitere
hilfreiche Informationen über
Leon Kellner.

118 Felix Salten: Leon Kellner zum
60. Geburtstag, in: Neue Freie
Presse, 17.4.1919.

119 Dora Benjamin an Gershom
Scholem, Brief vom 15.9.1919,
INBJ.

120 Walter Benjamin an Gershom
Scholem, Brief vom 15.9.1919,
GB II, S. 44.

121 Samuel Ami Weiß, 1858–1896,
geboren in Hruschau, Österrei-
chisch-Schlesien. Er studierte
Anglistik und vergleichende
Sprachwissenschaft in Wien,
promovierte zum Dr. phil.,
wurde Redakteur in Mährisch-
Ostrau, später Realschullehrer

in Wien. Er starb an den Folgen
einer schweren Influenza. Der
einzige Sohn, Fritz, war kurz
vor ihm an einer Kinderkrank-
heit gestorben. Henriette Weiß
gab 1899 Gedichte ihres Mannes
bei der Concordia-Verlagsgesell-
schaft Berlin heraus.

122 Walter Benjamin an Gershom
Scholem, Brief vom 16.11.1919,
GB II, S. 50.

123 Dora Benjamin an Gershom
Scholem, Brief vom 16.12.1919,
INBJ.

124 Ebd.

125 Walter Benjamin an Gershom
Scholem, Brief vom 5.12.1919,
GB II, S. 63.

126 Walter Benjamin an Gershom
Scholem, Brief vom 26.3.1920,
GB II, S. 80.

127 Ebd.

128 Walter Benjamin an Gershom
Scholem, Brief vom 13.4.1920,
GB II, S. 83.

5   Ein einziger Kampf um die Mittel (1920–1923)

1 Walter Benjamin, GS VI, S. 497.
Zu Geschichte und Interieur
des Hauses Delbrückstr. 23 vgl.
auch Brodersen / Emil Benjamin,
S. 27 ff.

2 Walter Benjamin an Gershom
Scholem, Brief vom 23.7.1920,
GB II, S. 93.

3 Walter Benjamin an Gershom
Scholem, Brief vom 29.12.1920,
GB II, S. 120.

4 Rosa Luxemburg: Briefe aus
dem Gefängnis, zit. nach der
Ausgabe Berlin 1946, S. 24.

5 Ebd., S. 59.

6 Zu den Hintergründen des
Mordes s. Klaus Gietinger: Eine
Leiche im Landwehrkanal. Die
Ermordung Rosa Luxemburgs,
Hamburg 2018.

7 Zum Leben und Werk Dora
Benjamins vgl. Eva Schöck-
Quinteros: Dora Benjamin:

»… denn ich hoffe nach dem
Krieg in Amerika arbeiten
zu können«. Stationen einer
vertriebenen Wissenschaft-
lerin, 1901–1946, in: Bonjour.
Geschichte. Bremer online
Journal Geschichte 4 (2014).
Im Folgenden abgekürzt als:
Schöck-Quinteros: Dora Ben-
jamin.

8 Walter Benjamin: Berliner Kindheit um 1900, GS IV, 1, S. 302.

9 Walter Benjamin an Gershom
Scholem, Brief vom 23, 7, 1920,
GB II, S. 93.

10 Dr. Edward Bing (United
Telegraph) an Artur Holitscher,
Brief vom 31.8.1920, DLA
Marbach.

11 Dora Benjamin an Gershom
Scholem, Brief vom 17.4.1920,
INBJ.

12 Walter Benjamin an Gershom

Scholem, Brief vom 17.4.1920, GB II, S. 84.

13 Ebd.

14 Erich Gutkind an Gershom Scholem, PS zum Brief vom Walter Benjamin an Gershom Scholem, 26.5.1920, GB II, S. 90.

15 Ich danke Frau Daniela Müller, Berlin, die das Haus persönlich besichtigt und fotografiert hat.

16 Walter Benjamin an Gershom Scholem, Brief vom 23.7.1920, GB I, S. 92.

17 Walter Benjamin an Gershom Scholem, Brief vom 26.5.1920, GB II, S. 87.

18 Dora Benjamin an Gershom Scholem, Brief vom 6.7.1920, INBJ.

19 Arthur Holitscher: Amerika heute und morgen, Berlin 1919, S. 48.

20 Arthur Holitscher: Drei Monate in Sowjet-Russland, Berlin 1921.

21 Walter Benjamin: Arthur Holitscher, Es geschah in Moskau, Roman, GS III, S. 166.

22 Walter Benjamin an Gershom Scholem, Brief vom 23.7.1920, GB II, S. 92.

23 Paul Klee: Tagebücher 1898–1918, hrsg. und kommentiert von Felix Klee, Köln 1957, S. 337 f.

24 Für Unterstützung bei der Interpretation dieses Bildes danke ich den Malerinnen Monika Künzel (Riegelsberg bei Saar-brücken) und Maf Räderscheidt (Schleiden).

25 Für die Angaben zur Provenienz und Geschichte des Bildes danke ich dem Paul-Klee-Zentrum, Bern.

26 Walter Benjamin an Gershom Scholem, Brief vom 26.5.1920, GB II, S. 89.

27 Dora Sophie Kellner: Das Mädchen von Lagosta, Innsbrucker Nachrichten, 30.4.1932.

28 Vgl. S. 160.

29 Walter Benjamin an Gershom Scholem, Brief vom 4.11.1920, GB II, S. 104.

30 Dora Benjamin an Gershom Scholem, Brief vom 15.2.1921, INBJ.

31 Zur Biographie von Ernst Schoen vgl. Sabine Schiller-Lerg: Ernst Schoen (1894–1960) – Ein Freund überlebt. Erste biographische Einblicke in seinen Nachlass, in: Global Benjamin, Bd. 2, hrsg. von Klaus Garber, München 1999, S. 982 ff. Im Folgenden abgekürzt als Schiller-Lerg: Ein Freund überlebt. Ich danke Sabine Schiller-Lerg für zahlreiche Informationen zu Ernst Schoen und Einblicke in seinen unveröffentlichten Nachlass.

32 Zit. nach Schiller-Lerg: Ein Freund überlebt, S. 988.

33 Walter Benjamin: Über die Ehe, GS VI, S. 68 f.

34 Scholem / Freundschaft, S. 122.

35 Leipzig 1914.

36 Benjamins Archive, S. 91.

37 Howard Eiland und Michael W. Jennings: Walter Benjamin, A Critical Life, Cambridge / London 2014, S. 243 ff.

38 Jesaias Press: Palästina und Südsyrien. Reisehandbuch. Im Auftrag der Palestine Express Comp. verfasst. Jerusalem, Wien, Berlin 1921. Im Folgenden abgekürzt als Jesaias Press: Palästina.

39 Edmund Burkard: »Überwindung von Armut durch Bildung«. Die Geschichte des Schulwerks des Hilfvereins der Deutschen Juden (1901–1938), Siegen 2016, S. 95.

40 Jesaias Press: Palästina, S. 72.

41 Ebd., S. 73.

42 Ebd., S. 3.

43 Dora Benjamin an Gershom Scholem, Brief vom 13. 5. 1921, INBJ.

44 Daniela Müller, Berlin, hat in ihrer Masterarbeit »Jugendliche Erotik, widerständige Liebeskonzeptionen in der Jugendzeitschrift Der Anfang und im Kreis um Walter Benjamin« (Berlin 2014) die Beziehung zwischen Jula Cohn und Ernst Schoen ausführlich beschrieben und viele ihrer Briefe erstmals zitiert. Im Folgenden abgekürzt als: Daniela Müller: Jugendliche Erotik.

45 Ihr Vater, Wilhelm Cohn, starb 1903, ihre Mutter 1908 (mit erst 46) an Lungentuberkulose.

46 Zit. nach Daniela Müller: Jugendliche Erotik, S. 63.

47 Walter Benjamin an Gershom Scholem, Brief vom 26. 5. 192, GB II, S. 155.

48 Dora Benjamin an Gershom Scholem, Brief vom 30. 4. 1921, INBJ.

49 Ebd.

50 Schöck-Quinteros: Dora Benjamin.

51 Gertrud Kolmar: Es fallen Schüsse in den Bergen, aus der Sammlung »Gedichte um 1920, Früher Zyklus II«, Quelle: Internet.

52 Vgl. Bernd-Peter Lange: Georg Benjamin, ein bürgerlicher Revolutionär im roten Wedding, Berlin 2019. Im Folgenden abgekürzt als: Lange / Georg Benjamin.

53 Claudia Rappold: Charlotte Wolff, Ärztin, Psychotherapeutin, Wissenschaftlerin und Schriftstellerin, Berlin 2005, S. 28. S. dazu auch Charlotte Wolff: Augenblicke verändern uns mehr als die Zeit. Eine Autobiographie, Frankfurt / M. 1986, S. 84. Letzteres im Folgenden abgekürzt als: Wolff / Augenblicke.

54 Wolff / Augenblicke, S. 83.

55 Ebd., S. 86.

56 Ebd., S. 86 ff.

57 Charlotte Wolff: Innenwelt und Außenwelt. Autobiographie eines Bewusstseins, München 1971, S. 206. Im Fol-

genden abgeküzt als: Wolff/
Innenwelt.

58 Wolff/Augenblicke, S. 85.

59 Wolff/Innenwelt, S. 206.

60 Wolff/Augenblicke, S. 83.

61 Dora Benjamin an Gershom
Scholem, Brief vom 24.3.1922,
INBJ.

62 Wolff/Augenblicke, S. 83.

63 Wolff/Innenwelt, S. 205.

64 Dora Benjamin an Gershom
Scholem, Brief vom 1.12.1929,
INBJ. In diesem Brief führt Dora
Benjamin aus, dass Charlotte
Wolff im Scheidungsprozess
eine höchst unrühmliche Rolle
spielte: »Jetzt nennt Walter Lotte
Wolff als Zeugin u. a. dafür, dass
ich mich ihr gegenüber einer
erotischen Technik gegen ältere
Herren gerühmt habe. Um mir
nicht zu schaden (sic!), will er
in diesem Zusammenhang die
Namen von Herausgebern von
Zeitschriften, Verlagsdirektoren
etc. nicht nennen. Diese selbe
Lotte Wolff hat die letzten drei
Jahre ihres Studiums von dem
Gelde bestritten, das der Vater
einer holländisch-wienerischen
Freundin von mir ihr auf meine
Bitten gab.« Vgl. dazu auch
S. 275.

65 Wolff/Augenblicke, S. 84.

66 Ebd., S. 87.

67 Ebd., S. 86.

68 Dora Benjamin an Gershom
Scholem, Brief vom 30.4.1921,
INBJ.

69 Dora Benjamin an Gershom

70 Scholem/Freundschaft, S. 126.

71 Gershom Scholem: Walter Benjamin und sein Engel, Frank-
furt/M. 1983, S. 46.

72 Wolff/Augenblicke, S. 83.

73 Stefan Benjamin an Theodor W.
Adorno, Brief vom 21.10.1961,
ADK Berlin, WBA.

74 Walter Benjamin: Über den Begriff der Geschichte, These IX,
GS II, 1, S. 697f.

75 Dora Benjamin an Gershom
Scholem, Brief vom 2.12.1921,
INBJ.

76 Dora Benjamin an Gershom
Scholem, Brief vom 15.8.1921,
INBJ.

77 Walter Benjamin an Richard
Weißbach, Brief vom September
1921, GB II, S. 193.

78 Walter Benjamin an Gershom
Scholem, Brief vom 4.10.1921,
GB II, S. 195.

79 Dora Benjamin an Gershom
Scholem, Brief vom 15.8.1921,
INBJ.

80 Dora Benjamin an Gershom
Scholem, Brief vom 2.12.1921,
INBJ.

81 Zit. Schiller-Lerg: Ein Freund
überlebt, S. 989.

82 Dora Benjamin an Gershom
Scholem, Brief vom 21.1.1922,
INBJ.

83 Dora Benjamin an Gershom
Scholem, Brief vom 24.3.1922,
INBJ.

84 Dora Benjamin an Gershom

Scholem, Brief vom 28.5.1921,
INBJ.

Scholem, Brief vom 21.1.1922, INBJ.

85 GS I, 1, 162 f.

86 Walter Benjamin an Gershom Scholem, Brief vom 27.11.1921, GB II, S. 210.

87 Zum Verhältnis von Benjamin, Friedrich Gundolf und Jula Cohn vgl. auch: Benjamins Wahlverwandtschaften. Zur Kritik einer programmatischen Interpretation, hrsg. von Helmut Hühn, Jan Urbich und Uwe Steiner, Berlin 2015.

88 Benjamins Archive, S. 93.

89 Ebd., S. 94.

90 Scheidungsurteil vom 27.3.1930, 6. Zivilkammer des Landgerichts III in Berlin, AZ 6. R 1503 / 29. Kopie im Werkbund-Archiv, Berlin.

91 Walter Benjamin an Richard Weißbach, Brief vom 3.5.1922, GB II, S. 248.

92 John Cleland: Fanny Hill oder Geschichte eines Freudenmädchens, Berlin 2016, 1. Brief.

93 Walter Benjamin an Richard Weißbach, Brief vom 3.5.1922, GB II, S. 248.

94 Wolff / Augenblicke, S. 94 f.

95 Walter Benjamin an Florens Christian Rang, Brief vom November 1921, GB II, S. 281.

96 Benjamins Archive, S. 105.

97 Dora Benjamin an Gershom Scholem, Brief vom 27.1.1923, INBJ.

98 Benjamins Archive, S. 106.

99 Zit. nach »Chronik 1923«, Dortmund 1987, S. 147.

100 Walter Benjamin an Richard Weißbach, Brief vom 23.1.1923, GB II, S. 307.

101 Quelle: http://www.judentumprojekt.de/persoenlichkeiten/geschichte/rathenau/index.html

102 Gershom Scholem an Escha Burchhardt, Brief vom 2.4.1923, INBJ.

103 Ebd.

104 Wolff / Augenblicke, S. 87.

105 Gershom Scholem an Escha Burchhardt, Brief vom 10.4.1923, INBJ.

106 Gershom Scholem an Escha Burchhardt, Brief vom 9.7.1923, zit. nach Walter Benjamin, GB II, S. 339

107 Ebd., S. 340.

6 Im Club der Ehebrecher (1923–1927)

1 Vgl. S. 196.

2 Walter Benjamin an Gottfried Salomon-Delatour, Brief vom 11.2.1923, GB II, S. 422.

3 Walter Benjamin an Florens Christian Rang, Brief vom 3.5.1923, GB II, S. 333.

4 Die folgenden Ausführungen sind der Untersuchung von Eva Schöck-Quinteros

über Dora Benjamin entnommen.

5 Ebd., S. 8 ff.

6 Ebd., S. 7.

7 Lange / Georg Benjamin, S. 75.

8 Schöck-Quinteros: Dora Benjamin, S. 6.

9 Vgl. Scholem / Freundschaft, S. 70 f.

10 Walter Benjamin an Gershom Scholem, Brief vom 5.3.1924, GB II, S. 432.

11 Zit. nach Werner Fuld: Walter Benjamin, eine Biographie, Reinbek 1990, S. 146. Im Folgenden abgekürzt als Fuld / Benjamin.

12 Grunenberg / Götterdämmerung, S. 179.

13 Ebd., S. 181.

14 Walter Benjamin an Gershom Sholem, Brief vom 7.7.1924, GB II, S. 473.

15 Asja Lacis: Revolutionär im Beruf, Berlin 1976, S. 45. Im Folgenden abgekürzt als Lacis / Revolutionär.

16 Ebd., S. 9.

17 Ebd., S. 13.

18 Ebd., S. 25 f.

19 Ebd., S. 39.

20 Grunenberg / Götterdämmerung. S. 184.

21 Lacis / Revolutionär, S. 41.

22 Rudolf Frank: Spielzeit meines Lebens, Heidelberg 1960, S. 272 f.

23 Grunenberg / Götterdämmerung, S. 182.

24 Lacis / Revolutionär, S. 45 f.

25 Ebd., S. 46.

26 Grunenberg / Götterdämmerung, S. 181.

27 Walter Benjamin: GS VI, S. 394.

28 Ebd., S. 317.

29 Lacis / Revolutionär, S. 46.

30 Ebd., S. 47.

31 Walter Benjamin an Gershom Scholem, Brief vom 22.12.1924, GB II, S. 511.

32 GS VI, S. 317.

33 Ebd., S. 318.

34 Wolfram Eilenberger: Zeit der Zauberer. Das große Jahrzehnt der Philosophie, 1919–1929. Stuttgart 2018, S. 227. Im Folgenden abgekürzt als: Eilenberger / Zauberer.

35 Hans Cornelius: Erstes Referat über die Habilitationsschrift von Dr. Walter Benjamin, zit. nach Brodersen / Spinne S. 164.

36 DSB: Die Waffen von morgen, in: Vossische Zeitung, 29.6.1925.

37 https://ihl-databases.icrc.org/ applic/ihl/ihl.nsf/INTRO/280.

38 Dora Sophie: Urlaub von der Ehe, in: Uhu 2 (1926), H. 12, S. 84–90.

39 Dora Sophie: Eine tüchtige Hausfrau muss 41 Berufe können, in: Uhu 1 (1925), H. 12, S. 72–76.

40 Vgl. dazu Klaus-Dieter Krabiel: Bertolt Brecht und die Affäre Kameliendame, in: The Brecht Yearbook 38 (2013), S. 206–225.

41 Alfred Kerr in »Berliner Tageblatt«, 11.3.1925, 2. Ausgabe.

42 S. dazu auch Marc Thuret in: Hans Manfred Bock (Hrsg.):

Französische Kultur im Berlin der Weimarer Republik, Tübingen 2005, S. 260.

43 Vgl. dazu https://de.wikipedia. org/wiki/Asja_L%C4%81cis.

44 Lacis/Revolutionär, S. 67.

45 Ebd., S. 53.

46 Walter Benjamin an Gottfried Salomon-Delatour, Brief vom 11. 2. 1924, GB II, S. 422.

47 Lacis/Revolutionär, S. 53.

48 Ebd.

49 Erdmut Wizisla: Benjamin und Brecht. Die Geschichte einer Freundschaft, Frankfurt/M. 2004, S. 55.

50 Theodor W. Adorno an Siegfried Kracauer, Brief vom 26. 8. 1925, in: Theodor W. Adorno – Siegfried Kracauer: »Der Riss geht durch mich«. Briefwechsel 1923–1966, Frankfurt/M. 2008, S. 111.

51 Dora Sophie Benjamin: Unterhaltung mit Ernö Rapée, in: Vossische Zeitung, 20.11.1925, 1. Ausgabe.

52 Lacis/Revolutionär, S. 56.

53 Ebd., S. 57.

54 GS IV, 1, S. 110.

55 Lacis/Revolutionär, S. 57.

56 Benjamins Archive, S. 112.

57 Ebd.

58 Die Beziehungen zu Grete Kliem und Emma Haase. Vgl. Lange/Georg Benjamin, S. 80 f.

59 Ebd., S. 57.

60 Dora Benjamin an Gershom Scholem, Brief vom 11. 2.1926, INBJ.

61 Dora Benjamin an Gershom Scholem, Brief vom 27. 6.1929, ebd.

62 Howard Eiland and Michael W. Jennings: Walter Benjamin. A Critical Life. Cambridge/ London 2014. Hier heißt es auf S. 262, Jula Cohn sei zu Beginn seines Pariser Aufenthaltes bei ihm gewesen. Jedenfalls schuf sie um diese Zeit eine Porträt-Büste von ihm.

63 Vossische Zeitung vom 21.7.1926.

64 Walter Benjamin an Gershom Scholem, Brief vom 10. 9.1926, GB III, S. 187.

65 GB III, S. 550.

66 Grunenberg/Götterdämmerung, S. 207.

67 Walter Benjamin an Thankmar von Münchhausen, Brief vom 14. 9.1926, GB III, S. 188.

68 Walter Benjamin an Florens Christian Rang, Brief von Anfang November 1922, GB II, S. 281.

69 Walter Benjamin an Siegfried Kracauer, Brief vom 20.10.1926, GB III, S. 205.

70 Lacis/Revolutionär, S. 58.

71 GS VI, S. 292.

72 Ebd., S. 293.

73 Ebd., S. 331.

74 Ebd., S. 317.

75 Ebd., S. 304.

76 Ebd. S. 343.

77 Ebd., S. 380.

78 Ebd., S. 344.

79 Ebd., S. 317.

80 Walter Benjamin an Jula Cohn, Brief vom 9.1.1927, GB III, S. 227.

81 Undatiertes Telegramm aus Moskau. Nach freundlicher Mitteilung von Ursula Marx, Walter-Benjamin-Archiv, Berlin.

82 Walter Benjamin, GS VI, S. 409.

83 Zu Sasha Stone s. Birgit Hammers: »Sasha Stone sieht noch mehr«. Ein Fotograf zwischen Kunst und Kommerz, Petersberg 2014.

84 Englische Schriftstellerin, geboren 1866 als Mary Annette Beauchamp. In erster Ehe verheiratet mit dem Grafen Henning August von Arnim-Schlagenthin, mit dem sie fünf Kinder bekam. Cousine von Katherine Mansfield. In zweiter Ehe verheiratet mit einem Bruder des Mathematikers Bertrand Russell. Autorin von vielen Romanen, die zum Teil von Anna Kellner übersetzt wurden.

85 Anonym, in: Die praktische Berlinerin, 2. Januar-Heft 1927. Ich danke Daniela Müller, Berlin, die den Jahrgang 1927 der »Praktischen Berlinerin« in der Bibliothek der Berliner Humboldt-Universität für mich fotografiert hat.

7 Gas gegen Gas (1927–1930)

1 Dora Sophie Kellner: Das geistige Amerika III – Das Gesicht der Zeitschrift. In: Die literarische Welt 1931, Nr. 19, S. 7.

2 Vgl. S. 172.

3 Dora Sophie: Stille Musik. In: Die Dame, 2. Dezember-Heft 1927, S, 79 f.

4 GS IV, 1, S. 316.

5 Walter Benjamin an Jula Radt-Cohn, Brief vom 9.4.1927, GB III, S. 245

6 Dora Benjamin an Gershom Scholem, Brief vom 16.5.1927, GB III, S. 253.

7 Walter Benjamin an Siegfried Kracauer, Brief vom 5, 6, 1927, GB III, S. 262.

8 Scholem / Freundschaft, S. 167.

9 GS VI, S. 409.

10 Die von Eiland / Jennings und Grunenberg vertretene Meinung, er habe sich die Hepatitis durch Drogenkonsum zugezogen, ist nicht haltbar. Hepatitis B und C haben mit Drogenkonsum nur insofern zu tun, als sie durch unsaubere Spritzen übertragen werden können. Benjamin injizierte sich die Drogen aber nicht, sondern rauchte sie oder nahm sie oral.

11 GS IV, 1, S. 109.

12 Walter Benjamin an Grete und Alfred Cohn, Brief vom 12, 12, 1927, GB III, S. 311.

13 Vgl. Schöck-Quinteros: Dora Benjamin, S. 11.

14 Fritz Fränkel und Dora Benjamin: Die Bedeutung der Rauschgifte für die Juden und die Bekämpfung der Suchten (sic, EW) durch die Fürsorge, in: Jüdische Wohlfahrtspflege und Sozialpolitik, 3. Jg., 1932, S. 21 ff. Im Folgenden abgekürzt als Fränkel / Benjamin: Die Bedeutung der Rauschgifte.

15 GS VI, S. 558 f.

16 Walter Benjamin an Gershom Scholem, Brief vom 30.1.1928, GB III, S. 324.

17 Fränkel / Benjamin: Die Bedeutung der Rauschgifte, S. 24.

18 Felix Scherret: Frauensorgen im Rundfunk, in: Der Neue Rundfunk, Jg. 1 (1926), H. 38, S. 891.

19 Sendungen am 23.1., 30.1., 6.2. und 13.2.1928. Für Hilfe bei Ermittlung der Titel und Daten danke ich Frau Dr. Sabine Schiller-Lerg, Münster.

20 Sendungen am 16.5., 23.5., 6.6. und 11.6.1928.

21 Paula Arnold: Lügt Ihr Kind? In: Die praktische Berlinerin, 2. September-Heft 1927, S. 17.

22 Ben Lindsay und Wainwright Evans: Die Kameradschaftsehe, Stuttgart / Leipzig / Berlin 1928.

23 In der Enzyklika »Casti conubii« von 1930.

24 Arthur Holitscher: Drei Monate in Sowjet-Rußland, Berlin 1921.

25 Die praktische Berlinerin, 3. September-Heft 1927, S. 15.

26 Lacis / Revolutionär, S. 62.

27 Dora Benjamin an Gershom Scholem, Brief vom 24.7.1929, INBJ.

28 Walter Benjamin an Gershom Scholem, Brief vom 1.8.1928, GB III, S. 403.

29 Walter Benjamin an Alfred Cohn, Brief vom 6.3.1929, GB III, S. 449.

30 Nach freundlicher Mitteilung von Dr. Sabine Schiller-Lerg, Münster.

31 http://jgsaufgab.de/intranet2/ geschichte/geschichte/lkg/ der_zeitungsmarkt_in_der_ weimare.htm.

32 Dora Sophie Kellner: Aus China über China. In: Die Literarische Welt 1928, Nr. 39, S. 5 f.

33 Dies.: Die Rache des jungen Meh. In: Die Literarische Welt 1928, Nr. 11, S. 5.

34 Dies.: Aus China über China.

35 Dies.: Fannie Hurst. Mannequin. In: Die Literarische Welt 1928, Nr. 12, S. 6.

36 Dies.: Buch-Chronik der Woche. Neue Frauenprosa. Mary Borden. In: Die Literarische Welt 1928, Nr. 25, S. 6.

37 Anna Kellner: Reiseskizzen aus Palästina. In: Menorah 1924, S. 20 ff.

38 Anna/Leon Kellner, S. 95.

39 Die Stimme, 13.12.1928.

40 Franz Hessel: Tagebuch vom 1.7.1929, in: Juni. Magazin für Kultur und Politik, 3. Jg., Nr. 1/89, S. 38 ff.

41 Walter Benjamin an Gershom Scholem, Brief vom 14.2.1929, GB III, S. 440.

42 Lacis / Revolutionär, S. 62.

43 Dora Sophie Kellner: Die alte Frau eines jungen Mannes. In: Die Dame, 2. Januar-Heft 1929, S. 48 f.

44 Lothar Brieger: Das Frauengesicht der Gegenwart, Berlin 1930.

45 Ebd., S. 117.

46 Ebd., S. 53.

47 Dora Sophie Kellner: Angst. In: Die Dame, 1. April-Heft 1929, S. 53 ff.

48 Lisa Fittko: Mein Weg über die Pyrenäen, München / Wien 1985, S. 139 f.

49 Scheidungsurteil, a. a. O.

50 Walter Benjamin an Gershom Scholem, Brief vom 1.11.1929, GB III, S. 489.

51 Dora Benjamin an Gershom Scholem, Brief vom 27.6.1929, INBJ.

52 Es ist unklar, welche Tante gemeint ist. Henriette Weiß, die vermutlich am meisten vermögende ihrer Tanten, starb erst 1931.

53 Lacis / Revolutionär, S. 49.

54 Dora Benjamin an Gershom Scholem, Brief vom 24.7.1929, INBJ.

55 Jüdisches Adressbuch für Gross Berlin 1929/30, S. 30.

56 Die Lady und ihr Garten. In: Die Dame, 2. Juli-Heft 1929, S. 18 ff.; Die politischen Töchter, ebd., 1. September-Heft 1929, S. 12 ff.; Kindersport in England, ebd., 1. Oktober-Heft 1929, S. 12 ff.; Ehrenjungfrauen zum Anbeißen. In: BZ am Mittag, 22.6.1929; Der neueste Galsworthy, ebd., 20.6.1929.

57 BZ am Mittag, 24.5., 26.5., 15.6.1929.

58 Dora Sophie: Die zukünftigen Meister. Kindersport in England. In: Die Dame, 1. Oktober-Heft 1929, S. 12 ff.

59 Schiller-Lerg: Ein Freund überlebt, S. 1002.

60 Dora Sophie Kellner: Das Mädchen von Lagosta, zit. nach Grazer Tagblatt, 7.2.1932.

61 Ebd., 1.1.1932.

62 Ebd., 14.2.1932.

63 Walter Benjamin an Gershom Scholem, Brief vom 4.8.1929, GB III, S. 479.

64 Zum Sanatorium Kohnstamm in Königstein s. Eva Weissweiler: Otto Klemperer, Köln 2010, S. 83 f., 88 f., 91, 119 f. 122, 124 f.

65 Walter Benjamin an Richard Weißbach, Brief vom 5.2.1922, GB II, S. 238.

66 Dora Benjamin an Gershom Scholem, Brief vom 1.12.1929, INBJ.

67 Ebd.

1   Scheidungsurteil, a.a.O.

2   Dora Benjamin an Gershom
    Scholem, Brief vom 23.1.1930,
    INBJ.

3   Dora Benjamin an Gershom
    Scholem, Brief vom 1.12.1930,
    INBJ.

4   Selbst die Tatsache, dass in
    dieser Zeit ihr zweiter Roman,
    Béchamel Bettina, in der *Dame*
    (Lose Blätter Heft 5–10, 1930/31)
    veröffentlicht wurde, ver-
    mochte sie nicht zu trösten.

5   Vgl. Puttnies / Smith, Benja-
    miniana, S.156.

6   Dora Sophie Kellner: Die alte
    Frau eines jungen Mannes. In:
    Die Dame, Zweites Januar-Heft
    1929, S.49f.

7   Dora Sophie Kellner: Bräute
    auf Bestellung. Heiraten auf
    gut Glück. New York, im
    August. In: Vossische Zeitung,
    31.8.1930, Erste Beilage, Sonntag
    (Morgen).

8   Dora Sophie Kellner: Michael
    Gold – Juden ohne Geld. In: Die
    Literarische Welt 1931, Nr.18,
    S.6.

9   K.: G.B. Shaw versteht nichts
    von Frauen. Beweis: Die weib-
    lichen Gestalten seiner Dramen.
    In: Die Dame, Erstes Mai-Heft
    1930, S.38.

10 Walter Benjamin an Gershom
    Scholem, Brief vom 14.6.1930,
    GB III, S.530.

11 Walter Benjamin an Gershom
    Scholem, Brief vom 1.11.1929,
    GB GB III, S.491.

12 Notarieller Auseinanderset-
    zungsvertrag, WBA Berlin
    (Dok. 211).

13 Dora Benjamin an Gershom
    Scholem, Brief vom 15.8.1931,
    INBJ.

14 Dora Sophie Kellner: Die Küche
    Amerikas. In: Die Dame, Erstes
    Oktober-Heft 1931 S.51f.

15 Joseph Hergesheimer: Loblied
    der Berlinerin, übersetzt von
    Dora Sophie Kellner, in: Vossi-
    sche Zeitung, 14.6.1931.

16 Walter Benjamin an Gershom
    Scholem, Brief vom 20.7.1931,
    GB IV, S.47.

17 1932 und 1934.

18 Luis Trenker: Joseph Herges-
    heimer – Bergblut. In: Der
    Querschnitt 12, 1932, S.458.

19 Joseph Hergesheimer an Dora
    Sophie Kellner, Brief vom
    1.4.1931, Harry-Ransom Center,
    University of Texas, Hergeshei-
    mer-Collection. Im Folgenden
    abgekürzt als HRC, Texas.

20 Dora Sophie Kellner an Joseph
    Hergesheimer, Brief vom
    15.8.1931, ebd.

21 Joseph Hergesheimer an Dora
    Sophie Kellner, Brief vom
    15.12.1932, ebd.

22 Dora Sophie Kellner an
    Gershom Scholem, Brief vom
    15.8.1931, INBJ.

23 Joseph Hergesheimer an Dora

Sophie Kellner, Brief vom
5.6.1935, HRC, Texas.

24 Joseph Hergesheimer an Dora
Sophie Kellner, ebd.

25 H. L. Mencken: Autobio-
graphisches 2, 1930–1948,
Waltrop / Leipzig 2000,
S. 208.

26 Dora Benjamin an Henry Louis
Mencken, Brief vom 14.4.1928,
Mencken / NYPL.

27 Ebd.

28 Henry Louis Mencken: Demokratenspiegel, Übersetzung
von D. S. Kellner, Berlin 1930,
S. 28.

29 Ebd., S. 38.

30 Ebd., S. 40.

31 Ernst Niekisch: Die dritte impe-
riale Figur, Berlin 1935, S. 14.

32 Wilhelm Stapel: Literatenwäsche, Berlin 1930.

33 Dora Sophie Benjamin an
Henry Louis Mencken, Brief
vom 13.6.1930, Mencken / NYPL.

34 Henry Louis Mencken: Treatise
on the Gods, Baltimore 1930,
S. 345.

35 Dora Sophie Kellner an Henry
Louis Mencken, Brief vom
2.10.1930, Mencken / NYPL.

36 Henry Louis Mencken an Dora
Sophie Kellner, Brief vom
21.4.1933, ebd.

37 Vgl. z. B.: Chryssoula Kambas:
Walter Benjamin im Exil. Zum
Verhältnis von Literaturpolitik
und Ästhetik, Tübingen 1983;
Bernd Witte (Hrsg.): Benjamin
und das Exil, Würzburg 2006.

Das Thema »Exil« wird außerdem in jeder Benjamin-Biographie ausführlich abgehandelt.

38 Walter Benjamin an Siegfried
Kracauer, Brief vom 24.11.1934,
GB IV, S. 530 f.

39 Walter Benjamin an Theodor W.
Adorno, Brief vom 30.11.1934,
GB IV, S. 534.

40 Walter Benjamin an Alfred
Cohn, Brief vom 19.12.1934,
GB IV, S. 540.

41 Lothar Brieger: Vom bösen
Weibe, das keines war, in: Die
Dame, 1. September-Heft 1932,
S. 38.

42 Ein kleiner Teil ist veröffentlicht
bei Geret Luhr: Was noch begraben lag. Zu Walter Benjamins
Exil. Briefe und Dokmumente,
Berlin 2000.

43 Dora Sophie Kellner an Walter
Benjamin, Brief vom 8.4.1933,
WBA Berlin.

44 Ebd.

45 Ebd.

46 Dora Sophie Kellner an Walter
Benjamin, Brief vom 13.2.1934,
WBA Berlin.

47 Dora Sophie Kellner an Walter
Benjamin, Brief vom 19.9.1933,
WBA Berlin.

48 Ebd.

49 Dora Sophie Kellner an Walter
Benjamin, Brief vom 20.10.1933,
WBA Berlin.

50 Stefan Benjamin an Walter
Benjamin, Brief vom 2.7.1933,
WBA Berlin.

51 Leider ließ sich nichts Näheres

über diese Reise ermitteln, da
Dora, die in Deutschland als
Jüdin nicht mehr publizieren
durfte, vermutlich unter verschiedenen Pseudonymen oder
für ausländische Zeitungen
geschrieben hat.

52 Dora Sophie Kellner an Walter
Benjamin, Brief vom 20.10.1933,
WBA Berlin.

53 Dora Sophie Kellner an Walter
Benjamin, Brief vom 10.12.1933,
WBA Berlin.

54 Dora Sophie Kellner an Walter
Benjamin, Brief vom 1.1.1934,
WBA Berlin.

55 Ebd.

56 Dora Sophie Morser an
Gershom Scholem, Brief vom
15.7.1941, INBJ.

57 Dora Sophie Kellner an Walter
Benjamin, Brief vom 24.4.1934,
WBA Berlin.

58 Dora Sophie Kellner an Walter
Benjamin, Brief vom 15.7.1934,
WBA Berlin. Die Kellners waren
mit dem österreichischen
Dramatiker Richard Beer-Hof-
mann und seiner Familie eng
befreundet.

59 Alfredo Polito, ihr ehemaliger
Sprachlehrer.

60 Walter Benjamin: Zum gegen-
wärtigen gesellschaftlichen
Standort des französischen
Schriftstellers, GS II, 2, S. 776 ff.;
mit »Erfahrung« ist wahrscheinlich »Erfahrung und Armut«,
GS II, 1, S. 213 ff. gemeint.

61 Dora Sophie Kellner an Walter
Benjamin, Brief vom 8.8.1934,
WBA Berlin.

62 Dora Sophie Kellner an Walter
Benjamin, Brief vom 19.4.1936,
WBA Berlin.

63 Dora Sophie Kellner an Walter
Benjamin, Brief vom 16.8.1936,
WBA Berlin.

64 Dora Sophie Kellner an Walter
Benjamin, Brief vom 15.10.1936,
WBA Berlin.

65 Dora Sophie Kellner an Walter
Benjamin, Brief vom 26.10.1936,
WBA Berlin. – Dora wurde
vorübergehend der Hinterzie-
hung von Reichsfluchtsteuer
bezichtigt, weil sie das Haus im
Grunewald verkauft und das
Geld nach Italien transferiert
hatte. Dieser Vorwurf wurde
aber wieder fallen gelassen.

66 Dora Sophie Kellner an Walter
Benjamin, Brief vom 5.3.1937,
WBA Berlin.

67 Willy Hoffer an Dora Sophie
Kellner, Brief vom 24.5.1937,
WBA Berlin.

68 Dora Sophie Kellner an Walter
Benjamin, Brief vom 5.11.1937,
WBA Berlin.

69 Dora Sophie Kellner an Walter
Benjamin, Brief vom 5.12.1937,
WBA Berlin.

70 Ursprünglich Heinrich Mörzer,
geboren 1887 in Wien. Dora
scheint sich schon 1929 in
London bei ihm aufgehalten zu
haben (Richmond, 69 Church
Street). Nach freundlicher Auskunft von Benjamins Urenkel

Samuel Walter Benjamin Draper, London.

71 Dora Sophie Kellner an Walter Benjamin, Brief vom 17.4.1938, WBA Berlin.

72 Dora Sophie Kellner an Walter Benjamin, Brief vom 27.4.1938, WBA Berlin.

73 Walter Benjamin an Dora Sophie Kellner, Brief vom 2.5.1938, WBA Berlin.

74 National Archives, Kew, »Dora Sophie Morser«, HO 405/36550. Die Akte sollte eigentlich bis 2054 geschlossen bleiben. Auf Betreiben der Enkelinnen Mona Benjamin und Kim Edwards wurde sie jedoch zugänglich gemacht.

75 Stefan Benjamin an Theodor W. Adorno, Brief vom 8.8.1965, Adorno-Archiv, ADK, Berlin.

76 Dora Sophie Morser an Gershom Scholem, Brief vom 17.7.1942, INBJ.

77 Mit freundlicher Einwilligung der Enkelin Dina (Mickie) Draper durfte ich Einsicht in diese Briefe nehmen.

78 Stefan Benjamin an Siegfried Unseld, Brief vom 5.6.1961, DLA Marbach.

79 Stefan Benjamin an Siegfried Unseld, Brief vom 27.11.1966, ebda.

80 Dora Benjamin an Karl Thieme, Brief vom 30.5.1943, Werkbund-Archiv Berlin.

81 Gershom Scholem an Dora Sophie Morser, Brief vom 1.4.1942, INBJ.

82 Dora Sophie Morser an Gershom Scholem, Brief vom 17.7.1942, ebd.

Literaturverzeichnis

Adorno, Theodor W. / Kracauer, Siegfried: »Der Riss geht durch mich«. Briefwechsel 1923–1966, Frankfurt / M. 2008

Arnold, Paula: Lügt Ihr Kind?, in: Die praktische Berlinerin, 2. Septemberheft 1927, S. 17

Arnold, Paula: Meine Großmutter Klara, in: Hakidmah, 11. 6. 1949

Arnold Paula: Im Bannkreis Herzls. Eine zionistische Jugend in Wien (Typoskript Theodor-Kramer-Archiv Wien)

Ball, Hugo: Zur Kritik der deutschen Intelligenz, Bern 1919

Ball-Hennings, Annemarie: Ruf und Echo. Mein Leben mit Hugo Ball, Einsiedeln 1953

Ball-Hennings, Annemarie: Hugo Ball. Sein Leben in Briefen und Gedichten. Mit einem Vorwort von Hermann Hesse, Frankfurt / M. 1991

Belmore, H. W. (= Herbert Blumenthal): Some Recollections of Walter Benjamin, in: German Life and Letters, 28 (2. Januar 1975), S. 122 f.

Benjamin, Hilde: Georg Benjamin, Leipzig 1982

Bernauer, Rudolf: Theater meines Lebens, Berlin 1955

Benjamin, Walter: Gesammelte Schriften, unter Mitwirkung von Theodor W. Adorno und Gershom Scholem hrsg. von Rolf Tiedemann und Hermann Schweppenhäuser, unter Mitarbeit von Christoph Gödde, Henri Lonitz und Gary Smith, 7 Bände, Frankfurt / M. 1991

Benjamin, Walter: Gesammelte Briefe, hrsg. von Christoph Gödde und Henri Lonitz, Frankfurt / M. 1995 f.

Bernfeld, Siegfried: Sisyphos oder die Grenzen der Erziehung, Wien / Leipzig 1925

Bloch, Ernst: Geist der Utopie, München / Leipzig 1918

Bloch, Ernst: Briefe 1903–1975, Bd. I, Frankfurt / M. 1985

Bloch, Ernst: Das Abenteuer der Treue. Briefe an Karola 1928–1949, Frankfurt / M. 2005

Bloch, Karola: Etwas, das in die Phantasie greift. Briefe an Siegfried Unseld und Jürgen Teller, hrsg. von Irene Scherer und Welf Schröter, Mössingen-Talheim 2015

Brieger, Lothar: Das Frauengesicht der Gegenwart, Berlin 1930

Brieger, Lothar: Vom bösen Weibe, das keines war, in: Die Dame, 1. September-Heft 1932, S. 38

Brodersen, Momme: Spinne im eigenen Netz. Walter Benjamin, Leben und Werk, Bühl-Moos 1990

Brodersen, Momme: Klassenbild mit Walter Benjamin. Eine Spurensuche, München 2012

Brodersen, Momme: Kapitalist, Spekulant und Rentier, ein Porträt Emil Benjamins, in: Juni, Magazin für Literatur und Politik, Bielefeld 2016, S. 8 ff.

Busoni, Ferruccio: Briefe an seine Frau, hrsg. von Friedrich Schnapp, Zürich / Leipzig 1935

Cohn-Radt, Margarete: Berliner Pflegekinder. Untersuchung über die Gründe des Pflegestellenwechsels in vier Berliner Bezirken, Berlin 1932

Deichmann, Hans (Hrsg.): Leben mit provisorischer Genehmigung, Leben Werk und Exil von Dr. Eugenie Schwarzwald (1872–1940), Berlin / Wien / Mülheim a. d. Ruhr 1988

Dinghaus, Angela: Frauenfunk und Jungmädchenstunde. Ein Beitrag zur Programmgeschichte des Weimarer Rundfunks, Hannover 2002

Dudek, Peter: Fetisch Jugend – Walter Benjamin und Siegfried Bernfeld. Jugendprotest am Vorabend des Ersten Weltkrieges, Bad Heilbrunn 2002

Eiland, Howard u. Jennings, Michael W.: Walter Benjamin. A Critical Life. Cambridge / London 2014

Eilenberger, Wolfram: Zeit der Zauberer. Das große Jahrzehnt der Philosophie, 1919–1929. Stuttgart 2018

Fittko, Lisa: Mein Weg über die Pyrenäen, München / Wien 1985

Fränkel, Fritz und Benjamin, Dora: Die Bedeutung der Rauschgifte für die Juden und die Bekämpfung der Suchten durch die Fürsorge, in: Jüdische Wohlfahrtspflege und Sozialpolitik, 3. Jg., 1932, S. 21 ff.

Frank, Rudolf: Spielzeit meines Lebens, Heidelberg 1960

Freud, Sigmund: Zur Ätiologie der Hysterie. Studienausgabe Bd. I, hrsg. von Alexander Mitscherlich, Angela Richards, James Strachey, Frankfurt / M. 1982

Freud, Sigmund: Drei Abhandlungen zur Sexualtheorie, ebd., Bd. V

Freud, Sigmund: Der Moses des Michelangelo, ebd., Bd. X

Fuld, Werner: Walter Benjamin, eine Biographie, Reinbek 1990

Grund, Johann Jakob: Philosophische Heimatkunde. Walter Benjamin in Dachau, in: Widerspruch, 2011, Nr. 54, Münchener Zeitschrift für Philosophie, S. 114 f.

Grunenberg, Antonia: Götterdämmerung, Aufstieg und Fall der deutschen Intelligenz 1900–1940. Walter Benjamin und seine Zeit, Freiburg / Basel / Wien 2018

Halm, August: Harmonielehre, Leipzig 1900

Hamann, Brigitte: Hitlers Wien, Lehrjahre eines Diktators, Wien 1996

Hennings, Annemarie: Gefängnis, Berlin, Frankfurt / M., Wien 1985

Hergesheimer, Joseph: Loblied der Berlinerin, übersetzt von Dora Sophie Kellner, in: Vossische Zeitung, 14. 6. 1931

Herzl, Theodor: Der Judenstaat. Versuch einer modernen Lösung der Judenfrage, Berlin / Wien 1896

Holitscher, Arthur: Amerika heute und morgen, Berlin 1919

Holitscher, Arthur: Drei Monate in Sowjet-Rußland, Berlin 1921

Holmes, Deborah: Langeweile ist Gift. Das Leben der Eugenie Schwarzwald, Salzburg 2012

Hühn, Helmut / Urbich, Jan / Steiner, Uwe (Hrsg.): Benjamins Wahlverwandtschaften. Zur Kritik einer programmatischen Interpretation, Berlin 2015

Kambas, Chryssoula: Walter Benjamin im Exil. Zum Verhältnis von Literaturpolitik und Ästhetik, Tübingen 1983

Kellner Anna: Reiseskizzen aus Palästina. In: Menorah 1924, S. 20 ff.

Kellner, Anna: Leon Kellner, sein Leben und Werk, Wien 1936

Kellner, Leon: Ein Jahr in England, Stuttgart 1900

Kellner, Leon: Geschichte der nordamerikanischen Literatur, Berlin / Leipzig 1913

Kellner, Leon: Jüdische Weihestunden: Eine Sammlung ausgewählter Aufsätze, Czernowitz 1914

Kellner, Leon: Eine Woche in Berlin, in: Neues Wiener Tagblatt vom 1. 10. 1916

Kellner, Leon: Theodor Herzls Lehrjahre, Wien 1920

Kellner, Leon: Meine Schüler, Wien 1930

Klee, Paul: Tagebücher 1898–1918, hrsg. und kommentiert von Felix Klee, Köln 1957

Kollwitz, Käthe: Die Tagebücher 1908–1943, hrsg. von Jutta Bohnke-Kollwitz, München 2018

Lacis, Asja: Revolutionär im Beruf, Berlin 1976

Lange, Bernd-Peter: Georg Benjamin, ein bürgerlicher Revolutionär im roten Wedding, Berlin 2019

Laschitza, Annelies: Im Lebensrausch. Trotz alledem. Rosa Luxemburg, Berlin 1996

Lindsay, Ben und Evans, Wainwright: Die Kameradschaftsehe, Stuttgart / Leipzig / Berlin 1928

Luhr, Geret: Was noch begraben lag. Zu Walter Benjamins Exil. Briefe und Dokmumente, Berlin 2000

Luxemburg, Rosa: Briefe aus dem Gefängnis, Berlin 1946

Maasen, Thijs: Pädagogischer Eros. Gustav Wyneken und die Freie Schulgemeinde Wickersdorf, Berlin 1995

Martinetz, Dieter: Der Gaskrieg 1914–18 – Entwicklung, Herstellung und Einsatz chemischer Kampfstoffe, Bonn 1996

Mencken, Henry Louis: Treatise on the Gods, Baltimore 1930

Metzler, Gabriele und Schumann, Dirk (Hrsg.): Geschlechter(un)ordnung und Politik in der Weimarer Republik, Bonn 2016

Mencken, Henry Louis: Autobiographisches 2, 1930–1948, Waltrop / Leipzig 2000

Mongu, Blanka: Stadt – Frau – Amerika. Zum Modernisierungsdiskurs im deutschen und tschechischen Feuilleton von 1918 bis 1938, Berlin 2010

Müller, Daniela: Jugendliche Erotik, widerständige Liebeskonzeptionen in der Jugendzeitschrift *Der Anfang* und im Kreis um Walter Benjamin, Masterarbeit, Berlin 2014

Pils, Ramon: Disziplinierung eines Faches. Zur Englischen Philologie in Wien im frühen 20. Jahrhundert, in: Karl Anton Fröschl / Gerd B. Müller / Thomas Olechowski / Brigitta Schmidt-Lauber (Hrsg.) Reflexive Innensichten aus der Universität. Disziplinengeschichten zwischen Wissenschaft, Gesellschaft und Politik, Wien 2015

Philippe, Charles-Louis: Marie Donadieu, Zürich 1942

Press Jesaias: Palästina und Südsyrien. Reisehandbuch. Im Auftrag der Palestine Express Comp. verfasst. Jerusalem, Wien, Berlin 1921

Puttnies, Hans und Smith, Gary: Benjaminiana, Gießen 1991

Rafaels, Leo (= Leon Kallner): Londoner Eindrücke, in: Die Welt, Zentralorgan der zionistischen Bewegung, Jg. 1, 1897

Rafaels, Leo (= Leon Kellner): Der Pufferstaat, in: Die Welt, Jg. 2, 1898

Rafaels, Leo (= Leon Kellner): Kol Nidre, in: Die Welt, Zentralorgan der zionistischen Bewegung, Jg. 3, 1899

Rafaels, Leo (= Leon Kellner): Der erste Schultag, in: Menorah VII, 1929

Rappold, Claudia: Charlotte Wolff, Ärztin, Psychotherapeutin, Wissenschaftlerin und Schriftstellerin, Berlin 2005

Reetz, Bärbel: Emmy Hennings – Leben im Vielleicht, Frankfurt / M. 2001

Reetz, Bärbel: Das Paradies war für uns. Emmy Ball-Hennings und Hugo Ball, Berlin 2015

Rose, Alison: Die ›Neue jüdische Familie‹. Frauen, Geschlecht und Nation im zionistischen Denken, in: Deutsch-Jüdische Geschichte als Geschlechtergeschichte, Studien zum 19. und 20. Jahrhundert, hrsg. von Kirsten Heinsohn und Stefanie Schüler-Springorum, Göttingen 2006

Rosner, Robert W.: Chemie in Österreich, 1740–1914, Lehre – Forschung – Industrie. Wien, Köln, Weimar 2004

Rozenblit, Marsha L.: Die Juden Wiens 1867–1914. Assimilation und Identität. Wien / Köln / Graz 1989

Rychlo, Peter (Hrsg.) Europa Erlesen – Czernowitz, Klagenfurt 2004

Salten, Felix: Leon Kellner zum 60. Geburtstag, in: Neue Freie Presse, 17. 4. 1919

Scherret, Felix: Frauensorgen im Rundfunk, in: Der Neue Rundfunk, Jg. 1 (1926), H. 38, S. 891

Schiller-Lerg, Sabine: Walter Benjamin und der Rundfunk, München 1984

Schiller-Lerg, Sabine: Ernst Schoen (1894–1960) Ein Freund überlebt. Erste biographische Einblicke in seinen Nachlass, in: Global Benjamin, Bd. 2, hrsg. von Klaus Garber, München 1999

Schöck-Quinteros, Eva: Dora Benjamin: »… denn ich hoffe nach dem Krieg in Amerika arbeiten zu können«. Stationen einer vertriebenen Wissenschaftlerin, 1901–1946, in: Bonjour, Geschichte. Bremer online Journal Geschichte 4 (2014)

Scholem, Betty und Gershom: Mutter und Sohn im Briefwechsel 1917–1946, hrsg. von Itta Shedletzky in Verbindung mit Thomas Sparr, München 1989

Scholem, Gershom: Walter Benjamin – die Geschichte einer Freundschaft, Frankfurt/M. 1975

Scholem, Gershom: Walter Benjamin und sein Engel, Frankfurt/M. 1983

Scholem, Gershom: Briefe, Bd. I, 1914–1947, hrsg. von Itta Shedletzky, München 1994

Scholem, Gershom: Von Berlin nach Jerusalem, Frankfurt/M. 1994

Scholem, Gershom: Tagebücher nebst Aufsätzen und Entwürfen, 1. Halbband 1913–1917, unter Mitarbeit von Herbert Kopp-Oberstebrink hrsg. von Karlfried Gründer und Friedrich Niewöhner, Frankfurt/M. 1995

Staudigl-Ciechowicz, Kamila: Zwischen Wien und Czernowitz – österreichische Universitäten um 1918, in: Beiträge zur Rechtsgeschichte Österreichs 2014

Stern, William: Psychologie der frühen Kindheit bis zum sechsten Lebensjahre. Mit Benutzung ungedruckter Tagebücher von Clara Stern Leipzig 1914

Thiemann, Carl: Erinnerungen eines Dachauer Malers, Dachau, o. J.

Trenker, Luis: Joseph Hergesheimer – Bergblut. In: Der Querschnitt 12, 1932

Veziano, Paolo: Sanremo. Una nuova comunità ebraica nell'Italia fascista 1937–1945, Parma 2007

Veziano, Paolo: Donne ebree nella Riviera ligure tra integrazione ed esclusione. In: La presenza invisibile: donne, guerra, montagna 1938–1947. A cura di Paolo Momigliano Levi ed Ersilia Alessandrone Perona, Firenze 2008

Vietor-Engländer, Deborah: Alfred Kerr. Die Biographie, Reinbek 2016

Walter Benjamins Archive, Bilder, Texte und Zeichen, hrsg. vom Walter-Benjamin-Archiv, bearbeitet von Ursula Marx, Gudrun Schwarz, Michael Schwarz und Erdmut Wizisla, Frankfurt/M. 2006

Weissweiler, Eva: Otto Klemperer, Köln 2010

Witte, Bernd (Hrsg.): Benjamin und das Exil, Würzburg 2006

Wizisla, Erdmut: Benjamin und Brecht. Die Geschichte einer Freundschaft, Frankfurt/M. 2004

Wizisla, Erdmut (Hrsg.): Begegnungen mit Walter Benjamin, Leipzig 2015

Wolff, Charlotte: Innenwelt und Außenwelt. Autobiographie eines Bewusstseins, München 1971

Wolff, Charlotte: Augenblicke verändern uns mehr als die Zeit. Eine
Autobiographie, Frankfurt/M. 1986

Wyneken, Gustav: Der Krieg und die Jugend, München 1915

Wyneken, Gustav: Schule und Jugendkultur, Jena 1919

Zudeick, Peter: Der Hintern des Teufels – Ernst Bloch – Leben und Werk,
Baden-Baden 1985

Zurlinden, Luise: Gedanken Platons in der deutschen Romantik, Leipzig
1910

Zweig, Stefan: Bei den Sorglosen, Neue Freie Presse, 26.2.1918

Archive

Archiv der Humboldt-Universität, Berlin

Archiv der Israelitischen Kultusgemeinde, Wien

Archiv Dina (Mickie) Draper, London

Archiv Mona Benjamin, London

Archivio di Stato di Imperia

Bayerisches Staatsarchiv, München

British National Archives, Kew

Centrum Judaicum, Berlin

Deutsches Literatur-Archiv, Marbach am Neckar

Deutsches Rundfunkarchiv, Frankfurt / M.

Israelische Nationalbibliothek, Jerusalem

Library of Congress, Washington (Sigmund-Freud-Papers)

Museum der Geschichte der polnischen Juden, Warschau

New York Public-Library (Henry Louis Mencken-Papers)

Paul-Klee-Zentrum, Bern

Staatsarchiv Katovice

Staatsarchiv Oppava (Troppau)

Stadt- und Landesarchiv, Wien

Theodor W. Adorno-Archiv der Akademie der Künste, Berlin

Theodor-Kramer-Archiv, Wien

Universitätsarchiv Wien

Universitätsbibliothek Gießen, Teilnachlass Walter Benjamin

University of Texas (Austin), Harry-Ransom-Center (Hergesheimer-Collection)

Walter-Benjamin-Archiv der Akademie der Künste, Berlin

Werkbund-Archiv, Berlin

Wieland-Herzfelde-Archiv der Akademie der Künste, Berlin

Zitierte Schriften von Dora Sophie Kellner / Benjamin

Diese Liste erhebt keinen Anspruch auf Vollständigkeit. Eine umfassende Edition der Schriften von Dora Sophie Kellner / Benjamin steht noch aus

Dora Sophie: Eine tüchtige Hausfrau muss 41 Berufe können, in: Uhu 1 (1925), H. 12, S. 72–76

DSB: Die Waffen von morgen, in: Vossische Zeitung, 29. 6.1925

Benjamin, Dora Sophie: Unterhaltung mit Ernö Rapée, in: Vossische Zeitung, 20. 11.1925, 1. Ausgabe

Dora Sophie: Urlaub von der Ehe, in: Uhu 2 (1926), H. 12, S. 84–90

Dora Sophie: Zaubern. Eine Skizze, in: Die Dame, Erstes März-Heft 1927, S. 61 ff.

Dora Sophie: An die Dame im Gebirge, in: Die Dame, Zweites November-Heft 1927, S. 28 ff.

Dora Sophie: Stille Musik, in: Die Dame, Zweites Dezember-Heft 1927, S. 79 f.

Kellner, Dora Sophie: Die Rache des jungen Meh, in: Die Literarische Welt 1928, Nr. 11, 2. 5

Kellner, Dora Sophie: Fannie Hurst. Mannequin, in: Die Literarische Welt 1928, Nr. 12, S. 6

Kellner, Dora Sophie.: Buch-Chronik der Woche. Neue Frauenprosa. Mary Borden, in: Die Literarische Welt 1928, Nr. 25, S. 6

Kellner, Dora Sophie: Aus China über China, in: Die Literarische Welt 1928, Nr. 39, S. 5 f.

Kellner, Dora Sophie: Die alte Frau eines jungen Mannes, in: Die Dame, Zweites Januar-Heft 1929, S. 49 f.

Kellner, Dora Sophie: Angst, in: Die Dame, Zweites April-Heft 1929, S. 53 ff.

Kellner, Dora Sophie: Der neueste Galsworthy, in: BZ am Mittag, 20. 6.1929

Kellner, Dora Sophie: Ehrenjungfrauen zum Anbeißen, in: BZ am Mittag, 22. 6.1929

Kellner, Dora Sophie: Die Lady und ihr Garten, in: Die Dame, Zweites Juli-Heft 1929, S. 18 ff.

Kellner, Dora Sophie: Die politischen Töchter, in: Die Dame, Erstes September-Heft 1929, S. 12 ff.

Dora Sophie: Die zukünftigen Meister. Kindersport in England, in: Die Dame, Erstes Oktober-Heft 1929, S. 12 ff.

K.: G. B. Shaw versteht nichts von Frauen. Beweis: Die weiblichen Gestalten seiner Dramen, in: Die Dame, Erstes Mai-Heft 1930, S. 38.

Kellner, Dora Sophie: Bräute auf Bestellung. Heiraten auf gut Glück. New York, im August, in: Vossische Zeitung, 31. 8. 1930, Erste Beilage, Sonntag (Morgen)

Kellner, Dora Sophie: Das geistige Amerika III – Das Gesicht der Zeitschrift, in: Die literarische Welt 1931, Nr. 19, S. 7

Kellner, Dora Sophie: Michael Gold – Juden ohne Geld, in: Die Literarische Welt 1931, Nr. 18, S. 6

Dora Sophie Kellner: Die Küche Amerikas. In: Die Dame, Erstes Oktober-Heft 1931 S. 51 f.

Kellner, Dora Sophie: Das Mädchen von Lagosta, Roman (Ursprünglich: »Gas gegen Gas«, Südwestdeutsche Rundfunkzeitung 1930, nicht digitalisiert.) Als Fortsetzungsroman in: Grazer Tagblatt, 25. 12. 1931, 1. 1. 1932, 3. 1. 1932, 10. 1. 1932, 17. 1. 1932, 24. 1. 1932, 31. 1. 1932, 7. 2. 1932, 14. 2. 1932, 21. 2. 1932, 28. 2. 1932, 6. 3. 1932, 13. 3. 1932, 19. 3. 1932, 27. 3. 1932, 3. 4. 1932, 10. 4. 1932, 17. 4. 1932, 24. 4. 1932, 1. 5. 1932, 8. 5. 1932/ Auch: Innsbrucker Nachrichten, 24. 12. 1931–7. 5. 1932 (wöchentlich, samstags, »Unterhaltungs-Beilage«) Als Digitalisat über das Portal »Anno« der Österreichischen Nationalbibliothek zu lesen

Kellner, Dora Sophie: Béchamel Bettina, Roman, in: Die Dame, »Lose Blätter« Heft 5–10, 1930/31

Übersetzungen von Dora Sophie Benjamin / Kellner
(nur Bücher)

Chesterton, G.K.: Ein Pfeil vom Himmel (Kriminalerzählungen), Berlin 1927

Hackett, Francis: Heinrich VIII. (Biographie), Berlin 1932

Hergesheimer, Joseph: Bergblut (Roman), Berlin 1932

Hergesheimer, Joseph: Der Steinbaum (Roman), Berlin 1934

Mencken, Henry Louis: Demokratenspiegel, Berlin 1930

Storm Jameson, Margaret: Triumph der Zeit, Berlin / Wien / Leipzig 1934

Register

Bildnachweise

Eva Weissweiler
Lady Liberty
Das Leben der jüngsten Marx-Tochter Eleanor
416 Seiten, gebunden
ISBN 978-3-455-00292-8
Hoffmann und Campe

Eleanor Marx, genannt »Tussy«, 1855 in London geboren, war die
Tochter von Jenny von Westphalen und Karl Marx. Als Editorin
und Übersetzerin seiner Schriften hat sie unser Marx-Bild entscheidend geprägt. Nach dem Tod ihres Vaters setzte sie dessen
Theorien in die Tat um und wurde zu einem bedeutenden Teil
der frühen Frauenbewegung sowie zu einer bekannten Kolonial-
isierungsgegnerin und Gewerkschafterin. Obwohl Eleanor Marx
international sehr beliebt war und sogar von politischen Feinden respektiert wurde, litt sie unter schweren Depressionen und
setzte ihrem Leben mit nur 43 Jahren ein Ende.
Eva Weissweiler schildert in ihrer mitreißenden und atmosphä-
risch dicht erzählten Biographie das Drama der jüngsten Marx-
Tochter, die auf ihren Vortragsreisen von den Amerikanern
»Lady Liberty« genannt wurde.

»Spannend!
Eva Weissweiler gelingt ein faszinierendes
Bild einer faszinierenden Frau.«
Neues Deutschland

»Eleanor Marx sollte eigentlich einen festen Namen
in der Kulturgeschichte und der Geschichte der
politischen Bewegung haben.«
Deutschlandfunk